PACOTE ANTICRIME

Lei 13.964/2019 – Comentários às alterações no CP, CPP e LEP

Rogério Sanches Cunha

PACOTE ANTICRIME

Lei 13.964/2019 – Comentários às alterações no CP, CPP e LEP

2020

EDITORA JusPODIVM

www.editorajuspodivm.com.br

EDITORA *Jus*PODIVM
www.editorajuspodivm.com.br

Rua Território Rio Branco, 87 – Pituba – CEP: 41830-530 – Salvador – Bahia
Tel: (71) 3045.9051
• Contato: https://www.editorajuspodivm.com.br/sac

Diagramação: Futura Editoração *(rogerio@futuraeditoracao.com)*

Capa: Maitê Coelho *(maitescoelho@yahoo.com.br)*

C972p Cunha, Rogério Sanches.
Pacote Anticrime - Lei 13.964/2019: Comentários às Alterações no CP, CPP e LEP / Rogério Sanches Cunha – Salvador: Editora JusPodivm, 2020.
384 p.

Bibliografia.
ISBN 978-85-442-3181-4.

1. Direito Penal. 2. Direito Processual Penal. 3. Legislação comentada. I. Cunha, Rogério Sanches. II. Título.

CDD 341.5

1.ª ed., *2.ª tir.:* jan./2020; *3.ª tir.:* fev./2020; *4.ª tir.:* fev./2020; *5.ª tir.:* mar./2020; *6.ª tir.:* abr./2020; *7.ª tir.:* mai./2020; *8.ª tir.:* jun./2020.

APRESENTAÇÃO

Caro leitor,

Nas minhas aulas e nos meus livros eu não imponho meus pontos de vista. Apenas os apresento num grande respeito aos alunos e leitores. É provável que nem todos concordem com o que penso. Respeito todas as críticas. Neste livro não foi e não será diferente.

Aceitei o desafio de comentar, artigo por artigo, os reflexos do PACOTE ANTICRIME no Código Penal, Código de Processo Penal e Lei de Execuções Criminais, sem ignorar, nesses comentários, as várias mudanças na legislação extravagante.

Embebedado pela paixão de escrever, trabalhei de forma técnica. O leitor não encontrará, numa linha sequer, insinuações políticas.

O trabalho legislativo que culminou na Lei 13.964/19 mereceu, da minha parte, sem dúvidas, críticas e elogios. Arrisco dizer: mais elogios do que críticas. Estas, contudo, quando externadas, foram construtivas e com o fim único de alertar para equívocos que ainda podem ser corrigidos, senão pela Casa de Leis, pela nossa jurisprudência.

Não tenho a pretensão de esgotar todos os assuntos ou anunciar o que deve ser seguido pelos operadores do Direito. Quero, com este trabalho, antes de mais nada, contribuir com posicionamentos que impulsionarão o desejado debate.

Aliás, muitos temas estampados no PACOTE ANTICRIME já eram objetos de palestras por mim conferidas pelo nosso país, como, por exemplo, o acordo de não persecução penal. E, desde então, os conferencistas que me deram a honra da sua presença me ouviram alertar que o instituto, em breve, estaria na nossa lei adjetiva (CPP). A lei nasceu!

Enfim, espero contar também com a crítica de nossos leitores, com o objetivo de aperfeiçoar o trabalho em futuras edições.

Vinhedo, janeiro de 2020.

O Autor

SUMÁRIO

PARTE I

ALTERAÇÕES DO CÓDIGO PENAL

PARTE II

ALTERAÇÕES DO CÓDIGO DE PROCESSO PENAL

PARTE III

ALTERAÇÕES NA LEI DE EXECUÇÃO PENAL

PARTE I

ALTERAÇÕES DO CÓDIGO PENAL

LEGÍTIMA DEFESA

"Art. 25. ....

Parágrafo único. Observados os requisitos previstos no *caput* deste artigo, considera-se também em legítima defesa o agente de segurança pública que repele agressão ou risco de agressão a vítima mantida refém durante a prática de crimes." (NR)

Redação ANTES da Lei 13.964/19	Redação DEPOIS da Lei 13.964/19
Legítima defesa **Art. 25.** Entende-se em legítima defesa quem, usando moderadamente dos meios necessários, repele injusta agressão, atual ou iminente, a direito seu ou de outrem.	**Legítima defesa** **Art. 25.** Entende-se em legítima defesa quem, usando moderadamente dos meios necessários, repele injusta agressão, atual ou iminente, a direito seu ou de outrem. Parágrafo único. Observados os requisitos previstos no *caput* deste artigo, considera-se também em legítima defesa o agente de segurança pública que repele agressão ou risco de agressão a vítima mantida refém durante a prática de crimes."

Descriminantes - A conduta humana formal e materialmente típica é somente indício de ilicitude, que pode ser excluída diante da prova (ou fundada dúvida) da presença de alguma causa excludente da antijuridicidade. Essas causas estão previstas, principalmente (e não exclusivamente), na Parte Geral do Código Penal, mais precisamente no seu artigo 23, que anuncia: "não há crime quando o agente pratica o fato: I – em estado de necessidade; II – em legítima defesa; III – em estrito cumprimento de dever legal ou no exercício regular de direito".

Legítima defesa - Quem, usando moderadamente dos meios necessários, repele injusta agressão, atual ou iminente, a direito seu ou de outrem, justifica a sua conduta pela legítima defesa, segundo preceitua o artigo 25 do Código Penal.

Nucci, lembrando Jescheck, explica os fundamentos da descriminante:

"A legítima defesa tem dois ângulos distintos, mas que trabalham conjuntamente: a) no prisma jurídico individual, é o direito que todo homem possui de defender seus bens juridicamente tutelados. Deve ser exercida no contexto individual, não sendo cabível invocá-la para a defesa de interesses coletivos, como a ordem pública ou o ordenamento jurídico; b) no prisma jurídico-social, é justamente o preceito de que o ordenamento jurídico não deve ceder ao injusto, daí por que a legítima defesa manifesta-se somente quando for essencialmente necessária, devendo cessar no momento em que desaparecer o interesse de afirmação do direito ou, ainda, em caso de manifesta desproporção entre os bens em conflito. É desse contexto que se extrai o princípio de que a legítima defesa merece ser exercida da forma menos lesiva possível" (Manual de Direito Penal. 6ª ed. São Paulo: RT, 2009 p. 242).

Requisitos da legítima defesa – Da simples leitura do art. 25 do CP extraímos os requisitos objetivos da legítima defesa: a) agressão injusta; b) atual ou iminente; c) uso moderado dos meios necessários; d) proteção do direito próprio ou de outrem. Além dos requisitos objetivos expressamente previstos no art. 25, a descriminante demanda mias um, de natureza subjetiva, qual seja, conhecimento da situação de fato justificante. Deve o agente conhecer as circunstâncias do fato justificante, demonstrando ter ciência de que está agindo diante de um ataque atual ou iminente.

(A) Agressão injusta - Entende-se por agressão a conduta (ação ou omissão) humana que ataca ou coloca em perigo bens jurídicos de alguém. Injusta é a agressão contrária ao direito, não necessariamente típica. O "furto de uso", por exemplo, atípico por ausência de dolo (vontade de apoderamento definitivo da coisa) pode ser rebatido, com moderação, pelo dono da coisa ameaçada ou atacada injustamente.

(B) Atual ou iminente - Agressão atual é a presente, a que está ocorrendo. Iminente é a que está prestes a ocorrer. Não se admite legítima defesa contra agressão passada (vingança) ou futura (mera suposição).

Atenção

A agressão futura, porém **certa**, pode gerar para aquele que se antecipa na repulsa uma situação de inexigibilidade de conduta diversa, eliminando a sua culpabilidade. É chamada pela doutrina de legítima defesa preventiva ou antecipada.

Importante a observação feita por Juan Ferré Olivé, Miguel Nuñez Paz, William Terra de Oliveira e Alexis Couto de Brito:

"O caráter atual ou iminente da agressão exige que se determine o momento no qual dita agressão começa e termina, para os fins de legítima defesa. Quanto ao momento do começo, uma parte da doutrina exige a realização do delito em grau de tentativa. Entretanto, esta posição exclui determinadas condutas, como alguns atos preparatórios que evidenciam uma tentativa iminente, ou as hipóteses de não serem consideradas como parte de uma autêntica agressão, dificultar-se-ia enormemente as possibilidades de defesa (conforme Roxin). Por este motivo, deve-se incorporar a fase final dos atos preparatórios, mas não os momentos anteriores, nem a tentativa inidônea" (Direito Penal Brasileiro – Parte Geral. São Paulo: Editora Revista dos Tribunais, 2011. p. 402).

Neste ponto, destacamos a hipótese de legítima defesa postergada, em que, sob a ótica do direito, a agressão se finalizou, mas, concretamente, do ponto de vista do ofendido, ainda persiste. É o caso, por exemplo, de alguém que, despojado de seus bens pelo roubador, o ataca logo em seguida, para recuperar os objetos subtraídos. Se a vítima teve de recuperar os bens, conclui-se, de acordo com a corrente dominante, que o roubo já estava consumado, e, portanto, a agressão injusta havia cessado.

Neste caso, a rigor, a ação da vítima contra o autor do roubo não estaria justificada, pois ausente um dos requisitos da legítima defesa, qual seja, a agressão atual ou iminente. E, num cenário ainda mais excêntrico, podemos concluir que o roubador, diante da agressão injusta cometida pela vítima da subtração, teria a situação revertida a seu favor para se beneficiar da legítima defesa.

Esta seria a solução se aplicada a literalidade do art. 25 do Código Penal. Não obstante, trata-se, obviamente, de clara falta de equidade, em que a incidência de tecnicidade acarreta a punição de alguém que evidentemente está agindo para proteger bem jurídico de sua titularidade e que não tem, no fervor do momento, condição de avaliar a exata extensão da conduta criminosa contra si praticada.

A solução mais justa, em casos tais, é estender a percepção do que constitui a agressão atual. Se a agressão cometida pelo agente enseja a reação imediata da vítima, ainda que, na esfera do tempo do crime, tenha havido consumação, é justo que se viabilize a incidência da excludente da ilicitude.

(C) Uso moderado dos meios necessários - O legislador, com o presente requisito, quer assegurar proporcionalidade entre o ataque e a defesa. Para repelir a injusta agressão (ataque), deve o agredido usar de forma moderada o meio necessário que servirá na sua defesa (contra-ataque).

Entende-se como necessário o meio menos lesivo à disposição do agredido no momento da agressão, porém capaz de repelir o ataque com eficiência.

Encontrado o meio necessário, deve ser ele utilizado de forma moderada, sem excessos, o suficiente para impedir a continuidade da ofensa.

É óbvio que o magistrado deverá julgar esse requisito objetivamente, sem desconsiderar as condições de fato, do caso concreto.

Em que pese a doutrina, quase sempre, na aferição do presente requisito, usar balizas objetivas, não se pode ignorar também peculiaridades subjetivas do agente e do agressor. O estado de ânimo, porte físico, nível de instrução, os hábitos e modo de vida dos envolvidos, por exemplo, podem influenciar na formação de um juízo de equidade. Nesse mesmo sentido, explica Andreas Eisele:

"Para tanto, devem ser ponderadas as circunstâncias concretas do fato e as características pessoais dos sujeitos, pois não existe um referencial objetivo predeterminado que defina o grau de moderação exigível do sujeito para a realização do comportamento justificado.

Embora a valoração da moderação seja realizada posteriormente, com o conhecimento efetivo das consequências concretas da conduta, o referencial da valoração deve ser formado pelas características da situação anterior à sua implementação, e o grau de previsibilidade exigível do sujeito em relação a tais consequências deve ser formulado com base nas circunstâncias da situação em que ele se encontrava.

De todo modo, a classificação da necessidade e moderação possui um âmbito de vagueza, pois é formulada com base em critérios culturais e normativos, cuja definição deve ser estabelecida pelo intérprete com base em referenciais de conteúdo ético. Não obstante, o que define a necessidade e a moderação não é a opinião do sujeito que realiza o fato típico, mas a análise e valoração da situação pelo intérprete. Caso a avaliação do sujeito sobre a necessidade ou a moderação seja equivocada, a conduta não será justificada. Porém, tal equívoco será aferido no âmbito da culpabilidade, devido à possibilidade de configuração da diminuição da reprovabilidade correspondente ao fato, ou mesmo da tolerância ético-social da conduta realizada no contexto correspondente, o que será valorado conforme os critérios de exigibilidade ou não de uma conduta diversa por parte do sujeito.

Em qualquer caso, para a aferição da necessidade da atuação defensiva deve ser considerada sua utilidade, com a possibilidade de se evitar a lesão ao bem jurídico, impedindo sua afetação concreta (no todo ou em parte), ou restabelecendo de forma imediata e direta a situação anterior à agressão, pois se a atuação for potencialmente inútil à finalidade, não será necessária. Por exemplo, se alguém está prestes a agredir o sujeito, não seria idônea à defesa a destruição do automóvel do agressor". (Direito Penal – Teoria do Delito. 1 ed. Salvador: Ed. Juspodivm, 2018. p. 521).

(D) Proteção do direito próprio ou de outrem - Admite-se legítima defesa no resguardo de qualquer bem jurídico (vida, integridade física, honra, patrimônio, dignidade sexual etc.) próprio (legítima defesa própria ou "in persona") ou alheio (legítima defesa de terceiro ou "ex persona").

Parágrafo único - A Lei 13.964/19 (Pacote Anticrime) inseriu no art. 25 do Código Penal um parágrafo que dispõe o seguinte:

"Observados os requisitos previstos no *caput* deste artigo, considera-se também em legítima defesa o agente de segurança pública que repele agressão ou risco de agressão a vítima mantida refém durante a prática de crimes".

A alteração não parece trazer reflexos práticos, servindo, quando muito, como instrumento para melhor compreensão do instituto da legítima defesa no dia a dia dos agentes policiais e de segurança pública.

Com efeito, se a justificante só tem cabimento quando observados os requisitos do *caput* do art. 25, estamos, ao fim e ao cabo, diante de um simples exemplo. Em outras palavras, mesmo antes da alteração legal, justificaria a sua conduta pela legítima defesa o agente policial ou de segurança pública que, na situação descrita, usando moderadamente dos meios necessários, prevenisse injusta agressão ou risco de agressão a vítima mantida refém durante a prática de crimes.

Não bastasse, o parágrafo único inserido foge do ordinário, pois casuístico, ignorando o caráter genérico e impessoal que se exige do legislador na criação de tipos, incriminadores ou permissivos.

PENA DE MULTA

"Art. 51. Transitada em julgado a sentença condenatória, a multa será executada perante o juiz da execução penal e será considerada dívida de valor, aplicáveis as normas relativas à dívida ativa da Fazenda Pública, inclusive no que concerne às causas interruptivas e suspensivas da prescrição.

.."(NR)

Redação ANTES da Lei 13.964/19	Redação DEPOIS da Lei 13.964/19
Conversão da multa e revogação **Art. 51** - Transitada em julgado a sentença condenatória, a multa será considerada dívida de valor, aplicando-se-lhes as normas da legislação relativa à dívida ativa da Fazenda Pública, inclusive no que concerne às causas interruptivas e suspensivas da prescrição.	**Conversão da multa e revogação** **Art. 51.** Transitada em julgado a sentença condenatória, a multa será executada perante o juiz da execução penal e será considerada dívida de valor, aplicáveis as normas relativas à dívida ativa da Fazenda Pública, inclusive no que concerne às causas interruptivas e suspensivas da prescrição.

Pena de multa - O Código Penal, no tema pena pecuniária, adota o sistema de dias-multa, baseado tanto nas circunstâncias do crime quanto na capacidade econômica do sentenciado.

Atenção

Leis Especiais podem anunciar critérios diversos. Na Lei de Licitações, por exemplo, a base da pena de multa corresponde ao valor da vantagem efetivamente obtida ou potencialmente auferível pelo agente (art. 99 da Lei 8.666/93). Em se tratando de crimes previstos na Lei de Locações de Imóveis Urbanos, a multa varia de 2 a 12 meses do valor do último aluguel, a ser revertida em favor do locatário (art. 43 da Lei 8.245/91).

Esse sistema é vantajoso porque considera a culpabilidade, os antecedentes, a conduta social, a personalidade do agente, os motivos, as circunstâncias, as consequências do crime e o comportamento da vítima, além de outras circunstâncias que agravem, atenuem, aumentem ou diminuam a pena, em conjunto com a fortuna do condenado.

Num primeiro momento o magistrado deve fixar a quantidade de dias-multa, variando de no mínimo 10 a no máximo 360 (art. 49, CP). Depois de calculada a quantidade de dias-multa, o magistrado decide o valor de cada dia-multa, não podendo ser inferior a um trigésimo do maior salário mínimo mensal vigente ao tempo do fato, nem superior a 5 (cinco) vezes esse salário. Nesse momento, observa-se, principalmente, a situação econômica do sentenciado (art. 60, CP). Se, em virtude da situação econômica do réu, o juiz verificar que, embora aplicada no máximo, essa pena é ineficaz, poderá elevá-la até o triplo (art. 60, § 1º, do CP), podendo chegar 5.400 salários mínimos.

Pagamento (voluntário) da multa - O pagamento da pena de multa, no Código Penal, está disciplinado de um determinado modo; na Lei de Execução Penal, de outro. O Código Penal, no art. 50, determina que a multa deve ser paga dentro de 10 dias depois do trânsito em julgado da sentença. Por outro lado, a Lei de Execução Penal, prevendo o mesmo prazo, anuncia que seu termo inicial se dá após citação do condenado, precedida por extração de certidão da sentença condenatória e requerimento do Ministério Público (art. 164, LEP). Entendemos que a matéria deve seguir os regramentos da Lei de Execução Penal, por ser norma mais benéfica ao sentenciado. Nesse mesmo sentido, explica Bitencourt:

"Já vimos que a multa, hoje, pode chegar a somas astronômicas (até 5.400 salários mínimos), dependendo das circunstâncias. Por outro lado, o prazo a partir do trânsito em julgado da sentença corre automaticamente. E o prazo referido na Lei de Execução Penal depende de providências processuais e administrativas que podem significar meses ou até anos. E – o que é mais importante –, no caso do Código Penal, o condenado deverá tomar a iniciativa para pagar a multa, uma vez que a sentença condenatória tem força coercitiva. E, no caso previsto na Lei de Execução, a iniciativa caberá ao Estado, através do Ministério Público, de movimentar outra vez o aparelho judiciário para constranger o cumprimento de uma decisão condenatória com trânsito em julgado (...). Diante desse impasse, acredita-se que a jurisprudência e a doutrina acabarão se inclinando pela adoção da norma mais favorável ao réu e também mais coerente, numa interpretação sistemática, o caso, as disposições da Lei de Execução Penal." (Tratado de Direito Penal. 17ª ed. São Paulo: Saraiva, 2012. p. 743).

Não pagamento voluntário da pena de multa - O não pagamento voluntário da multa implicava na sua conversão em privativa de liberdade. Com o advento da Lei nº 9.268/96, não mais se admite a conversão, encarando-se a multa não paga como dívida de valor, aplicando-se-lhe as normas da legislação relativa à dívida ativa da Fazenda Pública, inclusive no que concerne às causas interruptivas e suspensivas da prescrição (art. 51, CP).

De quem é a competência para a execução forçada da pena?

Em face da sistemática imposta pela Lei 9.268/96, surgiu certa divergência sobre a legitimidade para sua execução e competência: é o Ministério Público o órgão legitimado (atuando na Vara das Execuções Penais) ou a Procuradoria da Fazenda (executando a sanção na Vara das Execuções Fiscais)? Em resumo, havia três correntes:

1ª corrente: a competência para a execução da pena de multa continuaria sendo do juiz da execução penal, bem como a legitimidade para a sua promoção continuaria sendo do Ministério Público;

2ª corrente: a competência para a execução da pena de multa continuaria sendo do juiz da execução penal, bem como a legitimidade para a sua promoção continuaria sendo do Ministério Público, mas o rito a ser seguido deveria ser o da Lei de Execuções Fiscais;

3ª corrente: a multa criminal tornar-se-ia executável por meio dos procedimentos próprios da execução fiscal, afastando-se a competência do juiz da execução penal. Seria, portanto, da Fazenda Pública – e não do Ministério Público – a legitimidade para promover a execução de pena de multa imposta em sentença penal condenatória. Esta orientação chegou a ser adotada pelo STJ por meio da súmula 521. Mas o tribunal continuou atribuindo ao Ministério Público a legitimidade para adotar medidas assecuratórias do pagamento da multa (REsp 1.275.834/PR, Rel. Min. Ericson Maranho, j. 17/03/2015).

Em 2018, o Supremo Tribunal Federal estabeleceu que, em virtude da natureza de sanção penal – não alterada pela Lei 9.268/96 –, a pena de multa deve ser executada pelo Ministério Público no próprio juízo da execução penal.

O tribunal apreciou conjuntamente a ADI 3150 e uma questão de ordem na Ação Penal 470. A ação direta de inconstitucionalidade havia sido ajuizada pelo Procurador-Geral da República para que o tribunal conferisse interpretação conforme ao art. 51 do Código Penal e estabelecesse a legitimidade do Ministério Público e a competência da Vara de Execuções Penais para a execução da pena de multa. Já na questão de ordem questionava-se decisão do ministro Barroso, que havia estabelecido, com base no art. 164 da LEP, a legitimidade do Ministério Público para executar multa imposta na AP 470, mas a União sustentava que a Lei 9.268/96 havia revogado tacitamente o disposto na Lei de Execução Penal, razão por que caberia à Procuradoria da Fazenda Nacional executar a sanção imposta naquela condenação.

Segundo o ministro Barroso – que foi acompanhado pela maioria –, a alteração promovida pela Lei 9.268/96 não alterou a natureza da pena de multa, que continuou a ser uma espécie de sanção penal, tanto que na própria AP 470 o STF impôs o pagamento da multa como condição para a progressão de regime. O art. 164 da LEP, portanto, continua em vigor e é claro ao estabelecer a legitimidade do Ministério Público, a quem cabe a fiscalização da execução penal.

Nova redação do art. 51 do CP - Para adequar o texto legal à referida decisão do STF, a Lei 13.964/19 (Pacote Anticrime) alterou a redação do art. 51 do CP, que passou a prever expressamente a competência do juízo da execução penal, no qual, evidentemente, deve atuar o Ministério Público. Aboliu-se, também, a legitimidade subsidiária da procuradoria da Fazenda Pública.

O rito a ser seguido é o estabelecido entre os artigos 164 e 170 da LEP, com aplicação da Lei 6.830/80 no que for cabível.

LIMITE DAS PENAS PRIVATIVAS DE LIBERDADE

"Art. 75. O tempo de cumprimento das penas privativas de liberdade não pode ser superior a 40 (quarenta) anos.

§ 1º Quando o agente for condenado a penas privativas de liberdade cuja soma seja superior a 40 (quarenta) anos, devem elas ser unificadas para atender ao limite máximo deste artigo.

..." (NR)

Redação ANTES da Lei 13.964/19	Redação DEPOIS da Lei 13.964/19
Limite das penas **Art. 75** - O tempo de cumprimento das penas privativas de liberdade não pode ser superior a 30 (trinta) anos. § 1º Quando o agente for condenado a penas privativas de liberdade cuja soma seja superior a 30 (trinta) anos, devem elas ser unificadas para atender ao limite máximo deste artigo. § 2º Sobrevindo condenação por fato posterior ao início do cumprimento da pena, far-se-á nova unificação, desprezando-se, para esse fim, o período de pena já cumprido.	**Limite das penas** **Art. 75.** O tempo de cumprimento das penas privativas de liberdade não pode ser superior a 40 (quarenta) anos. § 1º Quando o agente for condenado a penas privativas de liberdade cuja soma seja superior a 40 (quarenta) anos, devem elas ser unificadas para atender ao limite máximo deste artigo. § 2º Sobrevindo condenação por fato posterior ao início do cumprimento da pena, far-se-á nova unificação, desprezando-se, para esse fim, o período de pena já cumprido.

Vedação da pena de caráter perpétuo - Em sintonia com a garantia constitucional estampada no art. 5º, XLVII, "b" (vedação da pena de caráter perpétuo), dispunha o art. 75 do CP que o tempo de cumprimento das penas privativas de liberdade não poderia suplantar 30 (trinta) anos.

Quando o agente fosse condenado a penas privativas de liberdade cuja soma fosse superior a 30 (trinta) anos, deveriam elas ser unificadas para atender ao limite máximo deste artigo.

Novo limite máximo de cumprimento de pena - A Lei 13.964/19 alterou o *caput* e o §1º do art. 75, ampliando o tempo máximo de cumprimento de pena, que agora não pode suplantar 40 anos. Por óbvio, a norma alterada é irretroativa, não alcançando os fatos pretéritos.

Medida de segurança – De acordo com a redação do art. 97, §1º, CP, a internação ou tratamento ambulatorial será por tempo indeterminado, perdurando enquanto não for averiguada, mediante perícia médica, a cessação de periculosidade. O prazo mínimo deverá ser de 1 (um) a 3 (três) anos, diretamente proporcional à gravidade da anomalia mental do sentenciado.

Percebe-se que o legislador pátrio, partindo da premissa de que a medida de segurança tem propósito curativo e terapêutico, estipulou somente prazo mínimo (de 1 a 3 anos), perdurando a sanção até a cessação da periculosidade do agente.

Essa opção legislativa, no entanto, tem sido alvo de críticas. A doutrina e a jurisprudência no geral argumentam que a indeterminação do prazo de duração da medida de segurança é incompatível com a Carta Magna, que proíbe sanção de caráter perpétuo (art. 5º, XLVII, "b", CF/88).

Uma primeira corrente sugere, então, que o tempo de cumprimento da medida de segurança não ultrapasse o máximo permitido para as penas privativas de liberdade, atualmente quarenta anos, segundo a redação dada ao art. 75 do CP pela Lei 13.964/19 – Pacote Anticrime.

Para outra, o tempo de cumprimento da medida de segurança não deve suplantar o limite máximo da pena cominada ao fato previsto como crime praticado pelo inimputável. É a tese que prevalece, inclusive sumulada no STJ (súmula nº 527). Há também decisão do STF neste sentido:

"O prazo mínimo de cumprimento de medida de segurança deve ser fixada entre um e três anos, na forma do artigo 97, parágrafo 1º, do Código Penal. III – O período não poderá ultrapassar a pena máxima cominada abstratamente ao tipo penal infringido, sob pena de violação a princípios constitucionais" (RE 640135 AgR – Rel. Min. Luiz Fux – Dje 12/12/2012).

Extradição – A mudança no tempo máximo de cumprimento das penas privativas de liberdade reflete no julgamento dos pedidos de extradição. Vejamos.

A legislação brasileira exige para a concessão da extradição a comutação da pena de morte em pena privativa de liberdade, ressalvados os casos em que a nossa lei permite sua aplicação. No caso de pena de prisão perpétua, a jurisprudência do STF chegou a entender ser desnecessária sua comutação. Contudo, essa orientação mudou. O STF, no julgamento da Extradição nº 855, passou a entender que a entrega do extraditando para países que imponham prisão perpétua depende da comutação dessa sanção em pena não superior à duração máxima admitida na lei penal do Brasil (CP, art. 75):

EXTRADIÇÃO E PRISÃO PERPÉTUA: NECESSIDADE DE PRÉVIA COMUTAÇÃO, EM PENA TEMPORÁRIA (MÁXIMO DE 30 ANOS), DA PENA DE PRISÃO PERPÉTUA - REVISÃO DA JURISPRUDÊNCIA DO SUPREMO TRIBUNAL FEDERAL, EM OBEDIÊNCIA À DECLARAÇÃO CONSTITUCIONAL DE DIREITOS (CF, ART. 5º, XLVII, "b"). - A extradição somente será deferida pelo Supremo Tribunal Federal, tratando-se de fatos delituosos puníveis com prisão perpétua, se o Estado requerente assumir, formalmente, quanto a ela, perante o Governo brasileiro, o compromisso de comutá-la em pena não superior à duração máxima admitida na lei penal do Brasil (CP, art. 75), eis que os pedidos extradicionais - considerado o que dispõe o art. 5º, XLVII, "b" da Constituição da República, que veda as sanções penais de caráter perpétuo - estão necessariamente sujeitos à autoridade hierárquico-normativa da Lei Fundamental brasileira. Doutrina. Novo entendimento derivado da revisão, pelo Supremo Tribunal Federal, de sua jurisprudência em tema de extradição passiva.

A entrega do extraditando para países que imponham prisão perpétua, agora, depende da comutação dessa pena para sanção privativa de liberdade que não ultrapasse 40 anos (art. 75 do CP).

REQUISITOS DO LIVRAMENTO CONDICIONAL

"Art. 83. ....

..

III - comprovado:

a) bom comportamento durante a execução da pena;

b) não cometimento de falta grave nos últimos 12 (doze) meses;

c) bom desempenho no trabalho que lhe foi atribuído; e

d) aptidão para prover a própria subsistência mediante trabalho honesto;

.."(NR)

Redação ANTES da Lei 13.964/19	Redação DEPOIS da Lei 13.964/19
Requisitos do livramento condicional **Art. 83** - O juiz poderá conceder livramento condicional ao condenado a pena privativa de liberdade igual ou superior a 2 (dois) anos, desde que: I - cumprida mais de um terço da pena se o condenado não for reincidente em crime doloso e tiver bons antecedentes; II - cumprida mais da metade se o condenado for reincidente em crime doloso; III - comprovado comportamento satisfatório durante a execução da pena, bom desempenho no trabalho que lhe foi atribuído e aptidão para prover à própria subsistência mediante trabalho honesto; IV - tenha reparado, salvo efetiva impossibilidade de fazê-lo, o dano causado pela infração; V - cumpridos mais de dois terços da pena, nos casos de condenação por crime hediondo, prática de tortura, tráfico ilícito de entorpecentes e drogas afins, tráfico de pessoas e terrorismo, se o apenado não for reincidente específico em crimes dessa natureza.	**Requisitos do livramento condicional** **Art. 83** - O juiz poderá conceder livramento condicional ao condenado a pena privativa de liberdade igual ou superior a 2 (dois) anos, desde que: I - cumprida mais de um terço da pena se o condenado não for reincidente em crime doloso e tiver bons antecedentes; II - cumprida mais da metade se o condenado for reincidente em crime doloso; III - comprovado: a) bom comportamento durante a execução da pena; b) não cometimento de falta grave nos últimos 12 (doze) meses; c) bom desempenho no trabalho que lhe foi atribuído; e d) aptidão para prover a própria subsistência mediante trabalho honesto; IV - tenha reparado, salvo efetiva impossibilidade de fazê-lo, o dano causado pela infração;

Redação ANTES da Lei 13.964/19	Redação DEPOIS da Lei 13.964/19
Parágrafo único - Para o condenado por crime doloso, cometido com violência ou grave ameaça à pessoa, a concessão do livramento ficará também subordinada à constatação de condições pessoais que façam presumir que o liberado não voltará a delinqüir.	V - cumpridos mais de dois terços da pena, nos casos de condenação por crime hediondo, prática de tortura, tráfico ilícito de entorpecentes e drogas afins, tráfico de pessoas e terrorismo, se o apenado não for reincidente específico em crimes dessa natureza. Parágrafo único - Para o condenado por crime doloso, cometido com violência ou grave ameaça à pessoa, a concessão do livramento ficará também subordinada à constatação de condições pessoais que façam presumir que o liberado não voltará a delinqüir.

Conceito e natureza jurídica do livramento condicional - O livramento condicional é uma medida penal consistente na liberdade antecipada do reeducando, etapa de preparação para a soltura plena, importante instrumento de ressocialização.

O benefício é decorrência do sistema progressivo de cumprimento de pena (porém, para sua concessão, não pressupõe a passagem por todos os regimes prisionais).

Sua previsão legal se encontra no artigo 83 do Código Penal, sendo de competência do juízo da execução penal, motivo pelo qual a matéria está bem detalhada nos artigos 131 a 146 da Lei de Execução Penal.

Atente-se que o livramento não é um benefício que está à mercê da vontade do julgador, mas é um claro direito subjetivo do apenado, desde que preenchidas as formalidades constantes do preceito.

Requisitos - Para o condenado obter o benefício da liberdade antecipada devem ser observados certos requisitos objetivos e subjetivos e devem ser cumpridas algumas condições.

Requisitos objetivos - Os requisitos objetivos do livramento estão relacionados com a pena imposta e reparação do dano. Vejamos:

(A) A pena imposta deve ser privativa de liberdade. Não alcança as penas restritivas de direitos ou pecuniária.

(B) A pena concreta a ser cumprida deve ser igual ou superior a dois anos. Nos termos do artigo 84 do Código Penal, o magistrado deverá somar as penas aplicadas em processos diversos para a verificação desse requisito.

(C) O apenado deve ter cumprido parcela da pena. O benefício da liberdade condicional é conferido ao condenado que cumpriu parte da pena privativa de liberdade que lhe foi imposta:

(C1) mais de metade, se reincidente.

> **Atenção**
>
> Somente a reincidência dolosa é que aumenta a fração de cumprimento da pena como condição do benefício; a culposa, de acordo com a maioria da doutrina, em nada interfere.

O STJ decidiu que, na concessão do livramento condicional, a reincidência do agente deve ser considerada entre os requisitos objetivos ainda que não o tenha sido na sentença condenatória, pois "é circunstância pessoal que interfere na execução como um todo, e não somente nas penas em que ela foi reconhecida. Precedentes citados: HC 95.505-RS, Quinta Turma, DJe 1º/2/2010; e EDcl no HC 267.328-MG, Quinta Turma, DJe de 6/6/2014 (HC 307.180/RS, Rel. Min. Felix Fischer, DJe 13/5/2015).

(C2) mais de um terço, se não reincidente e portador de bons antecedentes.

> **Atenção**
>
> Deve ser observado que a lei não tratou do condenado primário, mas portador de maus antecedentes. Na omissão, prevalece que o reeducando, com esses predicados, deve cumprir também um terço, o mesmo prazo do portador de bons antecedentes (*in dubio pro reo*).

(C3) mais de dois terços no caso de condenação por crime hediondo ou equiparado ou por tráfico de pessoas, desde que o apenado não seja reincidente específico em crimes dessa natureza (livramento condicional qualificado).

Atenção

Ao tratar das frações de cumprimento da pena para a progressão de regime, a Lei 13.964/19 (Pacote Anticrime) inseriu mais uma limitação ao livramento condicional. Segundo o art. 112, inc. VI, *a*, e inc. VIII, o condenado (primário ou reincidente) pela prática de crime hediondo ou equiparado com resultado morte não pode obter o benefício.

(D) Exige-se a reparação do dano causado pela infração penal, salvo impossibilidade de fazê-lo. A simples ausência de propositura de ação de indenização por parte da vítima não supre a presente necessidade (STF). Também o mero fato de o patrimônio do reeducando estar submetido à constrição processual não o desobriga de reparar o dano causado pela infração penal.

(E) Não cometimento de falta grave nos últimos doze meses. Este requisito objetivo foi introduzido pela Lei 13.964/19 (Pacote Anticrime) e é irretroativo, tendo em vista que limita a obtenção de um benefício que reflete diretamente no cumprimento da pena.

Atenção

Apesar da irretroatividade, é possível que o juiz negue a concessão do livramento com base no requisito relativo ao comportamento carcerário. A diferença é que, neste caso, como o bom comportamento é um requisito subjetivo, é preciso fundamentar a real incompatibilidade entre a falta cometida e a liberdade antecipada, ao passo que o óbice baseado no novo requisito introduzido no art. 83 se contenta com o mero cometimento da falta grave.

Faltas graves - As faltas graves correspondem a condutas contrárias ao bom andamento da execução penal e indicam que o condenado não se dispõe a se esforçar para sua própria reintegração social e que, portanto, não está apto a usufruir de determinados benefícios que poderiam antecipar sua liberdade. Embora a falta grave não seja exclusiva dos regimes mais severos (é possível cometê-la também no regime aberto), é nesta condição que se revela particularmente preocupante, pois, se mesmo sob a vigilância do estabelecimento prisional o condenado recusa submissão às regras, maior ainda é a probabilidade de fazê-lo em liberdade, ainda que restrita.

A Lei de Execução Penal estabelece no art. 50 um rol taxativo das hipóteses de falta grave:

I - incitar ou participar de movimento para subverter a ordem ou a disciplina: esta falta guarda similaridade com o crime de motim (art. 354 do CP), mas com ele não se confunde, pois se caracteriza ainda que apenas um preso tome a iniciativa de incitação subversiva, ao passo que o crime é plurissubjetivo.

II – fugir: a legislação penal considera crime a evasão quando praticada mediante violência (art. 352 do CP), circunstância esta dispensável na caracterização da falta na execução penal. Basta que o preso fuja ou, por exemplo, não retorne da saída temporária.

III - possuir, indevidamente, instrumento capaz de ofender a integridade física de outrem: o preso que traz consigo ou guarda instrumentos como facas, canivetes, estiletes ou similares comete falta grave. Basta que o preso possua o instrumento proibido, dispensando-se o efetivo porte ou uso.

IV - provocar acidente de trabalho: o preso que provocar (dolosamente) acidente de trabalho comete falta grave. O acidente provocado culposamente não caracteriza esta falta, podendo ser rotulado como falta leve ou média, desde que prevista na legislação local.

V - descumprir, no regime aberto, as condições impostas: o art. 115 da LEP estabelece as seguintes condições obrigatórias para o regime aberto: a) permanecer no local que for designado durante o repouso e nos dias de folga; b) sair para o trabalho e retornar nos horários fixados; c) não se ausentar da cidade onde reside sem autorização judicial;

d) comparecer no juízo para informar e justificar as suas atividades, quando for determinado. Além disso, o juiz pode impor condições especiais compatíveis com o regime mais brando. O preso que descumpre qualquer das condições impostas incorre em falta grave.

VI - inobservar os deveres previstos nos incisos II e V, do artigo 39 da LEP: a desobediência ao servidor e o desrespeito a qualquer pessoa com quem deva relacionar-se o condenado (inc. II) e a não execução do trabalho, das tarefas e das ordens recebidas (inc. V) constituem falta grave.

VII – ter em sua posse, utilizar ou fornecer aparelho telefônico, de rádio ou similar, que permita a comunicação com outros presos ou com o ambiente externo: a introdução de aparelho de comunicação no presídio, antes de março de 2007, não gerava, em regra, qualquer consequência para o preso surpreendido na posse do aparelho, para o agente público que se omitisse diante a obrigação de vigilância ou mesmo para o particular que o introduzisse no sistema penitenciário. Os dois primeiros comportamentos, com o advento da Lei 11.466/07, foram tipificados como falta grave (art. 50, inc. VII, da LEP) e crime (art. 319-A do CP), respectivamente. Posteriormente, a Lei 12.012/09 tipificou também as condutas de ingressar, promover, intermediar, auxiliar ou facilitar a entrada do aparelho, sem autorização, em estabelecimento prisional (art. 349-A do CP).

VIII – recusar a submeter-se ao procedimento de identificação do perfil genético: esta falta grave foi introduzida pela Lei 13.964/19 (Pacote Anticrime). Em 2012, a Lei 12.654 inseriu na Lei de Execução Penal o art. 9º-A para estabelecer que os condenados por crime doloso com violência de natureza grave contra a pessoa ou por qualquer dos crimes previstos no art. 1º da Lei 8.072/90 sejam submetidos à identificação do perfil genético, mediante extração de DNA, por técnica adequada e indolor.

Há quem considere inconstitucional a identificação do perfil genético porque tem características do direito penal do autor (remontando ao conceito de "criminoso nato" de Enrico Ferri), fere a segurança jurídica, desequilibra a balança da punição *vs* garantias e é campo fértil para abusos.

Pensamos, no entanto, que a medida em si não é incompatível com a ordem constitucional; ao contrário, é salutar quando se pensa num Estado que deve ser eficiente no combate à crescente criminalidade (garantismo positivo), sem desconsiderar as garantias do cidadão (garantismo negativo). Criticamos, apenas, a punição diante da recusa do condenado. Isto sim nos parece inconstitucional e inconvencional, pois é assegurado a todos o direito de não produzir prova contra si (*nemo tenetur se detegere*). Logo, em caso de recusa, deve o Estado buscar outros meios, como a colheita de material desprendido do corpo do indivíduo para servir à identificação genética. Não há impedimento ao uso de vestígios para colher material útil na identificação do indivíduo, nem há nenhum obstáculo para sua apreensão e análise. São partes do corpo humano (vivo) que já não pertencem a ele. Logo, todas podem ser apreendidas e submetidas a exame normalmente, sem nenhum tipo de consentimento (ex.: exame na saliva que se encontra nos cigarros fumados e jogados fora pelo condenado).

A falta grave interrompe o prazo para o livramento? Não. Embora o cometimento de falta grave interrompa o prazo para a progressão de regime (Súmula 534 STJ), não o faz para fins de concessão de livramento condicional, pois não há previsão legal a esse respeito. Nesse sentido é a súmula nº 441 do STJ, cujo conteúdo não é incompatível com a regra imposta pela Lei 13.964/19. Embora o condenado não possa obter o livramento se houver cometido falta grave nos doze meses anteriores à sua pretensão, o prazo do benefício não volta a correr do começo quando cometida a infração. Praticada a falta grave, nos 12 meses seguintes o reeducando não pode ser beneficiado com a liberdade antecipada, mesmo que cumpra seu requisito temporal. O prazo de 12 meses, aliás, coincide com o prazo da reabilitação da falta grave, hoje previsto na maioria dos regimentos internos das unidades prisionais dos vários estados brasileiros.

Requisitos subjetivos - Somando-se aos objetivos, temos os requisitos subjetivos, vinculados com o lado pessoal do executado. São eles:

(A) Bom comportamento durante a execução da pena. Esse requisito cobra do condenado comportamento adequado durante todo o tempo da execução da pena, seja no cumprimento das obrigações internas, seja no seu relacionamento com demais habitantes do sistema, com os funcionários, elementos indicativos da sua capacidade de readaptação social.

(B) Bom desempenho no trabalho que lhe foi atribuído. O legislador buscou dar ao sentenciado a oportunidade de exercitar sua aptidão para as atividades que lhe serão indispensáveis e úteis na volta à liberdade. Assim, deve aquele que pleiteia o livramento condicional demonstrar que pode bem desempenhar, a título de trabalho atribuído, tanto as atividades levadas a cabo no interior do cárcere, quanto aquelas desenvolvidas fora da prisão, quer sejam no serviço público, quer sejam na iniciativa privada.

(C) Aptidão para prover a própria subsistência mediante trabalho honesto. Este requisito aparece como desdobramento lógico do anterior.

(D) No caso de crime doloso praticado com violência ou grave ameaça à pessoa, é imprescindível a constatação de condições pessoais que façam presumir que o liberado não voltará a delinquir. O instrumento adequado para aferir essa condição é o exame criminológico. Anote-se que este exame era obrigatório antes da Lei 10.792/03, tendo sido suprimido. Não obstante, entendem os Tribunais Superiores que o juiz, fundamentando a sua necessidade, poderá determinar a sua realização.

Condições do livramento - O Juiz especificará as condições a que fica subordinado o livramento durante o período de prova (restante da pena a cumprir), dividindo-se em condições obrigatórias (art. 85 do CP) e facultativas (art. 132, § 2º, LEP).

Concessão e execução - A concessão do livramento condicional é de competência do juiz da execução, que poderá conceder o benefício após oitiva do Ministério Público, mas independentemente de parecer do Conselho Penitenciário. Seu marco inicial é a audiência admonitória, realizada no estabelecimento onde está sendo cumprida a pena (art. 137 da LEP), oportunidade em que o beneficiário será comunicado das condições, devendo aceitá-las para que tenha início o período de prova.

Concordando com as condições, será expedida a carta de livramento com a cópia integral da sentença em 2 (duas) vias, remetendo-se uma à autoridade administrativa incumbida da execução e outra ao Conselho Penitenciário (art. 136 da LEP). A Carta de Livramento tem dupla finalidade: além de cientificar o reeducando das condições impostas no benefício, tem a mesma força do alvará de soltura, determinando, ao final, que o condenado seja colocado em liberdade, se por outro motivo não estiver preso.

A cerimônia do livramento é um ato solene (art. 137 da LEP), cumprindo as seguintes formalidades:

(A) A sentença será lida ao liberando, na presença dos demais condenados, pelo Presidente do Conselho Penitenciário ou membro por ele designado, ou, na falta, pelo Juiz;

(B) A autoridade administrativa chamará a atenção do liberando para as condições impostas na sentença de livramento;

(C) O liberando declarará se aceita as condições;

(D) Por fim, será lavrado um termo subscrito por quem presidir a cerimônia e pelo liberando, ou alguém a sou rogo, se não puder ou souber escrever.

O liberado receberá (além do saldo de seu pecúlio e do que lhe pertencer) uma caderneta, ou na sua falta, um salvo-conduto, que exibirá à autoridade judiciária ou administrativa, sempre que for exigida ou necessária. Serve como documento de identificação do liberado (art. 138 da LEP).

A observação cautelar (vigilância discreta) e a proteção do liberado (orientando e auxiliando o liberando) serão de responsabilidade do serviço social penitenciário, Patronato ou Conselho da Comunidade, cumprindo as finalidades do art. 139 da LEP.

CONFISCO ALARGADO

"Art. 91-A. Na hipótese de condenação por infrações às quais a lei comine pena máxima superior a 6 (seis) anos de reclusão, poderá ser decretada a perda, como produto ou proveito do crime, dos bens correspondentes à diferença entre o valor do patrimônio do condenado e aquele que seja compatível com o seu rendimento lícito.

§ 1º Para efeito da perda prevista no *caput* deste artigo, entende-se por patrimônio do condenado todos os bens:

I - de sua titularidade, ou em relação aos quais ele tenha o domínio e o benefício direto ou indireto, na data da infração penal ou recebidos posteriormente; e

II - transferidos a terceiros a título gratuito ou mediante contraprestação irrisória, a partir do início da atividade criminal.

§ 2º O condenado poderá demonstrar a inexistência da incompatibilidade ou a procedência lícita do patrimônio.

§ 3º A perda prevista neste artigo deverá ser requerida expressamente pelo Ministério Público, por ocasião do oferecimento da denúncia, com indicação da diferença apurada.

§ 4º Na sentença condenatória, o juiz deve declarar o valor da diferença apurada e especificar os bens cuja perda for decretada.

§ 5º Os instrumentos utilizados para a prática de crimes por organizações criminosas e milícias deverão ser declarados perdidos em favor da União ou do Estado, dependendo da Justiça onde tramita a ação penal, ainda que não ponham em perigo a segurança das pessoas, a moral ou a ordem pública, nem ofereçam sério risco de ser utilizados para o cometimento de novos crimes."

Redação ANTES da Lei 13.964/19	Redação DEPOIS da Lei 13.964/19
Sem norma correspondente.	**Art. 91-A.** Na hipótese de condenação por infrações às quais a lei comine pena máxima superior a 6 (seis) anos de reclusão, poderá ser decretada a perda, como produto ou proveito do crime, dos bens correspondentes à diferença entre o valor do patrimônio do condenado e aquele que seja compatível com o seu rendimento lícito.

Redação ANTES da Lei 13.964/19	Redação DEPOIS da Lei 13.964/19
Sem norma correspondente.	§ 1º Para efeito da perda prevista no *caput* deste artigo, entende-se por patrimônio do condenado todos os bens: I - de sua titularidade, ou em relação aos quais ele tenha o domínio e o benefício direto ou indireto, na data da infração penal ou recebidos posteriormente; e II - transferidos a terceiros a título gratuito ou mediante contraprestação irrisória, a partir do início da atividade criminal. § 2º O condenado poderá demonstrar a inexistência da incompatibilidade ou a procedência lícita do patrimônio. § 3º A perda prevista neste artigo deverá ser requerida expressamente pelo Ministério Público, por ocasião do oferecimento da denúncia, com indicação da diferença apurada. § 4º Na sentença condenatória, o juiz deve declarar o valor da diferença apurada e especificar os bens cuja perda for decretada. § 5º Os instrumentos utilizados para a prática de crimes por organizações criminosas e milícias deverão ser declarados perdidos em favor da União ou do Estado, dependendo da Justiça onde tramita a ação penal, ainda que não ponham em perigo a segurança das pessoas, a moral ou a ordem pública, nem ofereçam sério risco de ser utilizados para o cometimento de novos crimes.

Confisco alargado - A Lei 13.964/19 (Pacote Anticrime) introduziu no Código Penal o art. 91-A, que disciplina o chamado confisco alargado (confisco ampliado ou perda alargada), uma espécie de efeito secundário da sentença penal condenatória que consiste na perda de bens equiparados ao produto ou proveito do crime.

Atenção

O confisco alargado não se confunde com o confisco por equivalência, inserido nos §§ 1º e 2º do art. 91 pela Lei 12.694/12. O primeiro se caracteriza por uma extensão do perdimento a bens que, embora não estejam ligados diretamente ao crime que está sendo julgado, de alguma forma provêm de atividades ilegais, tanto que seu conjunto é incompatível com o rendimento lícito do condenado. Já o segundo se impõe nas situações em que o produto ou o proveito direto do crime julgado não é encontrado ou se localiza no exterior, quando então se autoriza a medida sobre bens equivalentes que possam constituir o patrimônio lícito do condenado.

A principal motivação deste tipo de medida é a despatrimonialização do criminoso de modo a incrementar um reproche econômico significativo aos tradicionais efeitos dissuasórios e retributivos da sanção penal, notadamente àquelas categorias delitivas altamente rentáveis. Trata-se de estratégia de enfrentamento à criminalidade que parte da ideia de que determinados crimes são permeados por um alto grau de escolha racional, em que o agente avalia e assume os riscos e benefícios decorrentes de sua prisão e do retorno proporcionado. O elevado saldo patrimonial nessa equação de custo-benefício serve de incentivo para o intento criminoso. A análise econômica do crime, dentre outras lições, indica que um sistema criminal eficaz deve impor riscos superiores às vantagens inerentes à prática do crime. Ao atingir os bens que gravitam em torno da conduta delituosa praticada pelo agente, o confisco alargado reveste-se de nítida feição econômica, é fruto de manejo eficacional do direito penal e está inserido em um modelo de política criminal funcionalista porque busca enfrentar, com outra mecânica, o sentimento social de impunidade que gradativamente leva à perda da eficácia da própria ordem jurídica.

O confisco alargado não é cabível em qualquer condenação. O dispositivo em estudo elenca alguns pressupostos necessários que delimitam seu cabimento. Importa desde já deixar assentado que esses pressupostos servem para demonstrar que a legislação não cria uma presunção legal, mas tão somente uma consequência anexa e direta do édito condenatório que, por opção político-criminal, se alastra para outras esferas jurídicas e produz outros efeitos jurídicos mandamentais previstos na norma.

Pressupostos - Os pressupostos da medida são os seguintes:

(A) condenação por crime com pena máxima superior a seis anos: a lei exige uma condenação pela prática de crime cuja pena máxima seja superior a 06 (seis) anos de reclusão. Trata-se de requisito objetivo que atinge, por exemplo, crimes contra a Administração Pública como peculato, corrupção ativa e passiva e concussão; crimes contra o patrimônio como furto qualificado, roubo, extorsão, extorsão mediante sequestro e receptação qualificada; crimes financeiros como lavagem de dinheiro e gestão fraudulenta ou temerária de instituição financeira.

(B) Incompatibilidade do patrimônio com a renda lícita do agente: para a decretação do confisco alargado se faz necessária a demonstração da incompatibilidade/desproporcionalidade do patrimônio do condenado com o seu rendimento lícito, juízo central para a aplicação da medida.

A questão deve ser bem compreendida, principalmente sob o ponto de visto do ônus da prova. Assentado nos elementos que constituem a norma em estudo, o órgão acusador deve comprovar a evolução patrimonial em patamares desproporcionais à renda do agente, e deve fazê-lo com elementos probatórios colhidos ainda na fase investigativa. Tanto é assim que o § 3º do art. 91-A impõe que o Ministério Público faça na denúncia o pedido expresso de decretação da perda e aponte a diferença apurada. Por isso não há, propriamente, inversão do ônus da prova, pois a apresentação de justificativa razoável para a evolução patrimonial ou a comprovação de procedência lícita do patrimônio – como permite o § 2º – é típica matéria de defesa.

Observe-se que o art. 91-A abrange todos os bens que não sejam compatíveis com a renda lícita do criminoso, de modo a reputá-los como produto (*producta sceleris*) ou proveito do crime (*pretium sceleris*). Para sermos mais precisos, a norma considera como algo equivalente ao produto ou proveito do crime todos os bens correspondentes à diferença entre o valor do patrimônio do condenado e aquele compatível com o seu rendimento lícito. E, como dispõe o § 1º, entende-se por patrimônio do condenado para os efeitos do confisco:

(1) os bens de sua titularidade, ou em relação aos quais ele tenha o domínio e o benefício direto ou indireto, na data da infração penal ou recebidos posteriormente;

(2) os bens transferidos a terceiros a título gratuito ou mediante contraprestação irrisória, a partir do início da atividade criminal.

Embora o confisco alargado recaia em bens não identificados diretamente com a conduta criminosa - caso em que constituir-se-iam propriamente em produto ou proveito crime –, trata-se de medida considerada como uma consequência da sentença penal - daí porque tem natureza jurídica de efeito secundário da sentença penal condenatória - e atinge todos os demais ativos sobressalentes à receita legal do condenado e que não tiveram sua origem comprovada.

Conforme se extrai do § 1º do art. 91-A, o vocábulo "patrimônio" não deve ser compreendido apenas como o formalmente declarado. Como bem observa Francisco Cardoso, "deve ser efetivamente aplicado o conceito de beneficiário final ou beneficiário efetivo (*beneficial ownership*), de maneira a se buscar não apenas os bens que estejam registrados em nome do agente (como se sabe, poucos ou nenhum), mas todos aqueles que estejam sob seu domínio ou que por eles sejam controlados ou usufruídos. É o que costumamos chamar de patrimônio real e não o patrimônio declarado do agente delituoso. De acordo com as Recomendações do GAFI, impõe-se às instituições financeiras lato sensu, no âmbito das medidas de devida diligência ao cliente (CDD - *Costumer Due Diligence*) aplicadas, a obrigação de identificar o beneficiário efetivo das operações realizadas, adotando-se as medidas adequadas para verificar a sua identidade. Somente assim, podem as IFs ter um conhecimento satisfatório sobre a identidade do beneficiário efetivo da operação realizada. No caso de pessoas jurídicas, as IFs devem ainda adotar todas as medidas adequadas que lhes permitam compreender a estrutura de propriedade da figura jurídica, de forma a exercer o efetivo controle do cliente com o qual se relacionam. Isso quer dizer, não basta saber em nome de quem a operação está sendo realizada. Há a necessidade que os sujeitos obrigados efetivamente atuem de forma a identificar quem são os verdadeiros beneficiários ou controladores finais daquela operação. Tudo isso é feito justamente com a finalidade de se dar um espectro cada vez mais amplo na atividade estatal quando da identificação dos bens que compõem o patrimônio do agente. De modo que não escapem do radar dos órgãos de persecução criminal bens ou valores que tenham sido obtidos com a prática de crimes e que, pela complexidade de sua ocultação/dissimulação, não tenham sido descobertos e identificados quando da investigação criminal. No entanto, mesmo que cumprida adequadamente tal tarefa, identificando-se todos os bens que compõem o patrimônio real do criminoso, ainda mais complexa seria a atuação do Estado se a lei exigisse, para que tal patrimônio fosse atingido, a efetiva determinação de sua vinculação a uma prática criminosa específica" (*Projeto de Lei Anticrime, o Confisco Alargado e demais medidas para aprimorar o perdimento do produto do crime*. In: CUNHA, Rogério Sanches et al. Projeto de Lei Anticrime. Salvador: Juspodivm, 2019. p. 228-229).

Sentença - Na sentença em que decreta a perda, o juiz deve (a) declarar a diferença apurada entre o valor do patrimônio do condenado e aquele compatível com o seu rendimento lícito e (b) especificar os bens cuja perda está sendo decretada.

Destaca-se finalmente que o § 5º do art. 91-A alarga também o perdimento dos instrumentos utilizados para a prática de crimes por organizações criminosas e milícias.

O art. 91, inc. II, alínea a, ao dispor sobre o perdimento dos instrumentos do crime, impõe que se trate de objetos cujo fabrico, alienação, uso, porte ou detenção constitua fato ilícito. O § 5º do art. 91-A, ao contrário, dispõe que o perdimento deve ocorrer (em favor da União ou do Estado, dependendo da Justiça onde tramita a ação penal) ainda que os instrumentos não ponham em perigo a segurança das pessoas, a moral ou a ordem pública, nem ofereçam sério risco de ser utilizados para o cometimento de novos crimes. Se no perdimento do art. 91 se busca preservar a fruição de objetos que, embora momentaneamente usados para a prática de crimes, são de uso lícito e podem continuar a ser utilizados nessa qualidade pelo próprio agente ou por pessoas próximas, o mesmo cuidado não se justifica no caso de crimes cometidos por organizações criminosas ou milícias, cujos atos jamais serão considerados lícitos e, portanto, os instrumentos utilizados o serão sempre para finalidade espúria.

CAUSAS IMPEDITIVAS DA PRESCRIÇÃO
"Art. 116. ....

...

II - enquanto o agente cumpre pena no exterior;

III - na pendência de embargos de declaração ou de recursos aos Tribunais Superiores, quando inadmissíveis; e

IV - enquanto não cumprido ou não rescindido o acordo de não persecução penal.

.."(NR)

Redação ANTES da Lei 13.964/19	Redação DEPOIS da Lei 13.964/19
Causas impeditivas da prescrição **Art. 116** - Antes de passar em julgado a sentença final, a prescrição não corre: I - enquanto não resolvida, em outro processo, questão de que dependa o reconhecimento da existência do crime; II - enquanto o agente cumpre pena no estrangeiro. Parágrafo único - Depois de passada em julgado a sentença condenatória, a prescrição não corre durante o tempo em que o condenado está preso por outro motivo.	**Causas impeditivas da prescrição** **Art. 116** - Antes de passar em julgado a sentença final, a prescrição não corre: I - enquanto não resolvida, em outro processo, questão de que dependa o reconhecimento da existência do crime; II - enquanto o agente cumpre pena no exterior; III - na pendência de embargos de declaração ou de recursos aos Tribunais Superiores, quando inadmissíveis; e IV - enquanto não cumprido ou não rescindido o acordo de não persecução penal. Parágrafo único - Depois de passada em julgado a sentença condenatória, a prescrição não corre durante o tempo em que o condenado está preso por outro motivo.

Conceito de prescrição – A prescrição é a perda, em face do decurso do tempo, do direito de o Estado punir (prescrição da pretensão punitiva) ou executar uma punição já imposta (prescrição da pretensão executória).

Trata-se de um limite temporal ao direito de punir do Estado. Sendo matéria de ordem pública, deve ser conhecida, ainda que de ofício, pelo juiz. Nesse sentido dispõe o artigo 61 do Código de Processo

Penal: "Em qualquer fase do processo, o juiz, se reconhecer extinta a punibilidade, deverá declará-la de ofício".

Fundamentos da prescrição – Com Cezar Roberto Bitencourt (Tratado de Direito Penal. 17ª ed. São Paulo: Saraiva, 2012. p. 875), podemos apontar os principais **fundamentos políticos** que sustentam a legitimidade da prescrição:

1) o decurso do tempo leva ao esquecimento do fato;

2) o decurso do tempo leva à recuperação do criminoso;

3) o Estado deve arcar com sua inércia;

4) o decurso do tempo enfraquece o suporte probatório.

Em resumo, o tempo faz desaparecer o interesse social de punir.

Espécies de prescrição - Existem duas principais espécies de prescrição:

A) da pretensão punitiva, que ocorre antes do trânsito em julgado da sentença e extingue o direito de punir do Estado, impedindo-o de acionar o Poder Judiciário na busca da aplicação da lei penal ao fato cometido pelo agente, ou, caso exercido o direito de ação, impedindo-o de ver julgado, definitivamente, o processo em curso;

B) da pretensão executória (art. 110, *caput*, do CP), esta posterior ao trânsito em julgado, impedindo o Estado de executar a punição (pena ou medida de segurança) imposta na sentença definitiva, subsistindo, porém, os efeitos secundários da condenação.

A prescrição da pretensão punitiva, por sua vez, apresenta quatro formas:

1) propriamente dita (em abstrato), tratada no art. 109 do CP;

2) superveniente, disposta no art. 110, § 1°;

3) retroativa, prevista no art. 110, § 1°;

4) e virtual ou antecipada (criada pela jurisprudência).

Causas suspensivas – A prescrição, diferentemente da decadência, pode ter seu prazo suspenso (art. 116 do CP) ou interrompido (art. 117 do CP). A Lei 13.964/19 alterou o art. 116, ampliando as causas suspensivas, mais precisamente da prescrição da pretensão punitiva. Vejamos cada uma (antigas e novas).

A primeira hipótese de causa suspensiva da prescrição da pretensão punitiva está prevista no artigo 116, I, do Código Penal, que estabelece que o prazo fatal não corre enquanto não resolvida, em outro processo, questão de que dependa o reconhecimento da existência do crime. São as chamadas questões prejudiciais, previstas nos artigos 92 a 94 do CPP.

Atenção

Julgando questão de ordem no recurso extraordinário 966.177/RS (j. 07/06/2017), o STF conferiu interpretação conforme a esta causa suspensiva para determinar a suspensão do prazo prescricional também nos casos em que reconhecida a repercussão geral em matéria criminal. Concluiu-se que o trâmite dos recursos com repercussão geral muitas vezes inviabilizava o exercício da ação penal pelo Ministério Público, contrariando, portanto, o princípio de que o confronto processual deve se basear na paridade de medidas de que dispõe cada uma das partes. Permitir o pleno curso da prescrição enquanto não decidida a questão prejudicial da repercussão contraria, dessa forma, o princípio da proporcionalidade. A suspensão, no entanto, se aplica somente nas ações penais em curso, não em inquéritos policiais nem em procedimentos investigatórios no âmbito do Ministério Público. E, mesmo nas ações penais, a suspensão não se aplica se o réu estiver preso, pois, nesta situação, tem maior relevância a razoável duração do processo, que não poderia ter sua marcha interrompida indefinidamente enquanto alguém sofre restrição de liberdade a título precário, sem a formação de culpa.

Apesar de o presente inciso referir-se apenas à questão prejudicial obrigatória, é entendimento prevalente na doutrina aplicar-se também para a hipótese de questão prejudicial facultativa, desde que o Juiz decida acatá-la.

A segunda causa suspensiva da prescrição da pretensão punitiva está prevista no inciso II, dispondo a paralisação da prescrição enquanto o agente cumpre pena no exterior.

A terceira causa suspensiva foi inserida pela Lei 13.964/19 (Pacote Anticrime) no inciso III e impede o curso do prazo prescricional na pendência de embargos de declaração ou de recursos aos Tribunais Superiores, quando inadmissíveis.

Atenção

Os embargos de declaração são um recurso que tem por objetivo desfazer obscuridade, ambiguidade, contradição ou omissão de sentença ou acórdão. Há, portanto, duas modalidades de embargos: aqueles voltados contra acórdão, previstos no art. 619 do CPP, e os opostos contra sentença de 1º grau, extraídos do art. 382 e denominados "embarguinhos" pela doutrina. A nosso ver, mesmo os embargos opostos contra a sentença devem suspender a prescrição, pois, embora não disciplinados no Título dos recursos no Código de Processo Penal, são admitidos com a mesma natureza daqueles opostos contra o acórdão.

Evita-se, com isso, que embargos (no geral incapazes de modificar substancialmente a decisão) e recursos de índole extraordinária sejam utilizados como instrumentos meramente protelatórios para se alcançar a prescrição por meio do adiamento do julgamento final. Trata-se de causa suspensiva irretroativa, aplicando-se somente a fatos cometidos após sua entrada em vigor.

A quarta hipótese de suspensão, também inserida pela Lei 13.964/19, incide enquanto não cumprido ou não rescindido o acordo de não persecução penal. Estudamos o acordo no capítulo próprio, ao qual remetemos o leitor.

O rol do artigo 116 não comporta analogia (que seria, necessariamente, *in malam partem*, vedada entre nós). Por outro lado, não podemos caracterizá-lo como rol taxativo já que há outras causas suspensivas em nosso ordenamento jurídico, a exemplo do:

- artigo 53, §§ 3º a 5º, da CF/88, que disciplina a suspensão de processo contra parlamentares;
- artigo 89, § 6º, da Lei nº 9.099/95, que trata da suspensão condicional do processo e consequente suspensão da prescrição, nos casos que especifica;

• artigo 366 do CPP, que regula a citação por edital no processo penal, devendo ficar suspenso o curso prescricional durante este lapso (entende o STJ, conforme súmula nº 415, que este período de suspensão é regulado pelo máximo da pena cominada);

• artigo 386 do CPP, que regula a suspensão do prazo prescricional em caso de carta rogatória, quando o acusado se encontra no estrangeiro;

• artigo 87 da Lei nº 12.529/2011, que prevê como causa suspensiva o acordo de leniência, nos crimes contra a ordem econômica tipificados na Lei nº 8.137/90 e nos demais crimes diretamente relacionados à prática de cartel, tais como os tipificados na Lei nº 8.666/93 e os tipificados no Código Penal.

• artigo 83, §2º, da Lei nº 9.430/96 (redação dada pela Lei nº 12.382/2011), que determina a suspensão da pretensão punitiva estatal em caso de parcelamento dos débitos tributários relativos aos crimes contra a ordem tributária (arts. 1º e 2º da Lei nº 8.137/90) e contra a previdência social (arts. 168-A e 337-A, CP).

Por fim, o parágrafo único do artigo 116 disciplina outra causa suspensiva da prescrição, mas agora aplicada à prescrição da pretensão executória. Depois de passada em julgado a sentença condenatória, a prescrição não corre durante o tempo em que o condenado está preso por outro motivo.

ROUBO MAJORADO PELO EMPREGO DE ARMA

"Art. 157. ....

..

§ 2º. ....

..

VII - se a violência ou grave ameaça é exercida com emprego de arma branca.

..

§ 2º-B. Se a violência ou grave ameaça é exercida com emprego de arma de fogo de uso restrito ou proibido, aplica-se em dobro a pena prevista no *caput* deste artigo.

.."(NR)

Redação ANTES da Lei 13.964/19	Redação DEPOIS da Lei 13.964/19
Roubo **Art. 157** - Subtrair coisa móvel alheia, para si ou para outrem, mediante grave ameaça ou violência a pessoa, ou depois de havê-la, por qualquer meio, reduzido à impossibilidade de resistência: Pena - reclusão, de quatro a dez anos, e multa. § 1º - Na mesma pena incorre quem, logo depois de subtraída a coisa, emprega violência contra pessoa ou grave ameaça, a fim de assegurar a impunidade do crime ou a detenção da coisa para si ou para terceiro. § 2º A pena aumenta-se de 1/3 (um terço) até metade: I – (revogado); II - se há o concurso de duas ou mais pessoas; III - se a vítima está em serviço de transporte de valores e o agente conhece tal circunstância.	**Roubo** **Art. 157** - Subtrair coisa móvel alheia, para si ou para outrem, mediante grave ameaça ou violência a pessoa, ou depois de havê-la, por qualquer meio, reduzido à impossibilidade de resistência: Pena - reclusão, de quatro a dez anos, e multa. § 1º - Na mesma pena incorre quem, logo depois de subtraída a coisa, emprega violência contra pessoa ou grave ameaça, a fim de assegurar a impunidade do crime ou a detenção da coisa para si ou para terceiro. § 2º A pena aumenta-se de 1/3 (um terço) até metade: I – (revogado); II - se há o concurso de duas ou mais pessoas; III - se a vítima está em serviço de transporte de valores e o agente conhece tal circunstância.

Redação ANTES da Lei 13.964/19	Redação DEPOIS da Lei 13.964/19
IV - se a subtração for de veículo automotor que venha a ser transportado para outro Estado ou para o exterior; V - se o agente mantém a vítima em seu poder, restringindo sua liberdade. VI – se a subtração for de substâncias explosivas ou de acessórios que, conjunta ou isoladamente, possibilitem sua fabricação, montagem ou emprego. § 2º-A. A pena aumenta-se de 2/3 (dois terços): I – se a violência ou ameaça é exercida com emprego de arma de fogo; II – se há destruição ou rompimento de obstáculo mediante o emprego de explosivo ou de artefato análogo que cause perigo comum. § 3º Se da violência resulta: I – lesão corporal grave, a pena é de reclusão de 7 (sete) a 18 (dezoito) anos, e multa; II – morte, a pena é de reclusão de 20 (vinte) a 30 (trinta) anos, e multa.	IV - se a subtração for de veículo automotor que venha a ser transportado para outro Estado ou para o exterior; V - se o agente mantém a vítima em seu poder, restringindo sua liberdade. VI – se a subtração for de substâncias explosivas ou de acessórios que, conjunta ou isoladamente, possibilitem sua fabricação, montagem ou emprego. VII - se a violência ou grave ameaça é exercida com emprego de arma branca. § 2º-A. A pena aumenta-se de 2/3 (dois terços): I – se a violência ou ameaça é exercida com emprego de arma de fogo; II – se há destruição ou rompimento de obstáculo mediante o emprego de explosivo ou de artefato análogo que cause perigo comum. § 2º-B. Se a violência ou grave ameaça é exercida com emprego de arma de fogo de uso restrito ou proibido, aplica-se em dobro a pena prevista no *caput* deste artigo. § 3º Se da violência resulta: I – lesão corporal grave, a pena é de reclusão de 7 (sete) a 18 (dezoito) anos, e multa; II – morte, a pena é de reclusão de 20 (vinte) a 30 (trinta) anos, e multa.

Roubo próprio e roubo impróprio - O crime de roubo é complexo, unidade jurídica que se completa pela reunião de dois tipos penais: furto (art. 155 do CP) e constrangimento ilegal (art. 146 do CP). Tutela-se, a um só tempo, o patrimônio e a liberdade individual da vítima.

Em que pese a clara gravidade do crime, que pode atingir não só o patrimônio da vítima, como também sua integridade física, o Código Penal não o classificou como delito contra a pessoa.

No *caput*, tem-se o roubo próprio, hipótese em que o agente, visando apoderar-se do patrimônio alheio, lança mão: a) de violência; b) grave ameaça c) ou qualquer outro meio capaz de impossibilitar a vítima de resistir ou defender-se.

Entende-se por violência o constrangimento físico da vítima (emprego de força sobre seu corpo), retirando dela os meios de defesa para subtrair o bem.

A grave ameaça consiste na intimidação, isto é, coação psicológica, na promessa, direta ou indireta, implícita ou explícita, de castigo ou de malefício. A sua análise foge da esfera física para atuar no plano da atividade mental. Por isso mesmo sua conceituação é complexa, porque atuam fatores diversos, como a fragilidade da vítima, o momento (dia ou noite), o local (ermo, escuro etc.) e a própria aparência do agente.

A simulação do uso de arma de fogo durante a subtração configura grave ameaça caracterizadora do crime de roubo, pois tal conduta é suficiente para causar a intimidação da vítima (nesse sentido: RJDTACRIM 7/255).

A superioridade numérica de agentes, de acordo com os Tribunais Superiores, não serve para caracterizar a grave ameaça, tratando-se, na verdade, de furto qualificado (HC 147.622-RJ, Rel. originário Min. Nilson Naves, Rel. para acórdão Min. Maria Thereza de Assis Moura, julgado em 9/3/2010).

O terceiro *modus operandi* refere-se ao emprego de outro meio, que não a violência ou grave ameaça, porém a ela equiparada (violência imprópria), retirando da vítima a sua capacidade de oposição (emprego de drogas, soníferos, hipnose etc.).

No roubo impróprio (ou roubo por aproximação), previsto no § 1º, o agente usa da violência ou grave ameaça não para subtrair a coisa, mas, como diz o dispositivo, para assegurar a impunidade do crime ou a detenção da coisa (já apoderada).

O § 1º, ao contrário do *caput*, não prevê a possibilidade de praticar o roubo por outro meio que não seja a violência ou a grave ameaça.

No roubo impróprio, a violência ou grave ameaça deve ser empregada após a efetiva subtração patrimonial ("logo depois" do apoderamento do objeto), não podendo decorrer período prolongado após a subtração do bem. A interpretação que se dá à expressão "logo depois" é no sentido de que é admissível somente até a consumação do furto que o agente pretendia cometer. Após esse período, o crime não pode mais sofrer qualquer alteração, já que a infração penal (furto) está consumada. Por isso, transcorrido esse momento, o emprego de violência ou grave ameaça gera crime autônomo de lesões corporais ou ameaça, em concurso material com o furto consumado.

Majorantes do §2º. - O § 2º estabelece majorantes, aplicáveis tanto ao roubo próprio (*caput*) quanto ao impróprio (§ 1º).

Emprego de arma - O inciso I (emprego de arma) foi revogado pela Lei 13.654/18. A mesma lei inseriu no art. 157 o § 2º-A, que aumenta a pena do roubo cometido com o emprego de arma de fogo. Posteriormente, a Lei 13.964/19 (Pacote Anticrime) incluiu no § 2º o inciso VII, que majora a pena pelo emprego de arma branca. Veremos à frente quais as consequências dessas alterações legislativas.

Concurso de pessoas - O inciso II faz referência ao concurso de pessoas. A questão, aqui, capaz de gerar alguma controvérsia, é a que diz respeito à presença dos partícipes no evento, prevalecendo ser dispensável a prática de atos executórios por todos os agentes.

No cômputo mínimo de duas pessoas, devemos considerar eventuais inimputáveis ou agentes não identificados.

Transporte de valores - Estabelece, ainda, o § 2º, no seu inciso III, o aumento de pena quando a vítima, por ofício, dedica-se ao transporte de valores. Esta majorante está umbilicalmente ligada ao interesse estatal em garantir segurança ao transporte de valores, incluindo, nesse manto protetor, o microempresário.

O que são valores? Certamente o vendedor que distribui mercadoria, recebe o preço e retorna à base, também transporta valores. Sem razão, assim, aqueles que buscam limitar o aumento apenas aos casos de transporte de valores das casas bancárias.

O STJ tem decidido que o roubo cometido contra os Correios atrai a majorante:

"A pena do delito de roubo é majorada se a vítima está em serviço de transporte de valores e o agente conhece tal circunstância, salientando-se que o termo "transporte de valores" deve abranger outros bens e produtos de valor econômico. Na hipótese, as vítimas eram funcionários da Empresa Brasileira de Correios e Telégrafos, que transportavam produtos cosméticos de expressivo valor econômico e liquidez" (REsp 1.309.966/RJ, j. 26/08/2014).

Veículo automotor que venha a ser transportado para outro Estado ou para o exterior - No inciso IV, a lei buscou, com a severidade da pena, minimizar o recorrente roubo de veículos automotores e sua posterior remessa a outros Estados ou países.

Restrição da liberdade da vítima - Se o agente mantém a vítima em seu poder, restringindo a sua liberdade, a pena também é aumentada (inciso V). Nesta hipótese, o agente, para consumar o crime ou garantir o sucesso da fuga, mantém a vítima em seu poder, restringindo a sua liberdade de locomoção. Não se confunde com a hipótese de o agente privar desnecessariamente a liberdade de locomoção da vítima, por período prolongado, caso em que teremos roubo em concurso material com o delito de sequestro.

Em razão da modificação introduzida na Lei 8.072/90 pela Lei 13.964/19 (Pacote Anticrime), o roubo cometido com restrição à liberdade de locomoção da vítima se tornou hediondo. Tratando-se de *novatio legis in pejus*, aplica-se apenas aos delitos cometidos após sua entrada em vigor.

Roubo de explosivos - Por meio da Lei 13.654/18, o § 2º do art. 157 passou a contar com o inciso VI, que aumenta a pena se a subtração for de substâncias explosivas ou de acessórios que, conjunta ou isoladamente, possibilitem sua fabricação, montagem ou emprego.

Arma branca - A Lei 13.964/19 (Pacote Anticrime) inseriu no § 2º o inciso VII, que majora a pena do roubo cometido com emprego de arma branca, assim considerados todos os objetos confeccionados sem finalidade bélica, porém capazes de intimidar, ferir o próximo (ex.: faca de cozinha, navalha, foice, tesoura, guarda-chuva, pedra, pedaços de vidro, etc.).

Esta causa de aumento integrou o tipo do roubo até 2018, quando a Lei 13.654/18 revogou o inciso I do § 2º e, no inciso I do § 2º-A, restringiu a majoração ao emprego de arma de fogo. Inúmeras foram as críticas ao procedimento adotado pelo legislador, pois, além de desconsiderar um fator que sem dúvida torna mais grave o crime, a restrição promovida foi benéfica, ou seja, retroagiu para retirar a majorante de roubos que haviam sido cometidos com objetos outros que não armas de fogo:

"A atual previsão contida no art. 157, § 2º-A, inciso I, do Código Penal, incluído pela Lei n. 13.654/2018, limita a possibilidade de aumento de pena à hipótese de a violência ser cometida mediante emprego de arma de fogo, assim considerado o instrumento que "(...) arremessa projéteis empregando a força expansiva dos gases gerados pela combustão de um propelente confinado em uma câmara que, normalmente, está solidária a um cano que tem a função de propiciar continuidade à combustão do propelente, além de direção e estabilidade ao projétil", de acordo com o art. 3º, XIII, do Decreto n. 3.665/2000.

Portanto, não se está diante de continuidade normativa, mas de abolitio criminis, na hipótese de o delito ser praticado com emprego de artefato diverso de arma de fogo" (STJ - REsp 1.519.860/RJ, j. 17/05/2018).

Em decisões posteriores, o STJ concluiu que o emprego de arma branca era apto a fundamentar o aumento da pena-base devido às circunstâncias mais graves do roubo, e esta operação poderia ser feita até mesmo em grau de recurso sobre fatos cometidos ainda sob a vigência da majorante revogada, sem que se cogitasse a ocorrência de *reformatio in pejus*:

"(...) Em grau de apelação, o Tribunal de origem, por maioria, reformou parcialmente a sentença para afastar a majorante pelo emprego da arma branca no roubo, mas reposicionou a força negativa dessa circunstância para o primeiro estágio dosimétrico, a fim de exasperar em mais 1 (um) ano a pena-base, o que resultou na sanção corporal de 5 (cinco) anos e 6 (seis) meses de reclusão, em regime inicial fechado, e pagamento de 20 (vinte) dias-multa (e-STJ fl. 195).

Os embargos infringentes e de nulidade manejados pela defesa (e-STJ fls. 240-242) foram acolhidos para afastar a valoração negativa sobre o emprego da arma branca e, com isso, redimensionar a pena corporal para 4 (quatro) anos e 6 (seis) meses de reclusão, em regime inicial fechado, e pagamento de 20 (vinte) dias-multa (e-STJ fls. 255-269).

(...)

Nas razões do recurso especial (e-STJ fls. 322-343), o Ministério Público reputou contrariado os arts. 617 e 619 do Código de Processo Penal e o art. 59 do Código Penal. Suscitou, em primeiro lugar, a omissão do Tribunal de origem sobre a suposta inconstitucionalidade da supressão do inciso I do § 2º do art. 157 do CP. Na sequência, alegou que o emprego da arma branca, embora não seja mais passível de configurar causa de aumento para o crime de roubo, pode ser utilizado para majoração da pena-base. Demais disso sustentou a ausência de reformatio in pejus no caso concreto, pois, a despeito do recurso exclusivo da defesa, a transposição da referida circunstância do terceiro para o primeiro estágio dosimétrico não implicou a fixação de pena definitiva maior que a estabelecida no primeiro grau de jurisdição.

(...)

Ao que se nota, a reforma do acórdão referente ao julgamento da apelação foi justificada pela inadmissibilidade da reformatio in pejus no caso de recurso exclusivo da defesa.

Contudo, consoante a jurisprudência desta Corte Superior, "[não] há que se falar no presente caso em ofensa ao princípio da ne reformatio in pejus. De fato, esta Corte Superior entende que o emprego de arma branca, embora não configure mais causa de aumento do crime de roubo, poderá ser utilizado para majoração da pena-base, quando as circunstâncias do caso concreto assim justificarem" (HC n. 436.314/SC, Rel. Ministro FELIX FISCHER, Quinta Turma, julgado em 16/8/2018, DJe 21/8/2018).

(...)

No caso concreto, conforme assinalado no voto condutor do julgamento da apelação, "o uso ostensivo de um facão, arma com altíssima potencialidade lesiva, para ameaçar a vítima" (e-STJ fl. 193) durante a execução do roubo, elevou o senso de reprovabilidade da conduta a ponto de justificar a exasperação da pena-base, por valoração negativa das circunstâncias do crime" (AgRg no REsp 1.818.235/RS, Rel. Min. Jorge Mussi, j. 19/09/2019).

Com a majorante ressuscitada, para os fatos cometidos a partir de sua vigência, não há mais necessidade de fundamentar o aumento da pena-base em razão da maior gravidade da conduta cometida com armas brancas. Aliás, considerar essa circunstância na pena-base e como majorante, caracteriza indisfarçável "bis in idem".

Majorantes do §2º-A. - O § 2º-A, introduzido pela Lei 13.654/18, também aplicável às modalidades própria e imprópria do roubo, estabelece o aumento de dois terços na pena em duas situações: I – se a violência ou ameaça é exercida com emprego de arma de fogo; II – se há destruição ou rompimento de obstáculo mediante o emprego de explosivo ou de artefato análogo que cause perigo comum.

Arma de fogo - O inciso I majora a pena se a violência ou a ameaça é exercida com emprego de arma de fogo.

Sempre se ensinou (e decidiu) incidir o aumento quando empregada no crime arma de brinquedo, idônea a atemorizar o próximo. Esse posicionamento estava sumulado no STJ (Súmula 174). Contudo, em 2001, referido Tribunal Superior retificou seu entendimento (por maioria), decidindo, hoje, que a ameaça exercida com emprego de simulacro de arma de fogo é apta para configurar a intimidação caracterizadora do crime de roubo, mas incapaz de gerar a majorante.

Com esse entendimento (e talvez sem perceber), o STJ incentivou a corrente que leciona que arma verdadeira, porém desmuniciada (e sem capacidade de pronto municiamento) é tão "inofensiva" quanto uma arma de brinquedo, devendo, igualmente, escapar do aumento. Aliás, se a preocupação é com a capacidade lesiva do instrumento utilizado no crime, manda a coerência que a arma deve ser apreendida e periciada. Entretanto, a maioria da jurisprudência dos tribunais superiores (STF e STJ) orienta que, para a configuração da majorante, mostra-se dispensável a apreensão da arma utilizada no crime, desde que sua utilização fique demonstrada por outros meios de prova. Não obstante, a majorante não é aplicável aos casos nos quais a arma utilizada na prática do delito é apreendida e periciada, mas se constata sua inaptidão para a produção de disparos.

Arma de fogo de uso restrito ou proibido - De acordo com o § 2º-B, inserido no art. 157 pela Lei 13.964/19 (Pacote Anticrime), a pena do *caput* é aplicada em dobro se a arma de fogo empregada for de uso restrito ou proibido.

Destaca-se inicialmente que não se trata de circunstância qualificadora, mas sim de majorante, pois não se estabelece nova cominação que serve de base para o juiz aplicar o critério trifásico. Ao dispor que a pena se aplica em dobro, a lei impõe, tal como seria se o aumento fosse de 1/3, 1/2 ou 2/3, que o juiz majore a pena na terceira fase de aplicação.

Na definição apresentada pelo art. 2º, inc. II, do Decreto 9.847/19, são de uso restrito as armas de fogo automáticas e as semiautomáticas ou de repetição que sejam: a) não portáteis; b) de porte, cujo calibre nominal, com a utilização de munição comum, atinja, na saída do cano de prova, energia cinética superior a mil e duzentas libras-pé ou mil seiscentos e vinte joules; c) portáteis de alma raiada, cujo calibre nominal, com a utilização de munição comum, atinja, na saída do cano de prova, energia cinética superior a mil e duzentas libras-pé ou mil seiscentos e vinte joules.

De acordo com o art. 2º, inc. III, do mesmo decreto, são de uso proibido: a) as armas de fogo assim classificadas em acordos e tratados internacionais dos quais a República Federativa do Brasil seja signatária; b) as armas de fogo dissimuladas, com aparência de objetos inofensivos.

Note-se que o texto da majorante especifica a arma de fogo de uso restrito ou proibido, omitindo-se em relação àquela de uso permitido, mas com características modificadas de forma a torná-la equivalente à de uso restrito.

Neste caso, em que o assaltante utiliza um instrumento de uso permito modificado e municiado com projéteis de uso restrito, certamente haverá quem considere impossível subsumir a conduta à majorante sem ofensa ao princípio da reserva legal. Pensamos, no entanto, que pode ser aplicado aqui raciocínio semelhante ao desenvolvido pelo STJ a respeito da caracterização da falta grave cometida pelo preso que mantém sob sua posse acessórios de aparelhos telefônicos. Com efeito, a Lei de Execução Penal pune o preso que possui aparelho telefônico, de rádio ou similar, mas nada menciona acerca de acessórios como baterias, chips e carregadores. O STJ estende a incidência da regra a quem possui os acessórios sob o fundamento de que se trata de objetos imprescindíveis ao funcionamento dos aparelhos e que, por isso, exigem a devida coibição. Nesta causa de aumento do roubo o que importa é a potencialidade lesiva do projétil que pode atingir a vítima e lhe provocar danos maiores. Pouco importa se o mecanismo de disparo era originalmente de uso permitido, pois o potencial de dano está no objeto disparado. Deste modo, sob pena de insuficiente proteção ao bem jurídico, a nosso ver a expressão "arma de fogo de uso restrito" deve ser compreendida como sendo tanto o artefato assim classificado pela legislação quanto o de uso permitido modificado para aumentar sua potência.

O emprego da arma de fogo de uso restrito ou proibido que se restrinja ao contexto fático do roubo atrai apenas a majorante. Se a arma é utilizada tão somente para o cometimento do crime patrimonial, seu emprego é considerado apenas um meio para que se alcance o objetivo final. Se, contudo, a arma for localizada com o agente em outro momento, quando já não seja possível estabelecer uma ligação estreita com a subtração cometida, imputam-se em concurso o crime contra o patrimônio majorado e o crime relativo à arma de fogo (art. 16, *caput* ou § 2º, da Lei 10.826/03).

No mais, a Lei 13.964/19 (Pacote Anticrime) alterou o art. 1º da Lei 8.072/90 para inserir no rol dos crimes hediondos o roubo cometido com emprego de qualquer arma de fogo (§ 2º-A e § 2º-B).

Em resumo, o emprego de arma no crime de roubo pode ser assim representado:

Arma branca	**Arma de fogo de uso permitido**	**Arma de fogo de uso restrito ou proibido**
Aumento de 1/3 até 1/2	Aumento de 2/3	Aumento em dobro

Emprego de explosivo ou de artefato análogo - No inciso II do § 2º-A existe outra majorante para as situações em que há destruição ou rompimento de obstáculo mediante o emprego de explosivo ou de artefato análogo que cause perigo comum. Trata-se aqui da situação na qual o agente emprega violência ou grave ameaça a pessoa para praticar a subtração por meio de explosivos.

Imaginemos o caso em que um grupo criminoso invade um estabelecimento comercial durante o expediente, subjuga as pessoas presentes e instala um dispositivo explosivo para abrir um cofre. Antes da Lei 13.654/18 havia o crime de roubo em concurso com o de explosão, mas agora, sob pena de bis in idem, imputa-se apenas o roubo com pena majorada em dois terços.

A Lei 13.964/19 (Pacote Anticrime) tornou hediondo o furto qualificado pelo emprego de explosivo, mas não o fez em relação ao roubo majorado pela mesma circunstância, omissão inexplicável que torna desproporcionais as consequências penais para estes crimes. De fato, não é nada razoável impor um tratamento muito mais severo ao autor do furto e não o fazer ao autor do roubo, crime que, além do emprego de explosivo, carrega circunstâncias de especial gravidade como a violência e a grave ameaça a pessoa.

Pluralidade de majorantes - No que concerne ao reflexo de múltiplas majorantes no quantum da pena, que, antes da vigência da Lei 13.654/18 e da Lei 13.964/19 (Pacote Anticrime), período em que o crime de roubo era majorado apenas pelas circunstâncias do § 2º, o STJ firmou o entendimento de que o aumento na terceira fase de aplicação da pena exige fundamentação concreta, não sendo suficiente para a exasperação a mera indicação do número de majorantes (súmula 443). O STF, que adotava o entendimento de que a pluralidade de circunstâncias majorantes forçava a exasperação da pena a se aproximar do máximo, mudou a orientação e tem seguido o que já havia estabelecido o STJ.

Com a entrada em vigor das novas majorantes do § 2º-A e do § 2º-B, esta regra pode se relativizar. Se o roubo for cometido em circunstâncias que correspondam a majorantes dispostas em diversos parágrafos, ao juiz é possível limitar-se a um só aumento (art. 68, parágrafo único, do CP) ou aplicar mais de um – conforme as finalidades da pena e as circunstâncias do caso concreto –, seguindo, na segunda hipótese, o princípio da incidência isolada (o segundo aumento recai na pena precedente, não na já aumentada). Assim, num roubo cometido em concurso de pessoas e com emprego de arma de fogo de uso restrito, o juiz pode tanto aplicar apenas o aumento no dobro relativo ao emprego da arma, como também pode fazer incidir o aumento de 1/3 a 1/2 pelo concurso de agentes.

Roubo qualificado pelo resultado e a Lei dos Crimes Hediondos - O § 3º está dividido em dois incisos. O primeiro refere-se ao resultado lesão corporal de natureza grave (§§ 1º e 2º do art. 129 do CP); o segundo, ao resultado morte (latrocínio). A divisão em dois incisos foi promovida pela Lei 13.654/18, que também alterou a pena máxima relativa à primeira qualificadora, passando-a de quinze para dezoito anos. E a Lei 13.964/19 (Pacote Anticrime) alterou a Lei 8.072/90 para incluir no rol dos crimes hediondos o roubo do qual decorre lesão corporal grave. Antes, apenas o latrocínio era classificado como hediondo, mas, atualmente, ambas as qualificadoras têm esta natureza.

ESTELIONATO

"Art. 171. ....

..

§ 5º Somente se procede mediante representação, salvo se a vítima for:

I - a Administração Pública, direta ou indireta;

II - criança ou adolescente;

III - pessoa com deficiência mental; ou

IV - maior de 70 (setenta) anos de idade ou incapaz." (NR)

Redação ANTES da Lei 13.964/19	Redação DEPOIS da Lei 13.964/19
Estelionato **Art. 171** - Obter, para si ou para outrem, vantagem ilícita, em prejuízo alheio, induzindo ou mantendo alguém em erro, mediante artifício, ardil, ou qualquer outro meio fraudulento: Pena - reclusão, de um a cinco anos, e multa, de quinhentos mil réis a dez contos de réis. § 1º - Se o criminoso é primário, e é de pequeno valor o prejuízo, o juiz pode aplicar a pena conforme o disposto no art. 155, § 2º. § 2º - Nas mesmas penas incorre quem: Disposição de coisa alheia como própria I - vende, permuta, dá em pagamento, em locação ou em garantia coisa alheia como própria; Alienação ou oneração fraudulenta de coisa própria II - vende, permuta, dá em pagamento ou em garantia coisa própria inalienável, gravada de ônus ou litigiosa, ou imóvel que prometeu vender a terceiro, mediante pagamento em prestações, silenciando sobre qualquer dessas circunstâncias;	**Estelionato** **Art. 171** - Obter, para si ou para outrem, vantagem ilícita, em prejuízo alheio, induzindo ou mantendo alguém em erro, mediante artifício, ardil, ou qualquer outro meio fraudulento: Pena - reclusão, de um a cinco anos, e multa, de quinhentos mil réis a dez contos de réis. § 1º - Se o criminoso é primário, e é de pequeno valor o prejuízo, o juiz pode aplicar a pena conforme o disposto no art. 155, § 2º. § 2º - Nas mesmas penas incorre quem: Disposição de coisa alheia como própria I - vende, permuta, dá em pagamento, em locação ou em garantia coisa alheia como própria; Alienação ou oneração fraudulenta de coisa própria II - vende, permuta, dá em pagamento ou em garantia coisa própria inalienável, gravada de ônus ou litigiosa, ou imóvel que prometeu vender a terceiro, mediante pagamento em prestações, silenciando sobre qualquer dessas circunstâncias;

Redação ANTES da Lei 13.964/19	Redação DEPOIS da Lei 13.964/19
Defraudação de penhor III - defrauda, mediante alienação não consentida pelo credor ou por outro modo, a garantia pignoratícia, quando tem a posse do objeto empenhado; Fraude na entrega de coisa IV - defrauda substância, qualidade ou quantidade de coisa que deve entregar a alguém; Fraude para recebimento de indenização ou valor de seguro V - destrói, total ou parcialmente, ou oculta coisa própria, ou lesa o próprio corpo ou a saúde, ou agrava as conseqüências da lesão ou doença, com o intuito de haver indenização ou valor de seguro; Fraude no pagamento por meio de cheque VI - emite cheque, sem suficiente provisão de fundos em poder do sacado, ou lhe frustra o pagamento. § 3º - A pena aumenta-se de um terço, se o crime é cometido em detrimento de entidade de direito público ou de instituto de economia popular, assistência social ou beneficência. Estelionato contra idoso § 4º Aplica-se a pena em dobro se o crime for cometido contra idoso.	Defraudação de penhor III - defrauda, mediante alienação não consentida pelo credor ou por outro modo, a garantia pignoratícia, quando tem a posse do objeto empenhado; Fraude na entrega de coisa IV - defrauda substância, qualidade ou quantidade de coisa que deve entregar a alguém; Fraude para recebimento de indenização ou valor de seguro V - destrói, total ou parcialmente, ou oculta coisa própria, ou lesa o próprio corpo ou a saúde, ou agrava as conseqüências da lesão ou doença, com o intuito de haver indenização ou valor de seguro; Fraude no pagamento por meio de cheque VI - emite cheque, sem suficiente provisão de fundos em poder do sacado, ou lhe frustra o pagamento. § 3º - A pena aumenta-se de um terço, se o crime é cometido em detrimento de entidade de direito público ou de instituto de economia popular, assistência social ou beneficência. Estelionato contra idoso § 4º Aplica-se a pena em dobro se o crime for cometido contra idoso. § 5º Somente se procede mediante representação, salvo se a vítima for: I - a Administração Pública, direta ou indireta; II - criança ou adolescente; III - pessoa com deficiência mental; ou IV - maior de 70 (setenta) anos de idade ou incapaz.

Estelionato, fraude penal e fraude civil - Tutela-se com a incriminação do estelionato a inviolabilidade patrimonial, aviltada pela prática de atos enganosos pelo agente.

Na lição de Noronha:

"O mundo moderno oferece clima propício ao estelionato, pela multiplicidade de relações jurídicas que a expansão econômica e o desenvolvimento das atividades humanas impõem. Ora, o equilíbrio e a harmonia social exigem que essas relações se assentem sobre o pressuposto da boa-fé, e daí o objetivo particular da lei de tutelá-la, ameaçando com a pena as violações da lisura, da honestidade que, como imperativo constante, deve reinar nas relações jurídicas, em torno das quais a vida hodierna se agita. Esse interesse é eminentemente social, pelo que somos dos que pensam que a tutela do dispositivo não se dirige tanto a proteger a boa-fé individual no negócio jurídico – já que aceitamos que o crime existe ainda que a vítima não se tenha havido com grande lisura – mas é inspirada no interesse público de reprimir de qualquer maneira a fraude causadora do dano alheio" (Código Penal brasileiro, p. 127).

A doutrina discute fartamente acerca da existência de diferença entre fraude penal e fraude civil, sinalizando negativamente. Com efeito, fraude é fraude, é o ato ardiloso, de má-fé, que visa a obtenção de indevida vantagem, acarretando prejuízo a outrem.

Não há critério científico apto a estabelecer diferenciação entre as duas hipóteses, sendo certo que caberá ao aplicador da lei, tendo como base as razões de política criminal, estabelecer em quais situações estará o agente buscando uma vantagem indevida e quando tal vantagem deve ser tolerada como a obtenção permitida de lucro proveniente do próprio negócio estabelecido entre as partes.

Neste sentido, aliás, é a lição de Noronha:

"Em síntese: não há diferença ontológica entre fraude civil e fraude penal, sendo vãs todas as teorias que procuram traçar *in abstracto* um princípio que as distinga; não obstante, há casos de fraude, para os quais a política criminal não julga necessária a pena; incumbe ao juiz a distinção entre essa fraude e aquela sujeita ao magistério punitivo" (Código Penal brasileiro, p. 127).

Ação penal – A Lei 13.964/19 (Pacote Anticrime) inseriu no art. 171 o § 5º, que modifica a natureza da ação penal, antes pública incondicionada (com as exceções do art. 182 do CP). Atualmente, a ação penal é pública condicionada à representação, exceto se a vítima for:

I – a Administração Pública, direta ou indireta;

II – criança ou adolescente: segundo a definição do art. 2º da Lei 8.069/90, criança é a pessoa de até doze anos de idade incompletos, e adolescente aquela entre doze e dezoito anos de idade.

Atenção

É lição corrente na doutrina que a vítima do crime de estelionato deve ter capacidade para ser iludida, pois, do contrário, pode ocorrer abuso de incapazes (art. 173 do CP), no qual uma das condutas punidas é a de abusar, em proveito próprio ou alheio, de necessidade, paixão ou inexperiência de menor, induzindo-o à prática de ato suscetível de produzir efeito jurídico em prejuízo próprio ou de terceiro. Neste crime (art. 173), como se nota, não basta que se trate de um menor; é necessário que o agente obtenha proveito em razão de sua necessidade, paixão ou inexperiência. Assim, evita-se o conflito entre o estelionato contra criança ou adolescente e o abuso de incapazes apurando se a vítima sofreu o crime em razão de necessidade, paixão ou inexperiência. Tratando-se, por exemplo, de um adolescente já com certa experiência enganado como o seria outra pessoa também menos atenta, o crime é de estelionato com ação penal pública incondicionada.

III – pessoa com deficiência mental: a nosso ver, esta disposição não tem nenhum efeito, pois o ardil que vitima o deficiente mental se subsume necessariamente ao art. 173 do CP, que pune na qualidade de abuso de incapazes a conduta de abusar, em proveito próprio ou alheio, da alienação ou debilidade mental de outrem, induzindo-o à prática de ato suscetível de produzir efeito jurídico em prejuízo próprio ou de terceiro. Ao contrário do que ocorre no abuso contra menor, em que o tipo agrega um elemento sem o qual o crime não se caracteriza (necessidade, paixão ou inexperiência da vítima), o abuso contra deficiente mental se dá única e exclusivamente em razão da condição da pessoa. O tipo não traz nenhum elemento somado a essa condição para que se perfaça o crime. Por isso, o emprego de fraude que acarrete prejuízo ao deficiente mental e vantagem ao agente será sempre vinculado ao art. 173.

IV – maior de 70 (setenta) anos de idade ou incapaz: a regra da ação penal, diferentemente do que ocorre na majorante do § 4º, não utiliza o conceito legal de idoso, que, nos termos do art. 1º da Lei 10.741/03, é a pessoa com idade igual ou superior a sessenta anos. Somente se a vítima superar os setenta anos idade é que a ação penal se tornará pública incondicionada.

Segundo o art. 4º do Código Civil, além dos menores entre dezesseis e dezoito anos (já inclusos no inciso II), são incapazes, relativamente a certos atos ou à maneira de os exercer: a) os ébrios habituais e os viciados em tóxico; b) aqueles que, por causa transitória ou permanente, não puderem exprimir sua vontade; d) os pródigos.

Pode causar certa perplexidade o fato de o legislador ter modificado a ação penal no estelionato e não tê-lo feito no furto, cuja natureza, ao menos na maior parte das modalidades, é plenamente compatível com a ação penal que confere à vítima o poder de decidir se o autor do crime deve ser processado pelo Ministério Público.

Uma explicação plausível pode ser o fato de que o estelionato pressupõe a participação direta da vítima, que sofre o ardil, é enganada pela ação fraudulenta do agente, deixa-se levar por diversos fatores e, portanto, acaba por colaborar para seu próprio infortúnio. Isto não ocorre no furto, em que a vítima no geral ignora que está sendo despojada de seus bens, inclusive na subtração mediante fraude, que jamais pode servir para que a vítima colabore de alguma forma para o sucesso da empreitada criminosa, senão para que desvie sua atenção enquanto ocorre a subtração.

A participação direta da vítima no estelionato pode provocar uma espécie de constrangimento que a previna de procurar os órgãos de investigação para lhes relatar a fraude sofrida. A vitimologia, aliás, designa essa pessoa como "vítima por necessidade afetiva", porque, imbuída de boa-fé, acaba sendo envolvida pelo criminoso. Esta situação pode levá-la a não querer passar pelo constrangimento de relatar, por diversas vezes e para várias pessoas, o golpe sofrido. É exatamente o mesmo fundamento que antes limitava, com mais razão, a iniciativa persecutória nos crimes contra a dignidade sexual.

Retroatividade da Lei - Por fim, tendo em vista que a necessidade de representação traz consigo institutos extintivos da punibilidade, a regra do § 5º deve ser analisada sob a perspectiva da aplicação da lei penal no tempo. Aqui temos que diferenciar duas hipóteses:

a) se a inicial (denúncia) já foi ofertada, trata-se de ato jurídico perfeito, não sendo alcançado pela mudança. Não nos parece correto o entendimento de que a vítima deve ser chamada para manifestar seu interesse em ver prosseguir o processo. Essa lição transforma a natureza jurídica da representação de condição de procedibilidade em condição de prosseguibilidade. A lei nova não exigiu essa manifestação (como fez no art. 88 da Lei 9.099/1995);

b) se a incoativa ainda não foi oferecida, deve o MP aguardar a oportuna representação da vítima ou o decurso do prazo decadencial, cujo termo inicial, para os fatos pretéritos, é o da vigência da novel lei.

CONCUSSÃO

"Art. 316. ....

Pena - reclusão, de 2 (dois) a 12 (doze) anos, e multa." (NR)

Redação ANTES da Lei 13.964/19	Redação DEPOIS da Lei 13.964/19
Concussão **Art. 316** - Exigir, para si ou para outrem, direta ou indiretamente, ainda que fora da função ou antes de assumi-la, mas em razão dela, vantagem indevida: Pena - reclusão, de dois a oito anos, e multa.	**Concussão** **Art. 316** - Exigir, para si ou para outrem, direta ou indiretamente, ainda que fora da função ou antes de assumi-la, mas em razão dela, vantagem indevida: Pena - reclusão, de 2 (dois) a 12 (doze) anos, e multa.

Concussão – Partindo do pressuposto de que a concussão (*exigir*) é crime mais grave do que a corrupção passiva (*pedido*), não faltaram críticas quando a Lei 10.763/03 alterou a pena deste e não daquele delito, provocando um desequilíbrio acentuado entre as duas modalidades criminosas. Criou inaceitável desproporção entre as **penas máximas** abstratamente cominadas. A concussão tinha como pena máxima 8 anos, e a corrupção, 12 anos.

De fato, o princípio constitucional da proporcionalidade das penas vinha sendo, nesse tanto, desafiado.

A Lei 13.964/19 corrige a falha constatada por muitos, alterando o preceito secundário do art. 316 do CP, que agora passa a contar com pena máxima de 12 anos.

Irretroatividade – Por óbvio, estamos diante de *lex gravior*, lei que de qualquer modo prejudica o agente, não podendo retroagir para alcançar os fatos pretéritos.

PARTE II

ALTERAÇÕES NO CÓDIGO DE PROCESSO PENAL

JUIZ DAS GARANTIAS

"Art. 3º-A. O processo penal terá estrutura acusatória, vedadas a iniciativa do juiz na fase de investigação e a substituição da atuação probatória do órgão de acusação."

Redação ANTES da Lei 13.964/19	Redação DEPOIS da Lei 13.964/19
Sem norma correspondente.	**Juiz das Garantias** **Art. 3º-A.** O processo penal terá estrutura acusatória, vedadas a iniciativa do juiz na fase de investigação e a substituição da atuação probatória do órgão de acusação.

Sistema acusatório e o juiz das garantias – No sistema acusatório, cada sujeito processual tem uma função bem definida no processo. A um caberá acusar (como regra, o Ministério Público), a outro defender (o advogado ou defensor público) e, a um terceiro, julgar (o juiz). A lição de José Frederico Marques merece ser lembrada (Estudos de Direito Processual, Rio de Janeiro: Forense, 19, p. 23). O citado autor identifica as principais características do sistema acusatório, a saber: a) separação entre os órgãos da acusação, defesa e julgamento, de forma a se instaurar um processo de partes; b) liberdade de defesa e igualdade de posição das partes; c) vigência do contraditório; d) livre apresentação das provas pelas partes; e) regra do impulso processual autônomo, ou ativação inicial da causa pelos interessados (*ne procedat judex ex officio*). Diríamos, em acréscimo: o processo é público, salvo algumas situações previstas em lei.

A nossa Bíblia Política de 1988 adota esse sistema. A Lei 13.964/19, obediente à Carta Maior, foi clara: o processo penal terá estrutura acusatória, vedadas a iniciativa do juiz na fase de investigação e a substituição da atuação probatória do órgão de acusação.

Dentro desse espírito, e visando harmonizar nosso CPP ao sistema constitucional, a nova Lei cria a figura do juiz das garantias, órgão jurisdicional com a missão de acompanhar as diversas etapas da investigação. O juiz das garantias é o responsável pelo controle da legalidade da investigação criminal e pela salvaguarda dos direitos individuais cuja franquia tenha sido reservada à autorização prévia do Poder Judiciário (art. 3º-B). Dessa forma, o juiz que julgará o caso – juiz de instrução – somente terá contato com o resultado da investigação depois de oferecida e recebida a inicial acusatória. A ideia que permeia a criação do instituto do juiz das garantias é a de distanciar o juiz de instrução da fase anterior, o que, acredita-se, lhe dará maior imparcialidade.

Em suma, com a nova estrutura, instala-se verdadeira separação entre as funções judiciais ligadas à investigação e ao processo. Como bem explica Fabiano Augusto Martins Silveira:

"É fácil acompanhar o raciocínio. Não tendo emitido juízo sobre a oportunidade e conveniência de diligências que invadem direitos fundamentais do investigado, tampouco sobre pedidos cautelares, o magistrado entra no processo sem o peso de ter decidido a favor ou contra uma das partes. Não leva consigo o passivo da fase pré-processual. Não tem compromisso pessoal com o que se passou. Não colaborou na identificação das fontes de prova. Não manteve o flagrante nem decretou a prisão preventiva. Não impôs o sequestro de bens. Não autorizou a interceptação de conversas telefônicas nem a infiltração de agentes, etc. etc. Quer dizer, em nenhum momento compartilhou a perspectiva dos órgãos de persecução penal" (O Código, as cautelares e o juiz das garantias, Revista de Informação legislativa n. 183, julho/set 2009, p 89).

Atenção

Na sistemática que antecedeu a Lei 13.964/19, a regra de competência ia no sentido diametralmente oposto, isto é, o juiz da investigação tornava-se prevento para prosseguir no feito até final julgamento (arts. 75, parágrafo único, e 83 do CPP).

Observe-se, contudo, que no sistema acusatório, mesmo o juiz das garantias não deve imiscuir-se na fase investigatória, senão quando necessária a sua intervenção, sempre provocada pelos órgãos que atuam na investigação. O juiz das garantias não é um juiz investigador. Nesse sistema, a inércia do juiz em relação à persecução penal deve ser absoluta, não sendo possível a adoção de medidas que promovam ou incentivem a decisão de acusar, sob pena de quebra do princípio da imparcialidade objetiva.

Críticas - A maioria das críticas não recai sobre o instituto propriamente dito, isto é, na serventia de um juiz com competência exclusiva para acompanhar a fase investigativa, mas sim na absoluta incompatibilidade desse sistema diante da realidade da maioria dos Tribunais Federais e Estaduais. São questões de ordem prática e orçamentária. Levantamento efetuado pela Corregedoria Nacional de Justiça revelou que 40% das varas da Justiça Estadual no Brasil são constituídas comarca única, leia-se, com apenas um magistrado encarregado da jurisdição. Nesses locais, sempre que o único magistrado da comarca atuar na fase do inquérito, ficará automaticamente impedido de dizer o direito na fase seguinte, impondo-se o deslocamento de outro magistrado, não raras vezes, de comarca distinta. Vencer esse obstáculo passa pelo inevitável aumento do quadro de juízes e servidores, providência que esbarra em questões orçamentários. Para muitos, a solução trazida pelo art. 3º-D (sistema de rodízio de magistrados) não resolve, sendo, quando muito, balsâmica.

Mesmo sendo públicas as dificuldades acima, o legislador previu para sua implementação um prazo de *vacatio* de 30 dias. Estamos diante de um novo sistema de persecução criminal que merecia, certamente, prazo maior.

Inconstitucionalidade - Já existe corrente no sentido de que a Lei 13.964/19 padece de vício formal, mais precisamente, de iniciativa. O projeto, nesse ponto (sistema do juiz das garantias), deveria ter vindo de proposta do Judiciário (art. 93, "d", CF/88). Já temos ADI proposta, aguardando julgamento. Para a AMB (Associação dos Magistrados do Brasil) e a Ajufe (Associação dos Juízes Federais), autoras da ação, a Lei 13.964/19, não somente padece de vício formal, como também ignora princípios basilares, como o da isonomia, ao não prever o juízo das garantias no âmbito dos Tribunais. As entidades autoras da ADI argumentam, também, que a criação do juiz das garantias representa ofensa ao princípio do juiz natural decorrente da inobservância da jurisdição una e indivisível. Afinal, em primeiro grau há apenas um juiz natural criminal (estadual ou federal).

Juiz das garantias nos tribunais - De fato, a Lei 13.964/19 não mandou observar a figura do juiz das garantias nos Tribunais. Mas tem um motivo. O risco que se busca evitar no primeiro grau não existe no julgamento colegiado. Ainda que o relator atue nas duas etapas da persecução, na fase do processo o julgamento é plural. O resultado não depende absolutamente do seu convencimento.

Juiz das garantias no tribunal do júri – Já percebemos corrente lecionando que o juiz das garantias não deve ser observado no procedimento especial do júri. Argumentam, em resumo, que no Tribunal do Júri o juiz do julgamento (jurados) está separado do juiz da instrução (juiz togado). Ousamos, desde logo, discordar. Em que pese a decisão de mérito, em regra, ser de competência constitucional dos juízes leigos (jurados), temos casos em que o juiz togado decide o tema central, reconhecendo autoria e materialidade. Conseguimos vislumbrar, pelo menos, duas hipóteses em que esse cenário ocorre. A primeira, quando, ao encerrar a fase de prelibação do procedimento, o juiz acolhe a única tese da defesa, julgando o réu inimputável, estando autorizado, desde logo, a julgar o mérito do processo e aplicar sanção penal (da espécie medida de segurança). Na segunda, quando os jurados, ao desclassificarem o crime em julgamento para outro diverso não doloso contra a vida (por exemplo, de homicídio tentado para lesão corporal), dão ao juiz togado o poder de julgar o mérito, podendo o magistrado absolver ou condenar o réu. Esses dois panoramas parecem indicar a aplicação do juiz das garantias no tribunal do júri.

Juiz das garantias na Lei Maria da Penha – Também existe corrente defendendo a não introdução do sistema do juiz das garantias nas Varas da Violência Doméstica de Familiar contra a Mulher, com fundamento, principalmente, na especialidade exigida do magistrado que nela atua. Por mais sedutora que pareça a tese, não conseguimos enxergar campo fértil para a exceção. A Lei 13.964/19 excepcionou o juiz das garantias apenas na Vara dos Juizados Especiais Criminais. E nem podemos imaginar similitude entre esta Vara e a Vara da Violência Doméstica. Aliás, são diametralmente opostas. A Lei 9.099/95 não pode ser aplicada nos casos de violência de gênero contra a mulher. Diante desse quadro, somos obrigados a discordar da tese da não aplicação do juiz das garantias no âmbito da Lei Maria da Penha.

Lei no tempo – Em respeito ao ato jurídico perfeito, ao juiz natural e ao princípio da identidade física do juiz, entendemos que o sistema do juiz das garantias deve ser aplicado nos casos futuros, não retroagindo para alcançar feitos já instaurados.

"Art. 3º-B. O juiz das garantias é responsável pelo controle da legalidade da investigação criminal e pela salvaguarda dos direitos individuais cuja franquia tenha sido reservada à autorização prévia do Poder Judiciário, competindo-lhe especialmente:

I - receber a comunicação imediata da prisão, nos termos do inciso LXII do *caput* do art. 5º da Constituição Federal;

II - receber o auto da prisão em flagrante para o controle da legalidade da prisão, observado o disposto no art. 310 deste Código;

III - zelar pela observância dos direitos do preso, podendo determinar que este seja conduzido à sua presença, a qualquer tempo;

IV - ser informado sobre a instauração de qualquer investigação criminal;

V - decidir sobre o requerimento de prisão provisória ou outra medida cautelar, observado o disposto no § 1º deste artigo;

VI - prorrogar a prisão provisória ou outra medida cautelar, bem como substituí-las ou revogá-las, assegurado, no primeiro caso, o exercício do contraditório em audiência pública e oral, na forma do disposto neste Código ou em legislação especial pertinente;

VII - decidir sobre o requerimento de produção antecipada de provas consideradas urgentes e não repetíveis, assegurados o contraditório e a ampla defesa em audiência pública e oral;

VIII - prorrogar o prazo de duração do inquérito, estando o investigado preso, em vista das razões apresentadas pela autoridade policial e observado o disposto no § 2º deste artigo;

IX - determinar o trancamento do inquérito policial quando não houver fundamento razoável para sua instauração ou prosseguimento;

X - requisitar documentos, laudos e informações ao delegado de polícia sobre o andamento da investigação;

XI - decidir sobre os requerimentos de:

a) interceptação telefônica, do fluxo de comunicações em sistemas de informática e telemática ou de outras formas de comunicação;

b) afastamento dos sigilos fiscal, bancário, de dados e telefônico;

c) busca e apreensão domiciliar;

d) acesso a informações sigilosas;

e) outros meios de obtenção da prova que restrinjam direitos fundamentais do investigado;

XII - julgar o *habeas corpus* impetrado antes do oferecimento da denúncia;

XIII - determinar a instauração de incidente de insanidade mental;

XIV - decidir sobre o recebimento da denúncia ou queixa, nos termos do art. 399 deste Código;

XV - assegurar prontamente, quando se fizer necessário, o direito outorgado ao investigado e ao seu defensor de acesso a todos os elementos informativos e provas produzidos no âmbito da investigação criminal, salvo no que concerne, estritamente, às diligências em andamento;

XVI - deferir pedido de admissão de assistente técnico para acompanhar a produção da perícia;

XVII - decidir sobre a homologação de acordo de não persecução penal ou os de colaboração premiada, quando formalizados durante a investigação;

XVIII - outras matérias inerentes às atribuições definidas no *caput* deste artigo.

§ 1º (VETADO).

§ 2º Se o investigado estiver preso, o juiz das garantias poderá, mediante representação da autoridade policial e ouvido o Ministério Público, prorrogar, uma única vez, a duração do inquérito por até 15 (quinze) dias, após o que, se ainda assim a investigação não for concluída, a prisão será imediatamente relaxada."

Redação ANTES da Lei 13.964/19	Redação DEPOIS da Lei 13.964/19
Sem norma correspondente.	**Art. 3º-B.** O juiz das garantias é responsável pelo controle da legalidade da investigação criminal e pela salvaguarda dos direitos individuais cuja franquia tenha sido reservada à autorização prévia do Poder Judiciário, competindo-lhe especialmente: I - receber a comunicação imediata da prisão, nos termos do inciso LXII do *caput* do art. 5º da Constituição Federal;

Redação ANTES da Lei 13.964/19	Redação DEPOIS da Lei 13.964/19
Sem norma correspondente.	II - receber o auto da prisão em flagrante para o controle da legalidade da prisão, observado o disposto no art. 310 deste Código; III - zelar pela observância dos direitos do preso, podendo determinar que este seja conduzido à sua presença, a qualquer tempo; IV - ser informado sobre a instauração de qualquer investigação criminal; V - decidir sobre o requerimento de prisão provisória ou outra medida cautelar, observado o disposto no § 1º deste artigo; VI - prorrogar a prisão provisória ou outra medida cautelar, bem como substituí-las ou revogá-las, assegurado, no primeiro caso, o exercício do contraditório em audiência pública e oral, na forma do disposto neste Código ou em legislação especial pertinente; VII - decidir sobre o requerimento de produção antecipada de provas consideradas urgentes e não repetíveis, assegurados o contraditório e a ampla defesa em audiência pública e oral; VIII - prorrogar o prazo de duração do inquérito, estando o investigado preso, em vista das razões apresentadas pela autoridade policial e observado o disposto no § 2º deste artigo; IX - determinar o trancamento do inquérito policial quando não houver fundamento razoável para sua instauração ou prosseguimento; X - requisitar documentos, laudos e informações ao delegado de polícia sobre o andamento da investigação;

Redação ANTES da Lei 13.964/19	Redação DEPOIS da Lei 13.964/19
Sem norma correspondente.	XI - decidir sobre os requerimentos de: a) interceptação telefônica, do fluxo de comunicações em sistemas de informática e telemática ou de outras formas de comunicação; b) afastamento dos sigilos fiscal, bancário, de dados e telefônico; c) busca e apreensão domiciliar; d) acesso a informações sigilosas; e) outros meios de obtenção da prova que restrinjam direitos fundamentais do investigado; XII - julgar o habeas corpus impetrado antes do oferecimento da denúncia; XIII - determinar a instauração de incidente de insanidade mental; XIV - decidir sobre o recebimento da denúncia ou queixa, nos termos do art. 399 deste Código; XV - assegurar prontamente, quando se fizer necessário, o direito outorgado ao investigado e ao seu defensor de acesso a todos os elementos informativos e provas produzidos no âmbito da investigação criminal, salvo no que concerne, estritamente, às diligências em andamento; XVI - deferir pedido de admissão de assistente técnico para acompanhar a produção da perícia; XVII - decidir sobre a homologação de acordo de não persecução penal ou os de colaboração premiada, quando formalizados durante a investigação; XVIII - outras matérias inerentes às atribuições definidas no *caput* deste artigo. § 1º (VETADO). § 2º Se o investigado estiver preso, o juiz das garantias poderá, mediante representação da autoridade policial e ouvido o Ministério Público, prorrogar, uma única vez, a duração do inquérito por até 15 (quinze) dias, após o que, se ainda assim a investigação não for concluída, a prisão será imediatamente relaxada.

Funções reservadas ao juiz de garantias – Os incisos e alíneas do art. 3º-B anunciam, de forma não exaustiva, as competências (funções) reservadas ao juiz das garantias, que devem ser desempenhadas sem perder de vista as premissas anunciadas no art. 3º.-A, isto é, o processo penal terá estrutura acusatória, vedadas a iniciativa do juiz na fase de investigação e a substituição da atuação probatória do órgão de acusação. O juiz das garantias é responsável pelo controle da legalidade da investigação criminal e pela salvaguarda dos direitos individuais cuja franquia tenha sido reservada à autorização prévia do Poder Judiciário. Novamente nos socorrendo das lições de Fabiano Augusto Martins Silveira, o juiz das garantias "não age de ofício. Não requisita a abertura do inquérito policial, como também não solicita diligências investigativas. Ele é, antes, o responsável pelo controle da legalidade da investigação, nunca o gerente das tarefas policiais. Daí que os autos do inquérito não chegam a suas mãos, salvo nas hipóteses em que os direitos fundamentais do investigado devam sofrer restrições. Caso contrário, o que se tem é a simples comunicação da abertura do inquérito à instância judicial, já que a tramitação unirá polícia e Ministério Público por uma via de mão dupla" (O Código, as cautelares e o juiz das garantias, Revista de Informação legislativa n. 183, jul./set. 2009, p. 90).

Vejamos suas várias funções, ainda que de forma sucinta (mas suficiente para compreender cada inciso), remetendo o leitor, quando necessário, aos dispositivos em que o assunto foi por nós mais detidamente analisado.

I - receber a comunicação imediata da prisão, nos termos do inciso LXII do *caput* do art. 5º da Constituição Federal;
II - receber o auto da prisão em flagrante para o controle da legalidade da prisão, observado o disposto no art. 310 deste Código;
III - zelar pela observância dos direitos do preso, podendo determinar que este seja conduzido à sua presença, a qualquer tempo;

A CF/88 assegura que "a prisão de qualquer pessoa e o local onde se encontre serão comunicados imediatamente ao juiz competente e à família do preso ou à pessoa por ele indicada" (art. 5º, inc. LXII, da CF).

O CPP, no art. 306, tratando da prisão em flagrante, incluiu a obrigatoriedade também de comunicação ao Ministério Público, já prevista, a propósito, no art. 10 da Lei Complementar 75/1993 (Lei Orgânica do Ministério Público da União).

O juiz, abrangido pelos citados dispositivos é, agora, o das garantias.

Além da comunicação da prisão, o juiz das garantias deve receber os autos do flagrante. Aqui já não se trata da comunicação do flagrante, aludida acima (e que deve ser feita imediatamente, após a prisão do conduzido). Mas do envio dos autos de flagrante, no prazo de 24 horas, no qual constem os depoimentos, interrogatório do preso, autos de apreensão etc. Trata-se de medida salutar, sobretudo por impor o envio de cópia à Defensoria Pública que, munida desse documento, poderá intentar em prol do conduzido a medida cabível, como, por exemplo, a substituição da prisão por algumas das medidas cautelares previstas no art. 319 do código ou a concessão da liberdade provisória livrando o preso da fiança imposta pela autoridade policial. Ou mesmo suscitar alguma nulidade do flagrante que enseje seu relaxamento.

De posse dos autos do flagrante, realiza-se, sem demora, a audiência de custódia, cautela que atende, basicamente, à Convenção Americana de Direitos Humanos (art. 7. 5), a impor a apresentação do preso a um juiz. No mesmo sentido, o art. 9, 3 do Pacto Internacional sobre Direitos Civis e Políticos de Nova York.

No nosso ordenamento, a matéria, até o advento da Lei 13.964/19, estava prevista apenas na Resolução 213/2015, do Conselho Nacional de Justiça e em normas internas de tribunais. Agora temos Lei (art. 310 do CPP).

A audiência de custódia (ou de apresentação) tem dupla finalidade: de proteção, a fim de tutelar a integridade física do preso, e de constatação, aquilatando, de acordo com as circunstâncias do caso concreto, a necessidade de ser mantida a prisão do autuado.

Interessante observar que o juiz que participa da audiência de custódia nem sempre atuará como o juiz das garantias do caso a ele apresentado, pois tal solenidade pode ocorrer num plantão judiciário, por exemplo (algo comum e rotineiro). Contudo, ao decidir medidas cautelares, também este magistrado "do plantão" estará proibido de servir na instrução.

Ver nossos comentários aos arts. 306 e 310, ambos do CPP.

IV - ser informado sobre a instauração de qualquer investigação criminal;

O inciso em comento reforça nossa conclusão exposta no início do capítulo: os autos do inquérito não chegam às mãos do juiz das garantias, salvo nas hipóteses em que os direitos fundamentais do investigado devam ou estejam sofrendo restrições. Ele é o destinatário de todos os pedidos de diligências, autoridade responsável para decidir eventuais medidas cautelares representadas pela polícia ou requeridas pelo Ministério Público. No mais, o que se tem é a simples comunicação da abertura do inquérito à instância judicial, já que a tramitação ocorrerá entre a polícia e o Ministério Público.

Interessante notar que o juiz das garantias será informado da instauração de qualquer investigação criminal, seja policial, seja de outro órgão igualmente legitimado (ex: Ministério Público), mas não está entre as autoridades a serem informadas de seu arquivamento pelo Ministério Público.

A nova Lei altera a redação do art. 28, anunciando: "Ordenado o arquivamento do inquérito policial ou de quaisquer elementos informativos da mesma natureza, o órgão do Ministério Público comunicará a vítima, ao investigado e à autoridade policial e encaminhará os autos para a instância de revisão ministerial para fins de homologação, na forma da lei".

Mesmo não estando elencado entre as autoridades a serem comunicadas do arquivamento, pensamos que essa cientificação deve ocorrer para as formalidades de lei e estilo, em especial, para fins de registro.

Ver nossos comentários ao art. 28 do CPP.

V - decidir sobre o requerimento de prisão provisória ou outra medida cautelar, observado o disposto no § 1º deste artigo;

VI - prorrogar a prisão provisória ou outra medida cautelar, bem como substituí--las ou revogá-las, assegurado, no primeiro caso, o exercício do contraditório em audiência pública e oral, na forma do disposto neste Código ou em legislação especial pertinente;

Por força do princípio constitucional da presunção de inocência ou estado de inocência (art. 5º, inc. LVII, da Constituição), a rigor somente a prisão-pena deveria vigorar. Afinal, só após o trânsito em julgado da sentença condenatória se tem certeza quanto à responsabilidade do réu e, portanto, a partir daí é que ele iniciaria o cumprimento da sanção que lhe foi imposta.

Sucede que, em determinadas situações, como forma de garantir a eficácia da justiça e como manifestação de autodefesa do Estado, é restringida a liberdade individual em nome do interesse coletivo, antes mesmo da certeza de que foi o agente o autor do delito, certeza esta que somente poderia ser obtida com o trânsito em julgado da sentença penal condenatória.

Trata-se, portanto, de um *mal necessário*, no qual o sujeito, antes mesmo de condenado, já pode ser privado da sua liberdade. É que, por vezes, como destaca João Mendes, "para eficácia da justiça humana, os legisladores estabelecem restrições à liberdade individual, no interesse da segurança social" (*apud*, Espínola Filho, ob. cit., vol. III, p. 302).

É o que se vê na chamada *prisão provisória*. Essa espécie de prisão, no entanto, deve ser reservada para situações excepcionais, onde se revele, de forma concreta, a necessidade de sua manutenção ou decretação. Caso contrário, deve prevalecer a regra geral contida na Constituição, segundo a qual a pena será decorrência de uma sentença penal condenatória transitada em julgado.

As modalidades de prisão provisória (de interesse processual), são as seguintes: 1) *prisão em flagrante* (arts. 301 e ss. do CPP); 2) *prisão preventiva* (arts. 311 e ss.); 3) *prisão resultante da pronúncia* (art. 413,

§ 3º); 4) *prisão resultante da sentença de 1º grau recorrível* (art. 387, § 1º) e 5) *prisão temporária* (Lei nº 7.960/89). A partir das alterações no CPP, introduzidas pelas Leis 11.689/2008 e 11.719/2008, parcela da doutrina não mais reconhece a autonomia das prisões resultantes de pronúncia e sentença condenatória de 1º grau. Se, nestas fases, o magistrado estiver convencido da necessidade da privação da liberdade do pronunciado ou sentenciado, deve decretar a preventiva, seguindo os fundamentos do art. 312 do CPP.

Também não nos parece que o flagrante seja prisão processual, mas medida administrativa pré-cautelar, que pode ou não ser convertida em prisão provisória. Nesse mesmo sentido leciona Aury Lopes Jr.: "a prisão em flagrante não é uma medida cautelar pessoal, mas sim pré-cautelar, no sentido de que não se dirige a garantir o resultado final do processo, mas apenas destina-se a colocar o detido à disposição do juiz para que adote ou não uma verdadeira medida cautelar" (*Direito Processual Penal e sua conformidade com a Constituição*, São Paulo: Saraiva, 2012, pág. 63).

Logo, adotando-se as lições acima, teríamos, hoje, somente duas espécies de prisões cautelares (provisórias): temporária e preventiva.

Para a decretação da prisão temporária, o juiz sempre precisou de provocação. Com a reforma introduzida pela Lei 12.403/11, o juiz, na fase da investigação, passou a depender de provocação para decretar qualquer prisão provisória. Com a Lei 13.964/19, que privilegiou o sistema acusatório, o juiz agora está impedido de decretar de ofício a prisão provisória ou qualquer outra medida cautelar de ofício, dependendo, sempre, de provocação, mesmo na fase do processo.

Observa-se, contudo, que o juiz pode, mesmo de ofício, revogar a prisão preventiva ou substituir cautelar por ele mesmo decretada, desde que surja fato novo que não mais justifique sua manutenção. Não se estabelece, assim, uma situação irrevogável, mas, antes, uma apreciação da causa no estado em que se encontra (*rebus sic stantibus*). Para Fabiano Augusto Martins Silveira:

"Em matéria cautelar, vale lembrar que o juiz das garantias também só agiria mediante provocação. Todavia, uma vez decretada a prisão ou outra medida cautelar pessoal, ele poderá, independentemente de pedido dos órgãos de persecução penal ou do investigado, substituí-la por outra que entenda mais adequada às exigências cautelares do caso concreto. Abre-se tal possibilidade não apenas na hipótese de descumprimento da medida anteriormente imposta, mas sempre que, tendo em vista novas circunstâncias e motivações, avalie que a substituição é oportuna. Em nossa percepção, essa ressalva traz um temperamento adequado ao sistema acusatório" (O Código, as cautelares e o juiz das garantias, Revista de Informação legislativa n. 183, julho/set 2009, p 90).

Lei Maria da Penha: a decretação da prisão preventiva de ofício, durante o inquérito policial – Como visto acima, é vedado ao juiz, de ofício, decretar a preventiva. De outra parte, o art. 20 da Lei n. 11.340/2006 (Lei Maria da Penha), prevê que "em qualquer fase do inquérito policial ou da instrução criminal, caberá a prisão preventiva do agressor, decretada pelo juiz, *de ofício*, a requerimento do Ministério Público ou mediante representação da autoridade policial" (grifamos). Instala-se, assim, aparente conflito: prevalece a disposição contida na atual redação do art. 311 do código ou aquela prevista na Lei Maria da Penha? Cremos que essa limitação introduzida no Código de Processo Penal tem incidência na Lei Maria da Penha, a impossibilitar o juiz de decretar, *ex officio*, a prisão preventiva. Não há mais, assim, essa possibilidade, em posicionamento que, de resto, rende homenagem ao princípio acusatório, a evitar que o juiz adote medidas de cunho persecutório. Afinal, como lembra Aury Lopes Júnior, "são logicamente incompatíveis as funções de investigar e ao mesmo tempo garantir o respeito aos direitos do imputado. São atividades que não podem ficar nas mãos de uma mesma pessoa, sob pena de comprometer a eficácia das garantias individuais do sujeito passivo e a própria credibilidade da administração de justiça. (...) Em definitivo, não é suscetível de ser pensado que uma mesma pessoa se transforme em um investigador eficiente e, ao mesmo tempo, em um guardião zeloso da segurança individual. É inegável que 'o bom inquisidor mata o bom juiz ou, ao contrário, o bom juiz desterra o inquisidor'" (*Investigação Preliminar no Processo Penal.* Rio de Janeiro: Lumen Juris, 2001, p. 74).

Haverá, decerto, quem invoque o princípio da especialidade, como argumento para a manutenção da regra contida na Lei Maria da Penha, a despeito da limitação introduzida pela Lei 13.964/19, a impedir que o juiz decrete de ofício a prisão preventiva. Por esse princípio, a norma mais específica é aplicada em detrimento da norma de caráter geral. Ou, em outras palavras, surgindo um aparente conflito de normas, exatamente por ser específica, deve prevalecer a *lex specialis*, sobre a lei geral, que abrange um todo. Nesse sentido, o teor do art. 12 do Código Penal, quando dispõe que "as regras gerais deste Código aplicam-se aos fatos incriminados por lei especial, se esta não dispuser de modo diverso". Ocorre que o art. 20 da Lei Maria da Penha não contém, em absoluto, nada de especial em relação ao Código de Processo Penal. Trata-se, antes, de mera transcrição, quase que completa, da redação original do art. 311 do CPP, vigente quando da sua sanção: "Em qualquer fase do inquérito policial ou da instrução criminal, caberá a prisão preventiva decretada pelo juiz, de ofício, a requerimento do Ministério Público, ou do querelante, ou mediante representação da autoridade policial". Já que é assim, alterada a redação do art. 311 do CPP, tem-se, por consequência lógica, que essa mudança deva incidir também sobre a Lei Maria da Penha, para se concluir que, não mais é dada ao juiz a possibilidade de decretação, de ofício, da prisão preventiva do agressor. A reforçar esse entendimento, lembremos do disposto no art. 13 da Lei n. 11.340/2006, quando determina que "ao processo, ao julgamento e à execução das causas cíveis e criminais decorrentes da prática de violência doméstica e familiar contra a mulher aplicar-se-ão as normas dos Códigos de Processo Penal e Processo Civil (...)". Somos, pois, pela impossibilidade de decretação da prisão preventiva, de ofício pelo juiz, na persecução criminal. Nesse sentido, ainda, Ana Paula Monte Figueiredo Pena Barros (*Inovações Trazidas pela Lei nº 12.403/2011*, in "O Novo Regime Jurídico das Medidas Cautelares no Processo Penal", Rio de Janeiro: Emerj, 2002, p. 54).

Ver nossos comentários aos arts. 282, 283, 311, 315 e 316 do CPP.

VII - decidir sobre o requerimento de produção antecipada de provas consideradas urgentes e não repetíveis, assegurados o contraditório e a ampla defesa em audiência pública e oral;

As provas não repetíveis e as produzidas de forma antecipada são revestidas de eficácia probatória sem a necessidade de serem renovadas no curso da ação penal por se sujeitarem ao contraditório diferido. Nesse sentido é a jurisprudência consolidada dos tribunais superiores.

O art. 3º-B, VII, diz que o juiz decidirá sobre requerimento da produção da prova. Pode o juiz das garantias agir de ofício, ordenando a produção antecipada de provas consideradas urgentes e relevantes? O art. 156 do CPP, que no seu inc. I, de fato faculta ao juiz ordenar, mesmo antes de iniciada a ação penal, a produção antecipada de provas consideradas urgentes e relevantes, observando a necessidade, adequação e proporcionalidade da medida.

Esse dispositivo, contudo, vem sendo alvo de severas críticas. Saliente-se, de início, que faculta ao juiz "ordenar". Essa ordem, na prática, será, em regra, endereçada à autoridade policial. Não se trata, pois, da construção de uma prova em juízo, por ele presidida. É uma prova – insiste-se – a ser produzida extrajudicialmente. Pior: tal prova é cabível "mesmo antes de iniciada a ação penal". Vale dizer: a um só tempo o juiz se transforma em delegado de polícia e promotor de Justiça, quando ordena a produção de uma prova ao primeiro, antes mesmo de deflagrada a ação penal, a cargo do Ministério Público, o segundo. Ora, a incumbência de produzir prova no inquérito é do delegado de polícia, e a de requerer a sua produção, ao promotor de Justiça. Esse dispositivo do CPP (art. 156, I) merece uma nova tradução, à luz do sistema que inspira o processo penal moderno. Deve dialogar com o art. 3º-A do CPP, que anuncia: *o processo penal terá estrutura acusatória, vedadas a iniciativa do juiz na fase de investigação e a substituição da atuação probatória do órgão de acusação.*

Como já alertamos antes, o juiz das garantias é o destinatário de todos os pedidos de diligências. Jamais age de ofício, zelando, em cada provocação, pela regularidade da investigação.

VIII - prorrogar o prazo de duração do inquérito, estando o investigado preso, em vista das razões apresentadas pela autoridade policial e observado o disposto no § 2º deste artigo;

Antes da Lei 13.964/19, o prazo para conclusão do inquérito deveria observar normas distintas, a depender se tramitava na justiça estadual ou federal. Se estadual, aplicava-se o art. 10 CPP, ou seja, prazo de dez dias quando preso o indiciado (contado da data da prisão) e de trinta dias quando solto, nessa última hipótese admitindo prorrogação (art. 10, § 3º).

No caso de inquérito federal, aplicava-se o artigo 66 da Lei nº 5.010/66 (que organizou a Justiça Federal de 1ª instância), que prevê que "o prazo para conclusão do inquérito policial será de quinze dias, quando o indiciado estiver preso, podendo ser prorrogado por mais quinze dias". O diploma, porém, não aponta prazo para conclusão na hipótese do indiciado solto, razão pela qual incidia a regra geral dos trinta dias, prevista no art. 10 CPP.

Com a nova Lei 13.964/19, para o caso de indigitado preso na Justiça estadual, operou-se um conflito dentro do próprio CPP. O art. 10 manda concluir em 10 dias, sem prorrogação. O art. 3º-B, § 2º, manda concluir em 15 dias, admitindo uma prorrogação. E agora? Devemos, no caso, trabalhar com o princípio da posterioridade. A norma posterior revoga, ainda que em parte, a anterior. Prevalece, portanto, o art. 3º-B, § 2º, uniformizando o prazo nas duas instâncias (estadual e federal).

Outros prazos em legislação extravagante para conclusão do inquérito policial devem ser respeitados, em homenagem ao princípio da especialidade. Assim, o art. 51 da Lei nº 11.343/2006 (Lei de Drogas), prevê o prazo de trinta dias para conclusão do inquérito, estando o indiciado preso e de noventa dias quando solto. Nos crimes contra a economia popular (Lei 1.521/1951), esse prazo é de dez dias (art. 10, § 1º), solto ou preso o réu. É de vinte dias o prazo para término do inquérito instaurado perante a Justiça Militar, estando o réu preso e de quarenta dias, se solto (art. 20 do CPPM).

Prisão domiciliar e o prazo para conclusão do inquérito policial – em que pese prevista no CPP como medida cautelar alternativa à prisão preventiva, a prisão domiciliar (art. 318 do CPP), decretada sem prazo determinado, também obriga a conclusão do procedimento investigatório no mesmo prazo de indigitado preso preventivamente. Trata-se de medida privativa de liberdade, ainda que num menor grau, não permitindo conclusão diversa.

Prisão temporária e o prazo para conclusão do inquérito policial – A prisão temporária, decretada quando imprescindível para as investigações (Lei 7.960/89), pode durar, em regra, 5 dias prorrogáveis por mais 5, e, no caso dos crimes hediondos e equiparados, 30 dias prorrogáveis por mais 30. Para Eugênio Pacelli e Douglas Fischer, referidos prazos não substituem os prazos da conclusão do inquérito previstos no CPP. "E assim é porque a própria e citada Lei (7.960/89) prevê a possibilidade de decretação da prisão preventiva tão logo esteja encerrado o prazo da prisão temporária (art. 2º., §7º.). Com isso, e quando houver a decretação da temporária antes da prisão preventiva, o prazo para a conclusão das investigações somente terá início a partir da decretação desta última (preventiva)" (Comentários ao Código de Processo Penal e Sua Jurisprudência, 9ª. edição, São Paulo: Atlas, 2017, p. 37).

IX - determinar o trancamento do inquérito policial quando não houver fundamento razoável para sua instauração ou prosseguimento;

Desde logo perguntamos: qual o recurso cabível da decisão que determina o trancamento do inquérito policial? Lendo e relendo o sistema recursal, vamos constatar que não existe. Essa constatação é de suma importância para nortear nossa conclusão ao final, versando sobre a natureza dessa decisão. Vejamos.

O inquérito, como regra, quando instaurado, deve prosseguir até o final das investigações. É que, para sua deflagração, bastam indícios, constituindo-se em uma investigação sumária, que, por si só, não causa privação de locomoção do indiciado e pela qual, tampouco, se formula qualquer acusação.

O trancamento, portanto, se situa no campo da excepcionalidade, sendo medida que somente deve ser adotada quando houver comprovação, de plano, da atipicidade da conduta, da incidência de causa de extinção da punibilidade ou da manifesta ausência de indícios de autoria ou de prova sobre a materialidade do delito.

Para nós, essa decisão do juiz das garantias deve ser encarada como *habeas corpus* de ofício (pois o provocado está no inc. XII), desafiando, consequentemente, reexame necessário (art. 574, I, CPP). É que se a natureza for diversa, essa decisão escapa de qualquer controle.

E ao concluirmos que se trata de *habeas corpus* de ofício determinando o trancamento, por óbvio, não pode ter no bojo do procedimento investigatório decisão do juiz das garantias contribuindo para diligências já encetadas. Mas e se houver? Cabe *habeas corpus* sobre ato próprio?

A doutrina diverge. Uma primeira corrente leciona que "em nenhum caso, poderá o juiz ou tribunal conceder *habeas corpus* contra seus próprios atos" (Súmula 102 das Mesas de Processo Penal da USP). Em sentido diverso, temos corrente admitindo. Trata-se, na sua visão, de um dever do magistrado corrigir o próprio erro, e pôr fim ao constrangimento ilegal.

Quando a autoridade coatora for o Ministério Público, ver comentários ao inc. XII deste artigo.

X - requisitar documentos, laudos e informações ao delegado de polícia sobre o andamento da investigação;

Este inciso, sem especificar se a atuação do juiz deve ou não ser antecedida de provocação, vai de encontro com o art. 3º-A, afastando-se muito do sistema acusatório. Para manter a harmonia e o espírito da reforma, as competências aqui positivadas demandam requerimento do interessado, não podendo o juiz agir de ofício. No sistema acusatório, a inércia do juiz em relação à persecução penal deve ser absoluta, não sendo possível a adoção, de ofício, de medidas que promovam ou incentivem a decisão de acusar, sob pena de quebra do princípio da imparcialidade objetiva.

XI - decidir sobre os requerimentos de:
a) interceptação telefônica, do fluxo de comunicações em sistemas de informática e telemática ou de outras formas de comunicação;
b) afastamento dos sigilos fiscal, bancário, de dados e telefônico;
c) busca e apreensão domiciliar;
d) acesso a informações sigilosas;
e) outros meios de obtenção da prova que restrinjam direitos fundamentais do investigado;

O inciso XI do art. 3º-B do CPP estabelece que cabe ao juiz das garantias decidir sobre os requerimentos de interceptação de comunicações em geral, afastamento dos sigilos fiscal, bancário, de dados e telefônico e de busca e apreensão domiciliar, o que está em perfeito acordo com o sistema acusatório e com o papel reservado a tal autoridade jurisdicional. No entanto, as duas últimas alíneas do inciso (acesso a informações sigilosas e outros meios de obtenção da prova que restrinjam direitos fundamentais do investigado) mostram-se genéricas e até mesmo em contrariedade com a jurisprudência recente do Supremo Tribunal Federal.

Sobre a alínea "d", sua aplicação literal impedirá, por exemplo, que os Fiscos encaminhem para o Ministério Público, sem autorização judicial, elementos sigilosos constantes das apurações administrativas realizadas, o que está em completo desacordo com a decisão proferida pelo Supremo Tribunal Federal no Recurso Extraordinário nº 1.055.941, em 04 de dezembro de 2019. Naquela ocasião – em julgamento transmitido ao vivo por diversos canais televisivos – a Corte Suprema decidiu que:

"É constitucional o compartilhamento dos relatórios de inteligência financeira da UIF e da *íntegra* do procedimento fiscalizatório da Receita Federal do Brasil, que define o lançamento do tributo, com os *órgãos* de persecução penal para fins criminais, sem a obrigatoriedade de prévia autorização judicial, devendo ser resguardado o sigilo das informações em procedimentos formalmente instaurados e sujeitos a posterior controle jurisdicional".

O mesmo se diga quanto à alínea "e", com caráter ainda mais genérico, uma vez que, a rigor, em maior ou menor grau, todos os meios de obtenção de prova trazem alguma restrição a direito fundamental do investigado, mas nem todos exigem prévia autorização judicial. Assim, somente faz sentido a alínea "e" quando envolver matéria que exija prévia autorização judicial.

XII - julgar o habeas corpus impetrado antes do oferecimento da denúncia;

Tratando-se de procedimento investigatório criminal conduzido pelo Ministério Público ou por ele requisitado, pode o juiz das garantias julgar *habeas corpus* impetrado antes do oferecimento da inicial? A resposta não está livre de discussões.

Quando a autoridade coatora é o órgão do Ministério Público, formaram-se duas posições a respeito. A primeira de que cabe ao juiz de direito de 1º grau, perante o qual oficia o promotor, julgar o habeas corpus (nesse sentido: RT 699/351, 600/331, 515/353, 510/351). Como destacou a jurisprudência, "a liberdade individual é bem jurídico de maior relevância, e protegê-lo com eficácia e rapidez é dever do Estado-Juiz. Ora, não se pode desconsiderar que o controle exercido pelo juiz de primeiro grau, pela menor incidência da burocracia e pela proximidade das partes e dos fatos, reveste-se de maior agilidade do que o feito pela Superior Instância, havendo, por conseguinte, interesse público em outorgar-lhe tal mister" (trecho do voto vencido do Desembargador Cunha Camargo do TJSP, no HC nº 176.759-3/4). É o que sugere, ainda, a Súmula nº 100 das Mesas de Processo Penal da USP.

Noutro sentido, entende-se que o julgamento está afeto ao respectivo Tribunal de Justiça ou Tribunal Regional Federal, caso a violência seja oriunda do Ministério Público Federal (RTJ 164/374), por aplicação do art. 96, inc. III, da Constituição Federal. Assim, se cabe ao Tribunal julgar, por competência originária, crime cometido por promotor de Justiça ou procurador da República (competência *ratione personae*), como, por exemplo, de abuso de autoridade, também cumpre a ele o julgamento de remédio heroico impetrado contra ato abusivo do membro do Ministério Público. Prevalece no STF, de forma tranquila, esta última posição (RT 683/388, 651/277; JSTF 215/395, 175/376). Compartilham deste entendimento também o STJ (RT 719/522), e o Tribunal de Justiça de São Paulo (RT 757/550, 749/662). No Tribunal de Justiça de Minas Gerais esse entendimento acha-se, inclusive, sumulado (Súmula 49).

Atenção

Segundo o Regimento Interno do Tribunal de Justiça do Estado de São Paulo, em seu art. 247, "compete às Câmaras Civis e Criminais, conforme a natureza da matéria, processar e julgar os habeas corpus impetrados contra atos de juízes de primeira instância, membros do Ministério Público e outras autoridades, ressalvada a competência do Órgão Especial".

XIII - determinar a instauração de incidente de insanidade mental;

Nos termos do art. 149 do CPP, havendo dúvida "sobre a integridade mental do acusado", deverá ser instaurado o incidente de insanidade mental.

Diante da redação do art. 3º-A do CPP, vedando a iniciativa do juiz na fase de investigação e a substituição da atuação probatória do órgão de acusação, nascerá discussão – até então inexistente – se o incidente pode ou não ser ordenado de ofício pelo juiz das garantias, ou somente mediante provocação.

A instauração do incidente pressupõe dúvida razoável a respeito do estado mental do investigado. Assim, por exemplo, a mera brutalidade com que cometido o crime ou os péssimos antecedentes do agente não implicam, necessariamente, a suspeita de sua inimputabilidade. Tampouco o fato de se declarar o indigitado viciado no uso de drogas.

Já, ao contrário, a narrativa ilógica, anteriores internações, uso controlado de medicação etc., constituem-se em situações que recomendam a deflagração do incidente.

XIV - decidir sobre o recebimento da denúncia ou queixa, nos termos do art. 399 deste Código;

Aqui temos um erro grave da Lei. O juiz das garantias jamais poderia permanecer até a fase do art. 399 do CPP. Após o recebimento da inicial, que demanda apenas juízo de prelibação, a competência deveria ser, incontinenti, do juiz da instrução, responsável pelo juízo de delibação.

Percebam que o legislador acabou inserindo entre as competências do juiz das garantias – criado para atuar somente até a viabilidade da acusação – o poder para decidir mérito. Será este mesmo magistrado quem analisará a defesa escrita do denunciado (art. 396-A CPP), bem como o cabimento (ou não) da absolvição sumária (art. 397 CPP).

E que não se argumente que essa sua decisão (de mérito) não vincula o juiz da instrução e julgamento, que, após o recebimento da denúncia ou queixa, deverá reexaminar a necessidade das medidas cautelares em curso, no prazo máximo de 10 (dez) dias (art. 3º-C, § 2º). Esse argumento não resolve o problema. O reexame conferido ao juiz das instruções é das medidas cautelares apenas.

Logo, onde está escrito "art. 399 deste Código" devemos ler art. 396 do CPP, sob pena de desvirtuamento do sistema.

Essa sugestão dá sentido a dispositivos até então pouco compreendidos. Por exemplo, no rito especial dos crimes funcionais (arts. 513 e ss. do CPP), está prevista defesa prévia ao recebimento da inicial, sem prejuízo da defesa escrita do art. 396-A. O que argumentar numa e noutra? Tendo o juiz recebido a inicial, qual a perspectiva de o mesmo magistrado acolher teses da defesa na peça seguinte? Agora, com o sistema do juiz das garantias, o cenário é outro. A primeira manifestação do indigitado (defesa prévia, art. 514 do CPP) deve ser no sentido de convencê-lo a não receber a denúncia (ou queixa-crime). Sendo recebida, a manifestação seguinte (defesa escrita, art. 396-A do CPP) será no sentido de convencer outro magistrado, o juiz da instrução, a absolver o denunciado (ou querelado) sumariamente, com fundamento numa das hipóteses do art. 397 do CPP.

XV - assegurar prontamente, quando se fizer necessário, o direito outorgado ao investigado e ao seu defensor de acesso a todos os elementos informativos e provas produzidos no âmbito da investigação criminal, salvo no que concerne, estritamente, às diligências em andamento;

Embora seja sempre bem-vinda a publicidade de qualquer ato perpetrado por autoridade pública, pois confere maior transparência às suas ações, podendo se aferir a legalidade de sua conduta e maior controle pela sociedade, o certo é que, de outro lado, o sigilo por vezes é fundamental, sobretudo em se tratando de inquérito policial. O art. 20 do CPP admite, por isso, que a autoridade policial determine o sigilo do inquérito, desde que necessário: 1°) à elucidação do fato ou 2°) exigido pelo interesse da sociedade. Não se trata, pois, de mero ato discricionário da autoridade, mas antes, de decisão que se sujeita a esses dois requisitos.

Atenção

Segundo a Resolução 181/17 do Conselho Nacional do Ministério Público, que trata do procedimento investigatório criminal, presidido pelo parquet, "no procedimento investigatório criminal serão observados os direitos e as garantias individuais consagrados na Constituição da República Federativa do Brasil, aplicando-se, no que couber, as normas do Código de Processo Penal e a legislação especial pertinente", sendo "direito do defensor, no interesse do representado, ter acesso amplo aos elementos de informação que, já documentados em procedimento investigatório realizado pelo Ministério Público, digam respeito ao exercício do direito de defesa" (art. 21, parágrafo único).

Por força de expressa disposição legal, o sigilo do inquérito policial não se estende ao defensor. É o que consta do art. 7°, inc. XIV, Lei 8.906/94, que, ao dispor sobre o Estatuto da Advocacia e a Ordem dos Advogados do Brasil, informa que é direito do advogado "examinar em qualquer repartição policial, mesmo sem procuração, autos de flagrante e de inquérito, findos ou em andamento, ainda que conclusos à autoridade, podendo copiar peças e tomar apontamentos", em meio físico ou digital. Já o inc. III do mesmo diploma assegura ao advogado o direito de "comunicar-se com seus clientes, pessoal e reservadamente, mesmo sem procuração, quando estes se acharem presos, detidos ou recolhidos em estabelecimentos civis ou militares, ainda que considerados incomunicáveis". Ressalte-se, apenas, que uma vez decretado o sigilo do inquérito policial, exige-se que o defensor, para exame dos atos, esteja munido da respectiva procuração (art. 7º, § 10, do EOAB).

A disposição legal e, antes, a súmula n. 14 do STF, acabaram por enfraquecer, sobremaneira, o dispositivo que prevê o sigilo do inquérito policial. Claro, a partir do momento em que o advogado tem acesso ao inquérito policial, inclusive àqueles nos quais decretado o sigilo, é de se supor que comunicará ao investigado sobre o que constar dos autos. Cai por terra, com isso, a imprescindibilidade do sigilo, podendo o agente, por exemplo, narrar a seus comparsas sobre o ocorrido, para que se apressem em ocultar objetos do crime e até mesmo ameaçar testemunhas relacionadas aos fatos. Imagine-se uma interceptação telefônica, devidamente autorizada judicialmente, na qual o indiciado, de antemão, saiba de sua decretação. Claro que irá dissimular toda e qualquer conversa, não dando pistas a seu interlocutor da prática de nenhum ato criminoso. Daí ter se encontrado uma fórmula, que não é das mais éticas, mas acaba se mostrando necessária, sob pena de total insucesso das investigações, que consiste no seguinte: como a autoridade policial se vê obrigada, nos termos da imposição legal, a garantir o acesso do defensor aos elementos de prova "já documentados em procedimento investigatório", isto é, a tudo aquilo que já consta do inquérito, muitas vezes, contando com um dado relevante (um depoimento, um documento), deixa de juntá-lo aos autos, de forma que, ao examiná-los, o defensor deles não terá conhecimento.

A Resolução 59/2008, do CNJ, disciplina as rotinas quanto ao sigilo a ser observado na Lei nº 9.296/1996, que trata das interceptações telefônicas, no que se refere a transmissão e preservação de dados obtidos por meio dessa diligência. A mesma resolução, em seu art. 17, determina que "não será permitido ao Magistrado e ao servidor fornecer quaisquer informações, direta ou indiretamente, a terceiros ou a órgão de comunicação social, de elementos sigilosos contidos em processos ou inquéritos regulamentados por esta Resolução, ou que tramitem em segredo de Justiça, sob pena de responsabilização nos termos da legislação pertinente". E, segue, em seu parágrafo primeiro: "no caso de violação de sigilo de que trata o *caput* deste artigo, por integrantes do Poder Judiciário ou por membros de outras instituições, dentre as quais a polícia, o Ministério Público e a advocacia, o Magistrado responsável pelo deferimento da medida requisitará a imediata apuração dos fatos pelas autoridades competentes, sob pena de responsabilização."

Por fim, deve ser lembrado que o art. 32 da Lei 13.869/19 pune, com detenção de 6 meses a 2 anos, "Negar ao interessado, seu defensor ou advogado acesso aos autos de investigação preliminar, ao termo circunstanciado, ao inquérito ou a qualquer outro procedimento investigatório de infração penal, civil ou administrativa, assim como impedir a obtenção de cópias, ressalvado o acesso a pecas relativas a diligências em curso, ou que indiquem a realização de diligências futuras, cujo sigilo seja imprescindível". Essas condutas, para caracterizarem crime, devem ser praticadas pelo agente com a finalidade específica de prejudicar outrem ou beneficiar a si mesmo ou a terceiro, ou, ainda, por mero capricho ou satisfação pessoal (art. 1º).

A matéria, como alertado, já estava disciplinada na Súmula Vinculante 14. O alcance da Súmula (e da incriminação do art. 32) refere-se ao direito assegurado ao interessado (bem como ao seu defensor ou advogado) de acesso aos elementos constantes em procedimento investigatório que lhe digam respeito e que já se encontrem documentados nos autos, não abrangendo, por óbvio, as informações concernentes à decretação e à realização das diligências investigatórias pendentes, em especial as que digam respeito a terceiros eventualmente envolvidos.

XVI - deferir pedido de admissão de assistente técnico para acompanhar a produção da perícia;

No processo penal, ao contrário do que ocorre no processo civil, não existia, até a edição da Lei n° 11.690/2008, a figura do *assistente técnico*. Atualmente se admite que as partes indiquem tais profissionais. Mas quando devem atuar os assistentes? Cabe sua indicação somente na fase do processo, ou também na fase do inquérito? Duas correntes debatem a questão.

Para uns, o art. 159 do CPP deixa claro que a admissão do assistente técnico somente é cabível em juízo pelo que não há que se cogitar de tal figura na fase de inquérito policial. O inquérito policial é procedimento investigatório e inquisitorial, não envolto pelo contraditório, não tendo o indiciado direito de se envolver na colheita da prova.

Para outros, a despeito dos termos peremptórios do dispositivo, deve ser autorizada a presença do assistente na fase inquisitorial. Afinal, é sabido que a prova pericial, em razão de suas peculiaridades, na maioria das vezes irrepetível. Com isso, a oportunidade que o interessado teria para criticar tecnicamente o laudo oficial, no exato momento em que elaborado, é para sempre perdida.

Essa segunda corrente parece ganhar força com a nova Lei, que anuncia, entre as competências do juiz das garantias, deferir pedido de admissão de assistente técnico para acompanhar a produção da perícia.

Mais um detalhe. Muitos estranhavam a opção do legislador em permitir a atuação do assistente técnico "após a conclusão dos exames e elaboração do laudo pelos peritos oficiais, sendo as partes intimadas desta decisão" (art. 159, §4º., CPP). A propósito, o art. 475 do Código de Processo Civil, dispõe que "as partes terão ciência da data e do local designados pelo juiz ou indicados pelo perito para ter início a produção da prova". Tudo isso, como é corriqueiro na prática forense, para que os assistentes possam acompanhar o trabalho do perito. O legislador do processo penal, no ano de 2008, trilhou outro caminho, ao que parece equivocado, pois, ao permitir a atuação do assistente somente após a elaboração do laudo, esse último auxiliar se privou da possibilidade de acompanhar o trabalho oficial. Não estamos nos referindo nem à fase policial. Mesmo se tratando de uma perícia a ser realizada em Juízo, quando já deflagrado o processo criminal, nos termos do dispositivo em análise, não se faculta ao assistente a possibilidade de acompanhar a diligência. Limita-se a apresentar seu parecer após a elaboração do laudo, em franco prejuízo do trabalho técnico a ser ofertado.

O erro parece ter sido corrigido na nova Lei. O assistente será autorizado a acompanhar a perícia.

XVII - decidir sobre a homologação de acordo de não persecução penal ou os de colaboração premiada, quando formalizados durante a investigação;

O acordo de não persecução penal (ANPP) foi criado, de forma pioneira e corajosa, pelo Conselho Nacional do Ministério Público, mais precisamente através da Res. 181/17, depois alterada pela Res. 183/18, cujos contornos, em grande parte, foram repetidos no art. 28-A do CPP.

Tomado pelo espírito de justiça consensual, compreende-se o acordo de não persecução penal como sendo o ajuste obrigacional celebrado entre o órgão de acusação e o investigado (assistido por advogado), devidamente homologado pelo juiz, no qual o indigitado assume sua responsabilidade, aceitando cumprir, desde logo, condições menos severas do que a sanção penal aplicável ao fato a ele imputado.

O processo penal carecia de um instrumento como o ANPP. Inegavelmente, o acordo de não persecução penal trará economia de tempo e recursos para que o sistema de justiça criminal exerça, com a atenção devida, uma tutela penal mais efetiva nos crimes que merecem esse tratamento.

O art. 28-A prevê verdadeira solenidade para o julgamento do ANPP. O juiz marca audiência para verificar a sua voluntariedade, por meio da oitiva do investigado na presença de seu defensor, bem como sua legalidade. A "ratio legis" fica bem clara. Confere-se ao juiz, com a oitiva do investigado (compromissário) e de seu defensor, a salutar possibilidade de avaliar se o acordo foi ou não forçado, contra a vontade do investigado. Daí porque, na audiência a que se refere o dispositivo, não haver previsão quanto à presença do proponente do acordo (Ministério Público), mas somente do indigitado e seu defensor. A legalidade do ANPP também será objeto de análise judicial.

Ao analisar o ANPP, o juiz pode:

a) homologar o acordo de não persecução penal, devolvendo os autos ao Ministério Público para que inicie sua execução perante o juízo de execução penal (§ 6º.)

b) se considerar inadequadas, insuficientes ou abusivas as condições dispostas no acordo de não persecução penal, devolver os autos ao Ministério Público para que seja reformulada a proposta do acordo, com concordância do investigado e seu defensor (§ 5º.). Tendo a concordância do investigado, a hipótese é de retratação. Ou o Ministério Público reabre as negociações, ou oferece a denúncia-crime.

c) se entender que não é caso de acordo, devolverá os autos ao Ministério Público para análise da necessidade de complementação das investigações ou o oferecimento da denúncia (§8º.) Mas e se o Ministério Público discordar do juiz e insistir no ANPP já assinado? Surge um conflito entre o promotor de Justiça e o juiz. E quem resolve o impasse? De acordo com a Res. 181/17 do CNMP, não sem razão, tratando-se de divergência envolvendo o juiz e o titular da ação penal, este único responsável pela implementação da política criminal adotada pela instituição ministerial, a solução deve ser dada pelo órgão superior do Ministério Público (PGJ, nos estados, Câmara de Revisão, no âmbito da União). A Lei 13.964/19, contudo, preferiu "escalar" para a solução do conflito o próprio Judiciário. O juiz deve recusar a homologação

(§7º.), desafiando, essa decisão, recurso em sentido estrito (art. 581, XXV, CPP). Essa arquitetura, entretanto, é equivocada e inconstitucional, violando não somente o sistema acusatório (prestigiado pela mesma Lei 13.964/19, art. 3º.-A), mas a independência do Ministério Público brasileiro (arts. 127, *caput*, 127, §1º., e 129, I, todos da CF). Importante destacar, nesse ponto, a sempre pertinente lição de Ferrajoli, citada pelo STF na ADI 4.414 Alagoas: "A separação entre as funções de acusar, defender e julgar é o signo essencial do sistema acusatório de processo penal (art. 129, I, CRFB), tornando a atuação do Judiciário na fase pré-processual somente admissível com o propósito de proteger as garantias fundamentais do investigado"(FERRAJOLI, Luigi. Derecho y Razón - Teoría del Garantismo Penal. 3ª ed., Madrid: Trotta, 1998. p. 567).

Diante desse quadro (e preocupação), sugerimos, por analogia, aplicar o art. 28 do CPP, usado, aliás, pelo próprio art. 28-A para solucionar conflito inverso: juiz discorda da recusa do MP em propor o ANPP (§14). Em caso semelhante, aliás, envolvendo a suspensão condicional do processo, o STF assim decidiu, editando a Súmula 696:

"Reunidos os pressupostos legais permissivos da suspensão condicional do processo, mas se recusando o promotor de justiça a propô-la, o juiz, dissentindo, remeterá a questão ao Procurador-Geral, aplicando-se por analogia o art. 28 do Código de Processo Penal".

Ver nossos comentários ao art. 28-A do CPP.

XVIII - outras matérias inerentes às atribuições definidas no *caput* deste artigo.

Como alertado no começo do estudo do presente artigo, o rol de competências nele elencadas é meramente exemplificativo, competindo ao juiz das garantias outras matérias inerentes ao controle da legalidade da investigação criminal e pela salvaguarda dos direitos individuais.

"Art. 3º-C. A competência do juiz das garantias abrange todas as infrações penais, exceto as de menor potencial ofensivo, e cessa com o recebimento da denúncia ou queixa na forma do art. 399 deste Código.

§ 1º Recebida a denúncia ou queixa, as questões pendentes serão decididas pelo juiz da instrução e julgamento.

§ 2º As decisões proferidas pelo juiz das garantias não vinculam o juiz da instrução e julgamento, que, após o recebimento da denúncia ou queixa, deverá reexaminar a necessidade das medidas cautelares em curso, no prazo máximo de 10 (dez) dias.

§ 3º Os autos que compõem as matérias de competência do juiz das garantias ficarão acautelados na secretaria desse juízo, à disposição do Ministério Público e da defesa, e não serão apensados aos autos do processo enviados ao juiz da instrução e julgamento, ressalvados os documentos relativos às provas irrepetíveis, medidas de obtenção de provas ou de antecipação de provas, que deverão ser remetidos para apensamento em apartado.

§ 4º Fica assegurado às partes o amplo acesso aos autos acautelados na secretaria do juízo das garantias."

Redação ANTES da Lei 13.964/19	Redação DEPOIS da Lei 13.964/19
Sem norma correspondente.	**Art. 3º-C.** A competência do juiz das garantias abrange todas as infrações penais, exceto as de menor potencial ofensivo, e cessa com o recebimento da denúncia ou queixa na forma do art. 399 deste Código. § 1º Recebida a denúncia ou queixa, as questões pendentes serão decididas pelo juiz da instrução e julgamento. § 2º As decisões proferidas pelo juiz das garantias não vinculam o juiz da instrução e julgamento, que, após o recebimento da denúncia ou queixa, deverá reexaminar a necessidade das medidas cautelares em curso, no prazo máximo de 10 (dez) dias.

Redação ANTES da Lei 13.964/19	Redação DEPOIS da Lei 13.964/19
Sem norma correspondente.	§ 3º Os autos que compõem as matérias de competência do juiz das garantias ficarão acautelados na secretaria desse juízo, à disposição do Ministério Público e da defesa, e não serão apensados aos autos do processo enviados ao juiz da instrução e julgamento, ressalvados os documentos relativos às provas irrepetíveis, medidas de obtenção de provas ou de antecipação de provas, que deverão ser remetidos para apensamento em apartado. § 4º Fica assegurado às partes o amplo acesso aos autos acautelados na secretaria do juízo das garantias.

Juizado Especial Criminal - Fez bem o legislador ao excluir a figura do juiz das garantias no caso de infrações penais de menor potencial ofensivo. O processo perante o Juizado Especial orientar-se-á pelos critérios da oralidade, simplicidade, informalidade, economia processual e celeridade, características incompatíveis com a figura do juiz das garantias.

Termo final da atuação do juiz das garantias - Os aplausos ao legislador acima referidos devem ser substituídos por críticas na parte final do dispositivo, mais precisamente, na determinação do termo final da atuação do juiz das garantias. Jamais poderia essa novel figura permanecer até a fase do art. 399 do CPP. Somos obrigados a reproduzir as críticas que lançamos nos comentários ao inc. XIV do art. 3º-B. Vejamos.

Após o recebimento da inicial, que demanda apenas juízo de prelibação, a competência deveria ser, incontinenti, do juiz da instrução, responsável pelo juízo de delibação.

Percebam que o legislador acabou inserindo entre as competências do juiz das garantias – criado para atuar somente até a viabilidade da acusação – o poder para decidir mérito. Será este mesmo magistrado quem analisará a defesa escrita do denunciado (art. 396-A CPP), bem como o cabimento (ou não) da absolvição sumária (art. 397 CPP).

E que não se argumente que essa sua decisão (de mérito) não vincula o juiz da instrução e julgamento, que, após o recebimento da denúncia ou queixa, deverá reexaminar a necessidade das medidas cautelares em curso, no prazo máximo de 10 (dez) dias (§2º.). Esse argumento não resolve o problema. O reexame conferido ao juiz das instruções é das medidas cautelares apenas.

Logo, onde está escrito "art. 399 deste Código" devemos ler art. 396 do CPP, sob pena de desvirtuamento do sistema.

Reexame conferido ao juiz das instruções - Sobre o reexame conferido ao juiz das instruções, não se estabelece uma situação irrevogável nas medidas cautelares decididas pelo juiz das garantias, mas, antes, uma apreciação da causa no estado em que se encontra (*rebus sic stantibus*).

Nada impede, ainda, que, revogada a medida, surjam posteriormente motivos que autorizem nova decretação, estando autorizado o juiz a decidir nesse sentido. Essa última decisão, diferentemente da que revoga, deve ser sempre provocada (jamais de ofício), e pode ser desafiada por meio de *habeas corpus*.

Esse dispositivo reforça a ideia de transitoriedade, que é inerente às cautelares.

Autos acautelados na secretaria do juízo das garantias - Os autos que compõem as matérias de competência do juiz das garantias ficarão acautelados na secretaria desse juízo, à disposição do Ministério Público e da defesa, e não serão apensados aos autos do processo enviados ao juiz da instrução e julgamento, ressalvados os documentos relativos às provas irrepetíveis, medidas de obtenção de provas ou de antecipação de provas, que deverão ser remetidos para apensamento em apartado.

Pela simples leitura do dispositivo em comento (art. 3º-C, § 3º), percebe-se que as matérias que não se inserem na competência do juiz das garantias, leia-se, que estão fora dos incisos do art. 3º-B, podem, sem problemas, acompanhar a inicial acusatória, como, por exemplo, oitivas na polícia, procedimento de inquérito civil, procedimento na esfera da infância e juventude etc.

Logo, a confissão policial, por exemplo, mesmo com o sistema do juiz das garantias, continuará instruindo o processo penal, permanecendo válida a Súmula 545 do STJ:

"Quando a confissão for utilizada para a formação do convencimento do julgador, o réu fará jus à atenuante prevista no art. 65, III, "d", do Código Penal."

Mesmo com relação aos autos apartados, lendo e relendo os dispositivos do presente capítulo, não existe norma proibindo o interessado de requerer ao juiz da instrução sua juntada ao processo, devendo, contudo, demonstrar a sua real necessidade.

> **"Art. 3º-D. O juiz que, na fase de investigação, praticar qualquer ato incluído nas competências dos arts. 4º e 5º deste Código ficará impedido de funcionar no processo.**
>
> **Parágrafo único. Nas comarcas em que funcionar apenas um juiz, os tribunais criarão um sistema de rodízio de magistrados, a fim de atender às disposições deste Capítulo."**

Redação ANTES da Lei 13.964/19	Redação DEPOIS da Lei 13.964/19
Sem norma correspondente.	**Art. 3º-D.** O juiz que, na fase de investigação, praticar qualquer ato incluído nas competências dos arts. 4º e 5º deste Código ficará impedido de funcionar no processo. Parágrafo único. Nas comarcas em que funcionar apenas um juiz, os tribunais criarão um sistema de rodízio de magistrados, a fim de atender às disposições deste Capítulo.

Impedimento do juiz das garantias funcionar no processo - O *caput* do art. 3º-D do CPP, segundo a redação dada pela Lei 13.964/19, é inútil. O juiz das garantias, de qualquer forma, só atua até o recebimento da inicial. A leitura isolada do art. 3º-D, *caput*, parece sugerir haver situação em que o juiz das garantias pode ser também o juiz da instrução. Contudo, lendo os demais artigos, essa hipótese não tem cabimento.

Sistema de rodízio de magistrados - O parágrafo único, que não tem qualquer ligação com o *caput*, demonstrando, mais uma vez, sua inutilidade (ou erro do legislador, que, ao que tudo indica, trabalhou num clima de "recorta e cola" de outros projetos). Esclarece o parágrafo que nas comarcas em que funcionar apenas um juiz, os tribunais criarão um sistema de rodízio de magistrados, a fim de atender às disposições deste Capítulo, leia-se, destacar um magistrado para supervisionar atos pré-processuais e apreciar pedidos cautelares, e outro para atuar no processo instaurado até final decisão.

"Art. 3º-E. O juiz das garantias será designado conforme as normas de organização judiciária da União, dos Estados e do Distrito Federal, observando critérios objetivos a serem periodicamente divulgados pelo respectivo tribunal."

Redação ANTES da Lei 13.964/19	Redação DEPOIS da Lei 13.964/19
Sem norma correspondente.	**Art. 3º-E.** O juiz das garantias será designado conforme as normas de organização judiciária da União, dos Estados e do Distrito Federal, observando critérios objetivos a serem periodicamente divulgados pelo respectivo tribunal.

Juiz das garantias e o juiz natural - O juiz das garantias deve respeitar o princípio do juiz natural. Sua competência para o controle da legalidade da investigação criminal e para a salvaguarda dos direitos individuais deve ser previamente estabelecida na lei. Com isso, se evita o chamado juízo de exceção, de ocasião ou magistrado encomendado, vedado pela Constituição (art. 5º, inc. XXXVII).

Dentro desse espírito, o art. 3º-E encerra verdadeira garantia ao cidadão, que tem a certeza de que a sua investigação será fiscalizada por um juiz previamente conhecido, cercado de garantias que lhe assegurem a independência e imparcialidade, e não por um juiz especialmente designado para o caso concreto.

"Art. 3º-F. O juiz das garantias deverá assegurar o cumprimento das regras para o tratamento dos presos, impedindo o acordo ou ajuste de qualquer autoridade com órgãos da imprensa para explorar a imagem da pessoa submetida à prisão, sob pena de responsabilidade civil, administrativa e penal."

Parágrafo único. Por meio de regulamento, as autoridades deverão disciplinar, em 180 (cento e oitenta) dias, o modo pelo qual as informações sobre a realização da prisão e a identidade do preso serão, de modo padronizado e respeitada a programação normativa aludida no *caput* deste artigo, transmitidas à imprensa, assegurados a efetividade da persecução penal, o direito à informação e a dignidade da pessoa submetida à prisão."

Redação ANTES da Lei 13.964/19	Redação DEPOIS da Lei 13.964/19
Sem norma correspondente.	**Art. 3º-F.** O juiz das garantias deverá assegurar o cumprimento das regras para o tratamento dos presos, impedindo o acordo ou ajuste de qualquer autoridade com órgãos da imprensa para explorar a imagem da pessoa submetida à prisão, sob pena de responsabilidade civil, administrativa e penal. Parágrafo único. Por meio de regulamento, as autoridades deverão disciplinar, em 180 (cento e oitenta) dias, o modo pelo qual as informações sobre a realização da prisão e a identidade do preso serão, de modo padronizado e respeitada a programação normativa aludida no *caput* deste artigo, transmitidas à imprensa, assegurados a efetividade da persecução penal, o direito à informação e a dignidade da pessoa submetida à prisão.

Juiz das garantias e o tratamento do preso - A Lei 13.964/19, de forma curiosa, atribui ao juiz das garantias o dever de assegurar o cumprimento das regras para o tratamento dos presos, impedindo o acordo ou ajuste de qualquer autoridade com órgãos da imprensa para explorar a imagem da pessoa submetida à prisão, sob pena de responsabilidade civil, administrativa e penal.

Não só imaginamos as dificuldades que terão os juízes das garantias no desempenho desse inusitado mister, como também nos colocamos ansiosos aguardando, no prazo de 180 dias, a necessária regulamentação desse dispositivo. Uma regulamentação que deverá trabalhar as regras para o tratamento dos presos, sua relação com a imprensa e a preservação da sua imagem. Em suma, conjugar a efetividade da persecução penal, o direito à informação e a dignidade da pessoa submetida à prisão.

A quem caberá a criação do ato normativo? No âmbito do judiciário, CNJ. Já na esfera do Ministério Público, CNMP. Para as polícias, Ministério da Justiça e secretárias de segurança dos estados.

ACOMPANHAMENTO DAS INVESTIGAÇÕES POR AGENTES DE SEGURANÇA PÚBLICA EM CRIMES RELACIONADOS AO USO DA FORÇA LETAL

"Art. 14-A. Nos casos em que servidores vinculados às instituições dispostas no art. 144 da Constituição Federal figurarem como investigados em inquéritos policiais, inquéritos policiais militares e demais procedimentos extrajudiciais, cujo objeto for a investigação de fatos relacionados ao uso da força letal praticados no exercício profissional, de forma consumada ou tentada, incluindo as situações dispostas no art. 23 do Código Penal, o indiciado poderá constituir defensor.

§ 1º Para os casos previstos no *caput*, o investigado deverá ser citado da instauração do procedimento investigatório, podendo constituir defensor no prazo de até quarenta e oito horas a contar do recebimento da citação.

§ 2º Esgotado o prazo disposto no §1º com ausência de nomeação de defensor pelo investigado, a autoridade responsável pela investigação deverá intimar a instituição a que estava vinculado o investigado à época da ocorrência dos fatos, para que esta, no prazo de quarenta e oito horas, indique defensor para a representação do investigado.

§ 3º Vetado

§ 4º Vetado

§ 5º Vetado

§ 6º As disposições constantes deste artigo se aplicam aos servidores militares vinculados às instituições dispostas no art. 142 da Constituição Federal, desde que os fatos investigados digam respeito a missões para Garantia da Lei e da Ordem."

Redação ANTES da Lei 13.964/19	Redação DEPOIS da Lei 13.964/19
Sem norma correspondente.	**Art. 14-A.** Nos casos em que servidores vinculados às instituições dispostas no art. 144 da Constituição Federal figurarem como investigados em inquéritos policiais, inquéritos policiais militares e demais procedimentos extrajudiciais, cujo objeto for a investigação de fatos relacionados ao uso da força letal praticados no exercício profissional, de forma consumada ou tentada, incluindo as situações dispostas no art. 23 do Código Penal, o indiciado poderá constituir defensor.

Redação ANTES da Lei 13.964/19	Redação DEPOIS da Lei 13.964/19
Sem norma correspondente.	§1º Para os casos previstos no *caput*, o investigado deverá ser citado da instauração do procedimento investigatório, podendo constituir defensor no prazo de até quarenta e oito horas a contar do recebimento da citação. §2º Esgotado o prazo disposto no §1º com ausência de nomeação de defensor pelo investigado, a autoridade responsável pela investigação deverá intimar a instituição a que estava vinculado o investigado à época da ocorrência dos fatos, para que esta, no prazo de quarenta e oito horas, indique defensor para a representação do investigado. §3º Vetado. §4º Vetado. §5º Vetado. §6º As disposições constantes deste artigo se aplicam aos servidores militares vinculados às instituições dispostas no art. 142 da Constituição Federal, desde que os fatos investigados digam respeito a missões para Garantia da Lei e da Ordem.

Introdução – Em razão das chacinas ocorridas na década de 1990 no Complexo do Alemão, Rio de Janeiro, mais precisamente no lamentável caso "Favela Nova Brasília", o Estado brasileiro foi condenado na Corte Interamericana de Direitos Humanos. Entre as determinações da sentença destacamos dois pontos, que já deveriam ter sido atendidos pelo Poder Legislativo pátrio:

a) estabelecer os mecanismos normativos necessários para que, na hipótese de supostas mortes, tortura ou violência sexual decorrentes de intervenção policial, em que prima facie policiais apareçam como possíveis acusados, desde a *notitia criminis* se delegue a investigação a um órgão independente e diferente da força pública envolvida no incidente, como uma autoridade judicial ou o Ministério Público, assistido por pessoal policial, técnico criminalístico e administrativo alheio ao órgão de segurança a que pertença o possível acusado, ou acusados.

b) adotar as medidas legislativas ou de outra natureza necessárias para permitir às vítimas de delitos ou a seus familiares participar de maneira formal e efetiva da investigação de delitos conduzida pela polícia ou pelo Ministério Público.

Acolhendo os mandamentos acima, foi criado no Senado Federal o Projeto de Lei nº 135/18, delegando a investigação ao Ministério Público. Também atento ao teor da condenação, foi editada a Resolução 129, de 2015, do Conselho Nacional do Ministério Público, estabelecendo regras mínimas de atuação do órgão ministerial no controle externo da investigação de morte decorrente de intervenção policial, passando de espectador da investigação, realizada pela própria polícia, para titular desse procedimento.

Pois bem. Não somente o referido PLS não avançou como também, na contramão da sentença internacional, e das expectativas normativas vigentes e em curso no Congresso, a Lei 13.964/19 nos "brinda" com uma norma que burocratiza a investigação policial. A Corte de Direitos Humanos determinou a adoção de medidas legislativas ou de outra natureza necessárias para permitir às vítimas de delitos ou a seus familiares participar de maneira formal e efetiva da investigação de delitos conduzida pela polícia ou pelo Ministério Público. O art. 14-A, ignorando por completo as vítimas, assegura somente ao investigado a participação no procedimento oficial. Não podemos esquecer que o descumprimento da referida condenação na Corte Interamericana de Direitos Humanos pode gerar responsabilidade internacional para o nosso Estado (art. 65 da CADH).

Direito de constituir defensor para acompanhamento da investigação - A Lei 13.964/19 assegura aos servidores vinculados às instituições dispostas nos arts. 142 e 144 da Constituição Federal que figurarem como investigados em inquéritos policiais, inquéritos policiais militares e demais procedimentos extrajudiciais, cujo objeto for a investigação de fatos relacionados ao uso da força letal praticados no exercício profissional ou missões para Garantia da Lei e da Ordem, o direito de constituir defensor para acompanhamento e realização de todos os atos relacionados à sua defesa administrativa. A regra parece, nesse tanto, inútil. Qualquer pessoa investigada pode constituir defensor. Até mesmo uma testemunha poderá, caso assim deseje, ser acompanhada por advogado em seu depoimento.

Suspeito, investigado ou indiciado? – Parece-nos que o chamamento agora exigido pelo art. 14-A deve ocorrer a partir do momento em que fica caracterizada a condição jurídica de investigado da pessoa até então suspeita, leia-se, quando as diligências policiais passam a "mirar" pessoa certa e determinada, sobre a qual pesam indicações de autoria ou participação na prática de uma infração penal, independentemente de qualificação formal atribuída pela autoridade responsável pela investigação. O ato formal do indiciamento, que para alguns era de pouca utilidade prática, agora fica definitivamente escanteado, pelo menos em crimes dessa envergadura. É claro que a cautela do art. 14-A não pode comprometer a investigação. Aliás, parece que a intenção maior do legislador foi garantir aos investigados que atuam na área de segurança pública a assistência jurídica (e não comprometer a apuração de crimes graves). Logo, aplicando-se o mesmo espírito da Súmula Vinculante 14, o dever de chamamento do investigado deve coexistir com o dever de apurar eficazmente o crime. Há diligências que devem ser sigilosas e anteceder o chamamento do investigado, sob risco de comprometimento do seu bom sucesso.

Citação ou notificação? – Diz o dispositivo que o servidor deve ser "citado" da instauração do procedimento investigatório, podendo constituir defensor no prazo de até quarenta e oito horas a contar do recebimento da "citação". Por óbvio, não se deve falar em citação nessa etapa, mas notificação, ato genérico de chamamento para realizar um ato. Não se está garantindo contraditório e ampla defesa na fase extrajudicial, que, se um dia for prevista como opção do legislador, não poderá ser exclusiva do agente ou autoridade de segurança pública, mas de qualquer cidadão. O novel artigo assegura, na verdade, direito de acompanhar *ab initio* as investigações, podendo a defesa fazer requerimentos que, como qualquer outro, serão apreciados pela autoridade que preside o procedimento oficial.

Assistência jurídica gratuita – Apesar de relevante e fundamental a atuação dos agentes e autoridades de segurança pública na garantia ou na restauração da paz social, quando figuram como investigados em inquéritos policiais, inquéritos policiais militares e demais procedimentos extrajudiciais, cujo objeto seja fato relacionado ao uso da força letal praticado no exercício profissional ou missões para Garantia da Lei e da Ordem, carecem, quase sempre, de efetiva assistência jurídica, a despeito de sua previsão em estatutos da carreira.

Para muitos, essa falta de amparo serve como fator de desânimo, preferindo o agente ou autoridade, não raras vezes, deixar de agir com a força legítima que se espera, evitando, com isso, os dissabores do custeio de sua defesa num procedimento oficial. O discurso é verdadeiro. Mas o desânimo no "agir" parece falacioso. O Brasil ainda convive com números alarmantes de violência policial. Feito esse registro – e aqui não se discute se a violência policial é causa ou consequência de uma sociedade também violenta –, não se pode negar a realidade de falta de amparo aos agentes que não se acovardam e usam a necessária força letal no exercício profissional. E quando falamos falta de assistência, não queremos limitar à jurídica, mas também psicológica, tão ou mais importante. Pois bem. Se chamado a constituir defensor, o servidor não o faz no prazo de 48 horas, a autoridade responsável pela investigação deverá intimar a instituição a que estava vinculado o investigado à época da ocorrência dos fatos, para que esta, no mesmo prazo, indique defensor para representá-lo.

Não atendimento ao art. 14-A: consequências - O não chamamento do indigitado para acompanhar a investigação gera nulidade dos atos supervenientes.

Indiciado não localizado – A Lei 13.964/19 não previu solução para o caso de não ser o servidor investigado encontrado. Diante da sistemática construída, sendo incompatível o chamamento por edital, o que burocratizaria de forma anormal a investigação de fatos graves, sugerimos aplicar-se §2º.

ARQUIVAMENTO DAS INVESTIGAÇÕES

"Art. 28. Ordenado o arquivamento do inquérito policial ou de quaisquer elementos informativos da mesma natureza, o órgão do Ministério Público comunicará a vítima, ao investigado e à autoridade policial e encaminhará os autos para a instância de revisão ministerial para fins de homologação, na forma da lei.

§ 1º Se a vítima, ou seu representante legal, não concordar com o arquivamento do inquérito policial, poderá, no prazo de 30 (trinta) dias do recebimento da comunicação, submeter a matéria à revisão da instância competente do órgão ministerial, conforme dispuser a respectiva lei orgânica.

§ 2º Nas ações penais relativas a crimes praticados em detrimento da União, Estados e Municípios, a revisão do arquivamento do inquérito policial poderá ser provocada pela chefia do órgão a quem couber sua representação judicial."

Redação ANTES da Lei 13.964/19	Redação DEPOIS da Lei 13.964/19
Art. 28. Se o órgão do Ministério Público, ao invés de apresentar a denúncia, requerer o arquivamento do inquérito policial ou de quaisquer peças de informação, o juiz, no caso de considerar improcedentes as razões invocadas, fará remessa do inquérito ou peças de informação ao procurador-geral, e este oferecerá a denúncia, designará outro órgão do Ministério Público para oferecê-la, ou insistirá no pedido de arquivamento, ao qual só então estará o juiz obrigado a atender.	**Art. 28.** Ordenado o arquivamento do inquérito policial ou de quaisquer elementos informativos da mesma natureza, o órgão do Ministério Público comunicará a vítima, ao investigado e à autoridade policial e encaminhará os autos para a instância de revisão ministerial para fins de homologação, na forma da lei. § 1º Se a vítima, ou seu representante legal, não concordar com o arquivamento do inquérito policial, poderá, no prazo de 30 (trinta) dias do recebimento da comunicação, submeter a matéria à revisão da instância competente do órgão ministerial, conforme dispuser a respectiva lei orgânica. § 2º Nas ações penais relativas a crimes praticados em detrimento da União, Estados e Municípios, a revisão do arquivamento do inquérito policial poderá ser provocada pela chefia do órgão a quem couber sua representação judicial.

Arquivamento do inquérito policial - É possível que o órgão do Ministério Público, após a análise do inquérito policial ou do procedimento investigatório criminal por ele conduzido (PIC), em um crime que se processa mediante ação penal pública (condicionada ou incondicionada), conclua pelo seu arquivamento, já que não se reuniram os elementos mínimos necessários para a oferta da denúncia e, tampouco, é caso de retorno dos autos à Delegacia de Polícia para novas diligências. As razões que justificam o pedido de arquivamento são as mais diversas: o fato é atípico, não há prova de sua autoria, o agente agiu acobertado por evidente causa de exclusão da ilicitude ou culpabilidade, incidiu o princípio da insignificância, operou-se alguma causa extintiva da punibilidade etc.

Análise da promoção de arquivamento. Sistemática anterior à Lei 13.964/19 - Antes da Lei 13.964/19 deveria o promotor de Justiça submeter sua manifestação à análise do magistrado. Concordando com seus termos, o juiz homologava o arquivamento, em decisão que, em regra, não fazia coisa julgada material, ou seja, permitia que o inquérito fosse reaberto desde que surgissem novas provas, nos termos do art. 18 do Código. Caso discordasse da promoção de arquivamento subscrita pelo promotor de Justiça, não cabia a devolução do inquérito ao Ministério Público, forçando-o a ofertar uma denúncia, em atitude que poderia ser desafiada por meio de correição parcial. Deveria o juiz remeter os autos ao procurador-geral de Justiça, que tinha duas opções: se concordasse com o promotor de Justiça, insistia no pedido de arquivamento e, ao juiz, não restava alternativa senão a de acolher tal posicionamento. Caso o procurador-geral discordasse do pedido, ele poderia, desde logo, oferecer a denúncia (alternativa não verificada na prática), ou então designar um outro promotor para fazê-lo.

Críticas - Sobretudo quando da edição do Código, não foram poucas as críticas à regra acima, estampada na redação original do art. 28, sobretudo na parte que conferia ao procurador-geral a última palavra sobre a deflagração, ou não, da ação penal. Câmara Leal, com veemência, advertia que a lei conferiu, ao chefe do *parquet*, poderes superiores aos inerentes ao Poder Judiciário, na medida em que decide, em única e última instância, sobre a continuidade, ou não, da ação penal. Destacava que "o direito de decidir segundo sua convicção é inerente à judicatura. Denegá-lo, sob qualquer forma, direta ou indiretamente, é uma violação da lei as prerrogativas constitucionais. Contra decisões ou determinações do juiz de primeira instância só poderão deliberar os órgãos judiciários de superior instância. O que a lei deveria estabelecer é o direito de recurso ao procurador-geral cujo novo pedido de arquivamento não fosse atendido, para que a justiça de segunda instância resolvesse a divergência de opiniões, ordenando o arquivamento ou mandando que se oferecesse a denúncia. Essa seria a única orientação admissível da lei" (*Comentários ao Código de Processo Penal Brasileiro*, Rio de Janeiro: Freitas Bastos, 1942, vol. 1, p. 150).

Críticas em sentido inverso – Havia quem censurasse o dispositivo em análise, mas em sentido diverso, sob o argumento de que, inspirado no modelo acusatório e, portanto, em um processo de partes, não caberia ao Poder Judiciário nenhuma espécie de controle a respeito do pedido de arquivamento formulado pelo Ministério Público. Em outras palavras: na condição de titular privativo da ação penal pública, segundo expressa disposição constitucional (art. 129, inc. I), caberia apenas ao "parquet" o controle sobre o arquivamento do inquérito policial (ou de outra peça de investigação). Assim, a ingerência do Poder Judiciário, autorizada pelo art. 28, não teria sido recepcionada pela Carta em vigor, por grave violação ao sistema acusatório, estruturado dialeticamente de maneira a resguardar a função de cada parte no processo. A solução alvitrada tinha como base a Lei da Ação Civil Pública (Lei n. 7.347/1985), que em seu art. 9º, §§ 1º e 2º, determina que todo e qualquer pedido de arquivamento de inquérito civil deve ser submetido à confirmação pelo Conselho Superior do Ministério Público, quando, somente a partir daí, terá eficácia. De sorte que, por analogia a esse dispositivo, sugeria-se, de *lege ferenda*, que os pedidos de arquivamento de inquéritos policiais não mais dependam de uma decisão judicial que os homologue, mas, ao revés, que seu controle fique restrito ao âmbito interno do Ministério Público, quando o órgão da administração superior daria a última palavra sobre o tema, deixando, se for o caso, de homologar a promoção de arquivamento e designando "outro órgão do Ministério Público para o ajuizamento da ação", como previsto, a propósito, no § 4º do art. 9º da Lei n. 7.347/1985. Esta corrente crítica foi ouvida pelo Congresso na Lei 13.964/19, como veremos a seguir.

Análise da promoção de arquivamento. Sistemática vigente com a Lei 13.964/19 - A nova Lei altera a redação do art. 28, anunciando: "Ordenado o arquivamento do inquérito policial ou de quaisquer elementos informativos da mesma natureza, o órgão do Ministério Público comunicará a vítima, ao investigado e à autoridade policial e encaminhará os autos para a instância de revisão ministerial para fins de homologação, na forma da lei".

Em estrita obediência ao sistema acusatório, o artigo em comento não mais prevê a participação do juiz no organograma da promoção de arquivamento. Outro avanço importante foi permitir à vítima (ou seu representante legal) fiscalizar, de forma direta e imediata, a atuação do Ministério Público. Discordando do arquivamento, esta poderá, no prazo de 30 (trinta) dias do recebimento da comunicação, submeter a matéria à revisão da instância competente do órgão ministerial, conforme dispuser a respectiva lei orgânica. Nas ações penais relativas a crimes praticados em detrimento da União, Estados e Municípios, a revisão do arquivamento do inquérito policial poderá ser provocada pela chefia do órgão a quem couber sua representação judicial.

Controle do princípio da obrigatoriedade – Antes da nova Lei, o controle da obrigatoriedade da ação aparecia como função atípica do juiz. Agora, esse controle passa para a vítima ou seu representante legal. Como bem explicam Francisco Dirceu de Barros e Vladimir Aras, "deve ser saudada a entronização do marco principiológico acusatório no CPP pela Lei Anticrime e as consequências que disso advieram nos arts. 28, 282 e 311 do CPP, no que ora nos interessa, com a supressão da competência anômala do juiz criminal, que lhe permitia provocar a revisão da decisão do Ministério Público de não acusar. Em proveito da *accountability* institucional, esse controle não foi suprimido. Sua iniciativa foi transferida a quem, diferentemente do juiz, pode ter interesse subjetivo na deflagração da ação penal, a vítima ou seu representante legal" (O ARQUIVAMENTO DO INQUÉRITO POLICIAL PELO MINISTÉRIO PÚBLICO APÓS A LEI 13.964/2019 -LEI ANTICRIME-, disponível em http://genjuridico.com.br/2020/01/09/inquerito-policial-lei-anticrime/).

Juizado Especial Criminal - O art. 28 do CPP, com sua nova arquitetura, deve ser observado não apenas nos inquéritos policiais ou procedimentos investigatórios conduzidos pelo Ministério Público. Também nos Termos Circunstanciados, quando promovido seu arquivamento, os autos serão encaminhados para a instância de revisão do Ministério Público.

Comunicação do arquivamento - Como alertado acima, promovido o arquivamento, deve o órgão do Ministério Público comunicar a vítima, ao investigado e à autoridade policial. Essa determinação compatibiliza-se com a devida publicidade dos atos processuais e confere-lhe eficácia, pois faz com que manifestações estatais que interessem à vítima sejam levadas ao seu conhecimento, proporcionando-lhe buscar sua modificação.

A sua cientificação deve ser realizada pelo órgão de execução que promoveu o arquivamento, através dos meios convencionais de comunicação às partes. O art. 201, §3º do CPP diz que as comunicações ao ofendido deverão ser realizadas diretamente no endereço indicado. Com o advento da Lei 11.690/08, é possível que a comunicação se dê por meio eletrônico, ou seja, via e-mail, fac-símile, telefone etc., oportunizando-se o uso dos avanços tecnológicos em plena ascensão.

Tratando-se de infração de menor potencial ofensivo, na linha do que já ocorre no judiciário, deve ser possível qualquer meio idôneo de comunicação, até mesmo a utilização do aplicativo Whatsapp.

Investigado - Muitos devem estar indagando o real sentido de comunicar o investigado do arquivamento da sua investigação. Emprestando as lições de Francisco Direceu de Barros e Vladimir Aras, percebe-se que "Essa notícia integra-se ao patrimônio jurídico do investigado, agora fazendo parte do conteúdo do direito à ampla defesa. Embora a lei não diga, o investigado também poderá apresentar à instância revisional do Ministério Público suas razões para que o arquivamento seja homologado".

Autoridade Policial - Tratando-se de procedimento investigatório conduzida pela polícia, o presidente da investigação deve ser cientificado do arquivamento para as formalidades de lei e estilo, em especial, para fins de registro. Não tem legitimidade, contudo, para submeter a matéria à revisão da instância competente do órgão ministerial. Apenas a vítima ou seu representante legal estão legitimados para tanto.

Juiz das garantias - apesar do silêncio da lei, com a mesma finalidade da comunicação da autoridade policial, o juiz das garantias deve ser informado do arquivamento dos autos do inquérito ou do procedimento investigatório criminal.

Homologação pela instância de revisão - Nos Ministérios Públicos dos estados, o órgão superior que atuava na revisão de promoções de arquivamento, até então provocado pelo juiz, era a procuradoria-geral de Justiça. Essa previsão não estava expressa na Lei Orgânica da Carreira, mas do próprio art. 28 do CPP. No âmbito do Ministério Público da União, era ouvida a Câmara de Coordenação e Revisão (Lei Complementar n° 75, art. 62, inc. IV) antes da decisão do PGR (MPF), PGJM (MPM) ou PGJ (MP DFT).. Com a nova Lei, o que muda? Ou nada muda? Demanda lei regulamentando a nova sistemática? No âmbito federal, parece-nos nada muda. Nos estados, em que pese as leis respectivas não tratarem do órgão de revisão, são copiosas ao anunciarem, com variações mínimas de redação, competir ao procurador-geral de Justiça designar membro para atuar em caso de não confirmação de promoção de arquivamento. Ora, esse seu poder nos obriga concluir que permanece sendo a instância de revisão. Nada impede, contudo, que lei específica ou ato interno crie estrutura mínima (até mesmo regional) para não somente rever os pedidos, mas homologar todos os procedimentos com promoção de arquivamento. Uma Câmara de Coordenação e Revisão na estrutura da PGJ, agindo por delegação.

Decisão do órgão revisor - Com ou sem recurso, a decisão do órgão revisor é de mérito. Concordando com os termos do arquivamento, deve homologar. Essa decisão (de homologação) pode ser antecedida de diligências a serem encetadas pelo próprio órgão revisor ou pelo promotor de Justiça oficiante dos autos de investigação, agindo por determinação. Não concordando com os termos do arquivamento, deve ser designado novo órgão de execução para atuar no feito. Este promotor de Justiça designado não poderá se negar a ofertar a denúncia, a menos que invoque sua suspeição ou impedimento no caso concreto. Ausentes tais causas de suspeição ou impedimento, o promotor de Justiça é obrigado a denunciar, pois aqui já não mais age segundo sua convicção pessoal, senão por delegação do procurador-geral.

Enunciados que assegurem um padrão de comportamento e atuação homogênea - No futuro, imaginamos que a prática vai culminar com a edição de enunciados por parte dos órgãos de revisão, os quais permitirão que o membro do Ministério Público com atuação na investigação promova o arquivamento sem necessitar homologação superior, desde que os fatos coincidam com os termos do costumeiro pronunciamento do PGJ ou Câmara de Coordenação ou Revisão em casos análogos. Caberá ao promotor de Justiça ou procurador da República especificar semelhanças e diferenças entre os casos (*distinguishing*), ou que indique a superação do entendimento enunciado (*overruling*), ou a limitação de sua abrangência (*overriding*). Nesse caso (de arquivamento no próprio órgão de execução), a manifestação do órgão superior depende de oportuna provocação da vítima.

Através dos enunciados, o órgão de revisão será capaz de moldar, minimamente, os critérios, diretrizes e planos objetivos de sistematicidade que lhes assegurem um padrão de comportamento e atuação homogênea.

Arquivamento de investigação de agentes ou autoridades com prerrogativa de foro por prerrogativa de função – De acordo com a Lei Orgânica Nacional do Ministério Público, em casos de competência originária, é possível que o Colégio de Procuradores de Justiça reveja a decisão do procurador-geral *"mediante requerimento de legítimo interessado"* (art. 12, inc. XI da Lei nº 8.625/93).

Arquivamento direto – É a denominação conferida pela doutrina ao pedido de arquivamento formulado diretamente pelo membro do Ministério Público, titular da ação penal.

Arquivamento indireto – Denomina-se *arquivamento indireto* a manifestação do promotor de justiça no sentido de que o juízo é incompetente para conhecer da matéria, quando requer, então, a remessa do inquérito policial (ou algum outro procedimento investigativo) ao juízo que, segundo seu ponto de vista, é competente para o julgamento.

Arquivamento implícito – Dá-se o nome de *arquivamento implícito* quando o promotor deixa de incluir na denúncia um indiciado, sem fazer manifesta referência a ele. Assim, por exemplo, se A e B são indiciados pela prática de um determinado crime e o promotor denuncia apenas A, sem pedir expressamente o arquivamento do inquérito em relação a B. Nesse caso, parte da doutrina entende que ocorreu um pedido tácito de arquivamento e, portanto, B não mais poderá ser denunciado. Na hipótese, diz-se, mais precisamente, que ocorreu um ***arquivamento implícito subjetivo***.

Pode ocorrer, ainda, que sendo mais de um crime investigado, o Ministério Público deixe de ofertar denúncia a abranger todos os delitos. Em um exemplo: instaurou-se inquérito policial para a apuração de um furto em concurso com o crime de corrupção de menores, vez que um dos autores era incapaz. O promotor pede o arquivamento em relação ao crime de furto e se omite quanto ao delito do art. 218 do Código Penal. A doutrina, nessa hipótese, indica a ocorrência de um *arquivamento implícito objetivo*.

O posicionamento majoritário na doutrina e jurisprudência é que inexiste arquivamento *implícito*. Agora, com a nova redação do art. 28, essa corrente ganha força. A vítima deve conhecer as razões invocadas para delas poder se insurgir. Portanto, o Ministério Público deve, sempre, fundamentar expressamente sua posição pelo arquivamento.

Arquivamento de investigação de morte decorrente de intervenção policial – Determina a Res. 129/15 do Conselho Nacional do Ministério Público, alterada pela Res. 201/19, que nos casos de arquivamento das investigações criminais envolvendo morte decorrente de intervenção policial, deve o promotor de Justiça ou procurador da República notificar a vítima e/ou seus familiares sobre o pronunciamento do Ministério Público (art. 4, VII).

Arquivamento por atipicidade do fato ou extinção da punibilidade – Antes da nova arquitetura do art. 28 do CPP, o controle do arquivamento da investigação tinha a participação efetiva do juiz. Era o magistrado quem homologava a promoção de arquivamento do órgão do Ministério Público. Por isso fazia sentido, na época, discutir a autoridade dessa decisão: se coisa julgada formal ou também material? Prevalecia apenas coisa julgada formal, salvo quando seu fundamento fosse atipicidade ou causa extintiva da punibilidade, hipóteses em que a jurisprudência demandava estabilidade da decisão, leia-se, coisa julgada material. Ocorre que, com a nova sistemática, sendo o controle exclusivamente ministerial, sem decisão judicial coparticipando, a discussão deve mudar o foco. Não estamos aqui fomentando uma instabilidade nas decisões do Ministério Público. O arquivamento por atipicidade e extinção punibilidade devem continuar demandando respeito absoluto. Se a denúncia exuma investigação arquivada por atipicidade ou extinção da punibilidade, faltará ao titular da ação pressuposto processual, objeto de rigorosa análise do juiz no momento do recebimento da inicial (art. 395 CPP) ou da absolvição sumária (art. 397 CPP).

Recorribilidade da decisão que determina o arquivamento do inquérito policial – Duas leis anunciam recursos da decisão de arquivamento, a serem analisados pelo Poder Judiciário. A primeira, Lei nº 1.521/51, trata dos crimes contra a economia popular. Diz que o juiz, ao deferir o pedido de arquivamento formulado pelo Ministério Público, deve recorrer de ofício dessa decisão, remetendo os autos ao Tribunal, a quem cabe confirmá-la ou não. Dela discordando, dá provimento ao recurso oficial, remetendo o inquérito policial ao procurador-geral de Justiça, a quem cumpre dar a última palavra, confirmando o pedido de arquivamento ou, dele discordando, denunciar ou designar um promotor para que o faça. A segunda, Lei n. 1.508/1951, trata do procedimento aplicável à contravenção do art. 58 da LCP ("jogo do bicho"). Prevê que qualquer do povo pode representar ao Ministério Público, dando conta da prática dessa infração penal. Pedido o arquivamento pelo "parquet", e uma vez determinado pelo juiz, dessa decisão cabe recurso em sentido estrito. As duas leis parecem revogadas pela nova sistemática do art. 28 do CPP, que prestigia o sistema acusatório.

Armazenamento dos autos do inquérito arquivado e das coisas apreendidos – Certamente teremos corrente defendendo que os autos do inquérito deverão ser arquivados na estrutura administrativa do Ministério Público. Contudo, lendo e relendo o art. 3º.-C do CPP (juiz das garantias), parece não ficar dúvidas de que os autos do inquérito ficarão acautelados na secretaria do juízo das garantias, a disposição das partes e demais interessados (autoridade policial, por exemplo). E as coisas relacionadas aos vestígios do crime, por sua vez, armazenadas nas centrais de custódia (arts. 158-E e art. 158-F, ambos do CPP).

ACORDO DE NÃO PERSECUÇÃO PENAL

"Art. 28-A. Não sendo o caso de arquivamento e tendo o investigado confessado formal e circunstanciadamente a prática de infração penal sem violência ou grave ameaça e com pena mínima inferior a 4 anos, o Ministério Público poderá propor acordo de não persecução penal, desde que necessário e suficiente para a reprovação e prevenção do crime, mediante as seguintes condições ajustadas cumulativa ou alternativamente:

I – reparar o dano ou restituir a coisa à vítima, exceto na impossibilidade de fazê-lo;

II – renunciar voluntariamente a bens e direitos indicados pelo Ministério Público como instrumentos, produto ou proveito do crime;

III – prestar serviço à comunidade ou a entidades públicas por período correspondente à pena mínima cominada ao delito, diminuída de um a dois terços, em local a ser indicado pelo juízo da execução, na forma do art. 46 do Decreto-Lei n. 2.848, de 7 de dezembro de 1940 (Código Penal);

IV – pagar prestação pecuniária, a ser estipulada nos termos do art. 45 do Decreto-Lei n. 2.848, de 7 de dezembro de 1940 (Código Penal), a entidade pública ou de interesse social, a ser indicada pelo juízo da execução, que tenha, preferencialmente, como função proteger bens jurídicos iguais ou semelhantes aos aparentemente lesados pelo delito; ou

V – cumprir, por prazo determinado, outra condição indicada pelo Ministério Público, desde que proporcional e compatível com a infração penal imputada.

§ 1º Para aferição da pena mínima cominada ao delito a que se refere o *caput* deste artigo, serão consideradas as causas de aumento e diminuição, aplicáveis ao caso concreto.

§ 2º O disposto no *caput* deste artigo não se aplica nas seguintes hipóteses:

I – se for cabível a transação penal de competência dos Juizados Especiais Criminais, nos termos da lei;

II – se o investigado for reincidente ou se houver elementos probatórios que indiquem conduta criminal habitual, reiterada ou profissional, exceto se insignificantes as infrações penais pretéritas;

III – ter sido o agente beneficiado nos 5 (cinco) anos anteriores ao cometimento da infração, em acordo de não persecução penal, transação penal ou suspensão condicional do processo; e

IV – nos crimes praticados no âmbito de violência doméstica ou familiar, ou praticados contra a mulher por razões da condição de sexo feminino, em favor do agressor.

§ 3º O acordo de não persecução penal será formalizado por escrito e será firmado pelo membro do Ministério Público, pelo investigado e por seu defensor.

§ 4º Para homologação do acordo de não persecução penal, será realizada audiência na qual o juiz devera verificar a sua voluntariedade, por meio da oitiva do investigado na presença de seu defensor, e sua legalidade.

§ 5º Se o juiz considerar inadequadas, insuficientes ou abusivas as condições dispostas no acordo de não persecução penal, devolverá os autos ao Ministério Público para que seja reformulada a proposta do acordo, com concordância do investigado e seu defensor.

§ 6º Homologado judicialmente o acordo de não persecução penal, o juiz devolverá os autos ao Ministério Público para que inicie sua execução perante o juízo de execução penal.

§ 7º O juiz poderá recusar homologação à proposta que não atender aos requisitos legais ou quando não for realizada a adequação a que se refere o §5º. deste artigo.

§ 8º Recusada a homologação, o juiz devolverá os autos ao Ministério Público para análise da necessidade de complementação das investigações ou o oferecimento da denúncia.

§ 9º A vítima será intimada da homologação do acordo de não persecução penal e de seu descumprimento.

§ 10 Descumpridas quaisquer das condições estipuladas no acordo de não persecução penal, o Ministério Público deverá comunicar ao juízo, para fins de sua rescisão e posterior oferecimento de denúncia.

§ 11 O descumprimento do acordo de não persecução penal pelo investigado também poderá ser utilizado pelo membro do Ministério Público como justificativa para o eventual não oferecimento de suspensão condicional do processo.

§ 12 A celebração e o cumprimento do acordo de não persecução penal não constarão de certidão de antecedentes criminais, exceto para os fins previstos no inciso III do §2º. deste artigo.

§ 13 Cumprido integralmente o acordo de não persecução penal, o juízo competente decretará a extinção da punibilidade.

§ 14 No caso de recusa, por parte do Ministério Público, em propor o acordo de não persecução penal, o investigado poderá requerer a remessa dos autos a órgão, na forma do art. 28 deste Código".

Redação ANTES da Lei 13.964/19	Redação DEPOIS da Lei 13.964/19
Resolução 181/17 CNMP **Art. 18.** Não sendo o caso de arquivamento, o Ministério Público poderá propor ao investigado acordo de não persecução penal quando, cominada pena mínima inferior a 4 (quatro) anos e o crime não for cometido com violência ou grave ameaça a pessoa, o investigado tiver confessado formal e circunstanciadamente a sua prática, mediante as seguintes condições, ajustadas cumulativa ou alternativamente: I – reparar o dano ou restituir a coisa à vítima, salvo impossibilidade de fazê-lo; II – renunciar voluntariamente a bens e direitos, indicados pelo Ministério Público como instrumentos, produto ou proveito do crime; III – prestar serviço à comunidade ou a entidades públicas por período correspondente à pena mínima cominada ao delito, diminuída de um a dois terços, em local a ser indicado pelo Ministério Público; IV – pagar prestação pecuniária, a ser estipulada nos termos do art. 45 do Código Penal, a entidade pública ou de interesse social a ser indicada pelo Ministério Público, devendo a prestação ser destinada preferencialmente àquelas entidades que tenham como função proteger bens jurídicos iguais ou semelhantes aos aparentemente lesados pelo delito; V – cumprir outra condição estipulada pelo Ministério Público, desde que proporcional e compatível com a infração penal aparentemente praticada.	**Art. 28-A.** Não sendo o caso de arquivamento e tendo o investigado confessado formal e circunstanciadamente a prática de infração penal sem violência ou grave ameaça e com pena mínima inferior a 4 anos, o Ministério Público poderá propor acordo de não persecução penal, desde que necessário e suficiente para a reprovação e prevenção do crime, mediante as seguintes condições ajustadas cumulativa ou alternativamente: I – reparar o dano ou restituir a coisa à vítima, exceto na impossibilidade de fazê-lo; II – renunciar voluntariamente a bens e direitos indicados pelo Ministério Público como instrumentos, produto ou proveito do crime; III – prestar serviço à comunidade ou a entidades públicas por período correspondente à pena mínima cominada ao delito, diminuída de um a dois terços, em local a ser indicado pelo juízo da execução, na forma do art. 46 do Decreto-Lei n. 2.848, de 7 de dezembro de 1940 (Código Penal); IV – pagar prestação pecuniária, a ser estipulada nos termos do art. 45 do Decreto-Lei n. 2.848, de 7 de dezembro de 1940 (Código Penal), a entidade pública ou de interesse social, a ser indicada pelo juízo da execução, que tenha, preferencialmente, como função proteger bens jurídicos iguais ou semelhantes aos aparentemente lesados pelo delito; ou V – cumprir, por prazo determinado, outra condição indicada pelo Ministério Público, desde que proporcional e compatível com a infração penal imputada.

Redação ANTES da Lei 13.964/19	Redação DEPOIS da Lei 13.964/19
§ 1º. Não se admitirá a proposta nos casos em que: I – for cabível a transação penal, nos termos da lei; II – o dano causado for superior a vinte salários mínimos ou a parâmetro econômico diverso definido pelo respectivo órgão de revisão, nos termos da regulamentação local; III – o investigado incorra em alguma das hipóteses previstas no art. 76, § 2º., da Lei no 9.099/95 IV – o aguardo para o cumprimento do acordo possa acarretar a prescrição da pretensão punitiva estatal; V – o delito for hediondo ou equiparado e nos casos de incidência da Lei no 11.340, de 7 de agosto de 2006 VI – a celebração do acordo não atender ao que seja necessário e suficiente para a reprovação e prevenção do crime. § 2º. A confissão detalhada dos fatos e as tratativas do acordo serão registrados pelos meios ou recursos de gravação audiovisual, destinados a obter maior fidelidade das informações, e o investigado deve estar sempre acompanhado de seu defensor. § 3º. O acordo será formalizado nos autos, com a qualificação completa do investigado e estipulará de modo claro as suas condições, eventuais valores a serem restituídos e as datas para cumprimento, e será firmado pelo membro do Ministério Público, pelo investigado e seu defensor. § 4º. Realizado o acordo, a vítima será comunicada por qualquer meio idôneo, e os autos serão submetidos à apreciação judicial.	§ 1º Para aferição da pena mínima cominada ao delito a que se refere o *caput* deste artigo, serão consideradas as causas de aumento e diminuição, aplicáveis ao caso concreto. § 2º O disposto no *caput* deste artigo não se aplica nas seguintes hipóteses: I – se for cabível a transação penal de competência dos Juizados Especiais Criminais, nos termos da lei; II – se o investigado for reincidente ou se houver elementos probatórios que indiquem conduta criminal habitual, reiterada ou profissional, exceto se insignificantes as infrações penais pretéritas; III – ter sido o agente beneficiado nos 5 (cinco) anos anteriores ao cometimento da infração, em acordo de não persecução penal, transação penal ou suspensão condicional do processo; e IV – nos crimes praticados no âmbito de violência doméstica ou familiar, ou praticados contra a mulher por razões da condição de sexo feminino, em favor do agressor. § 3º O acordo de não persecução penal será formalizado por escrito e será firmado pelo membro do Ministério Público, pelo investigado e por seu defensor. § 4º Para homologação do acordo de não persecução penal, será realizada audiência na qual o juiz devera verificar a sua voluntariedade, por meio da oitiva do investigado na presença de seu defensor, e sua legalidade.

Redação ANTES da Lei 13.964/19	Redação DEPOIS da Lei 13.964/19
§ 5º. Se o juiz considerar o acordo cabível e as condições adequadas e suficientes, devolverá os autos ao Ministério Público para sua implementação. § 6º. Se o juiz considerar incabível o acordo, bem como inadequadas ou insuficientes as condições celebradas, fará remessa dos autos ao procurador-geral, nos termos da legislação vigente, que poderá adotar as seguintes providencias: I – oferecer denúncia ou designar outro membro para oferecê-la; II – complementar as investigações ou designar outro membro para complementá-la; III – reformular a proposta de acordo de não persecução, para apreciação do investigado; IV – manter o acordo de não persecução, que vinculará toda a Instituição. § 7º. O acordo de não persecução poderá ser celebrado na mesma oportunidade da audiência de custódia. § 8º. É dever do investigado comunicar ao Ministério Público eventual mudança de endereço, número de telefone ou e-mail, e comprovar mensalmente o cumprimento das condições, independentemente de notificação ou aviso prévio, devendo ele, quando for o caso, por iniciativa própria, apresentar imediatamente e de forma documentada eventual justificativa para o não cumprimento do acordo. § 9º. Descumpridas quaisquer das condições estipuladas no acordo ou não observados os deveres do parágrafo anterior, no prazo e nas condições estabelecidas, o membro do Ministério Público deverá, se for o caso, imediatamente oferecer denúncia.	§ 5º Se o juiz considerar inadequadas, insuficientes ou abusivas as condições dispostas no acordo de não persecução penal, devolverá os autos ao Ministério Público para que seja reformulada a proposta do acordo, com concordância do investigado e seu defensor. § 6º Homologado judicialmente o acordo de não persecução penal, o juiz devolverá os autos ao Ministério Público para que inicie sua execução perante o juízo de execução penal. § 7º O juiz poderá recusar homologação à proposta que não atender aos requisitos legais ou quando não for realizada a adequação a que se refere o §5º. deste artigo. § 8º Recusada a homologação, o juiz devolverá os autos ao Ministério Público para análise da necessidade de complementação das investigações ou o oferecimento da denúncia. § 9º A vítima será intimada da homologação do acordo de não persecução penal e de seu descumprimento. § 10 Descumpridas quaisquer das condições estipuladas no acordo de não persecução penal, o Ministério Público deverá comunicar ao juízo, para fins de sua rescisão e posterior oferecimento de denúncia. § 11 O descumprimento do acordo de não persecução penal pelo investigado também poderá ser utilizado pelo membro do Ministério Público como justificativa para o eventual não oferecimento de suspensão condicional do processo.

Redação ANTES da Lei 13.964/19	Redação DEPOIS da Lei 13.964/19
§ 10 O descumprimento do acordo de não persecução pelo investigado também poderá ser utilizado pelo membro do Ministério Público como justificativa para o eventual não oferecimento de suspensão condicional do processo. § 11 Cumprido integralmente o acordo, o Ministério Público promoverá o arquivamento da investigação, nos termos deste Ato. § 12 As disposições deste Capítulo não se aplicam aos delitos cometidos por militares que afetem a hierarquia e a disciplina. § 13 Para aferição da pena mínima cominada ao delito, a que se refere o *caput*, serão consideradas as causas de aumento e diminuição aplicáveis ao caso concreto.	§ 12 A celebração e o cumprimento do acordo de não persecução penal não constarão de certidão de antecedentes criminais, exceto para os fins previstos no inciso III do §2º. deste artigo. § 13 Cumprido integralmente o acordo de não persecução penal, o juízo competente decretará a extinção da punibilidade. § 14 No caso de recusa, por parte do Ministério Público, em propor o acordo de não persecução penal, o investigado poderá requerer a remessa dos autos a órgão, na forma do art. 28 deste Código.

Acordo de não persecução. Constitucionalidade – O acordo de não persecução penal (ANPP) foi criado, de forma pioneira e corajosa, pelo Conselho Nacional do Ministério Público, mais precisamente através da Res. 181/17, depois alterada pela Res. 183/18, cujos contornos, em grande parte, foram repetidos no art. 28-A do CPP.

A citada Resolução, contudo, teve, em pouco tempo de vigência, sua constitucionalidade questionada pela AMB (ADI 5790) e pela OAB (ADI 5793). Em resumo, a AMB se insurgiu "Porque a despeito de agora haver a submissão ao Poder Judiciário do acordo firmado, é inegável que diante da inexistência de lei dispondo sobre ela, resultará uma insegurança jurídica sem tamanho, diante da possibilidade de magistrados recusarem ou aceitarem esses acordos, com base exclusivamente no fato de a Resolução não poder dispor sobre a matéria sem prévia previsão legal". No mesmo sentido a OAB: "O texto fere os princípios de reserva legal, segurança jurídica, extrapolando também o poder regulamentar conferido ao CNMP". A violação da reserva legal, como se percebe, era o grande motivo de irresignação dos críticos. Agora, com a introdução do instituto no CPP, a crítica desaparece.

Outro argumento ventilado pelos críticos foi a violação do princípio da obrigatoriedade. De fato, a maioria dos manuais ensina que, de acordo com esse princípio, o Ministério Público, presentes as condições da ação, é obrigado a agir, a ingressar com a ação penal, a não ser em determinados casos expressamente previstos em lei, como na possibilidade de transação penal nas infrações penais de menor potencial ofensivo (art. 76 da Lei 9.099/95). Para corrente diversa, mais moderna, a obrigatoriedade deve ser revisitada, não podendo ser encarada como uma imposição cega de fazer a mesma coisa sempre e a todo custo, inclusive contra os próprios objetivos que fundamentaram o princípio da legalidade. O promotor de Justiça Rodrigo Cabral alerta que a ideia importante da obrigatoriedade é a que não pode o Ministério Público, sem justa causa, simplesmente abrir mão de dar uma resposta às investigações penais maduras e viáveis que se encontram em seu poder (Acordo de não persecução penal – Um panorama sobre o acordo de não persecução penal. 1ª. ed. Salvador: Ed. Juspodivm. 2018 p. 40).

Assim, tal interpretação deixa claro que o Ministério Público não pode conceder favores ilegítimos para determinadas pessoas. Tem o promotor de Justiça o dever de agir. Mas como agir? A resposta vai depender da política criminal eventualmente adotada pela instituição. Agir pode ser oferecendo transação penal ao autor de uma infração de menor potencial ofensivo (art. 76 da Lei 9.099/95). Ou propondo acordo de não persecução penal. Ou, por fim, ajuizando a ação penal (denúncia-crime). Em qualquer caso, contudo, o Ministério Público agiu, buscando a solução mais promissora para tornar nosso sistema penal um pouco mais efetivo e com respostas mais adequadas.

Conceito e natureza jurídica - Tomado pelo espírito de justiça consensual, compreende-se o acordo de não persecução penal como sendo o ajuste obrigacional celebrado entre o órgão de acusação e o investigado (assistido por advogado), devidamente homologado pelo juiz, no qual o indigitado assume sua responsabilidade, aceitando cumprir, desde logo, condições menos severas do que a sanção penal aplicável ao fato a ele imputado.

É evidente que os instrumentos negociais, há tempos presentes no processo cível, cumprem expectativas dos indivíduos e agentes político-econômicos, porque abreviam o tempo para a solução do conflito, e atendem um prático cálculo de utilidade social. O consenso entre as partes se estabelece em um ambiente de coparticipação racional, mediante vantagens recíprocas que concorrem para uma aceitabilidade no cumprimento da medida mais efetiva, sentimento que eleva o senso de autorresponsabilidade e comprometimento com o acordo, atributos que reforçam a confiança no seu cumprimento integral.

O processo penal carecia de um instrumento como o ANPP. Inegavelmente, o acordo de não persecução penal trará economia de tempo e recursos para que o sistema de justiça criminal exerça, com a atenção devida, uma tutela penal mais efetiva nos crimes que merecem esse tratamento.

Pressupostos do acordo de não persecução penal - São pressupostos cumulativos do acordo, todos previstos, mesmo que implicitamente, no *caput*:

a) existência de procedimento investigatório. A segurança de que existe um procedimento formalizado é importante para os atores do sistema criminal, evitando abusos do Estado, e ao mesmo tempo permitindo a transparência na negociação. Seja inquérito policial, seja procedimento investigatório presidido pelo órgão de execução do Ministério Público, deve existir procedimento oficial devidamente instaurado para nele as partes ajustarem as condições adequadas e necessárias para o ANPP.

b) não ser o caso de arquivamento dos autos. O ANPP pressupõe justa causa para a denúncia-crime, leia-se, mínimo de suporte fático, aquele início de prova (mesmo que indiciária) capaz de justificar a oferta da instância penal. No dizer de Afrânio Silva Jardim, "Esse suporte probatório mínimo se relaciona com os indícios da autoria, existência material do fato típico e alguma prova de sua antijuridicidade e culpabilidade" (Direito processual penal. 8ª. ed., Rio de Janeiro: Forense, 1999, p. 175).

c) cominada pena mínima inferior a 4 (quatro) anos e o crime não for cometido com violência ou grave ameaça à pessoa. Para aferição da pena mínima cominada ao delito a que se refere o *caput* deste artigo, serão consideradas as causas de aumento e diminuição, aplicáveis ao caso concreto (§1º.). Portanto, tomando como norte a pena mínima abstratamente cominada ao delito, presente causa de aumento variável, deve-se utilizar a menor fração; no caso de diminuição variável, a maior fração. Imaginemos causa de aumento variando de 1/6 a 2/3. Temos que aplicar o aumento de 1/6; se de diminuição, a fração de 2/3. Só assim o operador chega na pena mínima abstratamente possível para a infração penal em tese praticada pelo investigado.

Percebam que o legislador proíbe o ANPP no caso de crime cometido com violência ou grave ameaça a pessoa. Para nós, a violência que impede o ajuste é aquela presente na conduta, e não no resultado. Logo, homicídio culposo, por exemplo, admite o ANPP.

d) o investigado tiver confessado formal e circunstanciadamente a prática do crime. A Resolução 181/17 determina que a confissão detalhada dos fatos e as tratativas do acordo devem ser registrados pelos meios ou recursos de gravação audiovisual, destinados a obter maior fidelidade das informações. A Lei 13.964/19 não exigiu tais formalidades, mas que merecem ser observadas, na medida do possível.

Importante alertar que, apesar de pressupor sua confissão, não há reconhecimento expresso de culpa pelo investigado. Há, se tanto, uma admissão implícita de culpa, de índole puramente moral, sem repercussão jurídica. A culpa, para ser efetivamente reconhecida, demanda o devido processo legal. Não sem razão, diz o §12 que "A celebração e o cumprimento do acordo de não persecução penal não constarão de certidão de antecedentes criminais, exceto para os fins previstos no inciso III do §2º. deste artigo".

Condições do acordo de não persecução penal – Como já alertado acima, compreende-se o acordo de não persecução penal como sendo o ajuste obrigacional celebrado entre o órgão de acusação e o investigado (assistido por advogado), devidamente homologado pelo juiz, no qual o indigitado assume sua responsabilidade, aceitando cumprir, desde logo, condições menos severas do que a sanção penal aplicável ao fato a ele imputado. As condições do acordo, ajustadas cumulativa ou alternativamente, estão estampadas nos incisos que acompanham o *caput* do art. 28-A:

I – reparar o dano ou restituir a coisa à vítima, exceto na impossibilidade de fazê-lo.

Na linha de outros instrumentos despenalizadores, o ANPP prestigia a vítima, colocando a reparação do dano ou restituição do objeto do crime como condição para o ajuste. Certamente haverá discussão quanto à possibilidade de o ajuste abranger (ou não) o dano moral. Para uma corrente, o dano moral, por guardar íntima relação com a dor e o sofrimento experimentado pela vítima, não encontraria, no processo penal, o *locus* adequado para debate. Para outros, com os quais concordamos, embora reconhecendo a dificuldade em se estabelecer o *quantum*, não afastam, de plano, essa possibilidade, dependendo sempre da cuidadosa análise do fato concreto, em especial, da gravidade do ilícito, da intensidade do sofrimento, da condição socioeconômica do ofendido e do ofensor, grau de culpa, etc., bem como a utilização dos parâmetros monetários estabelecidos pela jurisprudência para casos similares. Na seara da justiça consensual, tais dificuldades ficam quase que superadas, pois o valor a título de dano moral será discutido com a efetiva participação do ofensor.

Reparem que a impossibilidade de reparar o dano ou restituir a coisa à vítima não impede a formalização do ANPP, conclusão extraída da parte final do inciso em comento. Nesse caso, o Ministério Público poderá fixar condições outras, desde que proporcional e compatível com a infração penal imputada (inc. V). Quando se poderia dizer que há impossibilidade de reparar o dano? Vale, aqui, transcrever as lições de Renee de Ó Souza e Patrícia Eleutério Campos Dower:

"É certo que, salvo algumas raras exceções ('infrações penais há que originam tão-somente a pretensão punitiva, como ocorre, por exemplo, em certos casos de tentativa branca, no crime impossível, nos crimes contra a paz pública, em alguns crimes contra a administração da justiça'), a prática de um delito acarreta não somente o surgimento da pretensão punitiva do Estado, mas também a obrigação de reparar os danos por ele gerados.

Assim, como primeira situação de impossibilidade de reparar o dano, de se citar os casos tais, em que não se verifica a ocorrência de um dano, em que pese tenha ocorrido o delito. Há situações outras, em que a reparação do dano é impossível em razão do perecimento do objeto tutelado, que não pode mais ser recomposto, típico caso de alguns crimes ambientais em que, uma vez ocorrida a degradação, não há mais possibilidade de retorno ao status quo ante.

Por fim, pode-se ainda evidenciar a impossibilidade de reparar o dano decorrente de incapacidade financeira do investigado. Em referidas situações, assim como ocorre naquelas relativas à suspensão condicional do processo, em que o acusado tem a possibilidade de não ter o benefício revogado, caso comprove motivo justificado para a não reparação do dano, tal fator não seria peremptoriamente impeditivo da realização do acordo.

Emergindo mencionada situação, pontos relevantíssimos devem ser considerados: (a) incumbe ao investigado a prova cabal de sua vulnerabilidade financeira, não bastando a mera alegação; (b) deve o agente ministerial, convencido e seguro da situação de insolvência do investigado, atentar-se para a conveniência de propor o cumprimento de outra condição, desde que proporcional e compatível com a infração penal aparentemente praticada" (ACORDO DE NÃO PERSECUÇÃO PENAL – Algumas respostas sobre o acordo de não persecução penal. 3ª. ed. Ed. Juspodivm. 2019., p. 162).

II – renunciar voluntariamente a bens e direitos indicados pelo Ministério Público como instrumentos, produto ou proveito do crime.

Temos, nesta condição, um confisco aquiescido, onde o investigado, voluntariamente, renuncia a bens e direitos, como objetos utilizados para executar a infração penal (instrumentos do crime), objetos conseguidos diretamente com a atividade criminosa (produto do crime) ou bens conseguidos com a utilização do produto criminoso (proveito do crime).

III – prestar serviço à comunidade ou a entidades públicas por período correspondente à pena mínima cominada ao delito, diminuída de um a dois terços, em local a ser indicado pelo juízo da execução, na forma do art. 46 do Decreto-Lei n. 2.848, de 7 de dezembro de 1940 (Código Penal).

IV – pagar prestação pecuniária, a ser estipulada nos termos do art. 45 do Decreto-Lei n. 2.848, de 7 de dezembro de 1940 (Código Penal), a entidade pública ou de interesse social, a ser indicada pelo juízo da execução, que tenha, preferencialmente, como função proteger bens jurídicos iguais ou semelhantes aos aparentemente lesados pelo delito.

Nos incisos III e IV temos condições inspiradas em sanções alternativas tradicionalmente utilizadas pelo juiz criminal para evitar pena de prisão. Deve ser alertado, contudo, que a natureza dos incisos é de condição para o ANPP, isto é, cláusula que estabelece realização de uma situação ou de uma ação, para que ocorra o negócio jurídico. Não se trata de sanção penal. Tanto que, se descumprida a condição ajustada, não pode o Ministério Público executá-la, mas oferecer denúncia e perseguir a devida condenação.

Diante desse quadro, fica fácil perceber o equívoco do legislador ao determinar que a concretização do acordo se dê no juízo das execuções penais. Erro crasso. Na VEC executa-se sanção penal. No ANPP não temos sanção penal imposta (e nem poderia, pois impede o devido processo legal). A sua execução deveria ficar a cargo do Ministério Público (como determina a Res. 181/17) ou do juízo do conhecimento.

V – cumprir, por prazo determinado, outra condição indicada pelo Ministério Público, desde que proporcional e compatível com a infração penal imputada.

Este inciso deixa claro que o rol de condições é meramente exemplificativo. Outra condição indicada pelo Ministério Público, desde que proporcional e compatível com a infração penal imputada, pode ser ajustada. Sobre os limites da liberdade de negociar, novamente trazemos à baila as lições de Renee de Ó Souza e Patrícia Eleutério Campos Dower, comentando dispositivo semelhante na Resolução 181/17, berço do ANPP: "Nesse modelo de solução de litígios, a liberdade de negociar é considerada ponto central, seja porque diretamente ligada a autonomia da vontade, seja porque é parte da convergência de vontades e da cooperação necessária para a tutela do bem jurídico pretendida no caso concreto. É por isso que se diz que, no modelo de justiça consensual, vige o princípio do devido processo consensual, estruturado pela autonomia da vontade, princípio da eficiência, da lealdade e da boa-fé objetiva.

A liberdade de negociar implica em relativa liberdade de conteúdo do acordo, que não pode ser igualado a um contrato de adesão, caracterizado pela fixação pasteurizada e meramente formal das condições a serem prestadas pelo investigado. Nem tampouco são permitidas condições que produzam violações a direitos fundamentais ou desproteção do bem jurídico tutelado pela norma penal aparentemente violada no caso.

Assim, como primeiro limite às condições ajustáveis em um acordo, não são possíveis prestações que atinjam direitos de terceiros e/ou absolutamente vedadas pelo ordenamento jurídico, como aquelas consideradas cruéis, cumpridas por outra pessoa que não o investigado, com castigos físicos etc. Também não são permitidas prestações que impliquem violações a valores sociais de modo que deve ser resguardado o núcleo protetivo da dignidade da pessoa humana. Sobre esse aspecto, dada a imperiosa necessidade de compatibilizar interesses sociais e autonomia da vontade, resta imprescindível que seja assegurada uma decisão consciente e voluntária, que não afronte o interesse público, razão pela qual as prestações devem ser acompanhadas de medidas de garantia (*safeguards*) para evitar abusos. Nisso se vislumbra a maior função da decisão homologatória, prevista implicitamente no § 5º do art. 18 da Resolução 181/2017. O Judiciário exerce neste ato verdadeira função homologatória de resguardo dos direitos fundamentais.

Respeitados aqueles limites acima, há, todavia, necessidade de a decisão ser autocontida, de modo a permitir que as condições sejam fixadas a partir das livres escolhas das partes, o que desloca a análise acerca da legalidade do ajuste para as particularidades do caso concreto, de modo a assegurar a solução mais conveniente e oportuna, exatamente como prevê o art. 723, parágrafo único, do CPC. O standard decisório é pautado pelo exame do atendimento aos interesses específicos das partes envolvidas, pois, caso não atendidas, evidenciar-se-ia desinteresse pelo acordo ou criação de situações ineficientes ou injustas. Sobreleva-se, neste aspecto, a análise a partir do princípio da juridicidade que permite sejam levados em consideração os elementos materiais contidos no sistema jurídico em seu aspecto substancial, de modo que devem ser admitidas as prestações sociais que levem a tutela penal do bem jurídico contido na infração penal imputada ao investigado.

Respeitados os limites acima, nem sempre claros, é verdade, podem ser fixadas outras condições ou medidas de interesse social que atendem a tutela do direito subjacente à infração penal praticada, embora seja recomendável a utilização de condições prestacionais semelhantes àquelas penas alternativas já previstas na legislação penal como, por exemplo, limitação de final de semana, interdição temporária de direitos, proibição de frequentar determinados lugares, etc. As prestações também podem abranger obrigações que produzam efeito prático equivalente os efeitos extrapenais, tais como perda do cargo, inabilitação para exercício de cargo etc, e, ainda, aqueles de natureza extrapatrimonial.

Assim sendo, de forma resumida, a variedade e adaptabilidade das condições a serem estipuladas no acordo de não persecução podem experimentar relativas inovações e ampliações desde que i) a prestação avençada não seja proibida; ii) não atinja direito de terceiros; iii) não viole valores sociais e nem a dignidade da pessoa humana; iv) seja resguardada a consciência e voluntariedade do investigado; v) seja amparada pela juridicidade que permite sejam levados em consideração os elementos materiais contidos no sistema jurídico em seu aspecto substancial e vi) implique em recomposição social do bem jurídico tutelado pela norma penal aparentemente violada" (ob. cit. p. 179-180).

Não cabimento do acordo – O § 2º impede o acordo de não persecução penal em determinadas hipóteses. Não cabe o ANPP nos crimes de menor potencial ofensivo. As condições pessoais do investigado também podem servir de impedimento para o ajuste (reincidente ou se houver elementos probatórios que indiquem conduta criminal habitual, reiterada ou profissional, exceto se insignificantes as infrações penais pretéritas). O fato de o agente ter sido beneficiado anteriormente com o ANPP, transação penal ou suspensão do processo é igualmente um obstáculo. O tipo de delito pode impedir o ANPP. Crimes praticados no âmbito de violência doméstica ou familiar, pouco importando o sexo da vítima, não merece o ANPP. Crime contra a mulher por razões da condição de sexo feminino, ainda que cometido fora do ambiente doméstico e familiar também não. Ao lado dessas vedações, não se pode perder de vista o não cabimento do ANPP para crimes cometidos com violência ou grave ameaça à pessoa. Nesse ponto, como alertamos acima, a violência que impede o ajuste é aquela presente na conduta, e não no resultado. Logo, homicídio culposo, por exemplo, admite o ANPP.

Crimes militares – A Res. 181/17 do CNMP vedava o ANPP nos crimes militares que afetassem a hierarquia e a disciplina. Nos demais, autorizava. A Lei 13.964/19 não trata do assunto. Silencia. O que interpretar do seu silêncio? Consigo antever a divergência. Uma primeira corrente dirá que o silêncio nos permite concluir que o ANPP, agora, está autorizado para qualquer crime militar. Outros, não sem razão, dirão que o silêncio indica que o legislador julgou o ANPP incompatível com os crimes militares, próprios ou impróprios. É que Lei 13.964/19 fez algumas alterações no CPPM, buscando, ao que tudo indica, espelhar seus dispositivos com os do CPP comum, e nele, CPPM, não tratou do ANPP. Silêncio eloquente, portanto.

Formalidade do acordo - O ANPP será formalizado nos autos do procedimento investigatório conduzido pelo Ministério Público (PIC) ou do inquérito policial (IP), devendo conter a qualificação completa do investigado, bem como as suas condições, eventuais valores a serem restituídos e as datas para cumprimento. O ajuste deve ser firmado pelo membro do Ministério Público, pelo investigado e seu defensor. Percebe-se que a vítima não participa da solenidade, nem mesmo assinando o documento. Contudo, manda a Lei (a exemplo da Res. 181/17 do CNMP), intimar a vítima da homologação do acordo de não persecução penal e de seu descumprimento (§9º.).

Análise judicial do acordo – O art. 28-A prevê verdadeira solenidade para julgamento do ANPP. O juiz marca audiência para verificar a sua voluntariedade, por meio da oitiva do investigado na presença de seu defensor, bem como sua legalidade. A "ratio legis" fica bem clara. Confere-se ao juiz, com a oitiva do investigado (compromissário) e de seu defensor, a salutar possibilidade de avaliar se o acordo foi ou não forçado, contra a vontade do investigado. Daí porque, na audiência a que se refere o dispositivo, não haver previsão quanto à presença do proponente do acordo (Ministério Público), mas somente do indigitado e seu defensor. A legalidade do ANPP também será objeto de análise judicial.

Atenção

o legislador empregou o vocábulo "juiz" em seu sentido amplo, pelo que, por óbvio, também abrange o relator da persecução penal de competência originária de um tribunal. Aliás, de forma a espancar qualquer dúvida, a Lei 13.964/19 alterou a Lei 8.038/90, cujas normas são usadas para os processos perante o Superior Tribunal de Justiça e o Supremo Tribunal Federal, nela acrescentando novo parágrafo ao art. 1º, prevendo, expressamente, o ANPP nos crimes praticados por autoridades com foro por prerrogativa de função.

Ao analisar o ANPP, o juiz pode:

a) homologar o acordo de não persecução penal, devolvendo os autos ao Ministério Público para que inicie sua execução perante o juízo de execução penal (§ 6º).

b) se considerar inadequadas, insuficientes ou abusivas as condições dispostas no acordo de não persecução penal, devolver os autos ao Ministério Público para que seja reformulada a proposta do acordo, com concordância do investigado e seu defensor (§ 5º). Tendo a concordância do investigado, a hipótese é de retratação. Ou o Ministério Público reabre as negociações, ou oferece a denúncia-crime.

c) se entender que não é caso de acordo, devolverá os autos ao Ministério Público para análise da necessidade de complementação das investigações ou o oferecimento da denúncia (§ 8º). Mas e se o Ministério Público discordar do juiz e insistir no ANPP já assinado? Surge um conflito entre o promotor de Justiça e o juiz. E quem resolve o impasse? De acordo com a Res. 181/17 do CNMP, não sem razão, tratando-se de divergência envolvendo o juiz e o titular da ação penal, este único responsável pela implementação da política criminal adotada pela instituição ministerial, a solução deve ser dada pelo órgão superior do Ministério Público (PGJ, nos estados, Câmara de Revisão, no âmbito da União). A Lei 13.964/19, contudo, preferiu "escalar" para a solução do conflito o próprio Judiciário. O juiz deve recusar a homologação (§7º.), desafiando, essa decisão, recurso em sentido estrito (art. 581, XXV, CPP). Essa arquitetura, entretanto, é equivocada e inconstitucional, violando não somente o sistema acusatório (prestigiado pela mesma Lei 13.964/19, art. 3º.-A), mas a independência do Ministério Público brasileiro (arts. 127, *caput*, 127, §1º., e 129, I, todos da CF). Importante destacar, nesse ponto, a sempre pertinente lição de Ferrajoli, citada pelo STF na ADI 4.414 Alagoas: "A separação entre as funções de acusar, defender e julgar é o signo essencial do sistema acusatório de processo penal (art. 129, I, CRFB), tornando a atuação do Judiciário na fase pré-processual somente admissível com o propósito de proteger as garantias fundamentais do investigado"(FERRAJOLI, Luigi. Derecho y Razón - Teoría del Garantismo Penal. 3ª ed., Madrid: Trotta, 1998. p. 567).

Diante desse quadro (e preocupação), sugerimos, por analogia, aplicar o art. 28 do CPP, usado, aliás, pelo próprio art. 28-A para solucionar conflito inverso: juiz discorda da recusa do MP em propor o ANPP (§ 14). Em caso semelhante, aliás, envolvendo a suspensão condicional do processo, o STF assim decidiu, editando a Súmula 696:

"Reunidos os pressupostos legais permissivos da suspensão condicional do processo, mas se recusando o promotor de justiça a propô-la, o juiz, dissentindo, remeterá a questão ao Procurador-Geral, aplicando-se por analogia o art. 28 do Código de Processo Penal".

Descumprimento do acordo de não persecução penal – Para extinguir a punibilidade, o ANPP deve ser fielmente adimplido. Descumpridas quaisquer das condições voluntariamente ajustadas, o Ministério Público comunica o juiz para que decrete sua rescisão, possibilitando ao titular da ação o oferecimento da denúncia. Em que pese a redação do parágrafo, não estamos diante de um simples comunicado, mas de verdadeiro requerimento ministerial para que o juiz julgue rescindida a avença. A decisão judicial, inclusive, tem natureza constitutiva negativa (e não meramente declaratória).

Antes de decidir, obviamente, o compromissário deve ser chamado e ouvido, garantindo-se o contraditório e ampla defesa. Apenas do descumprimento injustificado gera a rescisão.

Se o juiz indeferir o pleito do Ministério Público, parece cabível o agravo em execução, lembrando que, na arquitetura imaginada pelo legislador na construção do art. 28-A do CPP, a execução do ANPP se dá na Vara das Execuções Penais.

Atenção

essa arquitetura pensada pelo legislador merece críticas. O ANPP não deveria ser executado na VEC, pois não tem como objeto sanção imposta pelo Estado, mas condições voluntariamente pactuadas pelas partes. Deveria ser executado fora da VEC, sendo que a recusa do juiz do conhecimento na sua rescisão desafiaria, a nosso ver, mandado de segurança, pois afrontaria direito líquido e certo de o MP exercer sua missão constitucional (oferecer ação penal).

Por fim, alerta o § 11 que o descumprimento do ANPP pode ser utilizado pelo Ministério Público, dentro do seu poder discricionário, para o eventual não oferecimento do benefício da suspensão condicional do processo (art. 89 da Lei 9.099/95).

Novação – A novação no ANPP parece possível. Trata-se operação jurídica típica do Direito das obrigações, criando uma nova obrigação, substituindo e extinguindo a obrigação anterior e originária. A novação pode evitar a rescisão. Por óbvio, sua eficácia dependerá de homologação judicial, nos termos dos §§4º. e ss.

Detração – O art. 28-A determina que a execução do ANPP ocorrerá no juízo das execuções, opção objeto de críticas, pois nele, acordo, não se pactua pena, mas condição (medida despenalizadora). Certamente surgirá corrente lecionando ser possível, em caso de rescisão do ANPP, a detração das condições parcialmente cumpridas na pena ser imposta em eventual sentença condenatória. Ousamos discordar. Não possuindo as condições fixadas na avença natureza de sanções penais, posto que são pactuadas e não impostas pelo Estado, se descumprido o ANPP, não há que se falar em posterior aplicação de detração. A perda do referido tempo é, pois, consequência natural do descumprimento, ônus da desídia e deslealdade do investigado. Nesse sentido, aliás, Renee de Ó Souza e Patrícia Eleutério Campos Dower (ob. cit. p. 180).

Antecedentes criminais do investigado – Como já por nós alertado nos comentários dos pressupostos do ANPP, apesar de implicar a confissão do investigado, não há reconhecimento expresso de culpa. Há, se tanto, uma admissão implícita de culpa, de índole puramente moral, sem repercussão jurídica. A culpa, para ser efetivamente reconhecida, demanda o devido processo legal. Não sem razão, diz o §12 que "A celebração e o cumprimento do acordo de não persecução penal não constarão de certidão de antecedentes criminais, exceto para os fins previstos no inciso III do §2º. deste artigo".

Cumprimento do acordo de não persecução penal – Nos termos da Resolução 181/17 do CNMP, cumprido integralmente o acordo, o Ministério Público promoverá o arquivamento da investigação. Já de acordo com o novel artigo (28-A), cumprido integralmente o ANPP, o juízo competente decretará a extinção da punibilidade. O juízo competente, na linha da opção do legislador na Lei 13.964/19, é o da execução penal.

Prescrição – A Lei 13.964/19 alterou o art. 116 do CP para nele incluir outras causas suspensivas da prescrição, dentre elas uma que envolve o ANPP. De acordo com o novel inc. IV do referido artigo, não corre a prescrição enquanto não cumprido ou não rescindido o acordo de não persecução penal.

RESTITUIÇÃO DAS COISAS APREENDIDAS

"Art. 122. Sem prejuízo do disposto no art. 120, as coisas apreendidas serão alienadas nos termos do disposto no art. 133 deste Código.

Parágrafo único. (Revogado)." (NR)

Redação ANTES da Lei 13.964/19	Redação DEPOIS da Lei 13.964/19
Art. 122. Sem prejuízo do disposto nos arts. 120 e 133, decorrido o prazo de 90 dias, após transitar em julgado a sentença condenatória, o juiz decretará, se for caso, a perda, em favor da União, das coisas apreendidas (art. 74, II, a e b do Código Penal) e ordenará que sejam vendidas em leilão público. Parágrafo único. Do dinheiro apurado será recolhido ao Tesouro Nacional o que não couber ao lesado ou a terceiro de boa-fé.	**Art. 122.** Sem prejuízo do disposto no art. 120, as coisas apreendidas serão alienadas nos termos do disposto no art. 133 deste código. Parágrafo único. (Revogado).

Devolução de pronto – Como regra, os objetos apreendidos devem permanecer nessa situação até a decisão final. Porém, caso não mais interessem ao processo, é possível sua devolução. É o que diz o art. 120 do CPP, referido no dispositivo em comento. Assim, por exemplo, o ofendido que teve seu veículo furtado e depois recuperado. Constada a propriedade, realizada a perícia no veículo e apurado seu valor, não faria sentido mantê-lo apreendido aguardando-se o final do processo, em nítido prejuízo do proprietário, impedido de usufruir do bem. Nesse caso, determina-se a sua devolução por simples termo de restituição nos autos, sem que nem mesmo haja necessidade de instauração do incidente de restituição de coisa apreendida.

Mas essa devolução de pronto só é admitida quando o objeto apreendido não estiver sujeito a confisco, quando não pairar qualquer dúvida sobre o direito de propriedade do bem e quando a apreensão não tiver sido realizada em poder de terceiro de boa-fé. Devem as autoridades se certificarem de que o objeto não mais interessa ao processo, não bastando, pois, que se demonstre sua procedência lícita e que se comprove o título da posse. Por vezes, para tomarmos um exemplo, mesmo que já realizada a perícia, é possível se antever a possibilidade de que novo exame seja necessário quando, então, se impõe a manutenção da coisa apreendida.

Dúvida – A autoridade policial ou judicial, vislumbrando dúvida no pedido de restituição, deve abster-se de deferi-lo, conforme lição de Eduardo Espínola Filho, no sentido de que "desde que haja ou se anteveja a possibilidade de surgir dúvida sobre o direito de propriedade, ou o título da posse de quem requereu a restituição de coisa apreendida, a autoridade policial não tem competência para decidir a questão, e, ouvido o ministério público, mandará aguarde a remessa dos autos a juízo o peticionário, para pleitear a entrega, dirigindo-se à autoridade judiciária" (Código de Processo Penal Anotado, Ed. Bookseller, Campinas, 2000, vol. I. p. 367).

Necessidade de instauração do incidente – Existindo dúvida quanto ao direito de propriedade, instaura-se o incidente de restituição de coisas apreendidas, nos termos do § 1º e seguintes do art. 120 do CPP. Para não tumultuar o andamento do processo principal, é autuado em apartado o pedido (art. 120, §2º., CPP). Em seguida, é dado o prazo de cinco dias para que o requerente produza prova. Se as coisas foram apreendidas em poder de terceiro de boa-fé, este terá também o prazo de cinco dias para indicar provas. Ato contínuo, abre-se vista de dois dias para que o suposto possuidor e o terceiro de boa-fé ofertem suas alegações finais. O Ministério Público sempre será ouvido (§ 3º). Finda a instrução, caberá ao juiz: 1) devolver o bem ao reclamante, quando indiscutível seu direito; 2) remeter os interessados ao juízo cível, quando duvidosa a questão; 3) tratando-se de coisas facilmente deterioráveis (alimentos, por exemplo), deve determinar sua avaliação e posterior leilão, entregando o dinheiro ao detentor do bem (desde que não haja qualquer dúvida sobre a propriedade) ou depositando-o em conta judicial, aguardando-se a decisão sobre a propriedade.

Recurso cabível – A decisão que defere ou indefere o pedido de restituição de coisa apreendida tem a natureza de uma decisão definitiva ou com força de definitiva, sendo o recurso cabível, por isso, a apelação, nos termos do art. 593, inc. II, do CPP. A jurisprudência, contudo, na análise do caso concreto, vem admitindo a impetração de mandado de segurança.

Questão de alta indagação - Pode ocorrer que, por vezes, mesmo deflagrado o incidente, instruído com a produção de provas, é possível que o juiz criminal não chegue a nenhuma conclusão. Cabe, nesse caso, o envio das partes para que discutam o tema no âmbito cível (art. 120, §4º., CPP). É que, como salienta Tourinho Filho, "não é possível solucionar questão de alta indagação dentro dos estreitos limites de um processo incidental [...] Na ação própria, a possibilidade é mais ampla, em face da produção de maiores e melhores provas, bem como da dilatação dos prazos" (Código de Processo Penal Comentado, vol. 1, p. 418).

O § 4º do art. 120 do CPP, por óbvio, deve guardar relação com os parágrafos anteriores e com o "*caput*" do dispositivo, razão pela qual entendemos que o juiz somente pode chegar a conclusão de que se trata de questão de alta indagação após a deflagração do incidente e a eventual produção de provas. É dizer: quando reclamado o bem, não será dado ao Magistrado, ao se deparar com um pedido de sua restituição, desde logo invocar uma questão de alta indagação e, por consequência, remeter a discussão ao cível. Somente ao final do incidente é que, não se achando habilitado, será cabível tal providência.

Coisas facilmente deterioráveis - Tratando-se de coisas facilmente deterioráveis (alimentos ou remédios, por exemplo), pode o juiz, depois da avaliação do bem, levá-lo a leilão, sendo o dinheiro apurado depositado em conta judicial, no aguardo da solução do incidente (art. 120, §5º., CPP). Ou, ainda, pode optar na entrega pura e simples, sob termo de responsabilidade, ao detentor do bem, desde que se trate de pessoa idônea. Pensamos que esta regra mereça receber uma interpretação mais contemporânea, compatível com os dias atuais, a fim de permitir, por exemplo, que um equipamento de informática se submeta à mesma disciplina. É que, um computador apreendido hoje, estará totalmente desatualizado caso se aguarde o desfecho do processo-crime após sete ou oito anos, em franco prejuízo inclusive do Estado, que poderia apurar um valor superior se o leilão ocorresse ao tempo da apreensão do bem.

O § 5º, do art. 120 do CPP deve ser interpretado à luz do que reza seu "*caput*", isto é, o procedimento aqui previsto somente será adotado se alguma dúvida persistir quanto à propriedade do objeto e sua procedência. Caso a autoridade policial – primeiro – ou a autoridade judiciária – depois – não vislumbrem qualquer dúvida quanto ao direito invocado pelo reclamante, devem de plano ordenar a liberação do material apreendido.

Leilão – Não ocorrendo a restituição dos objetos, tendo o juiz declarado sua perda, cumpre sejam vendidos em leilão (art. 133).

Sobre a alienação das coisas apreendidas, ver nossos comentários ao art. 133 do CPP.

Sobre a utilização de bens apreendidos pelos órgãos de persecução, ver nossos comentários ao art. 133-A do CPP.

Transação penal (Lei nº 9.099/95) e o confisco de bens – Discussão travada com frequência diz respeito à possibilidade de que, uma vez firmado acordo de transação penal, previsto no art. 76 da Lei nº 9.099/95, é devido o confisco de bens relacionados à prática delituosa. Para orientar essa resposta é preciso que, antes, se investigue a natureza jurídica da sentença que homologa a transação penal, isto é, se se trata de uma sentença meramente declaratória constitutiva, com seus efeitos, portanto, restritos ao acordo ou se, mais que isso, cuida-se mesmo de uma sentença de cunho condenatório.

No sentido deste último entendimento é o pensar de Julio Fabbrini Mirabete, quando destaca que "a sentença homologatória da transação tem caráter condenatório e não é simplesmente homologatória, como muitas vezes tem-se afirmado. Declara a situação do autor do fato, tornando certo o que era incerto, mas cria uma situação jurídica ainda não existente e impõe uma sanção penal ao autor do fato" (*Juizados Especiais Criminais: comentários, jurisprudência, legislação.* 5ª. ed. São Paulo: Atlas, 2002, p. 152-153). *A essa sentença o saudoso autor dá o nome de sentença condenatória imprópria. Esse entendimento guarda consonância, aliás, com o teor do* § 4º, do art. 76, da lei dos juizados, ao dispor que "acolhendo a proposta do Ministério Público aceita pelo autor da infração, o Juiz aplicará a pena restritiva de direitos ou multa...". E antes, o art. 72, dispõe que, na audiência preliminar, "o Juiz esclarecerá sobre a possibilidade da composição dos danos e da aceitação da proposta de aplicação imediata de pena não privativa de liberdade".

Há quem considere, porém, que mencionada sentença tem caráter meramente homologatório, ou seja, declaratório. A propósito, o mesmo § 4º, do art. 76, da lei dos juizados, em sua parte final, ressalta que dita sentença não importará em reincidência (impedindo, apenas, novo benefício no prazo de cinco anos). Reforça essa ideia o teor do § 6º, do art. 76 da Lei nº 9.099/95, ao dispor que "a imposição da sanção [...] não terá efeitos civis, cabendo aos interessados propor ação cabível no juízo cível". Ora, se não se presta como título executivo no cível, a reclamar o ajuizamento de uma ação de conhecimento pela vítima, para ver ressarcido seus danos, significaria dizer que de sentença condenatória não se trata. Desse entendimento o escólio de Cezar Roberto Bitencourt (*Juizados Especiais Criminais Federais: análise comparativa das Leis 9.099/95 e 10.259/2001*. São Paulo: Saraiva, 2003, p. 128).

A discussão não tem índole meramente acadêmica, mas, ao revés, guarda interesse prático. Apenas para exemplificar: caso se entenda que a sentença é condenatória, ela admitirá, a partir de seu trânsito em julgado, a futura propositura de revisão criminal. Ao contrário não. A conhecida discussão no sentido de que, uma vez não cumprida a transação penal, cabe ao Ministério Público executar a sanção ou, em sentido inverso, apresentar nova denúncia com a respectiva deflagração do processo-crime, também pode ser solucionada com a definição a respeito da natureza jurídica dessa decisão.

É especialmente no que tange ao confisco de bens que mais nos interessa a discussão.

Acompanhamos com atenção o debate travado no Supremo Tribunal Federal, no julgamento do RE nº 795567-PA, ocorrido em 20 de maio de 2014, onde é discutida exatamente essa questão. A hipótese é a seguinte: processado pela prática da contravenção penal de "jogo do bicho", o agente aceitou a proposta de transação penal e a cumpriu regularmente. Ocorre que, uma vez extinta a punibilidade, solicitou a devolução de uma motocicleta apreendida no momento em que detido. O juiz de 1° grau negou essa possibilidade, sendo a sentença confirmada pela Turma Recursal (Proc. n° 2008.001.8641-8-0, Rel. Horário Ribas Teixeira, j. 06.03.2009).

Daí o impasse. Caso se entenda que a sentença homologatória de transação penal tenha índole condenatória, não poderá ser restituída a motocicleta ao agente, eis que, como efeito da sentença condenatória, há o confisco de bens previsto no art. 91, inc. II, "a" e "b", do Código Penal. Foi a tese que vingou no juízo de origem do caso em julgamento no STF. Ao revés, se nela se identificar um mero caráter constitutivo e declaratório, nenhum daqueles efeitos que são típicos da sentença condenatória propriamente dita podem ser aplicados ao agente que aceitou a transação penal.

A discussão no Supremo foi das mais interessantes. De sorte que os Ministros Teori Zavascki (Relator), Roberto Barroso e Rosa Weber, deram provimento ao recurso, defensores da segunda tese, isto é, que a sentença é meramente declaratória constitutiva, não podendo ensejar, bem com isso, o confisco de bens. Adiantando seu voto, nesse mesmo sentido, o Ministro Marco Aurélio alertou quanto à impossibilidade de se cogitar de uma sentença condenatória sem a observância do contraditório e do devido processo legal. Já o Ministro Luiz Fux, antes de pedir vista, ponderou que, nas hipóteses de caça-níqueis, apreendidas aos milhares, teriam que ser todas restituídas ao agente, caso se entenda que a sentença não tem natureza jurídica condenatória. Nesse aspecto, fazemos uma observação. Tais máquinas jamais serão devolvidas, posto que se tratam de objetos ilícitos, cuja restituição é vedada pelo art. 199 do código, pouco importando se o réu foi condenado, absolvido ou mesmo se teve o inquérito policial contra si instaurado arquivado. De qualquer sorte, pediu vista dos autos o Ministro Luiz Fux. Aguardemos o posicionamento da mais alta corte do país.

DECRETAÇÃO DE PERDIMENTOS DE OBRAS DE ARTE OU DE OUTROS BENS DE RELEVANTE VALOR CULTURAL OU ARTÍSTICO
"Art. 124-A. Na hipótese de decretação de perdimentos de obras de arte ou de outros bens de relevante valor cultural ou artístico, se o crime não tiver vítima determinada, poderá haver destinação a museus públicos".

Redação ANTES da Lei 13.964/19	Redação DEPOIS da Lei 13.964/19
Sem norma correspondente.	**Art. 124-A.** Na hipótese de decretação de perdimentos de obras de arte ou de outros bens de relevante valor cultural ou artístico, se o crime não tiver vítima determinada, poderá haver destinação a museus públicos.

Museu criminal – Os objetos cuja perda for declarada em favor da União, ou foram confiscados, devem ser inutilizados. Pode ocorrer, porém, que dada à sua raridade ou o valor histórico que o cerca, haja interesse de sua conservação em um museu criminal (art. 124 CPP). Há alguns instalados no país e que merecem visitação. Na cidade de São Paulo, para dar um exemplo, é guardada a mala na qual, em 1928, Giuseppe Pistone, após matar sua esposa, Maria Féa Pistore, tentou embarcar em um navio, quando foi descoberto em virtude do sangue que escorria de seu interior. O corpo da vítima, enterrado na cidade de Santos, constituiu-se em local de peregrinação, até hoje visitado por inúmeras pessoas, naquilo que ficou conhecido como "crime da mala".

Doação a museus públicos de obras de arte ou de outros bens de relevante valor cultural ou artístico - A Lei 12.840/13 dispõe sobre a destinação dos bens de valor cultural, artístico ou histórico aos museus, nas hipóteses que descreve. De acordo com seu artigo inaugural, "Consideram-se disponíveis para serem destinados ao patrimônio dos museus federais os bens de valor cultural, artístico ou histórico que fazem parte do patrimônio da União, nas seguintes hipóteses: I – apreensão em controle aduaneiro ou fiscal, seguida de pena de perdimento, após o respectivo processo administrativo ou judicial; II – dação em pagamento de dívida; III – abandono". Movida pelo mesmo espírito, a Lei 13.964/19 acrescenta ao CPP o art. 124-A anunciando que, na hipótese de decretação de perdimentos de obras de arte ou de outros bens de relevante valor cultural ou artístico, se o crime não tiver vítima determinada – e esse é o caso, por exemplo, dos crimes vagos, como organizações e associações criminosas - poderá haver destinação a museus públicos. O Museu da Abolição (MAB), em Recife (PE), na exposição "Novos Objetos: Novas Coleções", exibiu obras integradas ao acervo da casa a partir da contribuição da Receita Federal do Brasil (RFB) – que, amparada na Lei 12.840, tem destinado bens de valor cultural, artístico ou histórico aos museus públicos federais. A citada lei, que entrou em vigor em 2013, considera disponíveis para ser destinados aos museus federais bens que tenham sido apreendidos em controle aduaneiro ou fiscal, abandonados ou objeto de pagamento de dívida. O Museu da Abolição já havia recebido, à época, da RFB, um total de 118 bens culturais. O conjunto doado incluiu três esculturas, cinco telas de arte contemporânea, um livro com reprodução de gravuras de Jean-Baptiste Debret e 109 objetos de origem africana, constituídos de diversos tipos de suporte: madeira, tecido, miçangas, metal, vidro, pelos de animais, sementes e outros, representativos de mais de vinte etnias daquele continente.

Bens de relevante valor cultural – Nos termos do que disposto no art. 215 da CF/88, o Estado garantirá a todos o pleno exercício dos direitos culturais e acesso às fontes da cultura nacional, e apoiará e incentivará a valorização e a difusão das manifestações culturais. O Estado protegerá as manifestações das culturas populares, indígenas e afro-brasileiras, e das de outros grupos participantes do processo civilizatório nacional. Seu art. 216 explica constituir patrimônio cultural brasileiro os bens de natureza material e imaterial, tomados individualmente ou em conjunto, portadores de referência à identidade, à ação, à memória dos diferentes grupos formadores da sociedade brasileira, nos quais se incluem: I - as formas de expressão; II - os modos de criar, fazer e viver; III - as criações científicas, artísticas e tecnológicas; IV - as obras, objetos, documentos, edificações e demais espaços destinados às manifestações artístico-culturais; V - os conjuntos urbanos e sítios de valor histórico, paisagístico, artístico, arqueológico, paleontológico, ecológico e científico.

DAS MEDIDAS ASSECURATÓRIAS

"Art. 133. Transitada em julgado a sentença condenatória, o juiz, de ofício ou a requerimento do interessado ou do Ministério Público, determinará a avaliação e a venda dos bens em leilão público cujo perdimento tenha sido decretado.

§ 1º Do dinheiro apurado, será recolhido aos cofres públicos o que não couber ao lesado ou a terceiro de boa-fé.

§ 2º O valor apurado deverá ser recolhido ao Fundo Penitenciário Nacional, exceto se houver previsão diversa em lei especial."

Redação ANTES da Lei 13.964/19	Redação DEPOIS da Lei 13.964/19
Art. 133. Transitada em julgado a sentença condenatória, o juiz, de ofício ou a requerimento do interessado, determinará a avaliação e a venda dos bens em leilão público. Parágrafo único. Do dinheiro apurado, será recolhido ao Tesouro Nacional o que não couber ao lesado ou a terceiro de boa-fé.	**Art. 133.** Transitada em julgado a sentença condenatória, o juiz, de ofício ou a requerimento do interessado ou do Ministério Público, determinará a avaliação e a venda dos bens em leilão público cujo perdimento tenha sido decretado. § 1º Do dinheiro apurado, será recolhido aos cofres públicos o que não couber ao lesado ou a terceiro de boa-fé. § 2º O valor apurado deverá ser recolhido ao Fundo Penitenciário Nacional, exceto se houver previsão diversa em lei especial.

Finalidade das medidas assecuratórias - As medidas assecuratórias, de natureza instrumental, têm por fim assegurar os efeitos civis de uma decisão judicial. Embora existam divergências quanto aos limites e à finalidade do sequestro de bens no processo penal, remanesce corrente entendê-lo como medida que preserva os bens tidos como produto ou provento do crime, retirando-os da esfera de liberdade do agente até que acertada a pretensão acusatória. Nesse sentido: STJ – REsp nº 882400-RJ, Rel. Maria Thereza de Assis Moura, j. 22.11.2007, DJ 10.12.2007.

Legitimidade do Ministério Público – A Lei 13.964/19 incluiu expressamente o Ministério Público como interessado na avaliação e venda de bens em leilão público cujo perdimento tenha sido decretado. Nada mais coerente. Se o Ministério Público está legitimado a ajuizar ações cautelares, requerer reparação de danos da inicial acusatória, deve poder ir até o fim, leia-se, avaliação e leilão dos bens cujo perdimento tenha sido decretado. Trata-se de uma atuação eficaz e integral do órgão do Estado.

Avaliação e leilão – No caso de apreensão de coisas adquiridas com os proventos da infração (art. 121 do CPP), não podem ser objeto de restituição, submetendo-se às regras do art. 133, isto é, avaliação seguida de leilão. Do dinheiro apurado, será recolhido aos cofres públicos o que não couber ao lesado ou a terceiro de boa-fé. O valor apurado deverá ser recolhido ao Fundo Penitenciário Nacional, exceto se houver previsão diversa em lei especial. E se houver sobras? Valor que exceder será recolhido aos cofres públicos, pagas, antes, as custas e as despesas processuais, nos termos do art. 140 do CPP.

Condenação transitada em julgado - Para a venda dos bens em leilão, em regra, se exige a condenação do réu devidamente transitada em julgado. Deve ser observado, ainda, o art. 131 do CPP:

"Art. 131. O seqüestro será levantado:

I - se a ação penal não for intentada no prazo de sessenta dias, contado da data em que ficar concluída a diligência;

II - se o terceiro, a quem tiverem sido transferidos os bens, prestar caução que assegure a aplicação do disposto no art. 74, II, b, segunda parte, Código Penal;

III - se for julgada extinta a punibilidade ou absolvido o réu, por sentença transitada em julgado."

Levantamento do sequestro (inc. I) - Tratando-se o sequestro de uma medida cautelar, com o objetivo de, futuramente, assegurar a reparação civil da vítima (além do pagamento de despesas processuais e pena pecuniária, na dicção do art. 140 do Código), mas que, de outra parte, importa em privação do direito de uso, fruição e gozo do titular do bem, é justo que se estabeleça um prazo razoável de sua duração, impedindo, assim, que ela se eternize sem que, ao menos, seja deflagrada a ação penal.

Embora caiba o socorro do processo civil em situações não previstas no processo penal, quanto ao prazo não há dúvida: é mesmo o de 60 dias, como consta deste dispositivo. O dies a quo é contado a partir da data na qual concluída a diligência, irrelevante, assim, o dia no qual foi posteriormente registrado o sequestro (art. 128 do CPP). Decorre, da literalidade do texto, que esse prazo somente se observa enquanto não deflagrado o processo-crime, não se operando a caducidade da medida, bem por isso, durante a ação penal já instaurada.

A jurisprudência tem admitido certa flexibilização desse prazo, sempre na análise do caso concreto, atenta às dificuldades que por vezes surgem para o término das investigações em processos mais complexos.

"Ofensa ao art. 131, I, do Código de Processo Penal não evidenciada. Não há violação de direito líquido e certo se o atraso foi justificado pelas peculiaridades da causa, que, no caso, revela-se complexa e com pluralidade de autores. Precedentes" (STJ – RMS n° 29188-SP, Rel. Sebastião Reis Júnior, j. 20.08.2013, DJe 06.09.2013).

"O recorrente confessou não só o crime, mas também que seu fruto fora depositado na conta poupança em seu nome, a qual fora determinado o sequestro. Apesar de não ter sido intentada a ação penal no prazo descrito no art. 131, I do CPP, o sequestro merece ser mantido, considerando a excepcionalidade do caso e as informações ministeriais no sentido de não se tratar de inércia daquele órgão, mas, sim, de dificuldades no cumprimento de certas diligências e na apuração dos fatos" (STJ – RMS n° 9999-SP, Rel. José Arnaldo da Fonseca, j. 01.06.1999, DJ 28.06.1999, p. 132).

Instaurada a ação penal, não há mais se falar em caducidade da medida. Nesse sentido:

"Na hipótese de ser decretado o sequestro antes de promovida a competente ação penal, a providência terá eficácia limitada no tempo, e que é aquela estabelecida no art. 131, I, da lei processual penal: o sequestro será levantado se a ação penal não for intentada no prazo de sessenta dias, contando da data em que ficar concluída a diligência. É compreensível a orientação adotada pelo legislador. Subordinada a adoção da medida a demonstração da existência do crime e de indícios da proveniência ilícita dos bens, não se pode admitir a protelação indefinida do oferecimento da queixa ou da denúncia, para o que é de supor-se a existência de elementos adequados. Assim, a inexistência da lide, no tempo devido, faz caducar o sequestro adotado como medida preparatória ou preliminar do processo punitivo. Neste caso, é fora de qualquer dúvida que não se poderá decretar novo sequestro àquele título, antes de instaurada a pendência judicial. Mas, desde que sobrevém a ação, altera-se a fisionomia do problema, adotando-se o sequestro simplesmente como medida assecuratória, dentro do processo principal, já em curso, sem fixação de prazo para sua eficácia" (TACrimSP - Rel. Valentim Silva - JTACrimSP 38/132).

Levantamento do sequestro (inc. II) - A referência ao artigo do Código Penal está desatualizada, devendo ser considerada a redação do art. 91, inc. II, "b", do CP.

Ensina Humberto Theodoro Júnior que "há caução quando o responsável por uma prestação coloca à disposição do credor um bem jurídico que, no caso de inadimplemento, possa cobrir o valor da obrigação" (Curso de Direito Processual Civil, 41ª. ed., Rio de Janeiro: Forense, 2007, vol. 2, p. 44). Assim, se terceiro de boa-fé, para quem fora transferido um imóvel adquirido pelo réu com o provento de crime, pretender levantar o sequestro que pesa sobre o bem, poderá ofertar caução, precavendo, dessa forma, eventual prejuízo da vítima. A caução, nesse caso, consistirá no depósito em dinheiro do valor do imóvel, assegurada, assim, eventual reparação do ofendido, em caso de posterior sentença penal condenatória, não havendo razão plausível para que se mantenha o gravame sobre o bem.

Levantamento do sequestro (inc. III) - Sendo o sequestro uma medida cautelar, sua manutenção somente tem cabimento em caso de condenação. Ora, se o réu foi absolvido, não nascerá a obrigação que naturalmente decorre da sentença condenatória, consistente na obrigação de reparar o delito, tampouco o réu perderá, em favor da União, os bens que se suspeitava fossem obtidos mediante proventos do crime (art. 91, incs. I e II do CP). Nem se vão lhe impor o pagamento de custas ou despesas processuais. Nesse quadro, não faz sentido a manutenção de tão drástica medida, quando o réu, por qualquer que seja o fundamento legal dentre aqueles elencados no art. 386 do CPP, foi absolvido.

De se ver que a absolvição no processo-crime não impede que a vítima, no cível, busque a reparação, com a ressalva de que não se pode "questionar mais sobre a existência do fato, ou sobre quem seja o seu autor, quando estas questões se acharem decididas no juízo criminal", nos termos do art. 935 do Código Civil. É dizer: se, por exemplo, no processo criminal, restou certo que o fato inexistiu (art. 386, inc. I do CPP), não teria cabimento um juízo cível dizer o contrário. Nada impede, porém, que sendo o réu absolvido por falta de provas no crime (art. 386, inc. V do CPP), venha ser condenado no cível, onde a prova foi produzida. O que não teria cabimento, porém, seria a manutenção de um sequestro no âmbito criminal enquanto no aguardo de uma definição do processo civil.

Mas não só a absolvição enseja o levantamento do sequestro. Também quando presentes quaisquer das causas relacionadas no art. 107 do Código Penal, que tratam da extinção da punibilidade do agente. Sua morte, assim, acarreta a extinção da punibilidade (inc. I), permitindo, porém, que no cível se busque a reparação em ação voltada contra os herdeiros. O que não se admite é a manutenção do sequestro.

O conceito de absolvição, portanto, deve ser interpretado em seu sentido amplo, para incluir, também, o pedido de arquivamento do inquérito policial. Isto porque o sequestro, nos termos do art. 127 do CPP, é medida cabível "antes de oferecida a denúncia ou queixa", v.g., durante a fase de investigação no inquérito policial.

E mais, como é cediço, o art. 107 do Código Penal encerra um rol meramente exemplificativo de causas extintivas da punibilidade do agente, havendo outras que não aludidas no dispositivo. Assim, por exemplo, a extinção da punibilidade no peculato culposo, com a reparação do dano antes da sentença (art. 312, § 3º do Código Penal), ou porque cumpridas as condições da suspensão condicional do processo sem causa de revogação do benefício (art. 89, § 5° da Lei n° 9.099/95). Lembre-se, ainda, do pagamento do tributo nos delitos fiscais ou da morte da vítima no crime do art. 236 do Código Penal.

Em suma: absolvido o réu, extinta sua punibilidade (pelos motivos expostos no art. 107 ou em outros dispositivos do Código Penal ou mesmo em legislação extravagante), ou, antes, arquivado o inquérito policial ou qualquer peça informativa de investigação, será cabível o levantamento do sequestro.

Competência - Com o trânsito em julgado da sentença penal condenatória, de quem será a competência para decidir a destinação do dinheiro apurado, prevista no art. 133 do CPP? Diverge a doutrina. Segundo Eduardo Espínola Filho (Código de Processo Penal Anotado, Ed. Bookseller, Campinas, 2000, vol. I, pp. 394-5), é de competência do juízo cível. Assim, o destino do numerário, o que cabe à vítima e ao terceiro de boa-fé, já não é mais atribuição do juízo criminal, como consta do art. 143 abaixo. Qual o juízo cível? Aquele perante o qual o ofendido ajuizou ação de ressarcimento do dano que experimentou, vez que o art. 143 faz expressa referência ao art. 63 do código. Caso a vítima não tenha ajuizado essa ação, preferindo aguardar a condenação criminal para, ao depois, executar o título, a competência será do juízo perante o qual tramitar esta execução. Se não proposta nenhuma das ações, o mencionado autor sugere a aplicação do art. 123 do CPP, devendo o juiz criminal aguardar por 90 dias, contados do trânsito em julgado da condenação e, mantida a inércia, determinar o numerário obtido no juízo de ausentes. Nesse sentido, ainda, Sérgio Seiji Shimura, para quem "o art. 143 do CPP é categórico em determinar a remessa ao cível, fazendo alusão ao art. 63 do CPP. Este dispõe sobre a ação civil de reparação do dano, ligada à execução civil da sentença penal condenatória, que constitui título executivo judicial (art. 584, Il, do CPC) [atual art. 475-N, inc. II, do CPC]. E o art. 575, IV, do CPC, alinha que a execução deve ser proposta no juízo cível, quando o título for sentença penal condenatória, sendo que a divisão entre tais juízos, cível e crime, obedece a um critério objetivo, por matéria tratada [...]. Com efeito, o sequestro realizado no feito criminal está sempre vocacionado à indenização que o réu há de suportar. No fundo, tal medida é direcionada aos efeitos patrimoniais. E estes somente podem ser solvidos em sede própria, que é na esfera cível" (*Competência para processar o sequestro penal após o trânsito em julgado da decisão condenatória*. Revista Ajuris nº 53/285, nov. 1991).

Não é o entendimento de Tourinho Filho, para quem a competência é do juízo criminal. Afinal, pondera, "se o Juiz penal quem determina o leilão no caso de produto do crime, quando não reclamada a restituição, por que razão não poderá fazê-lo quando se tratar de coisas adquiridas com o produto da infração?" (*Código de Processo Penal comentado*, São Paulo: Saraiva, 2005, 9ª. ed. 2005, vol. I, p. 431).

Pensamos que a competência é mesmo do juízo cível, embora reconheçamos que, por economia processual, pudesse se imaginar o contrário. Com efeito, a textualidade do art. 143, ao determinar a remessa dos autos ao juiz do cível, parece não dar margem à dúvida. Demais disso, imagine-se a possibilidade de oposição de embargos pela da Fazenda ou pela vítima. Não teria cabimento que, esgotada sua jurisdição, com o trânsito em julgado da sentença penal condenatória, ainda fosse o juiz criminal conhecer e julgar esse feito.

UTILIZAÇÃO DE BEM SEQUESTRADO, APREENDIDO OU SUJEITO A QUALQUER MEDIDA ASSECURATÓRIA

"Art. 133-A. O juiz poderá autorizar, constatado o interesse público, a utilização de bem sequestrado, apreendido ou sujeito a qualquer medida assecuratória pelos órgãos de segurança pública previstos no art. 144 da Constituição, do sistema socioeducativo, da Força Nacional de Segurança Pública e do Instituto Geral de Perícia, para o desempenho de suas atividades.

§1º. Os órgãos de segurança pública participante das ações de investigação ou repressão da infração penal que ensejou a constrição do bem terão prioridade na sua utilização.

§2º. Fora das hipóteses anteriores, demonstrado o interesse público, o juiz poderá autorizar o uso do bem pelos demais órgãos públicos.

§3º. Se o bem a que se refere o *caput* for veículo, embarcação ou aeronave, o juiz ordenará à autoridade de trânsito ou ao órgão de registro e controle a expedição de certificado provisório de registro e licenciamento em favor do órgão público beneficiário, o qual estará isento do pagamento de multas, encargos e tributos anteriores à disponibilização do bem para sua utilização, que deverão ser cobrados de seu responsável.

§4º. Transitado em julgado a sentença penal condenatória com a decretação do perdimento de bens, ressalvado o direito do lesado ou terceiro de boa-fé, o juiz poderá determinar a transferência definitiva da propriedade ao órgão público beneficiário ao qual foi custodiado o bem."

Redação ANTES da Lei 13.964/19	Redação DEPOIS da Lei 13.964/19
Sem norma correspondente.	**Art. 133-A.** O juiz poderá autorizar, constatado o interesse público, a utilização de bem sequestrado, apreendido ou sujeito a qualquer medida assecuratória pelos órgãos de segurança pública previstos no art. 144 da Constituição, do sistema prisional, do sistema socioeducativo, da Força Nacional de Segurança Pública e do Instituto Geral de Perícia, para o desempenho de suas atividades.

Redação ANTES da Lei 13.964/19	Redação DEPOIS da Lei 13.964/19
Sem norma correspondente.	§ 1º Os órgãos de segurança pública participante das ações de investigação ou repressão da infração penal que ensejou a constrição do bem terão prioridade na sua utilização. § 2º Fora das hipóteses anteriores, demonstrado o interesse público, o juiz poderá autorizar o uso do bem pelos demais órgãos públicos. § 3º Se o bem a que se refere o *caput* for veículo, embarcação ou aeronave, o juiz ordenará à autoridade de trânsito ou ao órgão de registro e controle a expedição de certificado provisório de registro e licenciamento em favor do órgão público beneficiário, o qual estará isento do pagamento de multas, encargos e tributos anteriores à disponibilização do bem para sua utilização, que deverão ser cobrados de seu responsável. § 4º Transitado em julgado a sentença penal condenatória com a decretação do perdimento de bens, ressalvado o direito do lesado ou terceiro de boa-fé, o juiz poderá determinar a transferência definitiva da propriedade ao órgão público beneficiário ao qual foi custodiado o bem.

Utilização de bens apreendidos pelos órgãos de persecução – Trata-se de medida de caráter provisório e instrumental, notabilizada pela necessidade de dar uso social, útil e tempestivo de bens já anteriormente objetos de constrição patrimonial assecuratória, de modo a evitar sua obsolescência, a ação corrosiva do tempo sobre esses objetos, bem como sanar a incapacidade prática do Estado de adequadamente administrar os bens que ingressam em sua esfera de proteção. Além disso, a destinação e utilização provisória desses bens tende a aumentar o poder de atuação na prevenção e repressão aos crimes em geral. A utilização é autorizada por meio de uma decisão incidental que não depende, portanto, para sua efetivação, de uma sentença condenatória e, tampouco, de seu trânsito em julgado. Pode, assim, ser decretada ainda na fase de investigações deflagradas por meio do respectivo inquérito policial.

Este tipo de instituto é fruto de um olhar eficacional moderno do direito penal e que vem sendo progressivamente contemplado pela legislação brasileira. Além do CPP, igual previsão está estampada na Lei de Drogas e na Lei de Lavagem de Dinheiro de Capitais (Lei 9.613/1998, art. 4º).

Na verdade, a utilização cautelar de instrumentos do crime se insere na moderna tendência de despatrimonialização do criminoso e agrega efeitos dissuasórios (função preventiva, gerais e específicos) e retributivos da sanção penal. Ao lado de outras medidas acessórias como perda do cargo, perda de instrumentos do crime e do proveito do crime, inabilitação para exercício de função pública, constrição do patrimônio do criminoso etc, este tipo de providência busca aplacar o sentimento de impunidade que uma pura e simples aplicação de uma pena privativa de liberdade colateralmente produz, notadamente se levados em conta a relação de custo-benefício de determinadas categorias delitivas.

O recrudescimento das respostas penais a esses casos insere-se em um novo modelo de política criminal funcionalista porque busca enfrentar, com outra mecânica, o sentimento social de impunidade. Como destaca Alberto Binder: "Constitui uma das tarefas mais importantes do presente construir o método que nos permita desenhar, executar e controlar a política criminal dentro do conjunto valorativo do sistema democrático submetido ao Estado de Direito, com maior rigor, menor conteúdo emocional e amplo debate público. Eficácia não significa aumentar o conteúdo violento do poder punitivo, muito pelo contrário. Eficácia significa ter a capacidade de contribuir para o controle da criminalidade com o menor conteúdo de violência possível. Isso constitui o núcleo das exigências político-criminais do processo penal de nosso tempo e um de suas tarefas mais urgentes". (BINDER, Alberto. Fundamentos para a reforma da justiça penal. Trad. Augusto Jobim do Amaral. 1. ed., Florianópolis: Empório do Direito, 2017, p. 206).

Requisitos para decretação da medida cautelar de utilização de bens - Vetor principal para a decretação da medida é a comprovação do interesse público, expressão pouco utilizada pelo CPP, que emprega mais comumente a locução interesse da sociedade ou interesse da justiça para antagonizar-se com aquele outro meramente individual, mesmo porque, no processo penal, o confronto entre eles é absolutamente natural. A palavra "interesse público", na veia da doutrina mais atual, deve ser compreendida tanto quanto vinculada à atividade estatal, quanto afeta à defesa dos interesses coletivos, características que autorizam a supremacia desses interesses sobre o individual. Seja como for, típico das manifestações do pós-positivismo, o emprego de conceitos jurídicos indeterminados nas leis atuais implica necessária valoração do caso concreto mediante um qualificado ônus argumentativo para a autoridade pública que decide. Isso significa que, para conceder a medida, o juiz deverá demonstrar, analiticamente, a compatibilidade entre o uso provisório do bem pelos órgãos cessionários e os benefícios coletivos advindos dessa decisão, necessariamente superiores à mera conservação isolada e estática desses bens. O legislador dispensou a demonstração de que a medida não implica prejuízo para a instrução, além de inexigir também a estrita demonstração do vínculo instrumental entre o objeto apreendido no cometimento do crime. Na verdade, o dispositivo não menciona estes requisitos negativos porque pressupõe que este tipo de análise já foi feita antes, por ocasião da decisão anterior que decretou a apreensão do objeto ora remanejado.

Anote-se assim que a decretação da utilização de bens apreendidos ocorre por meio de duas decisões judiciais sucessivas: uma que decretou a apreensão ou a medida assecuratória anterior, seguida de outra, agora sim, destinada à utilização do bem apreendido mediante a análise do interesse público. Essa metodologia reduz, sobremaneira, a complexidade da matéria a ser decidida, permitindo ao julgador uma análise centrada naqueles parâmetros necessários a justificar a utilização dos bens pelas entidades beneficiárias.

Objeto da Medida - Observe-se que o novel tipo admite a utilização cautelar de quaisquer dos bens, o que engloba *assim veículos, embarcações e aeronaves.*

Embora não haja restrição, mais adequado que sejam destinados para autoridades de segurança os chamados bens duráveis, entendidos como aqueles utilizáveis durante um tempo relativamente longo, isto é, que só se deterioram ou perdem a utilidade com o uso por determinado período de tempo, como casas, automóveis, eletrodomésticos, equipamentos eletrônicos, computadores, celulares etc.

Anote-se que ao ingressarem no uso prestacional de serviços públicos, esses bens experimentam uma verdadeira afetação pública e passam a categoria de bens de uso especial, ainda que de forma precária.

O § 3º do art. 133-A prevê que, se o bem a que se refere o *caput* for veículo, embarcação ou aeronave, o juiz ordenará à autoridade de trânsito ou ao órgão de registro e controle a expedição de certificado provisório de registro e licenciamento em favor do órgão público beneficiário, o qual estará isento do pagamento de multas, encargos e tributos anteriores à disponibilização do bem para sua utilização, que deverão ser cobrados de seu responsável. A medida também busca permitir o disfarce de agentes policiais em atividades investigativas por meio de bens descaracterizados, o que implica numa significativa melhora da repressão e investigação dos crimes.

Beneficiários da Medida - A Lei 13.964/19 estabelece uma regra de prioridade para a utilização do bem, vinculando-a aos órgãos de segurança pública previstos no art. 144 da Constituição, do sistema prisional, do sistema socioeducativo, da Força Nacional de Segurança Pública e do Instituto Geral de Perícia, para o desempenho de suas atividades (art. 133-A). Os órgãos de segurança pública participante das ações de investigação ou repressão da infração penal que ensejou a constrição do bem terão prioridade na sua utilização (§ 1º). Demonstrado o interesse público, o juiz poderá autorizar o uso do bem pelos demais órgãos públicos (§ 2º).

Trata-se de uma regra premial que serve para estimular tais órgãos públicos a agir com eficiência na localização de bens que podem ser revertidos para suas atividades. Porém, esta regra deve ser conjugada com o requisito central exigido pelo legislador para a aplicação do instituto: o atendimento ao interesse público. De fato, deve-se buscar para o bem apreendido a melhor utilização possível, direcionando-o para o órgão que, de acordo com sua natureza e capacidade de utilização, melhor uso fará no exercício das atividades de prevenção e repressão por ele desempenhadas. Assim, *ad exemplum*, caso sejam apreendidos computadores de última geração, com capacidade de processamento elevada e úteis para investigação de crimes cibernéticos, devem, a nosso sentir, ser destinados às delegacias especializadas nessas infrações, ainda que não tenham atuado na atividade persecutória que deu origem à constrição do bem apreendido.

Deferida a utilização cautelar do bem apreendido, importa destacar que a transferência de domínio do bem é feita para o órgão público e não para as pessoas naturais que ocupam os seus cargos de direção. Isso significa que o registro e controle patrimonial exercido ordinariamente por esses órgãos deve ser feito normalmente. O dever de zelo, guarda, custódia e uso para finalidade pública deve ser exercido por aqueles que, ordinariamente, são responsáveis a tanto.

Nunca é demais lembrar que o bem se encontra na cautela estatal para atender ao interesse da sociedade e não do servidor que exerce suas funções no órgão público em questão. Assim, não poderá a autoridade policial utilizar um automóvel, por exemplo, para fins pessoais. Não faria sentido que, ao dirigir-se à praia, em um final de semana, se valesse o policial de um veículo apreendido, posto que nítida a desvinculação entre sua atividade funcional e o momento de lazer. O uso do bem deve ser exclusivamente para as finalidades públicas a que foi destinado, de modo que o uso fora dessas hipóteses caracteriza abuso de poder sob a forma de desvio de finalidade, o que enseja a apuração disciplinar do fato. Se o funcionário assim o fizer ficará sujeito a sanções de cunho administrativo e penal.

Transferência definitiva da propriedade ao órgão público - Transitado em julgado a sentença penal condenatória com a decretação do perdimento de bens, ressalvado o direito do lesado ou terceiro de boa-fé, o juiz poderá determinar a transferência definitiva da propriedade ao órgão público beneficiário ao qual foi custodiado o bem (§ 4º).

PROVA DECLARADA INADMISSÍVEL

"Art. 157. ....

..

§ 5º O juiz que conhecer do conteúdo da prova declarada inadmissível não poderá proferir a sentença ou acórdão." (NR)

Redação ANTES da Lei 13.964/19	Redação DEPOIS da Lei 13.964/19
Art. 157. São inadmissíveis, devendo ser desentranhadas do processo, as provas ilícitas, assim entendidas as obtidas em violação a normas constitucionais ou legais. § 1º São também inadmissíveis as provas derivadas das ilícitas, salvo quando não evidenciado o nexo de causalidade entre umas e outras, ou quando as derivadas puderem ser obtidas por uma fonte independente das primeiras. § 2º Considera-se fonte independente aquela que por si só, seguindo os trâmites típicos e de praxe, próprios da investigação ou instrução criminal, seria capaz de conduzir ao fato objeto da prova. § 3º Preclusa a decisão de desentranhamento da prova declarada inadmissível, esta será inutilizada por decisão judicial, facultado às partes acompanhar o incidente. § 4º (VETADO)	**Art. 157.** São inadmissíveis, devendo ser desentranhadas do processo, as provas ilícitas, assim entendidas as obtidas em violação a normas constitucionais ou legais. § 1º São também inadmissíveis as provas derivadas das ilícitas, salvo quando não evidenciado o nexo de causalidade entre umas e outras, ou quando as derivadas puderem ser obtidas por uma fonte independente das primeiras. § 2º Considera-se fonte independente aquela que por si só, seguindo os trâmites típicos e de praxe, próprios da investigação ou instrução criminal, seria capaz de conduzir ao fato objeto da prova. § 3º Preclusa a decisão de desentranhamento da prova declarada inadmissível, esta será inutilizada por decisão judicial, facultado às partes acompanhar o incidente. § 4º (VETADO) § 5º O juiz que conhecer do conteúdo da prova declarada inadmissível não poderá proferir a sentença ou acordão.

Art. 157. São inadmissíveis, devendo ser desentranhadas do processo, as provas ilícitas, assim entendidas as obtidas em violação a normas constitucionais ou legais.

Provas ilícitas – Além da limitação à prova quanto ao estado das pessoas (art. 155, parágrafo único), também não são admitidas as provas obtidas por meios ilícitos, consoante expressa vedação contida na Constituição da República (art. 5º, inc. LVI), cuja aplicação prática, irradiando seus efeitos, acarretou sensível alteração na apreciação do tema, a exigir especial atenção.

Preciosa, nesse aspecto, a observação de Grinover, Scarance e Magalhães, ao ensinarem que "a prova é *ilegal* toda vez que sua obtenção caracterize violação de normas legais ou de princípios gerais do ordenamento, de natureza processual ou material. Quando a proibição for colocada por uma lei processual, a prova será *ilegítima* (ou ilegitimamente produzida); quando, pelo contrário, a proibição for de natureza material, a prova será *ilicitamente obtida*" (*As nulidades no processo penal*, RT: São Paulo, 1995, p. 115).

Prova ilegítima – Sendo a prova *ilegítima* aquela que atenta contra a forma, não há grande dificuldade em ser repelida, face aos termos do disposto no art. 564, inc. IV, do CPP, que fulmina de nulidade a omissão de formalidade essencial ao ato. Assim, por exemplo, a exibição, em plenário do júri, de documento do qual a defesa, no prazo legal, não teve ciência (art. 479 do CPP). E, ainda, a prova emprestada de outro processo que não foi submetida ao contraditório. Ou, em exemplos de Adalberto Camargo Aranha, "o uso de testemunhas para provar um fato que deixou vestígio, a ouvida de testemunhas em número acima do permitido" (*Da prova no processo penal.* Saraiva: São Paulo, 2007, p. 41).

Abuso de autoridade - O legislador, no tipo art. 25 da Lei 13.869/19, criminaliza a produção (*caput*) ou o efetivo uso (parágrafo único) da prova obtida por meio ilícito. Não cabe ao intérprete abranger no tipo a prova obtida por meio ilegítimo, sob pena de violação da legalidade. Quisesse o legislador abarcar as duas espécies, teria sido expresso, ainda que citando seu gênero (prova obtida por meio ilegal).

Aprofundando a prova ilicitamente obtida – Inúmeros exemplos podem ser citados de prova obtida ilicitamente: a confissão produzida mediante tortura; o ingresso no domicílio da pessoa à noite ou sem mandado judicial, não sendo caso de flagrante, desastre ou prestação de socorro; a violação de correspondência; a gravação de conversa telefônica sem autorização legal e ignorada por ambos os interlocutores; a quebra de sigilo bancário sem ordem judicial; a utilização de mecanismos como microfones e micro câmeras para, de forma clandestina, captar sons e imagens; a colheita compulsória de sangue para fins de perícia em um crime sexual ou para apuração de um delito de trânsito em que embriagado o motorista, etc. De se observar que algumas provas são, a um só tempo, ilegítimas e ilícitas, como por exemplo a violação de sigilo profissional, que atenta contra o direito material já que obtida ilegalmente e contra o direito processual, pois vedada sua produção ante os termos do art. 207 do CPP.

Prova ilícita e o princípio da razoabilidade (ponto de equilíbrio) – O grande desafio que se coloca ao intérprete consiste em encontrar um ponto de equilíbrio entre, de um lado, o dispositivo constitucional que inadmite a produção (ou uso) da prova ilícita e, de outro, o que garante a segurança do cidadão, sobretudo em face do aumento da chamada criminalidade organizada, a exigir, para seu combate, de meios eficazes, aptos a fazer frente à sofisticação dessas organizações.

Anota Thiago Pierobom de Ávila, que "o direito cuja violação ensejará a ilicitude da prova há de ser um direito fundamental. A garantia fundamental da inadmissibilidade das provas ilícitas está estrategicamente localizada sob o título dos direitos e garantias fundamentais. Sua finalidade é criar um sistema de atividade processual que respeite minimamente os direitos elencados na Constituição tidos como essenciais para a convivência em sociedade. O problema perante o caso concreto é delimitar a linha que separa o plano da constitucionalidade e o da legalidade, haja vista o caráter analítico de nossa Constituição" (*Provas ilícitas e proporcionalidade*, Rio de Janeiro: Lumen Juris Editora, 2007, p. 96).

Preocupação semelhante tem Antonio Scarance Fernandes, para quem "não é fácil, contudo, atingir o ponto de equilíbrio. De um lado, é necessário armar o Estado de poderes suficientes para enfrentar a criminalidade, crescente, violenta, organizada; por outro, deve o cidadão ter garantida a sua tranquilidade, a sua intimidade, a sua imagem, e, principalmente, ser dotado de remédios eficazes para se contrapor aos excessos e abusos dos órgãos oficiais" (*Processo penal constitucional*, 4ª ed., São Paulo: RT, 2005, p. 89).

O deslinde da questão passa, necessariamente, pela adoção do princípio da razoabilidade, a permitir que, na análise do caso concreto, possa o intérprete optar por uma ou outra alternativa, isto é, o privilégio à tese da inadmissibilidade da prova ilícita ou a possibilidade, ainda assim, de seu aproveitamento, na defesa de um bem maior, consistente na segurança da sociedade arranhada por seus malfeitores. A interceptação telefônica, sem o conhecimento de nenhum dos interlocutores e sem a prévia autorização judicial, na qual o sequestrador pede a um parente do sequestrado o resgate em dinheiro, pode ser considerada uma prova ilícita? O princípio constitucional chegaria ao ponto de proteger tão ignóbil conduta? Cremos que não.

Na lição de Grinover, Magalhães e Scarance, com efeito, "a teoria, hoje dominante, da inadmissibilidade processual das provas ilícitas, colhidas com infringência a princípios ou normas constitucionais, vem, porém, atenuada por outra tendência, que visa corrigir possíveis distorções a que a rigidez da exclusão poderia levar em casos de excepcional gravidade. Trata-se do denominado "verhaltnismassigkeit prinzcip", ou seja, de um critério de proporcionalidade, pelo qual os tribunais da então Alemanha Federal, sempre em caráter excepcional e em casos extremamente graves, têm admitido a prova ilícita, baseando-se no princípio do equilíbrio entre valores fundamentais contrastantes" (*As nulidades no processo penal*, 7ª ed. São Paulo: Editora Revista dos Tribunais, 2001, p. 115).

Prova ilícita em favor do réu – O que se admite é a produção da prova ilícita em favor do réu. Suponha-se a seguinte situação: *C*, inocente, está sendo injustamente acusado pela prática de um homicídio. Em dado momento, sem qualquer autorização judicial, ele intercepta uma conversa telefônica entre *A* e *B*, na qual o primeiro confessa a prática do crime. Dois valores constitucionais se encontram em rota de colisão. O primeiro tem por titulares *A* e *B*, que, ignorando a gravação, tiveram seu sigilo violado pela ação de *C*. Este, de sua parte, tem o inequívoco direito à liberdade, fortemente ameaçado no eventual sucesso da injusta acusação que experimenta. Os princípios da razoabilidade (do direito norte-americano) ou da proporcionalidade (inspirado na doutrina alemã) recomendam que se deva sopesar, entre os dois direitos, qual é o mais robusto e consistente, apto a prevalecer sobre o outro, mais fraco e inconsistente. E, no exemplo citado, não resta dúvida que ostenta as primeiras características o direito de *C* que, destarte, poderá invocá-lo a seu favor, embora réu, mesmo que se admita a ilicitude da prova que produziu.

Princípios da razoabilidade e proporcionalidade – É certo que a adoção de tais princípios (razoabilidade e proporcionalidade), não escapa à crítica doutrinária. Nessa linha é o magistério de Luís Roberto Barroso e Ana Paula de Barcellos, para quem "o entendimento flexibilizador dos dispositivos constitucionais citados, além de violar a dicção claríssima da Carta Constitucional, é de todo inconveniente em se considerando a realidade político-institucional do País. Embora a ideia de proporcionalidade possa parecer atraente, deve-se ter em linha de conta os antecedentes do País, onde as exceções viram regra desde sua criação (vejam-se, por exemplo, as medidas provisórias). À vista da trajetória inconsistente dos respeitos aos direitos individuais e da ausência de um sentimento constitucional consolidado, não é nem conveniente nem oportuno, sequer de 'lege ferenda', enveredar por flexibilizações arriscadas" (*A viagem redonda: Habeas Data, Direitos Constitucionais e as Provas Ilícitas*, RDA 213/149-163).

De se ver, contudo, que tal entendimento diz respeito à adoção dos princípios da razoabilidade e proporcionalidade em desfavor do réu, o que não corresponde à situação trazida em nosso exemplo acima, no qual, ao contrário, se aludiu à possibilidade de aproveitamento da prova ilícita em prol do acusado.

A prova ilícita, em suma, sempre mereceu repúdio de nossos Tribunais, notadamente da mais alta Corte do país que, reiteradas vezes, decretou, de maneira firme e veemente, a nulidade de processos nos quais foi produzida, em homenagem à sua inadmissibilidade, destacada na Constituição vigente (art. 5°, LVI). Mais interessante é o debate sobre as provas que dela se derivam, a seguir analisado.

§ 1º São também inadmissíveis as provas derivadas das ilícitas, salvo quando não evidenciado o nexo de causalidade entre umas e outras, ou quando as derivadas puderem ser obtidas por uma fonte independente das primeiras. (Incluído pela Lei nº 11.690, de 2008)

Fruits of the poisonous tree – A chamada *prova ilícita por derivação* vem inspirada em antiga doutrina americana denominada *fruit doctrine*, ou frutos da árvore envenenada. Tomemos o exemplo de uma carta que, ilegalmente interceptada, noticie a prática de um crime. A partir daí, a polícia, atenta à indicação da carta, logra apreender objetos de origem criminosa. A ação pode ser dividida em dois momentos diversos: o primeiro, que diz respeito à violação da correspondência, é de inequívoca ilicitude. Já o segundo, que resultou na apreensão da *res*, se tomado de *per si*, reveste-se de legalidade. Indaga-se, então: é válida essa última prova, fundada na primeira, originariamente ilícita? Ou, são bons os frutos (apreensão dos objetos de origem criminosa), oriundos de uma árvore venenosa (interceptação ilegal da carta)?

Na doutrina, Grinover, Scarance e Magalhães defendem a impossibilidade de aproveitamento desta última prova, ao ensinarem que "na posição mais sensível às garantias da pessoa humana, e consequentemente mais intransigente com os princípios e normas constitucionais, a ilicitude da obtenção da prova transmite-se às provas derivadas, que são, assim, igualmente banidas do processo" (ob. cit. p. 119). Admitem, porém, em tema que foi abordado no item anterior, a prova produzida ilicitamente se utilizada em favor do réu, acompanhando, assim, a Súmula 50 das Mesas de Processo Penal da Faculdade de Direito da USP. Dessa opinião também comunga Tourinho Filho, ao exemplificar que "uma interceptação telefônica, mesmo ao arrepio da lei, se for necessariamente essencial a demonstrar a inocência do acusado, não pode ser expurgada dos autos. Entre o sigilo das comunicações e o direito de liberdade, este supera aquele" (*Processo penal*, 1997, vol. 3, p. 236).

O Supremo Tribunal Federal, em jurisprudência que foi avançando até se cristalizar, a ponto de, hoje, cuidar-se de matéria tranquila no seio daquela Corte, sempre repudiou a prova ilícita por derivação. É certo que a Constituição não prevê, textualmente, que a prova derivada de outra ilícita seja, também, contaminada por ilicitude. Mas essa aparente dificuldade pode, contudo, ser facilmente superada, bastando que se parta de uma interpretação sistemática do texto maior. Atualmente, porém, a legislação infraconstitucional, por meio da inovação implantada pela Lei n° 11.690/2008, passou a prever, expressamente, a ilicitude dessa prova.

§ 2º Considera-se fonte independente aquela que por si só, seguindo os trâmites típicos e de praxe, próprios da investigação ou instrução criminal, seria capaz de conduzir ao fato objeto da prova. (Incluído pela Lei nº 11.690, de 2008)

Fonte independente – O texto do § 1° acima faz uma ressalva, consistente na necessidade de se estabelecer um "nexo de causalidade entre umas e outras", ou seja, entre a prova ilícita e a que dela deriva. Assim, por exemplo, se por conta de uma tortura ao agente (prova ilícita), é localizada droga em sua casa (prova ilícita por derivação). Ou, se da invasão a uma casa sem qualquer espécie de ordem judicial, não se tratando de flagrante (prova ilícita), se encontrem objetos oriundos de prática criminosa (prova ilícita por derivação). Há, nessas hipóteses, evidente nexo (liame), entre a primeira ação ilícita e seu desdobramento que, por consequência, é também ilícito. Ambas são, pois, ilícitas.

Pode ocorrer, no entanto, que esta segunda prova tenha sido obtida por uma "fonte independente da primeira", conforme destaca este dispositivo em análise. Nesse caso, a prova tem plena validade e não poderá ser taxada de ilícita. Para ficarmos com o exemplo acima, suponha-se que o agente tenha sido torturado, mas que não haja qualquer relação entre a droga encontrada em sua casa e a prática da tortura. Ele confessou, por meio da tortura, um crime de sequestro. Ou seja, não foi a tortura a causa determinante para o encontro da droga. Não. Ela foi localizada por meio de ação policial, legalmente realizada, inclusive munida de mandado de busca e apreensão (embora desnecessário à espécie). Esta segunda prova lícita (encontro da droga) não tem qualquer relação com a primeira prova ilícita (tortura). Ela, portanto, pode ser considerada uma "fonte independente" da primeira prova e terá plena validade, não podendo ser taxada de ilícita. Não se pretende fazer a defesa, em absoluto, da prática da tortura, tanto que, obviamente, seus autores deverão responder, civil e criminalmente, pela ocorrência do ignóbil ato. O que não há, no exemplo, é o vínculo a unir a sevícia ao encontro da droga.

Parece que a intenção do legislador foi de incorporar, ao texto do código, posicionamento solidificado na jurisprudência do Supremo Tribunal Federal, segundo o qual, se a prova ilícita por derivação não é a única produzida nos autos, a condenação do agente deve ser mantida. Em outras palavras: se a condenação vem fundada em outros elementos de prova, totalmente desvinculados da prova ilícita original, não será esta, tomada isoladamente, que terá o condão de ensejar a absolvição do réu.

§ 3º Preclusa a decisão de desentranhamento da prova declarada inadmissível, esta será inutilizada por decisão judicial, facultado às partes acompanhar o incidente. (Incluído pela Lei nº 11.690, de 2008)

Desentranhamento da prova ilícita – A atual redação ao artigo em exame, após salientar a inadmissibilidade da prova ilícita, determina seja a mesma desentranhada do processo e, depois, inutilizada. Vale dizer: identificada uma prova ilícita, porque violadora de um princípio constitucional, pode-se concluir que: 1) ela não possui qualquer eficácia; 2) ela deve ser retirada dos autos e 3) ela deve ser destruída.

O desentranhamento dos autos (bem como sua destruição) tem por objetivo sepultar, de vez, qualquer possibilidade de consulta a tal prova. Se ela foi reconhecida como ilícita, assim declarada por decisão judicial transitada em julgado, não há qualquer razão lógica para sua manutenção nos autos. Evita-se, assim, que a parte interessada se sinta tentada a invocá-la e, pior, que as instâncias superiores eventualmente se impressionem com seu teor. Melhor seu desentranhamento e posterior inutilização.

Esta disposição prestigiou a jurisprudência de há muito firmada em nossos Tribunais superiores, que já recomendava essa cautela, consistente na inutilização da prova. Nem se argumente com eventual afronta ao princípio do livre convencimento do juiz que, como visto anteriormente, sofre também limitações, uma das quais consistente na impossibilidade de aproveitamento da prova ilícita que, sem qualquer utilidade, deve mesmo ser destruída.

§ 4º (VETADO)

§ 5º O juiz que conhecer do conteúdo da prova declarada inadmissível não poderá proferir a sentença ou acordão.

No ano de 2008, o Congresso Nacional aprovou projeto de Lei que incluía ao art. 157 o § 4º, com a seguinte redação: "O juiz que conhecer do conteúdo da prova declarada inadmissível não poderá proferir a sentença ou acórdão".

Essa alteração, contudo, foi vetada pelo então chefe do Executivo. Eis o fundamento do veto: "O objetivo primordial da reforma processual penal consubstanciada, dentre outros, no presente projeto de lei, é imprimir celeridade e simplicidade ao desfecho do processo e assegurar a prestação jurisdicional em condições adequadas. O referido dispositivo vai de encontro a tal movimento, uma vez que pode causar transtornos razoáveis ao andamento processual, ao obrigar que o juiz que fez toda a instrução processual deva ser, eventualmente, substituído por um outro que nem sequer conhece o caso. Ademais, quando o processo não mais se encontra em primeira instância, a sua redistribuição não atende necessariamente ao que propõe o dispositivo, eis que mesmo que o magistrado conhecedor da prova inadmissível seja afastado da relatoria da matéria, poderá ter que proferir seu voto em razão da obrigatoriedade da decisão coligada".

Percebe-se que o dispositivo foi vetado por razões de eficácia processual, mais precisamente celeridade e simplicidade processuais. Atribui-se valor alto à celeridade, e nenhum valor para as garantias do acusado, em especial, de ser julgado por juiz imparcial. A imparcialidade do juiz, mormente no processo penal, que guarda correspondência imediata com o "ius libertatis" do cidadão, constitui uma das principais garantias inerentes ao consagrado princípio do "due process of law". A imparcialidade se constitui em uma das maiores expectativas da justiça.

A Lei 13.964/19, mais de uma década depois, inclui no corpo do art. 157 o §5º., exumando o texto antes enterrado. Seu objetivo é cristalino: não basta a mera exclusão física das provas ilicitamente obtidas. Isso é necessário, mas insuficiente. Todo processo que contenha prova dessa natureza deve ser anulado, total ou parcialmente. Caso já tenha decisão, esta também deve ser anulada. O processo será refeito ou nova sentença será proferida, não se admitindo nessa reconstrução a participação do magistrado que conheceu seu conteúdo, agora presumidamente não parcial. A autoridade judiciária que tomou conhecimento do conteúdo da prova declarada inadmissível, psicologicamente contaminado, não poderá proferir decisão (sentença ou acórdão).

Apesar de reconhecer vasta doutrina em sentido contrário, entendemos que o magistrado na mira da norma deve ser aquele que não apenas tomou conhecimento formal da prova declarada inadmissível, mas sim aquele que, de qualquer modo, contribuiu para a sua produção ou, ainda que indiretamente, a julgou admissível. O juiz que, de pronto, a refutou, merece ser prestigiado, demonstrando mais compromisso com o processo e com a verdade processual do que com a prova obtida ilicitamente. Raciocínio diverso poderia servir de campo fértil para uma simples juntada de prova ilícita afastar do feito o juiz natural. Apenas para reforçar nossa preocupação, imaginemos seguinte: num determinado feito, o juiz do processo não admitiu determinada prova, por ele declarada ilícita. A parte recorre e o Tribunal, por meio de uma das suas Câmaras, composta por três Desembargadores, confirma a decisão do magistrado. Nessa sequência comum no dia a dia do processo penal, teríamos um juiz e três Desembargadores impedidos de funcionarem no feito? E no caso de a prova ser declarada inadmissível pelo Pleno do STF? Com a palavra os que defendem a tese de que o simples conhecimento impede a atuação do magistrado.

Atenção:

Para aqueles que diferenciam duas espécies de provas obtidas ilegalmente, quais sejam, ilícitas e ilegítimas, o leitor percebe dos nossos comentários ao presente parágrafo que somente a prova ilícita (ou dela derivada) tem o poder de excepcionar o juiz natural. O § 5º. não abrange a prova ilegítima.

DA CADEIA DE CUSTÓDIA E DAS PERÍCIAS EM GERAL

"Art. 158-A. Considera-se cadeia de custódia o conjunto de todos os procedimentos utilizados para manter e documentar a história cronológica do vestígio coletado em locais ou em vítimas de crimes, para rastrear sua posse e manuseio a partir de seu reconhecimento até o descarte."

Redação ANTES da Lei 13.964/19	Redação DEPOIS da Lei 13.964/19
Sem norma correspondente	**Art. 158-A.** Considera-se cadeia de custódia o conjunto de todos os procedimentos utilizados para manter e documentar a história cronológica do vestígio coletado em locais ou em vítimas de crimes, para rastrear sua posse e manuseio a partir de seu reconhecimento até o descarte. § 1º O início da cadeia de custódia dá-se com a preservação do local de crime ou com procedimentos policiais ou periciais nos quais seja detectada a existência de vestígio. § 2º O agente público que reconhecer um elemento como de potencial interesse para a produção da prova pericial fica responsável por sua preservação. § 3º Vestígio é todo objeto ou material bruto, visível ou latente, constatado ou recolhido, que se relaciona à infração penal.

Cadeia de custódia - O art. 158-A apresenta o conceito legal de cadeia de custódia. É, em suma, a sistematização de procedimentos que objetivam a preservação do valor probatório da prova pericial caracterizada, mais precisamente, da sua autenticidade. Cuida dos métodos científicos atuais de manejo da marca vinculada a uma conduta supostamente ilícita. Assegura a preservação dos vestígios desde o contato primário até o descarte dos elementos coletados, garantindo-se a sua qualidade através da documentação cronológica dos atos executados em observância às normas técnicas previstas nas etapas da chamada cadeia de custódia.

A relevância da evidência técnica já era enfatizada por Frederico Marques (Elementos de direito processual penal – volume I. Campinas. Ed. Bookseller, 1997. p.155), para quem as provas periciais "contêm em si maior dose de veracidade, visto que nelas preponderam fatores de ordem técnica que, além de mais difíceis de serem deturpados, oferecem campo para uma apreciação objetiva e segura de suas conclusões". Para muitos, a prova pericial que observa a cadeia de custódia "é a testemunha que não mente, jamais".

Consta no *caput* do artigo 155 do CPP, que "*o juiz formará sua convicção pela livre apreciação da prova produzida em contraditório judicial[...], ressalvadas as provas cautelares, não repetíveis e antecipadas*". E o *caput* do artigo 158, dispõe sobre a imprescindibilidade da prova pericial, quando a infração penal deixar vestígios.

Assim, essa prova pericial, na grande maioria dos casos, assume caráter ímpar, senão definitivo, diante da impossibilidade de reprodução em juízo sob o crivo do contraditório. Daí a preocupação dos operadores do direito, no sentido de preservação de todos os vestígios desde a coleta, bem como a atenção à padronização dos procedimentos e ao aperfeiçoamento dos atos dos profissionais vinculados aos órgãos de criminalística.

Oportuno destacar que o conceito cadeia de custódia não é novo e aparece com as mesmas características em outras áreas de atuação, estranhas ao meio jurídico, como nos casos de registro de documentos e obras históricas, onde se faz necessário rastrear a origem do objeto a partir de sua concepção, para a confirmação ou não da autenticidade. Da mesma maneira, é aplicado no manuseio de madeiras sustentáveis, onde há um protocolo de rastreamento do caminho percorrido pelo produto originário da madeira desde a floresta, recebendo a *certificação da cadeia de custódia* fornecida pela organização não governamental *Forest Stewardship Council – FSC*. O Forest Stewardship Council (FSC) é uma organização independente, sem fins lucrativos, não governamental criada para apoiar o manejo ambientalmente adequado, socialmente benéfico e economicamente viável das florestas do mundo.

Na nossa esfera jurídica, a inovação implementada pela Lei 13.964/19 apresenta uma perspectiva contemporânea, na medida em que demonstra que o legislador está atento à globalização, potencializada pelo avanço tecnológico, que de forma galopante instrumentalizou também aos criminosos.

De modo que, a atualização dos instrumentos processuais penais, defasados, diante de diversos tipos de crimes, principalmente os cibernéticos, buscou o aprimoramento dos procedimentos de preservação das evidências atreladas a um delito, fortalecendo a natureza científica e técnica do sistema probatório.

Criminalística - segundo José Lopes Zarzuela, "criminalística" diz respeito ao conjunto de conhecimentos específicos técnicos e científicos, objetivando a interpretação e descrição dos elementos de ordem material encontrados no local do fato, no instrumento ou peça de crime, de forma a estabelecer um vínculo entre suspeitos envolvidos ao evento de interesse judiciário (Temas Fundamentais de Criminalística-Editora: Sagra-D.C.Luzzatto,1996. Porto Alegre, p.15). Na linha do que ensina o professor Victor Botteon (Introdução à Criminalística, disponível em www.direcaoconcursos.com.br), o perito durante sua atuação deverá pautar seu trabalho nos seguintes princípios fundamentais da criminalística: a *observação* (todo contato deixa uma marca), a *análise* (obediência ao método científico), a *interpretação* (dois objetos nunca são idênticos), a *descrição* (atenção à linguagem ética e juridicamente perfeita) e a *documentação* (cadeia de custódia da prova material). Diante desse quadro, é possível afirmar que o laudo pericial é um documento de natureza científica, daí a se destacar que com a evolução dos recursos que instrumentalizam os meios de prova, é pertinente o empenho do legislador no tocante aos cuidados com o tratamento técnico adotado durante a custódia dos vestígios encontrados no local do fato, no corpo da vítima ou mesmo do suspeito, tais como peças de roupas, sangue, vídeos, fotos, documentos, amostras de DNA (fios de cabelo, unhas, pele, etc), ou virtuais como informações digitais, dentre outros, relacionados a um ilícito penal.

Cadeia de custódia e sua importância - Anotamos que o tema ganhou destaque em meados dos anos 90, nos Estados Unidos da América, com a absolvição do astro do cinema e jogador de futebol americano, O. J. Simpson, acusado de ter executado a morte da sua ex-esposa e de um amigo dela. À época, foram apontadas diversas falhas no atendimento da ocorrência, mais precisamente, na preservação da cena do crime e na falta de técnica por parte dos peritos, que sequer usaram luvas para a coleta dos vestígios no local do fato, tudo a manipular as evidências, mitigando eventual possibilidade de condenação criminal.

CPP e a precaução com a preservação da prova - No Código de Processo, a precaução com a preservação da prova pericial sempre existiu, mesmo antes da Lei 13.964/19. Veja, por exemplo, o art. 6º, que estabelece que a autoridade policial, logo que tiver conhecimento da prática de infração penal, comparecerá no local, providenciando para que não se alterem o estado e conservação das coisas, até a chegada dos peritos criminais, estes encarregados também de liberar os objetos relacionados ao fato para a devida apreensão, procedendo-se à coleta de todas as provas aptas ao esclarecimento do crime.

No mesmo sentido, o artigo 169, ao dispor sobre o procedimento de preservação do local de crime até a chegada dos peritos. O art. 170, por sua vez, orienta que os peritos, nas perícias de laboratório, guardarão material suficiente para o caso de nova perícia e que, sempre que conveniente, os laudos serão ilustrados com provas fotográficas, ou microfotográficas, desenhos ou esquemas.

Padronização dos procedimentos operacionais relacionados às atividades periciais - Em atendimento às reivindicações de dirigentes de órgãos periciais, o Ministério da Justiça lançou em 2012 o "Programa Brasil Mais Seguro", tendo como finalidade a padronização dos procedimentos operacionais relacionados às principais atividades periciais necessárias ao esclarecimento de crimes violentos, sendo abarcadas sete grandes áreas periciais prioritárias: a) balística forense, b) genética forense, c) informática forense, d) local de crime, e) medicina legal, f) papiloscopia e g) química forense, com o objetivo primordial de uniformizar o processo de produção da prova técnica no país.

Regulamentação correlata foi coordenada pela Secretaria Nacional de Segurança Pública (SENASP), que criou 24 procedimentos operacionais padronizados (POPs), publicados em 2013, anunciando orientações para as sete áreas de atuação (balística forense, genética forense, informática forense, local de crime, medicina legal, papiloscopia e química forense), sem ignorar suas ramificações, sendo editado, inclusive, um manual, cujas regras não vinculam obrigatoriamente a atuação do perito, mas se prestam a nortear o trabalho técnico "padrão ouro".

Com efeito, em prosseguimento à aludida regulamentação, no dia 16 de julho de 2014, a Secretaria Nacional de Segurança Pública publicou a Portaria n. 82, estabelecendo a uniformização técnica do trabalho pericial, bem como criando diretrizes sobre os procedimentos a serem observados no tocante à cadeia de custódia de vestígios.

No texto regulatório de 2014 a cadeia de custódia é definida como *o conjunto de todos os procedimentos utilizados para manter e documentar a história cronológica do vestígio, para rastrear sua posse e manuseio a partir de seu reconhecimento até o descarte, consistindo o marco inicial as etapas de preservação do local de crime e/ou com procedimentos policiais ou periciais nos quais seja detectada a existência de vestígio, sendo que o agente público que reconhecer um elemento como de potencial interesse para a produção da prova pericial fica responsável por sua preservação.*

A Lei 13.964/19 se espelhou, e muito, nos regramentos acima.

Crimes cibernéticos - Os crimes cibernéticos são dotados de características peculiares, devendo o processo de identificação do vestígio virtual ser cuidadoso, assegurando a idoneidade da informação digital obtida, delineando-se fielmente a sua origem. A obediência às etapas previstas na cadeia de custódia garantirá o rastreamento e a preservação da prova, com uma metodologia científica, proporcionando a maior efetividade da aplicação da lei penal.

Os vestígios classificados como digitais, podem ser exemplificados como diálogos em redes sociais, fotografias, documentos e vídeos armazenados em mídias avulsas, em nuvens tipo ICLOUD ou em disco rígido tipo HDs ou na própria memória do aparelho periciado, dentre outros.

As evidências digitais exigem uma cautela especial, posto que os dados armazenados são mais suscetíveis de manipulação do que os vestígios físicos, sendo fundamental a adoção de procedimentos que garantam a proteção das informações.

O sistema bancário, por exemplo, adota procedimentos de segurança virtual, com técnicas que utilizam algoritmos, criptografia e assinatura digital, tudo com o objetivo de garantir o sigilo das transações e impedir o acesso clandestino e criminoso. Da mesma maneira, essa tecnologia é aplicada pelo perito quando da coleta dos vestígios digitais, com o objetivo de conservar a prova, para que não seja eventualmente adulterada, havendo a possibilidade de instalação de senhas, bloqueadores de gravação ou mecanismo com algoritmos que permitirão o registro e identificação dos agentes públicos que acessarem o conteúdo digital na trajetória do manejo da prova.

Cadeia de custódia e a autenticidade da prova - Cadeia de custódia dos vestígios fidedigna aos ditames legais diminui a probabilidade de violação ou de contaminação, seja acidental ou dolosa, da amostra, garantindo-se a autenticidade do elemento de prova.

Autenticidade consiste na certeza de que o objeto em análise provém das fontes anunciadas e que não foi alvo de mutações ao longo de um processo, assegurando-se a identificação e a segurança da origem da informação.

O que se persegue com a preservação e a observância às etapas da cadeia de custódia o nível máximo de autenticidade da prova pericial, isto é, a propriedade do vestígio preservado genuinamente em sua essência.

Quando se discute preservação do vestígio e a garantia da autenticidade da prova, não se pode olvidar sobre a possibilidade de sua contaminação, gerada, por exemplo, pela presença de pessoa não autorizada no local do fato, acondicionamento inadequado do material coletado, ausência de identificação de todos os agentes que tiverem contato com o vestígio nas diversas fases da cadeia etc. Nesse quadro, inevitável a pergunta: a falha em alguma etapa da cadeia de custódia terá qual consequência? Passa a ser ilegal? Deixa de ser autêntica? Poderíamos escalonar a autenticidade em graus? Absoluta, média ou reduzida? O juiz poderá rejeitar essa prova? Ou atribuir um valor mitigado pelo grau de autenticidade alcançado?

Em que pese corrente em sentido contrário, entendemos que não observância dos regramentos da cadeia de custódia não pode ser rotulada (ou confundida) com a obtenção ilegal de prova. A prova a ser custodiada é legal, pois, do contrário, nem merece ser guardada.

No capítulo em estudo, o elemento objeto da custódia não tem vícios instrumentais na sua obtenção, processuais ou legais. Em razão de algum evento acidental ou intencional, tem maculada a sua custódia genuína. Isso interfere na sua qualidade.

Nossa posição é a de que a prova permanece legítima e lícita, podendo ser questionada a sua autenticidade. Seu valor será maior ou menor quanto mais ou menos se respeitou o procedimento da cadeia de custódia. **Não** pode ser descartada pelo juiz, mas valorada.

No dizer do saudoso Ministro do Supremo Tribunal Federal Bento de Faria, o juiz, ao aferir o valor probatório do laudo pericial, "objetivamente, deve examinar se o perito, nas suas pesquisas, se utilizou de materiais apropriados ou elementos seguros; se entre as premissas e as conclusões existe o necessário nexo lógico; se o parecer é preciso ou perplexo, concludente ou inconcludente, decisivo ou não; se a respectiva ciência ou arte fornece seguros elementos para autorizar a opinião, ou meras hipóteses mais ou menos racionais" (Código de Processo Penal. Volume I. Arts. 1 a 250. Distribuidora Record Editora. Rio de Janeiro. 2ª ed. 1960. p. 278).

Quando a quebra da cadeia de custódia, por exemplo, impedir o contraditório ou a ampla defesa, parece evitando a imprestabilidade do material. Mas esse cenário extremo nem sempre ocorre.

É certo que competirá somente ao juiz a adoção de critério de valoração da prova produzida na salvaguarda da *novatio legis*, havendo que se considerar, ademais, o constante no artigo 182 do CPP, cujo enunciado preconiza que o juiz em seu convencimento, não está vinculado de forma absoluta à conclusão do laudo pericial.

§ 1º O início da cadeia de custódia dá-se com a preservação do local de crime ou com procedimentos policiais ou periciais nos quais seja detectada a existência de vestígio.

Início da cadeia de custódia - Nos termos do que disposto no §1º. do art. 158-A, o marco inaugural da cadeia de custódia do vestígio pode ocorrer de três formas, em conjunto ou individualmente, a saber:

a) preservação do local do crime: nos casos em que a materialidade é explícita, como no homicídio, o agente público que primeiro chegar ao local deve providenciar, incontinenti, o isolamento preservando o espaço para, em seguida, acionar as demais autoridades policiais, assim como a equipe pericial encarregada do reconhecimento e coleta de todos os elementos sensíveis e de interesse. O objetivo principal é evitar que a cena do crime seja adulterada ou contaminada.

Como já alertamos, o capítulo em estudo foi construído na linha da Portaria n. 82/14 da SENASP. Esta, por sua vez, cataloga o local do crime em áreas: imediata, mediata e relacionada.

Por área *imediata* se entende aquela em que ocorreu o evento alvo da investigação, presumindo-se encontrar a maior concentração de vestígios relacionados ao fato (ex: o interior do imóvel onde o criminoso praticou o homicídio).

A área *mediata* é intermediária entre o sítio onde ocorreu o evento e o grande ambiente exterior. Este ambiente pode conter vestígios relacionados ao fato sob investigação. Entre o local imediato e o mediato existe uma continuidade geográfica (ex: o quintal do imóvel, onde o criminoso abandonou o objeto utilizado para prática delituosa).

A área *relacionada* é todo e qualquer lugar sem ligação geográfica direta com o local do crime e que possa conter algum vestígio ou informação que propicie vínculo com o infração ou venha a auxiliar no contexto do exame pericial (ex: a casa do criminoso, local em que ocorreu o planejamento do delito, consumado em outra localidade).

b) procedimentos policiais: o primeiro vestígio é obtido a partir de diligências inauguradas através de ação policial, militar ou não. A intervenção policial pode ser desencadeada por ações institucionais de patrulhamento e prevenção ao crime, prescindindo-se da autorização judicial. Ou, de outro modo, por ações controladas precedidas de investigação e expedição de mandados judiciais cautelares.

c) procedimentos periciais: aqui, o vestígio da atividade ilícita é detectado através do trabalho técnico.

§ 2º O agente público que reconhecer um elemento como de potencial interesse para a produção da prova pericial fica responsável por sua preservação.

Agente público e o dever de preservação do elemento de prova - Agente público é definido como todo aquele que exerce, ainda que transitoriamente ou sem remuneração, por eleição, nomeação designação, contratação ou qualquer forma de investidura ou vínculo, mandato, cargo, emprego ou função pública (Portaria n. 82/14 SENASP).

O legislador, neste parágrafo, enfatiza a importância do momento inicial de reconhecimento da evidência probatória e o comprometimento do agente público com a sua tutela, impondo um discernimento responsável quando da identificação da prova apta a integrar a cadeia de custódia. O policial militar que é acionado para o atendimento de uma ocorrência de feminicídio, por exemplo, reconhecendo ser aquele o local da ação criminosa, deverá imediatamente adotar todas as medidas para isolar e preservar a área sensível, até que seja devidamente periciada e liberada pelos técnicos.

Ver nossos comentários ao art. 158-C, § 2º.

§ 3º Vestígio é todo objeto ou material bruto, visível ou latente, constatado ou recolhido, que **se relaciona à infração penal.**

Conceito de vestígio e suas espécies - segundo Botteon (Introdução à Criminalística, disponível em www.direcaoconcursos.com.br), vestígio pode ser qualquer objeto, instrumento, marca, rastro, mancha, sinais sensíveis aos sentidos, presente em um local de crime, podendo ter relação com o fato delituoso. Pode ser classificado em *verdadeiro, ilusório, forjado, efêmero, permanente, biológico, inorgânico, morfológico* etc. Pode ser perceptível ou latente. Perceptível quando captado pelos sentidos humanos, sem a necessidade de revelação por meio de técnicas forenses (ex: arma de fogo utilizada no cometimento do delito). Latente quando invisível ou oculto, demandando a utilização de técnica ou metodologia adequada para a revelação (ex: impressões digitais).

O perito, no atendimento ao local do crime, atuará no sentido de analisar todo e qualquer vestígio associado ao fato, registrando a cena e arrecadando o que for necessário à sua comprovação e ao esclarecimento da autoria. O objeto ou material bruto, quando visível e irremovível, no caso de um imóvel onde se deu um feminicídio, será analisado em toda a sua área, realizando-se a descrição, a fotografia, a coleta de impressões e o isolamento, se necessário.

O mesmo procedimento nas situações em que é visível e dotado de mobilidade o objeto, mas com características que dificultem ou impossibilitem a sua remoção, como, por exemplo, a cama, onde o marido cometeu o feminicídio.

Diversa será a atuação dos expertos nas situações em que o objeto visível, em razão de suas características, necessita ser recolhido para análise técnica nas dependências do Instituto de Criminalística (ex: arma de fogo), atentando-se para a observância de todos os requisitos exigidos ao recolhimento e encaminhamento do objeto.

A atuação ganha contornos também diferentes em se tratando de vestígio latente, ou seja, não visível, não é físico, não é captado naturalmente.

"Art. 158-B. A cadeia de custódia compreende o rastreamento do vestígio nas seguintes etapas:

I - reconhecimento: ato de distinguir um elemento como de potencial interesse para a produção da prova pericial;

II - isolamento: ato de evitar que se altere o estado das coisas, devendo isolar e preservar o ambiente imediato, mediato e relacionado aos vestígios e local de crime;

III - fixação: descrição detalhada do vestígio conforme se encontra no local de crime ou no corpo de delito, e a sua posição na área de exames, podendo ser ilustrada por fotografias, filmagens ou croqui, sendo indispensável a sua descrição no laudo pericial produzido pelo perito responsável pelo atendimento;

IV - coleta: ato de recolher o vestígio que será submetido à análise pericial, respeitando suas características e natureza;

V - acondicionamento: procedimento por meio do qual cada vestígio coletado é embalado de forma individualizada, de acordo com suas características físicas, químicas e biológicas, para posterior análise, com anotação da data, hora e nome de quem realizou a coleta e o acondicionamento;

VI - transporte: ato de transferir o vestígio de um local para o outro, utilizando as condições adequadas (embalagens, veículos, temperatura, entre outras), de modo a garantir a manutenção de suas características originais, bem como o controle de sua posse;

VII - recebimento: ato formal de transferência da posse do vestígio, que deve ser documentado com, no mínimo, informações referentes ao número de procedimento e unidade de polícia judiciária relacionada, local de origem, nome de quem transportou o vestígio, código de rastreamento, natureza do exame, tipo do vestígio, protocolo, assinatura e identificação de quem o recebeu;

VIII - processamento: exame pericial em si, manipulação do vestígio de acordo com a metodologia adequada às suas características biológicas, físicas e químicas, a fim de se obter o resultado desejado, que deverá ser formalizado em laudo produzido por perito;

IX - armazenamento: procedimento referente à guarda, em condições adequadas, do material a ser processado, guardado para realização de contraperícia, descartado ou transportado, com vinculação ao número do laudo correspondente;

X - descarte: procedimento referente à liberação do vestígio, respeitando a legislação vigente e, quando pertinente, mediante autorização judicial."

Redação ANTES da Lei 13.964/19	Redação DEPOIS da Lei 13.964/19
Sem norma correspondente	**Art. 158-B.** A cadeia de custódia compreende o rastreamento do vestígio nas seguintes etapas: I - reconhecimento: ato de distinguir um elemento como de potencial interesse para a produção da prova pericial; II - isolamento: ato de evitar que se altere o estado das coisas, devendo isolar e preservar o ambiente imediato, mediato e relacionado aos vestígios e local de crime; III - fixação: descrição detalhada do vestígio conforme se encontra no local de crime ou no corpo de delito, e a sua posição na área de exames, podendo ser ilustrada por fotografias, filmagens ou croqui, sendo indispensável a sua descrição no laudo pericial produzido pelo perito responsável pelo atendimento; IV - coleta: ato de recolher o vestígio que será submetido à análise pericial, respeitando suas características e natureza; V - acondicionamento: procedimento por meio do qual cada vestígio coletado é embalado de forma individualizada, de acordo com suas características físicas, químicas e biológicas, para posterior análise, com anotação da data, hora e nome de quem realizou a coleta e o acondicionamento;

Redação ANTES da Lei 13.964/19	Redação DEPOIS da Lei 13.964/19
Sem norma correspondente	VI - transporte: ato de transferir o vestígio de um local para o outro, utilizando as condições adequadas (embalagens, veículos, temperatura, entre outras), de modo a garantir a manutenção de suas características originais, bem como o controle de sua posse; VII - recebimento: ato formal de transferência da posse do vestígio, que deve ser documentado com, no mínimo, informações referentes ao número de procedimento e unidade de polícia judiciária relacionada, local de origem, nome de quem transportou o vestígio, código de rastreamento, natureza do exame, tipo do vestígio, protocolo, assinatura e identificação de quem o recebeu; VIII - processamento: exame pericial em si, manipulação do vestígio de acordo com a metodologia adequada às suas características biológicas, físicas e químicas, a fim de se obter o resultado desejado, que deverá ser formalizado em laudo produzido por perito; IX - armazenamento: procedimento referente à guarda, em condições adequadas, do material a ser processado, guardado para realização de contraperícia, descartado ou transportado, com vinculação ao número do laudo correspondente; X - descarte: procedimento referente à liberação do vestígio, respeitando a legislação vigente e, quando pertinente, mediante autorização judicial.

Etapas de rastreamento - O art. 158-B anuncia as etapas de rastreamento do vestígio. O rigor científico da nova normatização aparece claramente na definição e encadeamento das etapas, sugerindo uma noção de continuidade, um processo de rastreamento ininterrupto cronologicamente. De acordo com a Portaria SENASP 82/14, as etapas da cadeia de custódia são distribuídas em duas macrofases: externa e interna.

Fase externa - Na fase externa, estão elencadas as etapas relacionadas aos passos entre a preservação do local do crime ou apreensões dos elementos de prova e a chegada do vestígio ao órgão pericial encarregado de processá-lo. Compreende, portanto, a preservação do local do crime, a busca, o reconhecimento (I), o isolamento (II) a fixação (III), a coleta (IV), o acondicionamento (V), o transporte (VI) e o recebimento do vestígio (VII).

Fase interna - A fase interna, por sua vez, compreende todas as etapas entre o ingresso do vestígio no órgão pericial até a conclusão do laudo e remessa ao órgão requisitante. Envolve as etapas de recepção, conferência, classificação, guarda e/ou distribuição do vestígio, análise pericial propriamente dita (VIII), guarda e devolução do vestígio de prova (IX), guarda de vestígios para contraperícia (X) e o registro da cadeia de custódia (XI).

Vamos, a seguir, analisar, ainda que de forma sucinta, as várias etapas referidas pelos incisos do artigo em comento:

I - reconhecimento: ato de distinguir um elemento como de potencial interesse para a produção da prova pericial.

Trata-se de importante etapa, exigindo maior cautela nos casos de crimes onde o vestígio está concentrado em conteúdo latente (virtual).

Ver nossos comentários art. 158-A.

II - isolamento: ato de evitar que se altere o estado das coisas, devendo isolar e preservar o ambiente imediato, mediato e relacionado aos vestígios e local de crime.

Uma vez individualizada a prova, necessário se faz a sua preservação no estado em que primariamente foi detectada, sob pena de contaminação.

Ver nossos comentários art. 158-A, §1º.

III - fixação: descrição detalhada do vestígio conforme se encontra no local de crime ou no corpo de delito, e a sua posição na área de

exames, podendo ser ilustrada por fotografias, filmagens ou croqui, sendo indispensável a sua descrição no laudo pericial produzido pelo perito responsável pelo atendimento.

O legislador faculta a ilustração, seja por fotografias filmes ou desenhos (*croquis*), do elemento reconhecido e isolado. Anotamos que, na prática, no cotidiano do trabalho pericial, com a facilidade propiciada pelo avanço tecnológico (em especial, o uso disseminado do aparelho celular com câmeras, algumas bastante sofisticadas), é raro um laudo pericial não se apresentar instruído com fotografias, além da descrição minuciosa de todas as características do objeto periciado.

IV - coleta: ato de recolher o vestígio que será submetido à análise pericial, respeitando suas características e natureza.

A coleta seguirá os procedimentos técnicos descritos em manuais específicos da prática pericial, variando seu procedimento a depender do tipo de elemento a ser periciado.

De acordo com a Portaria SENASP 82/2014, a coleta do vestígio deverá ser realizada por profissionais de perícia criminal ou, excepcionalmente, na falta destes, por pessoa investido de função pública, nos termos do artigo 159 e §§ do CPP. Além disso, serão utilizados equipamentos de proteção individual (EPI) e materiais específicos para tal fim.

V - acondicionamento: procedimento por meio do qual cada vestígio coletado é embalado de forma individualizada, de acordo com suas características físicas, químicas e biológicas, para posterior análise, com anotação da data, hora e nome de quem realizou a coleta e o acondicionamento.

O acondicionamento do vestígio segue os padrões definidos em manuais específicos, tanto dos órgãos policiais, quanto periciais, destacando a importância da sua individualização e identificação dos responsáveis por esse processo, inclusive com a anotação da data, tudo de modo a preservar da melhor forma possível a prova.

A já mencionada Portaria 82/14 alerta que o recipiente para acondicionamento do vestígio será determinado pela natureza do material, utilizando-se sacos plásticos, envelopes, frascos e caixas descartáveis ou caixas térmicas, dentre outros, os quais deverão ser selados com lacres, com numeração individualizada, tudo para, de forma eficaz, assegurar a inviolabilidade e idoneidade do vestígio durante o transporte.

Além de individualizar o vestígio, o recipiente deverá ser próprio para preservar suas características, impedir contaminação e vazamento, ter grau de resistência adequado e espaço para registro de informações sobre seu conteúdo.

Todos os vestígios coletados deverão ser registrados individualmente em formulário próprio no qual deverão constar, no mínimo, as seguintes informações:

a) especificação do vestígio;

b) quantidade;

c) identificação numérica individualizadora;

d) local exato e data da coleta;

e) órgão e o nome /identificação funcional do agente coletor;

f) nome /identificação funcional do agente entregador e o órgão de destino (transferência da custódia);

g) nome /identificação funcional do agente recebedor e o protocolo de recebimento;

h) assinaturas e rubricas;

i) número de procedimento e respectiva unidade de policia judiciária a que o vestígio estiver vinculado.

VI - transporte: ato de transferir o vestígio de um local para o outro, utilizando as condições adequadas (embalagens, veículos, temperatura, entre outras), de modo a garantir a manutenção de suas características originais, bem como o controle de sua posse.

VII - recebimento: ato formal de transferência da posse do vestígio, que deve ser documentado com, no mínimo, informações referentes ao número de procedimento e unidade de polícia judiciária relacionada, local de origem, nome de quem transportou o vestígio,

código de rastreamento, natureza do exame, tipo do vestígio, protocolo, assinatura e identificação de quem o recebeu.

Este inciso marca a transição entre as fases interna e externa das etapas da cadeia de custódia.

Ver nossos comentários acima, ainda no bojo deste artigo (art. 158-B).

VIII - processamento: exame pericial em si, manipulação do vestígio de acordo com a metodologia adequada às suas características biológicas, físicas e químicas, a fim de se obter o resultado desejado, que deverá ser formalizado em laudo produzido por perito.

O Manual de Procedimento Operacional Padrão (pg. 20), coordenado pelo SENASP, estabelece as diretrizes técnicas para o manuseio do vestígio. Por exemplo, no exame pericial em armas de fogo, é exigido o uso dos seguintes equipamento de proteção individual: abafadores de ruído, jalecos, luvas, kit de primeiros socorros, máscaras, óculos de proteção, protetores auriculares.

IX - armazenamento: procedimento referente à guarda, em condições adequadas, do material a ser processado, guardado para realização de contraperícia, descartado ou transportado, com vinculação ao número do laudo correspondente.

O órgão pericial deverá ser dotado de espaço adequado com condições técnicas específicas capazes de preservar as características do material a ser processado, evitando contaminação, vazamento e adulteração.

Após a perícia, dependendo do tipo de material objeto do exame, uma pequena quantidade deverá ser guardada para eventual nova perícia realizada em decorrência de contestação do laudo anterior (contraperícia). Por óbvio, essa amostra deve seguir o rigor preconizado pelo capítulo em comento.

X - descarte: procedimento referente à liberação do vestígio, respeitando a legislação vigente e, quando pertinente, mediante autorização judicial.

O melhor exemplo para explicar esse inciso nos remete às perícias nas substâncias entorpecentes (drogas). Parte do que foi analisado é guardado para a contraperícia. O restante, principalmente quando se tratar de grande quantidade, deve ser descartado, por conta, inclusive, das dificuldades de segurança que a sua manutenção acarreta. Tal descarte ocorre mediante autorização judicial e obedece a um procedimento rigoroso e específico.

Vale mencionar que o descarte de qualquer tipo de objeto aparece como consequência imperiosa, evitando-se ocupar desnecessariamente espaço valioso para o armazenamento "padrão ouro" do material a ser processado.

Ver nossos comentários ao art. 158-F.

"Art. 158-C. A coleta dos vestígios deverá ser realizada preferencialmente por perito oficial, que dará o encaminhamento necessário para a central de custódia, mesmo quando for necessária a realização de exames complementares.

§ 1º Todos vestígios coletados no decurso do inquérito ou processo devem ser tratados como descrito nesta Lei, ficando órgão central de perícia oficial de natureza criminal responsável por detalhar a forma do seu cumprimento.

§ 2º É proibida a entrada em locais isolados bem como a remoção de quaisquer vestígios de locais de crime antes da liberação por parte do perito responsável, sendo tipificada como fraude processual a sua realização."

Redação ANTES da Lei 13.964/19	Redação DEPOIS da Lei 13.964/19
Sem norma correspondente	**Art. 158-C.** A coleta dos vestígios deverá ser realizada preferencialmente por perito oficial, que dará o encaminhamento necessário para a central de custódia, mesmo quando for necessária a realização de exames complementares. § 1º Todos vestígios coletados no decurso do inquérito ou processo devem ser tratados como descrito nesta Lei, ficando órgão central de perícia oficial de natureza criminal responsável por detalhar a forma do seu cumprimento. § 2º É proibida a entrada em locais isolados bem como a remoção de quaisquer vestígios de locais de crime antes da liberação por parte do perito responsável, sendo tipificada como fraude processual a sua realização.

Sujeito da coleta dos vestígios - O perito oficial é aquele de formação universitária investido na carreira através de concurso público e que somente inicia a execução de suas funções após passar por formação preparatória específica. Deve cumprir sua missão com autonomia técnica, científica e funcional (art. 2º da Lei n.12.030/09).

Em determinadas situações, por diversas e compreensíveis razões, pode não ser possível a realização de coleta por perito oficial, daí a inclusão do termo *preferencialmente* (e não *obrigatoriamente*) no *caput*. O agente, mesmo não sendo perito oficial, encarregado momentaneamente de proceder à coleta, deve observar todos os procedimentos técnicos previstos na *novatio legis*, sob pena de contaminar a cadeia de custódia.

Órgão central de perícia oficial – Nos termos do que disposto no § 1º, caberá ao órgão central de perícia oficial elaborar orientações técnicas e específicas sobre os procedimentos destacados nesta Lei.

Deduzindo que a Lei 13.964/19, no tema cadeia de custódia, utilizou como parâmetro a Portaria 82/14, da Secretaria Nacional de Segurança Pública, é possível que eventual complementação legislativa também acompanhe a regulamentação já em vigor e adotada pelos Institutos de Criminalísticas do país, disposta no Manual de Procedimento Operacional Padrão, também coordenado pela SENASP.

Ver nossos comentários ao art. 158-E.

Fraude processual – Anuncia o § 2º do art. 158-C ser proibida a entrada em locais isolados bem como a remoção de quaisquer vestígios de locais de crime antes da liberação por parte do perito responsável, sendo tipificada como fraude processual a sua realização. Pois bem. O artigo 347 do CP pune o agente que, mediante fraude, modifica ou altera estado de lugar (ex: derrubada de árvores), de coisa (ex: retirar manchas de sangue impregnadas na roupa da vítima) ou de pessoa (ex: mudar o aspecto físico exterior – não o psíquico, civil ou social – de pessoa mediante cirurgia estética), criando, com isso, nova situação capaz de induzir a erro o juiz ou o perito (utilização anormal e fraudulenta do processo).

No entanto, o art. 158-C deve ser lido de acordo com as características do tipo penal da fraude processual, que não pode se caracterizar pela simples entrada em local isolado, nem mesmo pela mera retirada de vestígios. O crime pressupõe que o agente atue não apenas com dolo de inovar no processo, mas também com a especial finalidade de induzir em erro o juiz ou o perito. Caso não estejam bem identificados o dolo e o elemento subjetivo específico, o fato será um indiferente penal.

Abuso de autoridade – A Lei de Abuso de Autoridade, por sua vez, em dois tipos penais, criminaliza formas especiais de fraude processual. No art. 23, pune, com detenção de um a quatro anos e multa, a conduta de inovar artificiosamente, no curso de diligência, de investigação ou de processo, o estado de lugar, de coisa ou de pessoa, com o fim de eximir-se de responsabilidade ou de responsabilizar criminalmente alguém ou agravar-lhe a responsabilidade, incorrendo na mesma pena quem pratica a conduta com o intuito de: I - eximir-se de responsabilidade civil ou administrativa por excesso praticado no curso de diligência; II - omitir dados ou informações ou divulgar dados ou informações incompletos para desviar o curso da investigação, da diligência ou do processo. Já no art. 24, pune, com detenção de um a quatro anos e multa, a conduta de constranger, sob violência ou grave ameaça, funcionário ou empregado de instituição hospitalar pública ou privada a admitir para tratamento pessoa cujo óbito já tenha ocorrido, com o fim de alterar local ou momento de crime, prejudicando sua apuração.

"Art. 158-D. O recipiente para acondicionamento do vestígio será determinado pela natureza do material.

§ 1º Todos os recipientes deverão ser selados com lacres, com numeração individualizada, de forma a garantir a inviolabilidade e a idoneidade do vestígio durante o transporte.

§ 2º O recipiente deverá individualizar o vestígio, preservar suas características, impedir contaminação e vazamento, ter grau de resistência adequado e espaço para registro de informações sobre seu conteúdo.

§ 3º O recipiente só poderá ser aberto pelo perito que vai proceder à análise e, motivadamente, por pessoa autorizada.

§ 4º Após cada rompimento de lacre, deve se fazer constar na ficha de acompanhamento de vestígio o nome e a matrícula do responsável, a data, o local, a finalidade, bem como as informações referentes ao novo lacre utilizado.

§ 5º O lacre rompido deverá ser acondicionado no interior do novo recipiente."

Redação ANTES da Lei 13.964/19	Redação DEPOIS da Lei 13.964/19
Sem norma correspondente	**Art. 158-D.** O recipiente para acondicionamento do vestígio será determinado pela natureza do material. § 1º Todos os recipientes deverão ser selados com lacres, com numeração individualizada, de forma a garantir a inviolabilidade e a idoneidade do vestígio durante o transporte. § 2º O recipiente deverá individualizar o vestígio, preservar suas características, impedir contaminação e vazamento, ter grau de resistência adequado e espaço para registro de informações sobre seu conteúdo.

Redação ANTES da Lei 13.964/19	Redação DEPOIS da Lei 13.964/19
Sem norma correspondente	§ 3º O recipiente só poderá ser aberto pelo perito que vai proceder à análise e, motivadamente, por pessoa autorizada. § 4º Após cada rompimento de lacre, deve se fazer constar na ficha de acompanhamento de vestígio o nome e a matrícula do responsável, a data, o local, a finalidade, bem como as informações referentes ao novo lacre utilizado. § 5º O lacre rompido deverá ser acondicionado no interior do novo recipiente.

Ver nossos comentários ao art. 158-B, V.

"Art. 158-E. Todos os Institutos de Criminalística deverão ter uma central de custódia destinada à guarda e controle dos vestígios, e sua gestão deve ser vinculada diretamente ao órgão central de perícia oficial de natureza criminal.

§ 1º Toda central de custódia deve possuir os serviços de protocolo, com local para conferência, recepção, devolução de materiais e documentos, possibilitando a seleção, a classificação e a distribuição de materiais, devendo ser um espaço seguro e apresentar condições ambientais que não interfiram nas características do vestígio.

§ 2º Na central de custódia, a entrada e a saída de vestígio deverão ser protocoladas, consignando-se informações sobre a ocorrência no inquérito que a eles se relacionam.

§ 3º Todas as pessoas que tiverem acesso ao vestígio armazenado deverão ser identificadas e deverão ser registradas a data e a hora do acesso.

§ 4º Por ocasião da tramitação do vestígio armazenado, todas as ações deverão ser registradas, consignando-se a identificação do responsável pela tramitação, a destinação, a data e horário da ação."

Redação ANTES da Lei 13.964/19	Redação DEPOIS da Lei 13.964/19
Sem norma correspondente	**Art. 158-E.** Todos os Institutos de Criminalística deverão ter uma central de custódia destinada à guarda e controle dos vestígios, e sua gestão deve ser vinculada diretamente ao órgão central de perícia oficial de natureza criminal. § 1º Toda central de custódia deve possuir os serviços de protocolo, com local para conferência, recepção, devolução de materiais e documentos, possibilitando a seleção, a classificação e a distribuição de materiais, devendo ser um espaço seguro e apresentar condições ambientais que não interfiram nas características do vestígio.

Redação ANTES da Lei 13.964/19	Redação DEPOIS da Lei 13.964/19
Sem norma correspondente	§ 2º Na central de custódia, a entrada e a saída de vestígio deverão ser protocoladas, consignando-se informações sobre a ocorrência no inquérito que a eles se relacionam. § 3º Todas as pessoas que tiverem acesso ao vestígio armazenado deverão ser identificadas e deverão ser registradas a data e a hora do acesso. § 4º Por ocasião da tramitação do vestígio armazenado, todas as ações deverão ser registradas, consignando-se a identificação do responsável pela tramitação, a destinação, a data e horário da ação.

Central de custódia - O legislador define que deverá ser criada uma central de custódia nos Institutos de Criminalística com o objetivo de concentrar a custódia das provas periciadas.

É o acréscimo de uma nova função aos órgãos periciais, que demandará melhor estruturação para atender ao mandamento legal. Demandará também investimento dos governos, que nem sempre ocorre na medida e na velocidade que se espera.

Controle das pessoas com acesso aos vestígios - O cadastramento (controle) de todas as pessoas com acesso ao vestígio (desde o primeiro contato) permitirá que se faça uma espécie de inventário da prova, ou melhor, registro cronológico que se assemelha a uma árvore genealógica, nela estampados todos os integrantes de uma família em várias gerações.

O registro histórico, além das pessoas, também deve abarcar as ações adotadas nessa tramitação, ou seja, todas as fases e procedimentos deverão ser rigorosamente anotados, sob pena de comprometimento da idoneidade da cadeia de custódia.

"Art. 158-F. Após a realização da perícia, o material deverá ser devolvido à central de custódia, devendo nela permanecer.

Parágrafo único. Caso a central de custódia não possua espaço ou condições de armazenar determinado material, deverá a autoridade policial ou judiciária determinar as condições de depósito do referido material em local diverso, mediante requerimento do diretor do órgão central de perícia oficial de natureza criminal."

Redação ANTES da Lei 13.964/19	Redação DEPOIS da Lei 13.964/19
Sem norma correspondente	**Art. 158-F.** Após a realização da perícia, o material deverá ser devolvido à central de custódia, devendo nela permanecer. Parágrafo único. Caso a central de custódia não possua espaço ou condições de armazenar determinado material, deverá a autoridade policial ou judiciária determinar as condições de depósito do referido material em local diverso, mediante requerimento do diretor do órgão central de perícia oficial de natureza criminal.

Condições do depósito dos vestígios - Esse dispositivo enfatiza o papel fundamental dos órgãos periciais na preservação do material relacionado à infração penal, destacando a sua responsabilidade no processo de custódia legal. Além disso, atribui ao diretor do órgão central pericial a função de controle da viabilidade e das condições de armazenamento do material, com a iniciativa de se reportar diretamente ao delegado de polícia ou ao juiz de direito, no sentido de promover, caso necessário, a remoção de determinado material.

DA PRISÃO, DAS MEDIDAS CAUTELARES E DA LIBERDADE PROVISÓRIA

"Art. 282. ....

...

§ 2º As medidas cautelares serão decretadas pelo juiz a requerimento das partes ou, quando no curso da investigação criminal, por representação da autoridade policial ou mediante requerimento do Ministério Público.

§ 3º Ressalvados os casos de urgência ou de perigo de ineficácia da medida, o juiz, ao receber o pedido de medida cautelar, determinará a intimação da parte contrária, para se manifestar no prazo de 5 (cinco) dias, acompanhada de cópia do requerimento e das peças necessárias, permanecendo os autos em juízo, e os casos de urgência ou de perigo deverão ser justificados e fundamentados em decisão que contenha elementos do caso concreto que justifiquem essa medida excepcional.

§ 4º No caso de descumprimento de qualquer das obrigações impostas, o juiz, mediante requerimento do Ministério Público, de seu assistente ou do querelante, poderá substituir a medida, impor outra em cumulação, ou, em último caso, decretar a prisão preventiva, nos termos do parágrafo único do art. 312 deste Código.

§ 5º O juiz poderá, de ofício ou a pedido das partes, revogar a medida cautelar ou substituí-la quando verificar a falta de motivo para que subsista, bem como voltar a decretá-la, se sobrevierem razões que a justifiquem.

§ 6º A prisão preventiva somente será determinada quando não for cabível a sua substituição por outra medida cautelar, observado o art. 319 deste Código, e o não cabimento da substituição por outra medida cautelar deverá ser justificado de forma fundamentada nos elementos presentes do caso concreto, de forma individualizada." (NR)

Redação ANTES da Lei 13.964/19	Redação DEPOIS da Lei 13.964/19
Art. 282. As medidas cautelares previstas neste Título deverão ser aplicadas observando-se a: I - necessidade para aplicação da lei penal, para a investigação ou a instrução criminal e, nos casos expressamente previstos, para evitar a prática de infrações penais;	**Art. 282.** As medidas cautelares previstas neste Título deverão ser aplicadas observando-se a: I – necessidade para aplicação da lei penal, para a investigação ou a instrução criminal e, nos casos expressamente previstos, para evitar a prática de infrações penais;

Redação ANTES da Lei 13.964/19	Redação DEPOIS da Lei 13.964/19
II - adequação da medida à gravidade do crime, circunstâncias do fato e condições pessoais do indiciado ou acusado. § 1º As medidas cautelares poderão ser aplicadas isolada ou cumulativamente. § 2º As medidas cautelares serão decretadas pelo juiz, de ofício ou a requerimento das partes ou, quando no curso da investigação criminal, por representação da autoridade policial ou mediante requerimento do Ministério Público. § 3º Ressalvados os casos de urgência ou de perigo de ineficácia da medida, o juiz, ao receber o pedido de medida cautelar, determinará a intimação da parte contrária, acompanhada de cópia do requerimento e das peças necessárias, permanecendo os autos em juízo. § 4º No caso de descumprimento de qualquer das obrigações impostas, o juiz, de ofício ou mediante requerimento do Ministério Público, de seu assistente ou do querelante, poderá substituir a medida, impor outra em cumulação, ou, em último caso, decretar a prisão preventiva (art. 312, parágrafo único). § 5º O juiz poderá revogar a medida cautelar ou substituí-la quando verificar a falta de motivo para que subsista, bem como voltar a decretá-la, se sobrevierem razões que a justifiquem.	II – adequação da medida à gravidade do crime, circunstâncias do fato e condições pessoais do indiciado ou acusado. § 1º As medidas cautelares poderão ser aplicadas isolada ou cumulativamente. § 2º As medidas cautelares serão decretadas pelo juiz a requerimento das partes ou, quando no curso da investigação criminal, por representação da autoridade policial ou mediante requerimento do Ministério Público. § 3º Ressalvados os casos de urgência ou de perigo de ineficácia da medida, o juiz, ao receber o pedido de medida cautelar, determinará a intimação da parte contrária, para se manifestar no prazo de cinco dias, acompanhada de cópia do requerimento e das peças necessárias, permanecendo os autos em juízo. Os casos de urgência ou de perigo deverão ser justificados e fundamentados em decisão que contenha elementos do caso concreto que justifiquem tal medida excepcional. § 4º No caso de descumprimento de qualquer das obrigações impostas, o juiz, mediante requerimento do Ministério Público, de seu assistente ou do querelante, poderá substituir a medida, impor outra em cumulação, ou, em último caso, decretar a prisão preventiva (art. 312, parágrafo único). § 5º O juiz poderá, de ofício ou a pedido das partes, revogar a medida cautelar ou substituí-la quando verificar a falta de motivo para que subsista, bem como voltar a decretá-la, se sobrevierem razões que a justifiquem.

Redação ANTES da Lei 13.964/19	Redação DEPOIS da Lei 13.964/19
§ 6º A prisão preventiva será determinada quando não for cabível a sua substituição por outra medida cautelar (art. 319).	§ 6º A prisão preventiva somente será determinada quando não for cabível a sua substituição por outra medida cautelar (art. 319). O não cabimento da substituição por outra medida cautelar deverá ser justificado de forma fundamentada nos elementos presentes no caso concreto, de forma individualizada.

Prisão – Prisão é a privação de liberdade de locomoção decretada através de ordem escrita da autoridade competente ou em consequência do flagrante.

São duas as formas de prisão: a *prisão-pena*, que é a decorrente de uma decisão penal condenatória transitada em julgado, isto é, daquela contra a qual não seja mais cabível nenhum recurso. E, por assim dizer, a *prisão sem pena*, também conhecida como *prisão processual* ou *provisória* ou *cautelar*, que não deflui de uma condenação, sendo decretada no curso do processo, antes, portanto, do trânsito em julgado da sentença penal condenatória.

Atenção

Como veremos mais adiante, o STF, em sede de controle concentrado de constitucionalidade, tendo como objeto o art. 283 do CPP, negou a execução penal provisória.

Por força do princípio constitucional da presunção de inocência ou estado de inocência (art. 5º, inc. LVII da Constituição), a rigor somente a prisão-pena deveria vigorar. Afinal, só após o trânsito em julgado da sentença condenatória se tem certeza quanto à responsabilidade do réu e, portanto, a partir daí é que ele iniciaria o cumprimento da sanção que lhe foi imposta.

Sucede que, em determinadas situações, como forma de garantir a eficácia da justiça e como manifestação de autodefesa do Estado, é restringida a liberdade individual em nome do interesse coletivo, antes mesmo da certeza de que foi o agente o autor do delito, certeza esta que somente poderia ser obtida com o trânsito em julgado da sentença penal condenatória.

Trata-se, portanto, de um *mal necessário*, no qual o sujeito, antes mesmo de condenado, já passa a cumprir pena. Pena no sentido de que se acha preso, sem um título definitivo que justifique esse encarceramento. É que, por vezes, como destaca João Mendes, "para eficácia da justiça humana, os legisladores estabelecem restrições à liberdade individual, no interesse da segurança social" (*apud*, Espínola Filho, ob. cit., vol. III, p. 302).

É o que se vê na chamada *prisão sem pena*. Essa espécie de prisão, no entanto, deve ser reservada para situações excepcionais, onde se revele, de forma concreta, a necessidade de sua manutenção ou decretação. Caso contrário, deve prevalecer a regra geral contida na Constituição, segundo a qual a pena deve ser decorrência de uma sentença penal condenatória da qual não se admita mais nenhum recurso.

As modalidades de prisão sem pena, de interesse processual, são as seguintes: 1) *prisão em flagrante* (arts. 301 e ss. do CPP); 2) *prisão preventiva* (arts. 311 e ss.); 3) *prisão resultante da pronúncia* (art. 413, § 3º); 4) *prisão resultante da sentença de 1º grau recorrível* (art. 387, § 1º) e 5) *prisão temporária* (Lei nº 7.960/89).

Atenção

A partir das alterações no CPP, introduzidas pelas Leis 11.689/2008 e 11.719/2008, parcela da doutrina não mais reconhece a autonomia das prisões resultantes de pronúncia e sentença condenatória de 1º grau. Se, nestas fases, o magistrado estiver convencido da necessidade da privação da liberdade do pronunciado ou sentenciado, deve decretar a preventiva, seguindo os fundamentos do art. 312 do CPP. Também não nos parece que o flagrante seja prisão processual, mas medida administrativa pré-cautelar, que pode ou não ser convertida em prisão provisória. Nesse mesmo sentido leciona Aury Lopes Jr.: "a prisão em flagrante não é uma medida cautelar pessoal, mas sim pré-cautelar, no sentido de que não se dirige a garantir o resultado final do processo,

> mas apenas destina-se a colocar o detido à disposição do juiz para que adote ou não uma verdadeira medida cautelar" (*Direito Processual Penal e sua conformidade com a Constituição*, São Paulo: Saraiva, 2012, pág. 63). Logo, adotando-se as lições acima, teríamos, hoje, somente duas espécies de prisões cautelares: temporária e preventiva.

Há doutrina que aponta, ainda, como forma de prisão, a *condução coercitiva*, a ser e determinada pelo juiz em face do investigado, acusado, testemunha, vítima, perito etc., que se recuse a comparecer em juízo ou mesmo à polícia. Não se trata, com a devida vênia, de prisão, mas mera diligência de oficial de justiça ou mesmo de agente policial tendente a fazer cumprir uma ordem emanada de autoridade, seja o juiz, seja o delegado de polícia. Tanto não é prisão que, por exemplo, a testemunha pode se deixar conduzir livremente pelo meirinho, sem qualquer espécie de resistência. E mesmo sua teimosia, a obrigar que, *v.g.*, seja algemado, não a transforma em prisão, mas mera diligência justificada pela necessidade de imobilização do conduzido.

Ao lado destas, podem ser citadas, ainda, a *prisão civil* por dívida de alimentos e a *prisão disciplinar*, a saber, aquela decretada pela autoridade militar em caso de transgressão militar ou crime propriamente militar, definidos em lei e que vem prevista na Constituição (art. 5º, inc. LXI). A antiga *prisão administrativa*, decretada pela autoridade administrativa, e que tinha incidência nas hipóteses do art. 319 do CPP, não mais prevalece, revogado que foi esse dispositivo. E, de fato, sua possibilidade, segundo reiteradas decisões do STF, já não era admitida, face ao princípio constitucional previsto no art. 5º, inc. LXI, ao determinar que somente a autoridade judiciária competente possui tal atribuição (as exceções são as hipóteses de flagrante ou de crime militar próprio, estudadas em seguida). A revogação do art. 319 fez coro, pois, ao entendimento que já prevalecia na mais alta Corte do país.

Atenção

A doutrina indicava a prisão, para fins de expulsão, prevista no art. 69 da Lei nº 6.815/1980 (Estatuto do Estrangeiro), como uma modalidade de prisão administrativa, ainda remanescente em nosso sistema. Com efeito, dispunha o mencionado artigo que "o Ministro da Justiça, a qualquer tempo, poderá determinar a prisão, por 90 (noventa) dias, do estrangeiro submetido a processo de expulsão". Pensamos, contudo, que ainda nesse caso não havia que se cogitar da prisão administrativa. É que a jurisprudência se mostrava tranquila em sustentar, de um lado, a subsistência dessa espécie de prisão. Mas, de outro, ressaltava que ela somente pode ser decretada por meio de ordem judicial, firme no disposto no art. 5º, inc. LXI, da Constituição, pelo qual "ninguém será preso senão em flagrante delito ou *por ordem escrita e fundamentada de autoridade judiciária competente*, salvo nos casos de transgressão militar ou crime propriamente militar, definidos em lei" (grifamos). Ora, se somente um juiz de direito podia decretar essa espécie de prisão (e não mais o Ministro da Justiça), era de se concluir que ela não possuía um caráter administrativo. De sorte que, embora pudesse ainda ser denominada de *prisão administrativa*, teria perdido a principal característica dessa espécie de prisão, que residia, exatamente, na possibilidade de uma autoridade, que não judicial, decretá-la. Tal debate, contudo, acha-se superado, posto que a *Lei n. 13.445/2017, conhecida como Lei de Migração (que revogou o Estatuto do Estrangeiro), não mais trata da prisão para fins de expulsão. Cuida sim da possibilidade da prisão em casos de extradição, deixando claro, porém, que ela somente pode ser decretada pela "autoridade judicial competente", nos termos do art. 84, §1º, do mencionado diploma legal.*

Abuso de autoridade - A Lei 13.869/19 (Nova Lei de Abuso de Autoridade) pune no art. 9º, *caput*, decretar medida de privação da liberdade em manifesta desconformidade com as hipóteses legais.

Medidas cautelares diversas da prisão – As alterações introduzidas ao capítulo da prisão pela Lei n. 12.403/2011 resultaram de trabalho desenvolvido por comissão nomeada pelo então Ministro da Justiça, sob o comando da Professora Ada Pellegrini Grinover, que justificou, da seguinte forma, os objetivos da proposta apresentada: "O projeto sistematiza e atualiza o tratamento da prisão, das medidas cautelares e da liberdade provisória, com ou sem fiança. Busca, assim, superar as distorções produzidas no Código de Processo Penal com as reformas que, rompendo com a estrutura originária, desfiguraram o sistema. Exemplo significativo é o da fiança que passa, com as alterações do Código, de instituto central no regime de liberdade provisória, a só servir para poucas situações concretas, ficando superada pela liberdade provisória sem fiança do parágrafo único do artigo 310. As novas disposições pretendem ainda proceder ao ajuste do sistema às exigências constitucionais atinentes à prisão e à liberdade provisória e colocá-lo em consonância com modernas legislações estrangeiras, como as da Itália e de Portugal".

Esta mesma conclusão indica as principais alterações sugeridas que, ao depois, foram adotadas no texto final da Lei n. 12.403/2011, a saber: "a) o tratamento sistemático e estruturado das medidas cautelares e da liberdade provisória; b) o aumento do rol das medidas cautelares, antes centradas essencialmente na prisão preventiva e na liberdade provisória sem fiança do art. 310, parágrafo único; c) manutenção da prisão preventiva, de forma genérica, para a garantia da instrução do processo e para a execução da pena e, de maneira especial, para acusados que possam vir a praticar infrações penais relativas ao crime organizado, à probidade administrativa ou à ordem econômica ou financeira consideradas graves, ou mediante violência ou grave ameaça à pessoa; d) impossibilidade de haver, antes de sentença condenatória transitada em julgada, prisão que não seja de natureza cautelar; e) valorização da fiança" (Luiz Flávio Gomes, *Prisão e Medidas Cautelares*, São Paulo: RT, 4ª. ed. 2014, p. 2).

Atenção

Não podemos confundir medidas cautelares alternativas à prisão cautelar com penas alternativas. As penas alternativas substituem prisão-pena (art. 44 e ss. do Código Penal). Já as medidas cautelares alternativas à prisão cautelar aparecem como instrumentos que visam a evitar a prisão processual. Não perdem, portanto, o caráter

> instrumental, pois estão a serviço do processo e da eficácia da justiça, garantindo o regular desenvolvimento do feito, assegurando a efetividade do poder de punir do Estado.

Imprescindibilidade - As medidas alternativas à prisão não pressupõem a ausência de requisitos da custódia preventiva, mas, sim, a existência de uma providência igualmente eficaz para o fim colimado com a medida cautelar extrema, porém com menor grau de lesividade à esfera de liberdade do indivíduo. Nesse sentido: STJ - HC 483.993/SP, j. 25/06/2019.

I – necessidade para aplicação da lei penal, para a investigação ou a instrução criminal e, nos casos expressamente previstos, para evitar a prática de infrações penais.

Requisitos – A redação do art. 282 do CPP apresenta grande semelhança com a do art. 312 do mesmo *Codex*, este tratando dos pressupostos para a decretação da prisão preventiva, a saber, "garantia da ordem pública, da ordem econômica, por conveniência da instrução criminal, ou para assegurar a aplicação da lei penal". Indaga-se, então, qual o critério a ser utilizado pelo juiz, quando da opção por uma ou outra medida. O norte a ser seguido é o que orienta a prisão preventiva como última *ratio*, isto é, derradeira alternativa quando não restar outra menos gravosa. Esse caráter residual da prisão preventiva, cabível, de forma excepcional, quando se revelarem insuficientes ou ineficazes as demais medidas cautelares, inspirou a reforma. Nesse sentido, a propósito, o disposto no art. 282, § 6º, do código, alterado pela Lei 13.964/19, ao dispor que "a prisão preventiva somente será determinada quando não for cabível a sua substituição por outra medida cautelar (art. 319). O não cabimento da substituição por outra medida cautelar deverá ser justificada de forma fundamentada nos elementos presentes do caso concreto, de forma individualizada".

Proporcionalidade e razoabilidade, portanto, devem guiar o juiz ao optar fundamentadamente pela liberdade do agente (medida menos grave), a adoção de medidas cautelares (de gravidade intermediária), ou a decretação da prisão preventiva (de intensa gravidade).

Nem sempre será fácil a opção. Suponha-se que determinado agente ameace a vítima, caso insista em apontá-lo como autor de um crime. Esse fato autoriza tanto a decretação da prisão preventiva, "por conveniência da instrução criminal" (art. 312), como a adoção de uma medida cautelar, face a "necessidade para [...] a instrução criminal", conforme o dispositivo em análise. Formulada a ameaça, poderá o juiz considerá-la uma mera bravata, sem maior seriedade e, assim, impor uma medida cautelar ou, ao revés, ante o concreto risco que corre a vítima, determinar a prisão preventiva do agente? Parece-nos que sim, ou seja, a intensidade da ameaça, a real capacidade de se concretizar, servirá de fundamento para uma ou outra opção. Ocorre que, em determinadas situações, não se poderá avaliar se determinada ameaça é mais branda quando comparada a outra. Nesse caso, quando os requisitos para ambas as medidas (prisão preventiva e medida cautelar), se acharem presentes, cumpre ao juiz a análise dos demais fundamentos que orientam a adoção de uma ou outra alternativa, devendo considerar, sobretudo, o disposto no inciso abaixo, quanto à adequação da medida e os aspectos objetivos e subjetivos que cercaram o delito.

Não há, assim, uma regra pré-definida, apta a solucionar todo e qualquer caso levado à apreciação do juiz. Apenas para exemplificar, o Superior Tribunal de Justiça, para dois casos de homicídios, teve entendimentos diversos. Em um deles, para concessão das medidas cautelares, considerou os bons antecedentes do agente, o fato de possuir residência fixa e profissão definida, bem como sua iniciativa em entregar espontaneamente a arma do crime. Em outro, a periculosidade do agente, revelada pelo *modus operandi* com que se houve, não autorizou o favor legal:

Homicídio qualificado. Motivo fútil – "Caso concreto em que se mostra devida e suficiente a imposição de medidas cautelares alternativas, dadas as circunstâncias em que cometido o delito e às condições pessoais do agente, primário, sem antecedentes criminais, residência fixa e profissão definida, que compareceu espontaneamente perante a autoridade policial para entregar a arma do crime e prestar seus esclarecimentos sobre os fatos. Condições pessoais favoráveis, mesmo não sendo garantidoras de eventual direito à soltura, merecem ser devidamente valoradas, quando demonstrada possibilidade de substituição da prisão por cautelares diversas, proporcionais, adequadas e suficientes ao fim a que se propõem. Habeas corpus não conhecido, concedendo-se, contudo, a ordem de ofício para revogar a prisão preventiva do paciente, mediante a imposição das medidas alternativas previstas no art. 319, I, IV e V do Código de Processo Penal" (STJ - HC nº 270944-MG, Rel. Jorge Mussi, j. 20.08.2013, DJe 05.09.2013).

"Não há se falar em ilegalidade na manutenção da prisão preventiva decretada para garantia da ordem pública, com fundamento na periculosidade do paciente, que cometeu, em tese, dois crimes de homicídio tentado - contra sua ex-companheira e sua ex-cunhada -, tendo uma delas sido atingida por quatro projéteis e a outra por um, nas costas, o que demonstra a gravidade concreta da conduta. Encontrando-se devidamente justificada a necessidade da prisão cautelar, não se cogita a aplicação das medidas previstas no art. 319 do Código de Processo Penal. Igualmente, é cediço que a existência de condições pessoais favoráveis não implica, por si só, na concessão de liberdade provisória" (STJ - HC nº 269895-PR, Rel. Marco Aurélio Bellizze, j. 06.08.2013, DJe 13.08.2013).

Ninguém dirá que se trata de verdadeira *justiça lotérica*, despojada de um padrão de entendimento uniforme. Antes disso, se trata mesmo da análise específica da hipótese em julgamento, fincada em dados objetivos, despojada de paradigmas que impeçam o juiz de fazer justiça no caso concreto.

Por fim, a expressão "para evitar a prática de infrações penais" contida na parte final do inciso em análise nada mais representa do que o requisito previsto no art. 312 do código, que admite a decretação da prisão preventiva "como garantia da ordem pública". Com efeito, a prisão do agente ou a imposição de qualquer medida que, de alguma forma, restrinja sua liberdade, é justificada por tal fundamento, a fim de se preservar a paz social. A reiteração criminosa, assim, importa em inegável afronta à tranquilidade que deve reinar em sociedade, admitindo, pois, a decretação de medida cautelar, a fim de que cesse essa prática.

II – adequação da medida à gravidade do crime, circunstâncias do fato e condições pessoais do indiciado ou acusado.

Adequação da medida – Exige-se, aqui, que a medida cautelar se revele adequada, isto é, cabível no caso concreto. Carece de idoneidade, por exemplo, proibir-se o réu ou indiciado de frequentar determinado lugar (art. 319, inc. II do código), que não guarde nenhuma relação com o crime que, em tese, cometeu. Tendo praticado um furto contra um supermercado, por qual razão seria proibido de frequentar um clube? Se não agrediu sua esposa, em uma situação de violência doméstica, não fará sentido, decerto, proibir que dela se aproxime (art. 319, inc. III do CPP). Nessa linha de raciocínio, é de se invocar, ainda, o chamado *princípio da homogeneidade*, por nós abaixo mencionado, na análise do art. 283, § 1º. Cumpre ao juiz, destarte, frente à acusação que pesa contra o réu ou em face do crime objeto de investigação policial contra o indiciado, antever, ainda que de forma provisória, a pena a ser imposta em caso de eventual condenação. Em outras palavras: revela verdadeiro contrassenso uma prisão processual, decretada antes da sentença, tornar-se mais rigorosa que a pena imposta na condenação. Não faz sentido, por isso, que se responda preso a um processo para, ao final, em caso de condenação, venha o réu a ser posto em liberdade.

A propósito, análise quanto à gravidade do crime e às condições pessoais do agente são bem apanhadas por Antônio Magalhães Gomes Filho, ao destacar que "embora sempre com a necessária ressalva de que o exame desses elementos, na fase de investigação ou durante o processo, não pode ser confundido com a antecipação do juízo de culpabilidade – incompatível com a presunção de inocência –, a gravidade do crime e as circunstâncias do caso podem fornecer um prognóstico sobre a pena no caso concreto, afastando o risco de que a medida imposta em caráter cautelar venha a ser mais gravosa do que a própria sanção esperada como resultado do processo" (*Medidas Cautelares no Processo Penal – Prisões e suas alternativas.* Editora Revista dos Tribunais, 2012, p. 43).

Gravidade do crime – Também a gravidade do crime (dado que a jurisprudência de nossos tribunais superiores, por si só, não reconhece como fundamento para a decretação da preventiva) deve ser cotejada com as circunstâncias do fato e as condições pessoais do indiciado ou acusado.

A gravidade do crime não pode ser tomada como um dado abstrato, mas depende da análise do caso concreto. Há, por exemplo, casos e casos de violência doméstica. Para alguns, que refletem a menor periculosidade do agente e mesmo a pouca gravidade de sua conduta, a mera imposição da medida cautelar prevista no art. 319, inc. III do código, consistente na proibição de se aproximar da vítima, se mostrará suficiente. Em outras situações, contudo, onde lesões corporais graves foram detectadas, com histórico de anteriores desavenças entre o casal, com descumprimento de medidas protetivas (e, ainda que elas não tenham sido deferidas), não haverá lugar para a substituição da prisão preventiva pela medida cautelar, cumprindo seja decretada aquela primeira.

Circunstâncias do fato – O legislador também se refere às "circunstâncias" que, na lição de Julio Fabbrini Mirabete, quando da análise do art. 59 do Código Penal, "podem referir-se ao tempo do delito, que pode demonstrar maior ou menor determinação do criminoso, a atitude durante ou após a conduta criminosa indicadora de insensibilidade ou indiferença ou arrependimento, ou se relacionar com a gravidade maior ou menor do dano causado pelo crime" (*Código Penal interpretado.* São Paulo: Atlas, 1999, p. 333). Acrescentaríamos ainda, nesse quesito, o "modus operandi", bem como eventual armamento utilizado na prática criminosa, elementos também associados à natureza e à gravidade do crime.

Condições pessoais do agente – Maus antecedentes, com inquéritos policiais e processos em trâmite, condenações anteriores incapazes de configurar a reincidência, prática de atos infracionais enquanto inimputável, são elementos que, embora não se prestem a configurar a reincidência do agente, em caso de eventual condenação, revelam a inconveniência da implantação da medida cautelar, a recomendar a decretação da preventiva. Há quem sustente que a análise das *condições pessoais* do agente enseja juízos de cunho excessivamente subjetivos, podendo dar margem, ainda, a indesejável *bis in idem*, posto que, uma vez condenado por fato anterior, essa condenação impediria o agente de ser beneficiado com determinada medida cautelar, punindo-o duas vezes. Embora não se afaste por completo esse risco, a confiança que se deposita no bom senso do julgador leva-nos a crer que ele saberá distinguir situações nas quais a personalidade do agente sugere a medida alternativa ou, antes, impõe sua prisão preventiva. Aliás, como tantas vezes decidido pelo Superior Tribunal de Justiça, "as condições pessoais favoráveis, tais como primariedade, residência fixa e ocupação lícita, não são suficientes, por si só, para assegurar a liberdade, quando há elementos concretos a justificar a prisão preventiva" (RHC n. 52713-MS, Rel. Ericson Maranho, j. 03.02.2015, DJ 19.02.2015).

ATENÇÃO

de acordo com o enunciado de Súmula 636 do STJ: "A folha de antecedentes criminais é documento suficiente a comprovar os maus antecedentes e a reincidência".

§ 1º As medidas cautelares **poderão ser aplicadas isolada ou cumulativamente.**

Aplicação cumulativa ou isolada – Não aplaudimos a orientação doutrinária segundo a qual a primazia será pela imposição de apenas uma medida. Por vezes, com efeito, a aplicação de duas medidas é quase obrigatória. Assim, não terá eficácia impor-se o monitoramento eletrônico ao agente (art. 319, inc. IX), se tal medida não estiver vinculada a outra que, por exemplo, impeça-o de ausentar-se da comarca (art. 319, inc. IV), ou de se aproximar de determina a pessoa (art. 319, inc. III). É que o monitoramento não se traduz em um fim em si mesmo, possuindo, por assim dizer, um caráter instrumental, pois visa fiscalizar o cumprimento de alguma outra medida. A suspensão do agente da função pública (art. 319, inc. VI), a envolver crimes mais complexos, relacionados, por exemplo, à prática de corrupção, será bem-vinda quando acompanhada da obrigação de comparecimento periódico do réu ou indiciado em juízo (art. 319, inc. I), ou mesmo da proibição do agente deixar o país (art. 320).

Mas, por outro lado – na análise do fato concreto, de sua gravidade, bem como das condições pessoais do agente – também poderá importar em exagero suspender-se o agente da função pública e, concomitantemente, obrigá-lo ao recolhimento domiciliar (art. 319, inc. V), uma vez ausente qualquer liame entre uma e outra medida. Enfim, sem que se estabeleça qualquer hierarquia, a justificar a adoção de uma ou mais medidas, deve o juiz sempre se orientar pela proporcionalidade, evitando a demasia na aplicação das medidas (sob o risco de se impor ônus quase mais graves do que decorrente da própria condenação), mas buscando, também, uma efetividade da alternativa que, afastando a prisão preventiva, deve ser dotada de um mínimo de seriedade, em nome, inclusive, da dignidade da justiça.

§ 2º As medidas cautelares serão decretadas pelo juiz a requerimento das partes ou, quando no curso da investigação criminal, por representação da autoridade policial ou mediante requerimento do Ministério Públic**o.**

Decretação de ofício – No curso das investigações criminais não é dado ao juiz decretar qualquer medida cautelar de ofício, eis que a legitimidade para pleiteá-las se reconhece, apenas, à autoridade policial, por meio de representação, ou ao Ministério Público, através de requerimento. *Contrario sensu*, quando já deflagrada a ação penal, o legislador admitia a decretação das medidas de ofício pelo juiz, independentemente de pedido das partes nesse sentido. A Lei 13.964/19 alterou a redação deste dispositivo (bem como do art. 311), proibindo o juiz decretar qualquer medida cautelar sem provocação, seja na fase da investigação, seja na fase do processo. Rende-se, assim, obediência ao sistema acusatório.

Ver nossos comentários ao art. 311 do CPP.

Ministério Público e autoridade policial – Por óbvio que o *parquet*, na condição que a Constituição lhe reserva de titular privativo da ação penal pública (art. 129, inc. I), detém legitimidade para o pedido, mediante requerimento nesse sentido. Já a autoridade policial o fará por meio de representação. Trata-se de uma exposição de motivos nas quais a autoridade indicará as razões pelas quais crê ser necessária a adoção da medida. Apenas não se dá o nome de requerimento porque, uma vez indeferida a representação, não detém a autoridade policial, por conta da função administrativa que exerce, legitimidade para recorrer.

Assistente de acusação – Há quem sustente que o assistente de acusação, na fase de investigação, quase sempre operada por meio do inquérito policial, teria legitimidade para o pedido de implantação de medidas cautelares. O argumento em que se funda essa opinião, lastreado no art. 311 do código, consiste no fato de que, se o assistente pode o mais (pedir a preventiva), pode também o menos (requerer as medidas cautelares). Sucede que na fase de investigação, não há ainda acusação, mas mero inquérito policial, pelo que não se cogita da figura do assistente de acusação, cuja atuação, de resto, só admitida em "em todos os termos da ação pública...", segundo o art. 268 do CPP. Se ainda não há ação penal, tampouco acusação, não há, por consequência, assistente da acusação. Outro fator que sepulta de vez a possibilidade de o assistente de acusação requerer a medida durante as investigações reside no fato de que, enquanto o art. 311 do código prevê expressamente sua legitimidade (no curso do processo, em nosso entendimento), o dispositivo em exame é absolutamente omisso a respeito, sendo incabível, dessa forma, qualquer analogia àquele outro artigo de lei, como proposto por parte da doutrina. Daí concluirmos que ao assistente somente se defere legitimidade para o pedido quando já instaurado o processo-crime.

Querelante – Também não possui legitimidade para o pedido, na fase de inquérito policial, por razões semelhantes àquelas acima invocadas, seja na condição de parte, na ação penal exclusivamente privada, quer na condição de titular da ação penal privada subsidiária da pública. Ora, *querelante* é o titular da ação penal exclusivamente privada, titularidade que somente se observa a partir do recebimento da queixa-crime. Antes disso ele é ofendido ou vítima. Com muito mais razão quando se tratar de ação penal privada subsidiária da pública (art.

29 do CPP), cuja titularidade somente é assumida a partir da inércia do Ministério Público, a se presumir, assim, o desfecho do inquérito policial. A propósito, quando quis deferir legitimidade ao querelante, o legislador o fez de forma expressa, como consta do art. 311 do código (cuja consulta remetemos o leitor), ao tratar da prisão preventiva. Já se deflagrado o processo-crime, tem aí plena legitimidade o querelante para o pedido, autor que é da ação penal privada, exclusiva ou subsidiária.

Recursos cabíveis – Caso indeferido o requerimento de prisão preventiva, porque o juiz determinou a soltura do agente, concedeu-lhe liberdade provisória ou impôs medida cautelar, caberá, a desafiar essa decisão, recurso em sentido estrito, nos termos do art. 581, inc. V do código. Uma vez determinada a prisão preventiva, cumpre à parte prejudicada a impetração de *habeas corpus*.

Mais precisamente em relação às medidas cautelares, vale anotar que algumas importam em restrição à liberdade de locomoção do agente e, por isso mesmo, ensejariam a utilização do *habeas corpus*. Outras, porque não dizem respeito ao direito de ir e vir, inviabilizariam o remédio heroico. Exemplos das primeiras são as medidas previstas nos incs. IV e V, do art. 319 do código (proibição de ausentar-se da comarca e recolhimento domiciliar noturno). Já a medida consistente na "suspensão do exercício de função pública" (art. 319, inc. VI), a despeito de sua gravidade, não implica na restrição ao direito de livre tráfego. Também a fiança, prevista no art. 319, inc. VIII.

A partir dessa constatação, formou-se entendimento doutrinário no sentido de que, para as medidas cautelares que restringem o direito de locomoção, seria cabível o emprego do *habeas corpus*. Para as demais, não. Pensamos, contudo, que se deva admitir o *habeas* qualquer que seja a hipótese. É que a possibilidade da prisão, ainda que remotamente, sempre estará presente, independentemente da natureza da medida cautelar imposta, em face do disposto nos arts. 282, § 4º, e 312, parágrafo único, ambos do CPP. Tais dispositivos, com efeito, autorizam a decretação da prisão preventiva em caso de descumprimento de alguma medida cautelar anteriormente imposta. Presentes, pois, a violência ou coação ilegal ao direito e ir e vir ou, ao menos, sua iminência, cabível será o *habeas corpus*, na dicção do art. 647 do CPP.

O Supremo Tribunal Federal, a propósito, confere especial amplitude ao *habeas corpus*, concebendo sua impetração em hipóteses nas quais o direito de deambulação não está diretamente em jogo. Lembre-se de caso no qual desembargador de determinada unidade da federação se encontrava afastado de suas funções aguardando – solto – o trâmite do processo. Decidiu-se, então: "Nesse particular, entendo que, preliminarmente, o habeas corpus é garantia cabível e apta para levar ao conhecimento deste Tribunal a apreciação do tema do excesso de prazo para a instrução criminal. É dizer, embora a decisão impugnada não repercuta diretamente no direito de ir e vir do paciente (liberdade de locomoção 'stricto sensu'), observa-se situação de constrangimento ilegal decorrente de mora na prestação jurisdicional no âmbito processual penal" (STF – HC-QO nº 90.617-PE, Rel. Gilmar Mendes, DJ 06.09.2007).

§ 3º Ressalvados os casos de urgência ou de perigo de ineficácia da medida, o juiz, ao receber o pedido de medida cautelar, **determinará a intimação da parte contrária, para se manifestar no prazo de cinco dias, acompanhada de cópia do requerimento e das peças necessárias, permanecendo os autos em juízo. Os casos de urgência ou de perigo deverão ser justificados e fundamentados em decisão que contenha elementos do caso concreto que justifiquem tal medida excepcional.**

Contraditório – Trata-se da possibilidade de o juiz, antes de decretar a medida tutelar, ouvir a parte contrária. Antes da Lei 13.964/19 não havia prazo para sua oitiva. Agora, são cinco dias.

Embora louvável a preocupação do legislador, detecta-se até mesmo uma dificuldade de ordem prática para sua implantação. Imagine-se na fase de inquérito policial, o juiz a consultar o investigado a respeito da possibilidade de suportar medidas cautelares que, de alguma forma, tolham sua liberdade, ainda que mais brandas que a prisão preventiva. Aliás, só poderá fazê-lo caso a autoridade policial tenha representado ou o Ministério Público requerido nesse sentido, nunca de ofício (v. item acima). E a intimação, por carta ou oficial de justiça (a lei não esclarece), de que valerá em se tratando, como na esmagadora maioria, de investigados sem conhecimento técnico nas coisas do Direito. Mais eficaz seria, quem sabe, designar-se uma audiência, onde ele, acompanhado de um advogado constituído ou, à falta, de um defensor público, pudesse ser esclarecido dos termos da proposta. Em juízo a aplicação deste dispositivo fica, pelo menos, mais fácil, pois já se conta, obrigatoriamente, com a presença da defesa, a propiciar maior esclarecimento ao réu. A medida, nesse caso, poderá ser concedida na própria audiência ser maior formalidade, com a presença, ademais, da acusação. Boas intenções à parte, o certo é que, em grande parte dos casos, com base na ressalva constante do início do texto (urgência ou perigo de ineficácia da medida), a providência não será adotada, resultando quase que em verdadeira *letra morta*. Só faltava mesmo antes de decretar a prisão preventiva o juiz consultar o acusado a respeito. Por sorte não se chegou a tanto. Os casos de urgência ou de perigo deverão ser justificados e fundamentados em decisão que contenha elementos do caso concreto que justifiquem tal medida excepcional.

§ 4º No caso de descumprimento de qualquer das obrigações impostas, o juiz, mediante requerimento do Ministério Público, de seu assistente ou do querelante, poderá substituir a medida, impor outra em cumulação, ou, em último caso, decretar a prisão preventiva (art. 312, parágrafo único).

Descumprimento da medida – Trata-se de dispositivo idêntico ao contido no art. 312, §1º (antigo parágrafo único), do CPP. Revela, outrossim, com todas as letras, o caráter de excepcionalidade da prisão preventiva, que pode ser decretada na hipótese de descumprimento das medidas cautelares impostas ao agente, mas, ainda aqui, desde que não seja cabível a cumulação ou substituição da medida inicialmente imposta por outra. Há, pois, uma prioridade a ser, obrigatoriamente, observada pelo juiz que, ao se deparar com o descumprimento de alguma medida, deve adotar o procedimento retro mencionado, decretando a preventiva apenas "em último caso", como indica o legislador.

Suponha-se, contudo, que a despeito do juiz adotar esse *iter*, mesmo assim o agente tenha descumprido as medidas (tantos as inicialmente concedidas, como as demais, impostas substitutiva ou cumulativamente). Restará alternativa para o juiz senão decretar a prisão preventiva, se e quando provocado?

A questão tem ensejado alguma divergência doutrinária. Imaginemos um crime doloso cuja pena máxima não supere quatro anos, praticado por agente primário. Aplicadas medidas cautelares, depois substituídas por outras, o agente descumpriu todas elas. Haverá lugar para a preventiva? Uma primeira corrente responde negativamente à indagação, sob o fundamento de que não basta o mero descumprimento das medidas para ensejar, de pronto, a decretação da prisão preventiva. É necessário, também, que estejam presentes dos demais requisitos e pressupostos que a autorizam. Em nosso exemplo, como o crime tem pena inferior a quatro anos e seu autor não é reincidente, não seria cabível a decretação da preventiva, pois desatendido o fundamento previsto pelo inc. I, do art. 313 do código.

A doutrina, porém, em sua maioria, vem se inclinando em sentido contrário, ou seja, de que é possível a decretação da prisão preventiva ainda que o crime tenha pena inferior a quatro anos. O fundamento é de que, neste caso, a prisão preventiva ocorre em decorrência do descumprimento das medidas cautelares, isto é, em caráter subsidiário, por substituição daquelas medidas. Face aos termos expressos da lei (arts. 282, § 4º. e 313, §1º.), é possível, pois, sua decretação. Argumenta-se, em acréscimo, que impedir a decretação da prisão preventiva, quando descumprida a medida cautelar, importaria em abolir qualquer sanção pelo descumprimento, que seria assim incentivado, levando, de resto, ao descrédito à justiça, francamente atingida em seu prestígio.

Ao contrário, quando se tratar de prisão preventiva originária, que não decorre de nenhum descumprimento de medida cautelar, aí sim incidem os requisitos do art. 313 do código, dentre os quais – em nosso exemplo – a obrigatoriedade de ser cominada, ao crime doloso, pena superior a quatro anos.

Substituição de ofício pelo juiz – antes da Lei 13.964/19 o juiz estava autorizado a agir de ofício, isto é, sem provocação de quem quer que seja, diante do descumprimento de qualquer das obrigações impostas, tinha o poder de substituir a medida, impor outra em cumulação, ou, em último caso, decretar a prisão preventiva. Com a novel Lei, em respeito ao sistema acusatório, o juiz deve ser provocado mediante requerimento do Ministério Público, de seu assistente ou do querelante.

§ 5º O juiz poderá, **de ofício ou a pedido das partes, revogar a medida cautelar ou substituí-la quando verificar a falta de motivo para que subsista, bem como voltar a decretá-la, se sobrevierem razões que a justifiquem.**

Rebus sic stantibus – A ideia aqui é a mesma que inspira o art. 316 do CPP (a cuja análise remetemos o leitor), e se insere na cláusula *rebus sic stantibus*, isto é, haverá sempre a possibilidade de alteração da decisão, que não possui, por isso, um caráter de definitividade.

Assim, concedida a medida cautelar e com a posterior alteração do quadro fático, ela poderá ser revogada e, depois, novamente concedida ou substituída por outra.

De ofício – diferentemente do clima presente na decretação da restrição, quando se trata de revogação ou substituição da medida por medida menos grave, o juiz está autorizado a agir de ofício. Já era assim. Com a nova redação do parágrafo em comento, o poder do magistrado fica ainda mais claro.

§ 6º A prisão preventiva **somente será determinada quando não for cabível a sua substituição por outra medida cautelar (art. 319). O não cabimento da substituição por outra medida cautelar deverá ser justificado de forma fundamentada nos elementos presentes do caso concreto, de forma individualizada.**

Ultima ratio – Esse dispositivo reforça o caráter residual da prisão preventiva, verdadeira *ultima ratio*, ou seja, a ser imposta, em caráter excepcional, apenas quando inexistente outra opção. Em atendimento, pois, ao princípio da presunção de inocência, a regra é a liberdade. Em um estágio intermediário, privilegia-se a adoção de medidas cautelares. E, apenas em último caso, quando inviável quaisquer das alternativas anteriores, decreta-se a prisão preventiva. A possibilidade de adoção da medida cautelar rompe, assim, com a anterior bipolaridade, que se restringia a duas possibilidades: a prisão ou a liberdade provisória (com ou sem fiança). Sintomática, nesse sentido, a expressão "em último caso", contida no § 4º, acima.

Como salienta Luiz Flávio Gomes, "cabe ao juiz aquilatar as vantagens e desvantagens de cada situação. A relação que permeia o princípio da necessidade é a fundada nos custos e benefícios. Se uma medida alternativa ou substitutiva é suficiente, deve-se evitar a prisão (princípio da suficiência das penas ou medidas alternativas ou substitutivas)" (ob, cit., p. 33).

A necessidade de fundamentação da decisão no caso concreto, sem paixões para fatores abstratos, moveu o legislador na Lei 13.964/19. É a segunda vez, no mesmo dispositivo (art. 282), que alerta o não cabimento da substituição por outra medida cautelar quando não justificado de forma fundamentada nos elementos presentes do caso concreto, de forma individualizada.

PRISÃO CAUTELAR E PRISÃO DEFINITIVA

"Art. 283. Ninguém poderá ser preso senão em flagrante delito ou por ordem escrita e fundamentada da autoridade judiciária competente, em decorrência de prisão cautelar ou em virtude de condenação criminal transitada em julgado."

Redação ANTES da Lei 13.964/19	Redação DEPOIS da Lei 13.964/19
Art. 283. Ninguém poderá ser preso senão em flagrante delito ou por ordem escrita e fundamentada da autoridade judiciária competente, em decorrência de sentença condenatória transitada em julgado ou, no curso da investigação ou do processo, em virtude de prisão temporária ou prisão preventiva. § 1º As medidas cautelares previstas neste Título não se aplicam à infração a que não for isolada, cumulativa ou alternativamente cominada pena privativa de liberdade. § 2º A prisão poderá ser efetuada em qualquer dia e a qualquer hora, respeitadas as restrições relativas à inviolabilidade do domicílio.	**Art. 283.** Ninguém poderá ser preso senão em flagrante delito ou por ordem escrita e fundamentada da autoridade judiciária competente, em decorrência de prisão cautelar ou em virtude de condenação criminal transitada em julgado. § 1º As medidas cautelares previstas neste Título não se aplicam à infração a que não for isolada, cumulativa ou alternativamente cominada pena privativa de liberdade. § 2º A prisão poderá ser efetuada em qualquer dia e a qualquer hora, respeitadas as restrições relativas à inviolabilidade do domicílio.

Flagrante – A prisão, como regra, depende de ordem judicial nesse sentido, emitida pelo juiz competente. Essa é a regra geral que, porém, comporta uma exceção consistente na prisão em flagrante. Com efeito, ante a prática de um crime e dada à urgência na adoção da medida cabível, não teria cabimento que se buscasse um mandado judicial para se efetivar a prisão. O interesse público, a certeza visual proporcionada pelo flagrante e a necessidade de preservação da prova, justificam, em caráter excepcional, a imediata prisão do agente, a prescindir de ordem judicial que a autorize.

Prisão cautelar – A Lei 13.964/19 alterou a redação do art. 283 para concentrar as demais hipóteses de prisão sem pena nele descritos numa única expressão, qual seja, "prisão cautelar", abrangendo, em suma, a prisão temporária e a prisão preventiva.

Prisão temporária – Introduzida pela Lei n. 7.960/89, a prisão temporária tem um caráter probatório, sobretudo em face do teor de seu inc. I, do art. 1º., que dispõe ser ela cabível "quando imprescindível para as investigações do inquérito policial". A despeito das críticas que experimentou – pende no STF, até hoje, ADin na qual se discute a constitucionalidade do instituto –, essa espécie de prisão em nada se equipara à chamada *prisão para averiguação*, de manifesta ilegalidade. Esta, com efeito, prescindia de ordem judicial, não sofria a fiscalização do Ministério Público, não contava com a participação da defesa e se desenvolvia, de forma clandestina, nos porões da ditadura. Já a prisão temporária somente pode ser decretada por ordem judicial, em face da representação da autoridade policial ou de requerimento do "parquet", submetendo-se a rígido controle do juiz que pode, inclusive, determinar a condução do detido à sua presença.

Decretada a prisão temporária, expedir-se-á mandado de prisão, em duas vias, uma das quais será entregue ao indiciado e servirá como nota de culpa. A Lei 13.869/19 (Lei de Abuso de Autoridade) acrescenta mais uma formalidade: o mandado de prisão conterá necessariamente o período de duração da prisão temporária, bem como o dia em que o preso deverá ser libertado. O prazo será de 5 dias, prorrogável por igual período em caso de extrema e comprovada necessidade. Em se tratando de crime hediondo ou equiparado, o prazo passa a ser de 30 dias, também prorrogável. Discutia-se na doutrina e na jurisprudência se o dia do cumprimento do mandado de prisão inclui-se ou não no cômputo do prazo de prisão. A nova Lei de Abuso de Autoridade colocou pá de cal no debate, determinando que sim, deve ser incluído (§ 8º.).

A redação atual do §7º. do art. 2º. da Lei 7.960/89 anuncia que, decorrido o prazo contido no mandado de prisão, a autoridade responsável pela custódia deverá, independentemente de nova ordem da autoridade judicial, pôr imediatamente o preso em liberdade, salvo se já tiver sido comunicada da prorrogação da prisão temporária ou da decretação da prisão preventiva.

Prisão preventiva - O tema da prisão preventiva foi abordado, com maior profundidade, nos comentários tecidos aos arts. 311 a 315, aos quais remetemos o leitor.

Sentença condenatória transitada em julgado – temos, aqui, a prisão genuína, não cabendo mais recurso da condenação. Aliás, transitada em julgado a condenação, fica superada a alegação de falta de fundamentação para qualquer prisão cautelar.

Execução provisória da pena – A possibilidade de execução da pena após a decisão do recurso em segunda instância foi inicialmente estabelecida pelo STF no julgamento do habeas corpus 126.292, em 17 de fevereiro de 2016. À época, o tribunal modificou orientação firmada em 2009, quando, ao julgar o habeas corpus 84.078, havia considerado impossível que se executasse a pena antes do trânsito em julgado da sentença condenatória e estabeleceu a possibilidade de encarceramento apenas se verificada a necessidade de que isso ocorresse por meio de cautelar (prisão preventiva).

A decisão proferida em 2016 provocou muita controvérsia e suscitou debates a respeito da constitucionalidade da execução da pena antes de percorrida toda a cadeia recursal. O argumento central dos que advogam a tese de que a pena não pode ser executada até que a sentença condenatória se torne definitiva se baseia no art. 5º, inc. LVII, da Constituição Federal, segundo o qual "ninguém será considerado culpado até o trânsito em julgado de sentença penal condenatória". Tamanha foi a celeuma que, no mesmo ano, foram ajuizadas duas ações declaratórias de constitucionalidade (43 e 44), nas quais se pretendia a declaração de plena vigência e compatibilidade constitucional do art. 283 do CPP, que dispõe: "Ninguém poderá ser preso senão em flagrante delito ou por ordem escrita e fundamentada da autoridade judiciária competente, em decorrência de sentença condenatória transitada em julgado ou, no curso da investigação ou do processo, em virtude de prisão temporária ou prisão preventiva". Pretendia-se, com isso, evitar os efeitos da decisão tomada no habeas corpus já citado, ou seja, que a prisão se tornasse possível após o julgamento de recursos em segunda instância.

À época, o pleno do STF indeferiu medida cautelar para que fossem suspensas execuções antecipadas em curso e para que fossem impedidas novas execuções enquanto não julgado o mérito das ações constitucionais. Considerou-se, basicamente, que a presunção de inocência tem sentido dinâmico, modificando-se conforme se avança a marcha processual. Dessa forma, se no início do processo a presunção pende efetivamente para a inocência, uma vez proferido julgamento em recurso de segunda instância essa presunção passa a ser de não culpa, pois, nessa altura, encerrou-se a análise de questões fáticas e probatórias. Portanto, uma vez que o tribunal (TJ/TRF) tenha considerado bem provados o fato e suas circunstâncias, os recursos constitucionais não abordarão esses aspectos, pois estarão adstritos aos limites que lhe são impostos constitucional e legalmente. O acórdão foi publicado nos seguintes termos:

"1. No julgamento do Habeas Corpus 126.292/SP, a composição plenária do Supremo Tribunal Federal retomou orientação antes predominante na Corte e assentou a tese segundo a qual "A execução provisória de acórdão penal condenatório proferido em grau de apelação, ainda que sujeito a recurso especial ou extraordinário, não compromete o princípio constitucional da presunção de inocência afirmado pelo artigo 5º, inciso LVII da Constituição Federal". 2. No âmbito criminal, a possibilidade de atribuição de efeito suspensivo aos recursos extraordinário e especial detém caráter excepcional (art. 995 e art. 1.029, § 5º, ambos do CPC c/c art. 3º e 637 do CPP), normativa compatível com a regra do art. 5º, LVII, da Constituição da República. Efetivamente, o acesso individual às instâncias extraordinárias visa a propiciar a esta Suprema Corte e ao Superior Tribunal de Justiça exercer seus papéis de estabilizadores, uniformizadores e pacificadores da interpretação das normas constitucionais e do direito infraconstitucional. 3. Inexiste antinomia entre a especial regra que confere eficácia imediata aos acórdãos somente atacáveis pela via dos recursos excepcionais e a disposição geral que exige o trânsito em julgado como pressuposto para a produção de efeitos da prisão decorrente de sentença condenatória a que alude o art. 283 do CPP. 4. O retorno à compreensão emanada anteriormente pelo Supremo Tribunal Federal, no sentido de conferir efeito paralisante a absolutamente todas decisões colegiadas prolatadas em segundo grau de jurisdição, investindo os Tribunais Superiores em terceiro e quarto graus, revela-se inapropriado com as competências atribuídas constitucionalmente às Cortes de cúpula. 5. A irretroatividade figura como matéria atrelada à aplicação da lei penal no tempo, ato normativo idôneo a inovar a ordem jurídica, descabendo atribuir ultratividade a compreensões jurisprudenciais cujo objeto não tenha reflexo na compreensão da ilicitude das condutas. Na espécie, o debate cinge-se ao plano processual, sem reflexo, direto, na existência ou intensidade do direito de punir, mas, tão somente, no momento de punir. 6. Declaração de constitucionalidade do art. 283 do Código de Processo Penal, com interpretação conforme à Constituição, assentando que é coerente com a Constituição o principiar de execução criminal quando houver condenação assentada em segundo grau de jurisdição, salvo atribuição expressa de efeito suspensivo ao recurso cabível. 7. Medida cautelar indeferida".

Em abril de 2018, nova ação declaratória de constitucionalidade (54) foi ajuizada com o mesmo propósito das anteriores. Em dezembro do mesmo ano, o ministro Marco Aurélio (relator) chegou a deferir liminar para suspender as execuções penais em curso, mas a decisão foi imediatamente suspensa pelo presidente da Corte.

Quando do julgamento do mérito das três ações, o tribunal, contrariando a tendência que se desenhava desde 2016, decidiu que a pena só pode ser executada após esgotados todos os recursos, marco do trânsito em julgado.

Na qualidade de relator de todas as ações, o ministro Marco Aurélio foi o primeiro a votar para julgar procedentes os pedidos e, consequentemente, declarar a constitucionalidade do art. 283 do CPP, com a consequente proibição de que penas sejam executadas antes do julgamento dos recursos (trânsito em julgado da sentença condenatória). De acordo com o ministro, o art. 5º, inc. LVII, da Constituição Federal, é claro e não deixa margem para dúvidas a respeito da necessidade da condenação definitiva.

Abrindo a divergência, o ministro Alexandre de Moraes votou pela possibilidade de que a pena seja executada após o julgamento dos recursos em segunda instância. O argumento é basicamente o mesmo que fundamentou o indeferimento da cautelar em 2016: observado o devido processo legal, a decisão condenatória em segunda instância afasta o princípio da presunção de inocência e abre o caminho para a execução da pena. Para o ministro Alexandre, é necessário dar efetividade às decisões das instâncias ordinárias, competentes para o exame dos fatos e das provas, decisões estas que, em caso de ilegalidade ou inconstitucionalidade, podem ser atacadas por meio de habeas corpus ou medida cautelar para que se aguarde o pronunciamento dos tribunais superiores em recursos de índole extraordinária.

Na mesma linha seguiu o ministro Edson Fachin, para quem a execução antecipada da pena é legítima a não ser que se confira efeito suspensivo ao recurso cabível contra a decisão de segunda instância. É inviável, no seu entendimento, impor que se aguarde a prisão até que "o último recurso da última corte constitucional tenha sido examinado".

Também alinhado a decisões anteriores, o ministro Luís Roberto Barroso acompanhou a divergência e ressaltou que o requisito para a imposição de prisão não é o trânsito em julgado, mas a ordem escrita e fundamentada da autoridade judicial. Não se confunde, portanto, o inciso LVII do art. 5º, segundo o qual não é possível considerar alguém culpado até o trânsito em julgado, com o inciso LXI, que trata da garantia de que ninguém será preso senão em flagrante delito ou por ordem escrita e fundamentada de autoridade competente. Condicionar a execução da pena ao trânsito em julgado serve apenas para incentivar a interposição de recursos protelatórios e contribui para a promoção da impunidade.

A ministra Rosa Weber, por sua vez, votou pela procedência das ações e, portanto, pela proibição da execução penal prévia ao trânsito em julgado. Após destacar que, até este momento, aderiu às decisões anteriormente proferidas pelo tribunal em respeito ao princípio da colegialidade, afirmou que o julgamento de mérito das ações constitucionais é o momento adequado para fazer valer sua interpretação de que a Constituição Federal garante a presunção de inocência até que a sentença condenatória tome caráter definitivo. A ministra ressaltou como um ponto capital, no seu entender, a diferença entre a prisão de natureza cautelar e a prisão com propósito punitivo, que só pode ser imposta quando formada definitivamente a culpa; qualquer prisão antes disso só pode ser decretada se presentes as circunstâncias características da cautelar.

O ministro Luiz Fux manteve sua orientação e divergiu do relator. Enxerga como viável a execução antecipada da pena. Mencionou diversos exemplos de graves crimes cujos autores estariam soltos se se exigisse o trânsito em julgado, não parecendo razoável impor limitação tão severa à imposição da consequência penal. A presunção de inocência não tem relação com a possibilidade de execução da pena após o pronunciamento de segunda instância, mas decorre do fato de que outrora cabia ao réu provar sua inocência, o que atualmente não ocorre, tendo em vista que o ônus recai na acusação. Isto quer dizer que até o trânsito em julgado o réu tem a possibilidade de contestar a acusação. Mas trata-se de uma presunção que admite prova em contrário, e à medida em que o processo tramita ocorre uma mitigação da mesma presunção. Esgotadas as instâncias ordinárias, há declaração de que o réu é culpado e sua prisão é necessária, seguindo-se, com isso, outras regras que relativizam a necessidade do trânsito em julgado, como a Lei Complementar 135/10 ("Lei da Ficha Limpa"). Concluiu destacando que a modificação da jurisprudência do tribunal é injustificável e prejudicial à segurança jurídica.

Votando em seguida, o ministro Ricardo Lewandowski manteve o tom de suas decisões anteriores sobre o tema, ou seja, considerou inconstitucional a execução antecipada da pena. Para o ministro, hão de ser consideradas as circunstâncias do sistema judiciário brasileiro, extremamente congestionado e disfuncional, com metas de produtividade cada vez mais severas, em que a possibilidade de erros na primeira e na segunda instâncias se multiplica. Nestas circunstâncias, a presunção de inocência como óbice à execução antecipada da pena serve como garantia de que inocentes não sejam submetidos a penas ilegítimas. Ainda segundo o ministro, a execução antecipada é um retrocesso que contraria frontalmente a vontade do legislador constituinte originário no sentido de que não é possível restringir a liberdade pela aplicação da pena antes da formação cabal da culpa.

A ministra Cármen Lúcia manteve seu convencimento já exposto nos julgamentos anteriores. Segundo a ministra, a disposição constitucional de que ninguém pode ser considerado culpado até o trânsito em julgado da sentença penal condenatória deve ser lida em conjunto com outros dispositivos, como o inciso LXI do art. 5º, segundo o qual ninguém será preso senão em flagrante delito ou por ordem escrita e fundamentada de autoridade judiciária competente. Isto revela que pode haver prisão independentemente do trânsito em julgado, bastando a obediência ao devido processo legal, que se cumpre com o esgotamento da matéria de fato nas instâncias ordinárias. Exigir o trânsito em julgado para a execução da pena desvirtua a ordem processual na medida em que confere a recursos de índole extraordinária um efeito suspensivo que não lhes é característico, embora seja possível, excepcionalmente, quando presente alguma justificativa, o que, aliás, afasta alegações de que direitos fundamentais seriam necessariamente ofendidos com a execução antecipada. A ministra fez, ainda, referência à necessidade de segurança jurídica e de efetividade do Direito Penal, que, no caso, se afirmam pela certeza da aplicação da pena e pela imposição de limites para que alguns indivíduos não se valham do intrincado e sofisticado sistema recursal para adiar indefinidamente as consequências de seus atos criminosos.

O ministro Gilmar Mendes modificou sua orientação – como, aliás, já vinha sinalizando – para considerar inconstitucional a execução antecipada da pena. O ministro iniciou sua explanação elencando situações em que o tribunal modificou sua própria orientação a respeito de questões de fundamental importância, bem como mencionou situações não menos relevantes em que o tribunal foi obrigado a decidir sobre a recepção de normas anteriores à atual ordem constitucional. O ministro seguiu seu voto afirmando que desde os primeiros debates sobre a matéria demonstrou sua inquietação a respeito da determinação automática de execuções penais após o julgamento em segunda instância, sem a devida individualização frente aos casos concretos. Na sua acepção, mudanças nos contextos normativo e fático subjacentes ao debate fizeram com que sua posição evoluísse diante da necessidade de proteção real do princípio da presunção de inocência. O que o tribunal admitiu nos julgamentos anteriores foi a possibilidade de que a pena fosse executada após a decisão de segunda instância, mas não a obrigatoriedade de que isso fosse feito. A imposição indiscriminada da execução antecipada e a decretação de prisões preventivas que, na sua visão, assumiam caráter permanente e eram decretadas sem fundamentação concreta fizeram com que se enfraquecesse sua esperança de que os tribunais de segunda instância seriam capazes de evitar abusos. Considerou, portanto, impossível a execução da pena até que sobrevenha o trânsito em julgado da sentença penal condenatória.

O ministro Celso de Mello também votou pela inconstitucionalidade da execução antecipada da pena. Iniciou afirmando que não se há de confundir o princípio da presunção de inocência com óbice às atividades investigativas e jurisdicionais contra a prática de crimes. O princípio revela uma garantia de todos os cidadãos contra a arbitrariedade e não impõe nenhuma barreira à punição decorrente do devido processo legal. Após ressaltar os efeitos nefastos da dominação da atividade política pelos atos de corrupção amplamente divulgados nos últimos anos, destacou que todos os ministros da corte, independentemente de sua orientação a respeito da necessidade do trânsito em julgado, são comprometidos com a repressão da prática da corrupção governamental e com a efetividade da justiça penal. A respeito especificamente do mérito das ações, o ministro assentou que o princípio da presunção de inocência impede que o poder público trate o réu como culpado até que a decisão condenatória se torne definitiva, e certamente a execução da pena tem como pressuposto a formação da culpa. Apontou ainda que não é possível relacionar a execução antecipada da pena a uma forma de evitar a impunidade em virtude da interposição de recursos de natureza extraordinária, destacando que restringir o trâmite desses recursos não é um problema a ser resolvido pelo Judiciário, mas pelo Legislativo, que pode limitar as possibilidades recursais. Também afirmou que o fato de impedir a execução da pena antes do trânsito em julgado não significa que ninguém pode ser preso, pois há situações que, em plena consonância com a ordem constitucional, autorizam as prisões cautelares, bastando que se cumpram os requisitos característicos desses meios restritivos de liberdade. Por isso, votou pela procedência das ações para considerar inconstitucional a execução da pena após a condenação na segunda instância.

Finalmente, o ministro Dias Toffoli modificou sua orientação anterior para votar pela procedência das ações e, consequentemente, pela inconstitucionalidade da execução antecipada da pena. Segundo o ministro, a redação do art. 283 do CPP é clara ao dispor que ninguém poderá ser preso senão em flagrante delito ou por ordem escrita e fundamentada da autoridade judiciária competente, em decorrência de sentença condenatória transitada em julgado ou, no curso da investigação ou do processo, em virtude de prisão temporária ou prisão preventiva. O dispositivo, considerado compatível com a Constituição Federal, não trata de considerar alguém culpado somente após o trânsito em julgado, mas, sim, estabelece limites à própria prisão, que só pode ser imposta em flagrante delito, em prisão cautelar ou em decorrência de sentença condenatória definitiva. Isto, segundo os termos do voto, revela que a vontade do legislador, que impôs esta redação ao art. 283 em 2012, é de que a execução da pena se torne possível apenas com a formação definitiva da responsabilidade penal.

Com a decisão, portanto, voltamos à situação em que estávamos até o julgamento do habeas corpus 126.292: a prisão para execução da pena só pode ser determinada após o trânsito em julgado da sentença penal condenatória. Qualquer prisão antes disso deve ser fundamentada, inicialmente, no artigo 312 do Código de Processo Penal: garantia da ordem pública, da ordem econômica, por conveniência da instrução criminal, ou para assegurar a aplicação da lei penal, quando houver prova da existência do crime e indício suficiente de autoria; ou ainda em caso de descumprimento de qualquer das obrigações impostas por força de outras medidas cautelares. A isto se deve somar o disposto no art. 313, segundo o qual a prisão preventiva é cabível: nos crimes dolosos punidos com pena privativa de liberdade máxima superior a quatro anos; se o agente tiver sido condenado por outro crime doloso, em sentença transitada em julgado; se o crime envolver violência doméstica e familiar contra a mulher, criança, adolescente, idoso, enfermo ou pessoa com deficiência, para garantir a execução das medidas protetivas de urgência.

Sobre a imediata prisão do réu, logo após sua condenação em Plenário do Júri, v. abaixo comentários ao art. 492, inc. I, "e", do código.

§ 1º As medidas cautelares previstas neste Título não se aplicam à infração a que não for isolada, cumulativa ou alternativamente cominada pena privativa de liberdade.

Não aplicação das medidas cautelares – Para a adoção das medidas cautelares aqui previstas, é necessário que o crime em tese perpetrado tenha previsão de cominação, ao réu eventualmente condenado, de pena privativa de liberdade, seja de forma isolada, cumulativa ou alternada.

Assim, nas infrações penais punidas apenas com multa, não terá cabimento a imposição da medida cautelar, posto que, em atenção ao princípio da razoabilidade, tais medidas devem atentar à gravidade da infração, nos termos do art. 282, inc. II do código. Também por isso não haverá lugar para a adoção de medida cautelar quando o delito for de menor potencial ofensivo, assim considerado aquele cuja pena máxima não supere dois anos, nos termos do art. 61 da Lei n. 9.099/95. Tal medida, com efeito, se mostraria desproporcional ante a pouca gravidade da infração. A propósito, se até a prisão em flagrante do agente, nestes casos, é vedada, ante seu imediato encaminhamento ao juizado ou seu compromisso de posteriormente se apresentar (art. 69, parágrafo único da Lei n. 9.099/95), não faria mesmo sentido a imposição de qualquer medida restritiva ao seu direito de liberdade. O mesmo raciocínio se aplica a outra medida despenalizadora prevista na Lei n. 9.099/95, consistente na suspensão condicional do processo (art. 89).

Invoca-se, nesse ponto, o chamado princípio da homogeneidade, pelo que se impede que alguém fique preso cautelarmente por prazo superior àquele que experimentará se eventualmente condenado. O esdrúxulo do tema é se supor que, por exemplo, o agente permaneça preso, no curso do processo, durante seis meses para depois, quando condenado, ser agraciado com a possibilidade de início de cumprimento de pena no regime aberto. Em outras palavras: a prisão cautelar, sem pena, revelar-se-ia, *ad absurdum*, muito mais gravosa do que a prisão definitiva, decorrente da condenação criminal.

Como bem observa Luiz Flavio Gomes, "cuida-se de uma vedação absoluta imposta pelo legislador, já fazendo uso do princípio da proporcionalidade ou, mais especificamente, do princípio da homogeneidade (entre a medida cautelar e o resultado final que se espera com o processo). Se a infração não é punida com prisão, torna-se excessivo (abusivo) qualquer tipo de medida cautelar, durante o andamento do processo. Se a sanção final é totalmente branda (pena de multa), faltaria inteira homogeneidade entre a medida cautelar e a pena esperada. Daí a proibição absoluta contemplada neste § 1.º" (*Prisão e Medidas Cautelares*, São Paulo: RT, 4ª. ed. 2014, pp. 8-9). Nessa linha, destaca Gustavo Henrique Badaró que "se a prisão preventiva, ou qualquer outra prisão cautelar for mais gravosa que a pena que se espera ser ao final imposta, não será dotada do caráter de instrumentalidade e acessoriedade inerentes à tutela cautelar. Mesmo no que diz respeito à provisoriedade, não se pode admitir que a medida provisória seja mais severa que a medida definitiva que a irá substituir e que ela deve preservar" (*Direito Processual Penal*, Rio de Janeiro: Campus Jurídico, 2ª Ed., p. 202).

§ 2º A prisão poderá ser efetuada em qualquer dia e a qualquer hora, respeitadas as restrições relativas à inviolabilidade do domicílio. (Incluído pela Lei nº 12.403, de 2011).

Horário da prisão – Este dispositivo, de forma genérica, afirma que a prisão pode ser efetivada em qualquer dia e horário. Manda, porém, que sejam respeitadas as restrições concernentes à inviolabilidade do domicílio. Tais restrições são aquelas contidas no art. 5º., inc. XI da Constituição, pelo qual: "A casa é asilo inviolável do indivíduo, ninguém nela podendo penetrar sem consentimento do morador, salvo em caso de flagrante delito ou desastre, ou para prestar socorro, ou, durante o dia, por determinação judicial". Assim, para as hipóteses de flagrante delito não há qualquer restrição de horário. Não teria mesmo cabimento que, surpreendido o agente no exato momento em que comete um delito, devesse o condutor aguardar, por exemplo, que raiasse o dia para, aí sim, fazer cessar a conduta criminosa. Tratando-se, porém, de prisão ordenada pelo juiz (ou seja, qualquer outra que não a prisão em flagrante), há que se atentar ao disposto na Constituição, razão pela qual ela só pode se efetivar durante o dia.

Tais ressalvas são impostas para a hipótese na qual, para se efetivar a prisão, seja necessário o ingresso na casa do agente (e mesmo na casa de terceiros, como se verifica do art. 293 do CPP). Caso ele seja encontrado, por exemplo, na via pública ou em um local aberto ao público, a prisão pode ser concretizada sem qualquer espécie de limitação.

Lembre-se, ainda, que a expressão "casa", empregada pelo constituinte, tem sentido mais amplo do que o conceito de "casa" utilizado no Código Civil, abrangendo "qualquer compartimento habitado, aposento ocupado de habitação coletiva ou compartimento não aberto ao público, onde alguém exerce profissão ou atividade", na dicção do art. 150, § 4º, incs. I, II e III do Código Penal.

FALTA DE EXIBIÇÃO DO MANDADO DE PRISÃO

"Art. 287. Se a infração for inafiançável, a falta de exibição do mandado não obstará à prisão, e o preso, em tal caso, será imediatamente apresentado ao juiz que tiver expedido o mandado, para realização da audiência de custódia."

Redação ANTES da Lei 13.964/19	Redação DEPOIS da Lei 13.964/19
Art. 287. Se a infração for inafiançável, a falta de exibição do mandado não obstará à prisão, e o preso, em tal caso, será imediatamente apresentado ao juiz que tiver expedido o mandado.	**Art. 287.** Se a infração for inafiançável, a falta de exibição do mandado não obstará à prisão, e o preso, em tal caso, será imediatamente apresentado ao juiz que tiver expedido o mandado, para realização da audiência de custódia.

Urgência – A regra, como já alertamos nos comentários ao art. 283 do CPP, é que a prisão, salvo em flagrante, deve vir precedida da expedição do respectivo mandado de prisão, a ser portado por aquele responsável pela diligência.

Há situações, porém, em que, por algum motivo, o mandado pode não estar em mãos do executor da prisão. Suponha-se, assim, um cerco realizado em determinado local, com vários policiais envolvidos, no qual um deles, conquanto não tenha a ordem judicial em mãos, se depara com um dos procurados. Não faria sentido que deixasse de detê-lo imediatamente, em nome de um formalismo exagerado e em franco prejuízo aos interesses da sociedade. Deve fazê-lo, conduzindo o preso à presença do juiz para realização da audiência de custódia. Eduardo Espínola Filho vai mais além, concebendo mesmo a possibilidade de prisão ser decretada por meio de telefone ou telegrama, desde que induvidosa sua autenticidade, a ser confirmada, ato contínuo, com a imediata apresentação do preso ao juiz responsável pela ordem. Seria inconcebível, assim, para esse autor, que um policial, tendo absoluta certeza que contra determinado indivíduo pesa uma ordem de prisão, deixasse de efetuar a captura somente porque desprovido do mandado.

Cabe a prisão, com a ressalva da parte final do dispositivo em exame (ob. cit. vol. I, p. 303) e desde que o crime não admita fiança.

Sobre a audiência de custódia, solenidade positivada pela Lei 13.964/19, ver nossos comentários ao art. 310 do CPP.

DA PRISÃO EM FLAGRANTE

"Art. 310. Após receber o auto de prisão em flagrante, no prazo máximo de até 24 (vinte e quatro) horas após a realização da prisão, o juiz deverá promover audiência de custódia com a presença do acusado, seu advogado constituído ou membro da Defensoria Pública e o membro do Ministério Público, e, nessa audiência, o juiz deverá, fundamentadamente:

..

§ 1º Se o juiz verificar, pelo auto de prisão em flagrante, que o agente praticou o fato em qualquer das condições constantes dos incisos I, II ou III do *caput* do art. 23 do Decreto-Lei nº 2.848, de 7 de dezembro de 1940 (Código Penal), poderá, fundamentadamente, conceder ao acusado liberdade provisória, mediante termo de comparecimento obrigatório a todos os atos processuais, sob pena de revogação.

§ 2º Se o juiz verificar que o agente é reincidente ou que integra organização criminosa armada ou milícia, ou que porta arma de fogo de uso restrito, deverá denegar a liberdade provisória, com ou sem medidas cautelares.

§ 3º A autoridade que deu causa, sem motivação idônea, à não realização da audiência de custódia no prazo estabelecido no *caput* deste artigo responderá administrativa, civil e penalmente pela omissão.

§ 4º Transcorridas 24 (vinte e quatro) horas após o decurso do prazo estabelecido no *caput* deste artigo, a não realização de audiência de custódia sem motivação idônea ensejará também a ilegalidade da prisão, a ser relaxada pela autoridade competente, sem prejuízo da possibilidade de imediata decretação de prisão preventiva." (NR)

Redação ANTES da Lei 13.964/19	Redação DEPOIS da Lei 13.964/19
Art. 310. Ao receber o auto de prisão em flagrante, o juiz deverá fundamentadamente:	**Art. 310.** Após receber o auto prisão em flagrante, no prazo máximo de 24 (vinte e quatro) horas após a realização da prisão, o juiz deve promover a audiência de custódia com a presença do acusado, seu advogado constituído ou membro da defensoria pública e o Membro do Ministério Público. Na audiência de custódia o juiz deverá fundamentadamente:

Redação ANTES da Lei 13.964/19	Redação DEPOIS da Lei 13.964/19
I - relaxar a prisão ilegal; ou II - converter a prisão em flagrante em preventiva, quando presentes os requisitos constantes do art. 312 deste Código, e se revelarem inadequadas ou insuficientes as medidas cautelares diversas da prisão; ou III - conceder liberdade provisória, com ou sem fiança. Parágrafo único. Se o juiz verificar, pelo auto de prisão em flagrante, que o agente praticou o fato nas condições constantes dos incisos I a III do *caput* do art. 23 do Decreto-Lei no 2.848, de 7 de dezembro de 1940 - Código Penal, poderá, fundamentadamente, conceder ao acusado liberdade provisória, mediante termo de comparecimento a todos os atos processuais, sob pena de revogação.	I - relaxar a prisão ilegal; ou II - converter a prisão em flagrante em preventiva, quando presentes os requisitos constantes do art. 312 deste Código, e se revelarem inadequadas ou insuficientes as medidas cautelares diversas da prisão; ou III - conceder liberdade provisória, com ou sem fiança. §1º. Se o juiz verificar, pelo auto de prisão em flagrante, que o agente praticou o fato nas condições constantes dos incisos I, II ou III do *caput* do art. 23 do Decreto-Lei nº 2.848, de 7 de dezembro de 1940 – Código Penal, poderá, fundamentadamente, conceder ao acusado liberdade provisória, mediante termo de comparecimento a todos os atos processuais, sob pena de revogação. §2º. Se o juiz verificar que o agente é reincidente, ou que integra organização criminosa arma ou milícia ou que porta arma de fogo de uso restrito deverá denegar liberdade provisória, com ou sem medidas cautelares. §3º. A autoridade que deu causa, sem motivação idônea, a não realização da audiência de custódia no prazo estabelecido no *caput* deste artigo, responderá administrativa, civil e penalmente pela omissão. §4º. Transcorridas 24 (vinte e quatro) horas após o decurso do prazo estabelecido no *caput*, a não realização da audiência de custódia, sem motivação idônea, ensejará também a ilegalidade da prisão, a ser relaxada pela autoridade competente, sem prejuízo da imediata decretação da prisão preventiva.

Audiência de custódia – Trata-se de cautela que atende, basicamente, à Convenção Americana de Direitos Humanos (art. 7.5), a impor a apresentação do preso a um juiz. No mesmo sentido, o art. 9, 3 do Pacto Internacional sobre Direitos Civis e Políticos de Nova York.

No nosso ordenamento, a matéria, até o advento da Lei 13.964/19, estava prevista apenas na Resolução n. 213/2015, do Conselho Nacional de Justiça e em normas internas de tribunais. Agora temos Lei. Não nos parece que a citada Resolução, ato normativo primário, ficou superada, pois vai aclarar (e muito) lacunas deixadas pela novel Lei, como veremos em breve.

Por meio da audiência de custódia, ato solene de apresentação do preso, o juiz fica frente a frente com o custodiado, apurando-se as circunstâncias objetivas da sua prisão, sem adentrar o mérito dos fatos em si.

Atenção

A audiência de custódia (ou de apresentação) tem dupla finalidade: de proteção, a fim de tutelar a integridade física do preso, e de constatação, aquilatando, de acordo com as circunstâncias do caso concreto, a necessidade de ser mantida a prisão do autuado. Na citada Resolução, o CNJ determina o dever de apresentação de toda pessoa presa, abrangendo o flagrante e outras prisões, como temporária, preventiva ou definitiva. No caso de cumprimento de mandado de prisão temporária, preventiva ou definitiva apensa se justifica para assegurar a integridade do preso, não havendo espaço para o magistrado aquilatar o mérito da clausura, ou seja, se devida ou não a prisão. A Lei 13.964/19 disciplinou solenidade somente para o caso de flagrante.

Da indevida equiparação do Delegado de Polícia ao Juiz de Direito para fins de audiência de custódia – Chamou atenção dos operadores do Direito e, sobretudo, dos que militam no âmbito criminal, decisão do Tribunal de Justiça de São Paulo, em aresto do qual se extrai o seguinte trecho: "Quanto à afirmada ilegalidade da prisão em flagrante, ante a ausência de imediata apresentação dos pacientes ao Juiz de Direito, entendo inexistir qualquer ofensa aos tratados internacionais de Direitos Humanos. Isto porque, conforme já destacamos, dispõe o art. 7º, 5, da Convenção Americana de Direitos Humanos, toda pessoa presa, detida ou retida deve ser conduzida, sem demora, à presença de um juiz ou outra autoridade autorizada por lei a exercer funções judiciais. No cenário jurídico brasileiro, embora o Delegado de Polícia não integre o Poder Judiciário, é certo que a Lei atribui a esta autoridade a função de receber e ratificar a ordem de prisão em flagrante. Assim, in concreto, os pacientes foram devidamente apresentados ao Delegado, não se havendo falar em relaxamento da prisão. Não bastasse, em 24 horas, o juiz analisa o auto de prisão em flagrante" (TJSP - HC n. 2016152-70.2015.8.26.0000, j. 12.05.2015).

Ressalte-se, de plano, que tal decisão é anterior ao Provimento n. 03/2015, da E. Presidência do Tribunal de Justiça e Corregedoria Geral da Justiça daquela corte, datado de 22 de janeiro de 2015 e que instituiu, no âmbito estadual, a chamada audiência de custódia.

Pois bem. Pelo teor da decisão, tem-se que a apresentação do preso ao Delegado de Polícia, atenderia ao requisito exigido pela Convenção Americana de Direitos Humanos (Pacto de San José da Costa Rica), que, em seu art. art. 7º., 5, dispõe que "toda pessoa presa, detida ou retida deve ser conduzida, sem demora, à presença de *um juiz ou outra autoridade autorizada por lei* a exercer funções judiciais" (grifamos).

A despeito de entendermos que a realização da audiência de custódia – com a qual concordamos – esteja a merecer algum aprimoramento para sua aplicação prática, temos como extremamente forçado equiparar a figura do juiz ao do delegado de polícia, ambos considerados como "autoridades", para fins de apresentação do preso.

A alusão formulada no acórdão, quanto à Convenção Americana de Direitos Humanos (Pacto de San José da Costa Rica), foi, sob nossa ótica, totalmente equivocada. É que a CADH, no art. 7º, 5, dispõe que "toda pessoa presa, detida ou retida deve ser conduzida, sem demora, à presença de um juiz ou outra autoridade autorizada por lei a exercer funções judiciais". Redação idêntica tem o Pacto Internacional sobre os Direitos Civis e Políticos: "Todo o indivíduo preso ou detido sob acusação de uma infração penal será prontamente conduzido perante um juiz ou uma outra autoridade habilitada pela lei a exercer funções judiciárias" (art. 9º, 3). Ambos os diplomas, como é sabido, foram ratificados pelo Brasil.

Não se trata, pois, de qualquer autoridade, como sugeriu a decisão, mas de autoridade legalmente autorizada ao exercício de função judicial. Cremos não seja o caso do delegado de polícia. Haverá quem indague – em sentido contrário – em que consistiria essa "outra autoridade autorizada por lei a exercer funções judiciais". É difícil afirmar, já que os pactos possuem uma abrangência mundial, devendo atentar, bem por isso, a realidade interna de cada nação que os subscrevem. Decerto que alguns países devem contar com uma autoridade que, embora não seja juiz, exerça as funções judiciais, legalmente autorizada a tanto.

Longe de se pretender estabelecer, com essa premissa, qualquer demérito à função do Delegado de Polícia. Com efeito, ele possui, obrigatoriamente, formação jurídica e assume as funções que lhe são inerentes mediante a aprovação em concurso público, tal qual juízes, promotores de Justiça e demais membros das chamadas *carreiras jurídicas*. Inexiste, outrossim, qualquer subordinação hierárquica entre o delegado de polícia, o promotor de Justiça e o juiz de direito. Essas impressões são reforçadas pela Lei n. 12.830/2013, que, em seu art. 2º, identifica as funções de polícia judiciária como de natureza jurídica e determina que ao delegado de polícia seja dispensado "o mesmo tratamento protocolar que recebem os magistrados, os membros da Defensoria Pública e do Ministério Público e os advogados" (art. 3º).

Daí a se concluir que atenderia aos termos das convenções internacionais, às quais aderiu o Brasil, a apresentação do preso à autoridade policial, parece que vai grande distância. Imagine-se, de resto, a situação na qual o preso experimente alguma violência perpetrada por agentes policiais. Ora, a apresentação do conduzido ao delegado de polícia certamente frustraria o objetivo da norma. Lembremos que o art. 7º, inc. I do Provimento n. 03/2015, do Tribunal de Justiça do Estado de São Paulo, elenca que dentre as atribuições do juiz a quem é apresentado o preso, durante a audiência de custódia, encontra-se a determinação de "exame clínico e de corpo de delito do autuado", a fim de apurar "possível abuso cometido durante a prisão em flagrante". Nada disso restaria apurado caso a apresentação ocorresse à autoridade policial. São as razões pelas quais identificamos o equívoco da decisão.

A Lei 13.964/19 parece colocar pá de cal no assunto: a audiência de custódia se dá perante a autoridade judiciária.

Prazo para apresentação da pessoa presa – ver comentários ao art. 310, §4º.

Apresentação do juiz à pessoa presa – O caminho natural e esperado é a pessoa presa ser apresentada ao juiz competente. Mas situações excepcionais podem conduzir caminho inverso, isto é, o juiz se apresentar ao preso. Estabelece o §4º. do art. 1º. da Res. 213 do CNJ: "Estando a pessoa presa acometida de grave enfermidade, ou havendo circunstância comprovadamente excepcional que a impossibilite de ser apresentada ao juiz no prazo do *caput*, deverá ser assegurada a realização da audiência no local em que ela se encontre e, nos casos em que o deslocamento se mostre inviável, deverá ser providenciada a condução para a audiência de custódia imediatamente após restabelecida sua condição de saúde ou de apresentação". São situações excepcionais que podem culminar com o atraso no necessário contato visual do juiz com o preso.

Comete crime o preso que, mentirosamente, alega ter sido torturado por agentes do Estado? – No III Congresso Criminal do Ministério Público do Estado de São Paulo, realizado em Águas de Lindóia, entre 31 de agosto a 02 de setembro de 2017, foi aprovada a tese de n. 14, do seguinte teor: "Nas audiências de custódia ou interrogatórios em geral, pode incorrer em crime de calúnia ou denunciação caluniosa o preso ou réu que atribuir ao agente público responsável pela prisão, a prática de lesão corporal ou tortura sem existência de indícios mínimos de autoria e materialidade".

Atenção

Ao analisar o Pedido de Providências n. 0003475-32.2016.2.00.0000, durante a 37ª Sessão Virtual do Conselho Nacional de Justiça (de 11 a 19 de outubro de 2018), aquele órgão alterou a Resolução 213, de 2015, para incluir expressamente a obrigatoriedade da realização de audiências de custódia também pela Justiça Militar e pela Justiça Eleitoral. Esse entendimento baseou-se na decisão do Supremo Tribunal Federal, proferida na Arguição de Descumprimento de Preceito Fundamental (ADPF) n. 347, no sentido de que a audiência de custódia deve ser realizada por todo e qualquer juízo ou tribunal

Deveres do juiz na audiência de custódia - Na audiência de custódia o juiz, depois de ouvir MP e defesa, deverá fundamentadamente:

I - relaxar a prisão ilegal ou; II - converter a prisão em flagrante em preventiva, quando presentes os requisitos constantes do art. 312 deste Código, e se revelarem inadequadas ou insuficientes as medidas cautelares diversas da prisão ou; III - conceder liberdade provisória, com ou sem fiança.

Relaxamento do flagrante (art. 310, inc. I) – Trata-se de decorrência natural de mandamento constitucional, previsto no art. 5º., inc. LXV da Carta, pelo qual "a prisão ilegal será imediatamente relaxada pela autoridade judiciária". As razões que justificam o relaxamento do flagrante podem ser as mais diversas e dependerão sempre da análise do caso concreto. Suponha-se, assim, a prisão do agente, dias após a ocorrência do crime, sem que tenha sido perseguido ou sem que, em sua posse, tenham sido encontrados objetos que façam presumir ser ele autor da infração. Sua inadequação a qualquer uma das hipóteses do art. 302 ensejará, fatalmente, o relaxamento do flagrante. A mesma solução será adotada caso lavrado o flagrante por autoridade que não detenha essa atribuição (por um guarda municipal, por exemplo, que embora autorizado a prender em flagrante não pode lavrar o respectivo auto). Ou se lavrado o auto sem que se proceda à oitiva de nenhuma testemunha, da vítima e, tampouco, do condutor. Ou, ainda, quando o conduzido se trata de um menor inimputável ou do presidente da República.

Abuso de autoridade – nos termos do art. 9º, parágrafo único, I, da Lei 13.869/19, constitui crime de abuso de poder o comportamento da autoridade judiciária que, dentro de prazo razoável, deixar de relaxar a prisão manifestamente ilegal. As condutas descritas na referida Lei constituem crime de abuso de autoridade somente quando praticadas pelo agente com a finalidade específica de prejudicar outrem ou beneficiar a si mesmo ou a terceiro, ou, ainda, por mero capricho ou satisfação pessoal.

Recurso cabível – Da decisão que relaxa a prisão em flagrante é cabível recurso em sentido estrito, nos termos do art. 581, inc. V, do código. Já a decisão que não relaxa pode ser desafiada por meio de habeas corpus.

Relaxamento do flagrante e conversão em preventiva – Frente ao caso concreto é possível se conceber a possibilidade de, uma vez relaxado o flagrante, de imediato ser decretada a prisão preventiva. Isso dependerá, por óbvio, da análise das razões pelas quais o flagrante foi relaxado. Assim, tomando por base os exemplos citados no item acima, detectando o juiz que a hipótese não se tratava de flagrante, por não atender às hipóteses do art. 302 do Código, deve relaxá-lo, podendo, contudo, de imediato decretar a preventiva, desde que, é claro, preenchidos os requisitos e pressupostos que justifiquem a medida. E desde que não seja cabível, em alternativa à prisão, a adoção de alguma medida cautelar.

Relaxamento do flagrante e posterior oferta de denúncia – Segundo entendimento da 1ª. Turma do Supremo Tribunal Federal, em julgado proferido em 25.09.2018, no HC n. 157306, eventual relaxamento da prisão em flagrante, na audiência de custódia, não inibe que, mais adiante, o Ministério Público oferte a respectiva denúncia, ainda que, na decisão que determinou a soltura do agente, o juiz tenha invocado a atipicidade de sua conduta.

Conversão do flagrante em preventiva (art. 310, inc. II) – a prisão em flagrante será convertida em preventiva quando presentes os requisitos do art. 312 do CPP, e se revelarem inadequadas as medidas cautelares diversas da prisão. Com base no espírito que norteou a nova redação do art. 311 do CPP, que impede o juiz, na fase do inquérito policial, de decretar a prisão preventiva de ofício, há doutrina no sentido de que o Magistrado, por consequência, também não poderia converter a prisão em flagrante em prisão preventiva sem o prévio requerimento do Ministério Público ou sem a representação da autoridade policial nesse sentido. Tal conversão, com efeito, equivaleria a uma indireta decretação de ofício da preventiva. A Lei 13.964/19 estende a proibição para o processo, devendo o juiz sempre aguardar oportuna e pertinente provocação. Por mais coerente que pareça essa corrente, não é a posição que vem prevalecendo no Superior Tribunal de Justiça:

"Conforme a novel redação do art. 310 do CPP, o Magistrado, ao tomar ciência da prisão em flagrante, deverá, de modo fundamentado, relaxar a custódia ilegal, conceder liberdade provisória, com ou sem fiança, ou decretar a segregação preventiva do agente. Mostra-se despicienda a existência de representação ministerial ou do agente policial para a conversão da prisão em flagrante em preventiva, devendo o Juiz, mesmo sem provocação, manter a segregação cautelar sempre que a medida mostrar-se necessária, nos termos do art. 312 do CPP, não se vislumbrando qualquer nulidade no *decisum* de 1º grau, já que o Julgador agiu em estrito cumprimento do disposto na lei adjetiva penal" (STJ – HC n. 226937-MG – Rel. Gilson Dipp, j. 17.04.2012, DJe 23.04.2012).

"Não se verifica a alegada nulidade da prisão preventiva, por ter sido decretada de ofício pelo juízo processante, porquanto se trata, na realidade, de simples conversão da prisão em flagrante em preventiva, em cumprimento dos ditames do art. 310, inciso II, do Código de Processo Penal" (STJ – HC nº 227595-MG, Rel. Laurita Vaz, j. 20.08.2013, DJe 27.08.2013).

"O magistrado singular, mesmo sem provocação da autoridade policial ou da acusação, ao receber o auto de prisão em flagrante, deverá, quando presentes os requisitos previstos no art. 312 do Código de Processo Penal, converter a prisão em flagrante em preventiva, em cumprimento ao disposto no art. 310, II, do mesmo Código" (RHC 80.740/MG, 5ª Turma, j. 20/06/2017).

"O Superior Tribunal de Justiça consolidou o entendimento de que a conversão da prisão em flagrante em custódia preventiva pelo Juízo monocrático, independentemente de representação da autoridade policial ou do Ministério Público, encontra respaldo no art. 310, II, do Código de Processo Penal. Precedentes" (RHC 79.655/MG, 6ª Turma, j. 04/04/2017).

Conceder liberdade provisória, com ou sem fiança (art. 310, inc. III) –Anteriormente à reforma procedida pela Lei n. 12.403/2011, eram três as modalidades de liberdade provisória, a saber:

1) liberdade provisória sem fiança e sem vinculação, para os casos em que o acusado se "livrava solto", quando a pena máxima imposta à infração penal não superava três meses;

2) liberdade provisória sem fiança, com vinculação, quando o juiz detectava que o acusado não reunia condições de pagar a fiança, ou que cometeu o crime acobertado por uma causa excludente de ilicitude ou, ainda, quando não era o caso de se decretar a preventiva. Impunha ao agente, então, algumas obrigações (comparecimento sempre que chamado, proibição de mudar-se de residência sem prévia autorização etc.);

3) liberdade provisória mediante fiança, cabível para as hipóteses as quais a lei não proibia expressamente a fiança. Ou seja, o revogado art. 323 do CPP elencava as hipóteses nas quais a fiança não podia ser concedida e, por consequência, permitia o favor legal para os demais casos, não excepcionados no mencionado artigo de lei.

A figura do réu que se livra solto, prevista na anterior redação do art. 321, não mais subsiste no código atual. Mas, como lembra Silvio Maciel, "no Código de Processo Penal Militar continuam existindo hipóteses em que o preso em flagrante se livra solto: no caso de infrações não punidas com pena de prisão; em algumas infrações culposas e em certas infrações punidas com pena de detenção não superior a dois anos (art. 270 do CPPM)" (*Prisão e Medidas Cautelares*, São Paulo: RT, 4ª. ed. 2014, p. 28).

A atual disciplina da matéria estabelece três formas de liberdade provisória, sendo elas:

1) liberdade provisória sem fiança ou imposição de qualquer medida cautelar, mas com obrigação de comparecimento aos atos do processo, quando, do auto de prisão em flagrante, o juiz verificar que o agente cometeu o fato acobertado por uma causa excludente de ilicitude, nos termos do art. 310, parágrafo único do CPP;

2) liberdade provisória sem fiança, com imposição de medida cautelar e obrigação de comparecimento aos atos do processo, nos termos do art. 350 do CPP. É aquela imposta ao réu pobre que sacrificaria sua subsistência ou da família, caso obrigado a recolher o valor arbitrado na fiança. Embora liberado desse pagamento, o agente se obriga "a comparecer perante a autoridade, todas as vezes que for intimado para atos do inquérito e da instrução criminal e para o julgamento" (art. 327), proibido, ainda, de mudar de endereço ou ausentar-se da residência por mais de oito dias, sem prévia comunicação (art. 328), além da possibilidade de imposição de outras medidas cautelares;

3) liberdade provisória com ou sem fiança e com ou sem medida cautelar diversa da prisão, para os casos em que ausentes os requisitos da prisão preventiva (art. 321). Aqui, quando o juiz detecta não ser cabível a prisão preventiva, deve conceder a liberdade provisória, podendo impor alguma medida cautelar (art. 319), inclusive a fiança.

Abuso de autoridade - nos termos do art. 9º, parágrafo único, II, da Lei 13.869/19, constitui crime de abuso de poder o comportamento da autoridade judiciária que, dentro de prazo razoável, deixar de substituir a prisão preventiva por medida cautelar diversa ou conceder liberdade provisória, quando manifestamente cabível. As condutas descritas na referida Lei constituem crime de abuso de autoridade somente quando praticadas pelo agente com a finalidade específica de prejudicar outrem ou beneficiar a si mesmo ou a terceiro, ou, ainda, por mero capricho ou satisfação pessoal.

Atenção

A Lei n. 13.804, de 10 de janeiro de 2019, acrescentou o art. 278-A ao Código de Trânsito Brasileiro, a permitir, em seu § 2º, que o condutor de veículo, preso em flagrante, na prática de crime de receptação, descaminho, contrabando (arts. 180, 334 e 334-A do Código Penal), tenha decretada pelo juiz, de ofício ou mediante representação da autoridade policial ou requerimento do Ministério Público, "a suspensão da permissão ou da habilitação para dirigir veículo automotor, ou a proibição de sua obtenção.",

§ 1º Se o juiz verificar, pelo auto de prisão em flagrante, que o agente praticou o fato nas condições constantes dos incisos I, II ou III do *caput* do art. 23 do Decreto-Lei nº 2.848, de 7 de dezembro de 1940 – Código Penal, poderá, fundamentadamente, conceder ao acusado liberdade provisória, mediante termo de comparecimento a todos os atos processuais, sob pena de revogação.

Excludentes de ilicitude – Percebendo o juiz, pelo teor do auto de prisão em flagrante, ter o conduzido agido acobertado por uma excludente de ilicitude (ou antijuridicidade), dentre aquelas elencadas no art. 23 do Código Penal (estado de necessidade, legítima defesa, estrito cumprimento do dever legal e exercício regular de um direito), poderá (*rectius*: deverá), mediante decisão fundamentada, conceder ao agente a liberdade provisória. Não se trata de pré-julgar o agente e, tampouco, de antecipar uma decisão de mérito cabível somente quando da prolação da sentença, na eventualidade de ser deflagrado o processo-crime. Mas apenas de vislumbrar, pelo que consta do auto de prisão em flagrante, se o conduzido agiu sob o manto de uma excludente de ilicitude. Quem milita na área criminal, valendo-se de sua experiência, pode perfeitamente identificar situações nas quais a excludente surge de forma clara, apenas com o material colhido durante o flagrante. É por isso mesmo que se cuida de medida excepcional, a ser adotada em situações nas quais a excludente reste demonstrada de forma evidente, constatável de plano e sem a necessidade de maior aprofundamento na análise da prova. Como bem observa Hidejalma Muccio, "admitir o processo quando a excludente de antijuridicidade se mostra provável, vamos lá, afinal é o meio adequado para que seja conhecida e reconhecida; mas admitir a prisão provisória quando há forte juízo de probabilidade de estar o réu acobertado por uma excludente de ilicitude seria grave ofensa ao direito de liberdade. Daí a garantia da liberdade provisória com fundamento no parágrafo único do art. 310 do CPP" (*Curso de Processo Penal.* 2ª. ed. Rio de Janeiro: Forense, 2011, p. 1.215).

Nada impedirá, de resto, que no curso do processo-crime, com a colheita da prova em juízo e, portanto, munido de dados muito mais concretos, venha o juiz a decretar a preventiva do agente – desde que preenchidos os requisitos e pressupostos que justifiquem a medida – por detectar, agora, que, *v.g.*, a legítima defesa antes ventilada com o flagrante, não se verificou.

Excludentes de culpabilidade – O legislador não fez menção às excludentes de culpabilidade (ou exculpantes, ou dirimentes), mas, por adoção da analogia *in bonam partem*, entendemos que, uma vez demonstradas de plano, podem também ensejar a incidência deste dispositivo legal. Suponha-se, assim, que do flagrante se constate, de forma clara, que o agente atuou mediante coação irresistível ou em obediência de ordem, de superior hierárquico, não manifestamente ilegal, em causas que afastam a culpabilidade, nos termos do art. 22 do Código Penal. Não faria sentido que, por falta de previsão legal, ficasse o juiz impedido de corrigir o equívoco da prisão, deixando de conceder a liberdade provisória ao conduzido. Se deve fazê-lo nas hipóteses de excludentes de ilicitude, por conta de expresso texto de lei, pode adotar a mesma orientação para os casos de excludentes de culpabilidade, ainda que o legislador não tenha previsto essa possibilidade.

§ 2º Se o juiz verificar que o agente é reincidente, ou que integra organização criminosa armada ou milícia ou que porta arma de fogo de uso restrito deverá denegar liberdade provisória, com ou sem medidas cautelares.

Vedação de liberdade provisória – O legislador, no parágrafo em comento, acrescentado pela Lei 13.964/19, determina ao juiz que negue liberdade provisória, com ou sem medidas cautelares, ao agente reincidente, ou que integra organização criminosa armada ou milícia ou que porta arma de fogo de uso restrito. A inovação, em que pese aplaudida por muitos, parece que não passará pelo crivo de constitucionalidade do legislador constitucional negativo. Atualmente, a orientação do STF é de que vedações em abstrato à concessão da liberdade provisória contrariam a Constituição Federal, devendo o juiz sempre fundamentar a proibição aquilatando as circunstâncias do caso concreto.

Reincidente - Cremos que a reincidência como critério para vedação da liberdade provisória merece atenção (e críticas). Há possibilidade de reincidência gerada em crime menos grave, sem violência ou grave ameaça à pessoa, ou até delito culposo, o que, por si só, não deve gerar presunção de periculosidade, muito menos a manutenção da medida extrema.

Organização criminosa armada – A Lei 12.850/13 definiu no § 1º do seu artigo inaugural a *organização criminosa* como sendo a associação de 4 (quatro) ou mais pessoas estruturalmente ordenada e caracterizada pela divisão de tarefas, ainda que informalmente, com objetivo de obter, direta ou indiretamente, vantagem de qualquer natureza, mediante a prática de infrações penais cujas penas máximas sejam superiores a 4 (quatro) anos, ou que sejam de caráter transnacional. Quando armada, anuncia o art. 2º, § 2º, que as suas penas são aumentadas de 1/6 até 1/2. Agora, com a Lei 13.964/19, passa a ser insuscetível de liberdade provisória.

O delito em estudo é da modalidade permanente, leia-se, sua consumação protrai-se no tempo. Se houver elementos indicando que o preso permanece vinculado à organização, a manutenção da prisão tem fundamento sólido, dispensando o dispositivo em comento. Ausente qualquer elemento nesse sentido, mantê-lo preso em face da imputação estatal parece clausura com base na gravidade em abstrato e, portanto, insustentável.

Milícia – A Assembleia Geral das Nações Unidas, em dezembro de 1989, por meio da resolução 44/162, aprovou os princípios e diretrizes para a prevenção, investigação e repressão às execuções extralegais, arbitrárias e sumárias, anunciando: "Os governos proibirão por lei todas as execuções extralegais, arbitrárias ou sumárias, e zelarão para que todas essas execuções se tipifiquem como delitos em seu direito penal, e sejam sancionáveis com penas adequadas que levem em conta a gravidade de tais delitos. Não poderão ser invocadas, para justificar essas execuções, circunstâncias excepcionais, como por exemplo, o estado de guerra ou o risco de guerra, a instabilidade política interna, nem nenhuma outra emergência pública. Essas execuções não se efetuarão em nenhuma circunstância, nem sequer em situações de conflito interno armado, abuso ou uso ilegal da força por parte de um funcionário público ou de outra pessoa que atue em caráter oficial ou de uma pessoa que promova a investigação, ou com o consentimento ou aquiescência daquela, nem tampouco em situações nas quais a morte ocorra na prisão. Esta proibição prevalecerá sobre os decretos promulgados pela autoridade executiva". Com espeque nessa recomendação (*soft law*), no ano de 2012 foi acrescentado ao Código Penal o crime do art. 288-A, com o especial propósito de endurecer as consequências jurídicas no combate às ações dos denominados *organizações paramilitares*, *grupos de extermínio* e das *milícias*. Considerando sua indisfarçável complexidade, vamos analisar suas definições em separado:

a) Organização paramilitar - paramilitares são associações civis, armadas e com estrutura semelhante à militar. Possuem as características de uma força militar, têm a estrutura e organização de uma tropa ou exército, sem sê-lo.

b) Milícia particular - grupo de pessoas, civis ou não, tendo como finalidade devolver a segurança retirada das comunidades mais carentes, restaurando a paz. Para tanto, mediante coação, os agentes ocupam determinado espaço territorial. A proteção oferecida nesse espaço ignora o monopólio estatal de controle social, valendo-se de violência e grave ameaça.

c) Grupo ou esquadrão (grupo de extermínio) - entende-se como tal a reunião de pessoas, matadores, justiceiros que atuam na ausência ou inércia do poder público, tendo como finalidade a matança generalizada, chacina de pessoas supostamente rotuladas como marginais ou perigosas.

Sem explicação razoável, o §2º do art. 310 do CPP veda a liberdade provisória somente no caso de milícia.

Como acontece com o delito de organização criminosa, a constituição de milícia é modalidade de crime permanente, leia-se, sua consumação protrai-se no tempo. Se houver elementos indicando que o preso permanece vinculado à milícia, a manutenção da prisão tem fundamento sólido, dispensando o dispositivo em comento. Ausente qualquer elemento nesse sentido, mantê-lo preso em face da imputação estatal parece clausura com base na gravidade em abstrato e, portanto, insustentável.

Arma de fogo de uso restrito – Também sem qualquer motivo aparente, o legislador proíbe liberdade provisória para o agente que porta arma de fogo de uso restrito, nada mencionando a de uso proibido, até mais gravemente punida no Estatuto do Desarmamento.

§ 3º A autoridade que deu causa, sem motivação idônea, a não realização da audiência de custódia no prazo estabelecido no *caput* deste artigo, responderá administrativa, civil e penalmente pela omissão.

§ 4º Transcorridas 24 (vinte e quatro) horas após o decurso do prazo estabelecido no *caput*, a não realização da audiência de custódia, sem motivação idônea, ensejará também a ilegalidade da prisão, a ser relaxada pela autoridade competente, sem prejuízo da imediata decretação da prisão preventiva.

Prazo para apresentação da pessoa presa – A Lei 13.964/19, alterando a redação do art. 310 do CPP, diz, no *caput*, que *"Após receber o auto prisão em flagrante, no prazo máximo de 24 (vinte e quatro) horas após a realização da prisão, o juiz deve promover a audiência de custódia..."*. Ou seja, primeiro, a autoridade policial finaliza a autuação em flagrante do conduzido (que deverá ocorrer, segundo nossa legislação, em até 24h). Depois, encaminha o auto de prisão ao juiz competente. A autoridade judiciária deve, em seguida, promover a audiência de apresentação. Mas dentro de qual prazo? Os textos internacionais acima referidos não estabelecem um prazo determinado para a realização da audiência de custódia. Utilizando expressões abertas, indicam, contudo, imediatidade. A Resolução 213 do CNJ estabelece um limite de 24h da comunicação do flagrante (art. 1º..). O § 4º do artigo (art. 310) segue o mesmo espírito, isto é, 24h após o recebimento do auto prisão em flagrante.

Não realização da audiência de custódia, sem motivação idônea - A autoridade que deu causa, sem motivação idônea, a não realização da audiência de custódia, responderá administrativa, civil e penalmente pela omissão. Parece que a omissão, por si só, não configurará o crime de abuso de autoridade previsto no art. 9º, parágrafo único, da Lei 13.869/19. É que nesse crime da Lei 13.869/19 pune-se a indevida decisão não liberatória, que pode ocorrer com, sem ou mesmo dentro da solenidade da audiência de custódia. Parece-nos que a não realização da audiência pode, a depender das circunstâncias, configurar o crime de prevaricação (art. 319 do CP).

Não bastasse a responsabilidade pessoal do magistrado, a não realização da audiência de custódia, sem motivação idônea, ensejará também a ilegalidade da prisão, a ser relaxada pela autoridade competente, sem prejuízo da imediata decretação da prisão preventiva. Fica superada a jurisprudência que, nesses casos, enxergava mera irregularidade.

Motivação idônea – Cumpre alertar que a não realização da audiência de custódia, por si só, não é capaz de ensejar a ilegalidade da prisão, sobretudo quando respeitados os direitos e garantias previstos na Constituição Federal e no Código de Processo Penal. Havendo motivo justo, parece mais importante do que o ato solene a efetiva análise da custódia por meio da atenta leitura do auto de prisão em flagrante.

DA PRISÃO PREVENTIVA

"Art. 311. Em qualquer fase da investigação policial ou do processo penal, caberá a prisão preventiva decretada pelo juiz a requerimento do Ministério Público, do querelante ou do assistente, ou por representação da autoridade policial."

Redação ANTES da Lei 13.964/19	Redação DEPOIS da Lei 13.964/19
Art. 311. Em qualquer fase da investigação policial ou do processo penal, caberá a prisão preventiva decretada pelo juiz, de ofício, se no curso da ação penal, ou a requerimento do Ministério Público, do querelante ou do assistente, ou por representação da autoridade policial.	**Art. 311.** Em qualquer fase da investigação policial ou do processo penal, caberá a prisão preventiva decretada pelo juiz a requerimento do Ministério Público, do querelante ou do assistente, ou por representação da autoridade policial.

Introdução – A prisão preventiva, em um sentido amplo, é aquela decretada antes do trânsito em julgado da sentença penal condenatória e tem significado idêntico à prisão processual, cautelar, provisória ou prisão sem pena. Em um sentido mais estrito, vem prevista nos arts. 311 e ss. do CPP, objeto de nossa análise adiante.

Constitucionalidade da prisão preventiva – Há quem vislumbre inconstitucionalidade no dispositivo que autoriza a decretação da prisão preventiva, por afronta ao art. 5º, inc. LVII da Carta, que, ao fincar a presunção de inocência, assegura que "ninguém será considerado culpado até o trânsito em julgado de sentença penal condenatória". Expoente maior da chamada *doutrina garantista*, o italiano Luigi Ferrajoli entende ser inadmissível toda e qualquer prisão antes do trânsito em julgado da sentença penal condenatória, exatamente por violação ao princípio em estudo (*Teoria do garantismo penal.* 3ª. ed., Saraiva: São Paulo, 2010, p. 851). Francesco Carrara, muito antes, tinha a preventiva como "verdadeira crueldade" (*apud*, Câmara Leal, ob. cit., vol. Ii, p. 272).

Sucede que a Constituição deve ser interpretada de forma sistemática, jamais tomando-se um princípio de *per si*, para a partir daí elaborar-se determinada conclusão. Como destaca Luís Roberto Barroso: "a idéia de unidade da ordem jurídica se irradia a partir da Constituição e sobre ela também se projeta. Aliás, o princípio da unidade da Constituição assume magnitude precisamente pelas dificuldades geradas pela peculiaríssima natureza do documento inaugural e instituidor da ordem jurídica. É que a Carta fundamental do Estado, sobretudo quando promulgada em via democrática, é o produto dialético do confronto de crenças, interesses e aspirações distintos, quando não colidentes. Embora expresse um consenso fundamental quanto a determinados princípios e normas, o fato é que isso não apaga o pluralismo e antagonismo de idéias subjacentes ao pacto fundador. É precisamente por existir pluralidade de concepções que se torna imprescindível a unidade na interpretação. Afinal, a Constituição não é um conjunto de normas justapostas, mas um sistema normativo fundado em determinadas idéias que configuram um núcleo irredutível, condicionante da inteligência de qualquer de suas partes. O princípio da unidade é uma especificação da interpretação sistemática, e impõe ao intérprete o dever de harmonizar as tensões e contradições entre normas (...)" (*Interpretação e aplicação da Constituição: fundamentos de uma dogmática constitucional transformadora*. 7ª ed. rev. São Paulo: Saraiva, 2009, p. 202).

Nessa linha e raciocínio, o inc. LXI, do CF. 5º, da CF, prevê, de início, a possibilidade de prisão em flagrante para, em seguida, autorizar a prisão "por ordem escrita e fundamentada de autoridade judiciária competente". Esta última, por óbvio, não se trata da prisão em flagrante que, como já analisado, independe de ordem judicial. Trata-se, por certo, de toda e qualquer outra ordem de prisão, que pode ter origem tanto em uma sentença definitiva, quando já formada a culpa, como em um provimento de ordem cautelar, como a prisão preventiva. Aliás, a se privilegiar esse entendimento, em nome da presunção de inocência e resultante de uma análise isolada de determinado dispositivo constitucional, em detrimento de seu cotejo com um todo harmônico, nem mesmo a prisão em flagrante deveria ser admitida, no que consistiria inovação de nosso direito, desconhecida em qualquer outra legislação ocidental.

Ressalte-se, ainda, que a própria Constituição, no inc. LXV, do art. 5º, impõe ao juiz a obrigação de relaxar, de imediato, a prisão ilegal. Também a legislação infraconstitucional cerca de cuidados a possibilidade de decretação da prisão preventiva, reservando-a para situações bem específicas, sempre a enaltecer o seu caráter de absoluta excepcionalidade. O art. 282, em seu § 6º, do CPP, bem revela esse caráter, ao dispor que a preventiva só terá lugar quando não cabível sua substituição por outra medida cautelar, dentre as previstas no art. 319 do mesmo *codex*. A possibilidade de sua revogação, a todo tempo, prevista no art. 316 do código, é outro bom exemplo disso. Destaque-se, ainda, que de há muito foi extinta a figura da chamada *prisão preventiva obrigatória*, constante da redação do art. 312 do CPP.

Suponha, outrossim, o exemplo de um *serial killer*, que, confessadamente, já matou inúmeras pessoas e que admita a impossibilidade de contenção de seus impulsos. Ou de um estuprador contumaz, reconhecido por diversas de suas vítimas. Deverá, porque não foi preso em flagrante, ser liberado em nome do princípio da presunção de inocência? Nem o mais ferrenho defensor dos direitos humanos, tampouco o mais sonhador acadêmico, poderá propor tamanha enormidade, a permitir que, em casos como estes, em virtude da ausência de flagrante, possa permanecer o agente solto, enquanto responde ao processo, colocando em sobressalto toda uma comunidade e – o que é pior – multiplicando o número de suas vítimas. Há, com efeito, que se adotar desde logo uma medida urgente, apta a estancar essa reiteração de atos delituosos, pouco importando se o agente não foi preso em flagrante e, muito menos, condenado em definitivo. Irrelevante, outrossim, se a prisão tem poderes aptos a reabilitar o indivíduo. Parece óbvio que não. Não os terá nem quando se tratar de presos definitivos, muito menos quanto aos provisórios. Nem por isso ele deverá permanecer solto, face ao notável risco que representa à sociedade. Como adverte Julio Fabbrini Mirabete, "considerada um mal necessário, uma fatal necessidade, uma dolorosa necessidade social perante a qual todos devem se inclinar, justifica-se a prisão preventiva por ter como objetivo a garantia da ordem pública, a preservação da instrução criminal e a fiel execução da pena" (*Processo Penal,* São Paulo: Atlas, 2007, 18. edição, p. 389).

Trata-se, de resto, de medida conhecida em toda e qualquer legislação ocidental. O Código de Processo Penal Alemão (*Strafprozeßordnung – StPO*), a prevê expressamente seu art. 112, para, dentre outras hipóteses, quando da fuga do acusado ou se ele estiver escondido, ou quando possa exercer alguma espécie de influência contra corréu, testemunha ou perito. O Código Português, em seu art. 202, elenca algumas espécies de crimes nos quais, havendo indícios de sua prática, é cabível a prisão preventiva, como terrorismo, furto qualificado, dano qualificado, burla informática e nas comunicações, receptação, falsificação de documento, atentado à segurança de transporte rodoviário, crime cometido com arma, etc.

Demais disso, diplomas internacionais preveem essa espécie de medida, embora destaquem seu caráter de excepcionalidade. Assim, a Convenção Europeia de Direitos Humanos, quando assegura a liberdade pessoal de todo indivíduo, ressalva a possibilidade de prisão processual, "quando houver suspeita razoável de ter cometido uma infração, ou quando houver motivos razoáveis para crer que é necessário impedi-lo de cometer uma infração ou de se pôr em fuga depois de a ter cometido" (art. 5º, 1, "c"). Já o art. 9.3, do Pacto Internacional sobre Direitos Civis e Políticos, destaca que "a prisão preventiva de pessoas que aguardam julgamento não deverá constituir a regra geral, mas a soltura poderá estar condicionada a garantias que assegurem o comparecimento da pessoa em questão à audiência, a todos os atos do processo e, se necessário for, para a execução da sentença".

Daí concluirmos, sem qualquer hesitação, pela constitucionalidade da prisão preventiva, que, no mais, em nada colide com o princípio da presunção de inocência previsto na Carta maior.

Momento para a decretação da prisão preventiva – A prisão preventiva, como consta do dispositivo em exame, pode ser decretada na fase de investigação policial ou quando já deflagrado o processo penal. O vocábulo "investigação policial" deve ser interpretado em seu sentido amplo para abranger toda e qualquer espécie de investigação. É dizer: não apenas durante a apuração conduzida pela polícia será admitida a prisão preventiva, mas também, por exemplo, em investigação presidida pelo Ministério Público, ou em uma Comissão Parlamentar de Inquérito ou, ainda, em um procedimento instaurado pela Receita Federal decorrente da prática de crime de sonegação fiscal. Em suma, qualquer que seja procedimento que antecede a deflagração do processo-crime, terá lugar a prisão preventiva, desde que, por óbvio, preenchidos seus requisitos de admissibilidade. Referindo-se à investigação policial, a anteceder a instauração do inquérito, parece clara possibilidade de sua decretação antes de deflagrado esse procedimento. Nesse sentido, confira-se: "A falta de inquérito policial não impede a decretação da custódia cautelar, desde que fundamentada em peças administrativas da existência de crime e indícios da autoria apresentados pelo órgão acusatório" (STJ - RHC n. 3682-RJ - Rel. Anselmo Santiago, j. 30.08.1994, DJ 07.11.1994, p. 30031). A propósito, a redação original deste dispositivo legal, previa a possibilidade de decretação da preventiva "em qualquer fase do inquérito policial". Ora, ao alterar a redação para permitir a medida "em qualquer fase da investigação policial", o legislador deixou evidente sua opção. Quisesse restringir os casos de decretação da preventiva à prévia instauração do inquérito policial e bastaria manter o texto primitivo do artigo de lei. Ao alterá-lo, afastou esse pré-requisito.

Prazo máximo de duração da prisão preventiva - A nossa lei não estipula um prazo máximo de duração da prisão preventiva e, talvez, não devesse mesmo fazê-lo, já que a peculiaridade de cada caso concreto pode justificar tratamentos diversos.

Outras legislações preferem estipular um prazo determinado. Nesse sentido o Código de Processo Penal português, que, em seu art. 215, estabelece que será extinta a prisão preventiva quando decorridos "quatro meses sem que tenha sido deduzida acusação; oito meses sem que, havendo lugar a instrução, tenha sido proferida decisão instrutória; um ano e dois meses sem que tenha havido condenação em 1ª instância; um ano e seis meses sem que tenha havido condenação com trânsito em julgado".

Razoabilidade – Afastada em nosso direito, pois, a possibilidade de indicação de um lapso temporal para duração da prisão preventiva, adota-se, então, um critério de razoabilidade, previsto no art. 5º, inc. LXXVIII da Constituição, a partir do advento da Emenda Constitucional n. 45/2004, pelo qual "a todos, no âmbito judicial e administrativo, são assegurados a *razoável duração do processo* e os meios que garantam a celeridade de sua tramitação" (grifamos). Destaque-se, ademais, que tampouco os pactos internacionais arriscaram na fixação de um prazo determinado, preferindo adotar uma fórmula aberta, naquilo que já se denominou de "doutrina do não prazo". Nesse sentido, o art. 8º, 1, da Convenção Americana sobre Direitos Humanos (Pacto de São José da Costa Rica), aprovada pelo Congresso Nacional (Decreto-Legislativo nº 27/1992), de cumprimento determinado pelo Decreto nº 678/1992.

Revisão da necessidade da prisão preventiva – Considerando "a preocupação da magistratura com as situações de prisão provisória com excesso de prazo ou a manutenção da privação da liberdade após o cumprimento da sua finalidade", o Conselho Nacional de Justiça editou a Resolução 66/2009, onde determina que, estando o réu preso provisoriamente há mais de três meses, com o processo ou inquéritos parados, cumpre ao juiz (ou ao relator tratando-se de recurso), investigar as razões da demora, indicando, ainda, as providências adotadas, a serem, posteriormente, comunicadas à Corregedoria Geral de Justiça ou à Presidência do Tribunal (no caso do relator). A propósito, como observam Alberto Silva Franco e Maurício Zanoide, sendo o juiz "obrigado a declinar os motivos da demora sempre que concluir a instrução fora do prazo, com maior razão deverá fundamentar a necessidade da prisão cautelar, se o *arco de tempo processual*, a que alude Chiavario, previsto para um determinado procedimento, estiver consumido" (*Código de Processo Penal e sua Interpretação Judicial*, 2ª ed., vol. 1, São Paulo: Editora Revista dos Tribunais, 2004, p. 279) (grifo original).

A Lei 13.964/19, alterando o art. 316 do CPP, seguiu o espírito da referida Resolução. Diz que o órgão emissor da decisão deverá revisar a necessidade de sua manutenção a cada 90 dias, mediante decisão fundamentada, sob pena de tornar a prisão ilegal.

Decretação da prisão *ex officio* – A redação original do art. 311 permitia que o juiz decretasse a prisão preventiva de ofício, quer durante as investigações, quer no processo criminal. Essa possibilidade, antes do advento da Lei nº 12.403, de 2011, já era objeto de crítica da jurisprudência, a se conferir: "A decretação da preventiva *ex officio*, durante a fase do inquérito policial, está vedada pelo sistema acusatório, pois o juiz foi definitivamente afastado da persecução penal. Como não houve provocação da jurisdição pelo órgão competente, ao contrário manifestou-se só pelo relaxamento da prisão, não pode o magistrado agir *sponte própria* para decretar a prisão preventiva do indiciado. A hipótese só é viável no curso do processo judicial" (TJDF - HC n. 20090020136564 - Rel. Sandra de Santis, j. 01.10.2009).

Corrigindo tal imperfeição, o dispositivo foi alterado pela Lei 12.403/11, que limitou esse poder durante as investigações. Nessa fase, vedou a decretação da prisão preventiva "ex officio", devendo o juiz aguardar provocação do Ministério Público ou da Autoridade Policial. Já no curso do processo, o juiz poderia decretá-la independentemente de pedido ou representação nesse sentido.

Mesmo com a mudança, importante parcela da doutrina lecionava que o ideal seria a retirada, do juiz, desse poder de agir de ofício, como forma de preservação do sistema acusatório, que bem define a posição de cada um no processo penal. Se ao juiz é dado o poder de julgar e se, para tanto, deve manter uma posição de equidistância e imparcialidade, seria mais adequado que se deixasse às partes a possibilidade de requerer a prisão preventiva (inclusive durante o curso do processo), evitando-se, com isso, qualquer ação do juiz "sponte própria". A Lei 13.964/19 (art. 3º.-A CPP) prestigiando o sistema acusatório, acabou por acolher os ensinamentos acima, alterando novamente o art. 311 do CPP, agora proibindo o juiz agir de ofício em qualquer das fases da persecução. A decretação da prisão preventiva, a exemplo da temporária, depende de provocação.

Lei Maria da Penha – A decretação da prisão preventiva de ofício, durante o inquérito policial – Como visto acima, é vedado ao juiz, de ofício, decretar a preventiva. De outra parte, o art. 20 da Lei n. 11.340/2006 (Lei Maria da Penha), prevê que "em qualquer fase do inquérito policial ou da instrução criminal, caberá a prisão preventiva do agressor, decretada pelo juiz, *de ofício*, a requerimento do Ministério Público ou mediante representação da autoridade policial" (grifamos). Instala-se, assim, aparente conflito: prevalece a disposição contida na atual redação do art. 311 do código ou aquela prevista na Lei Maria da Penha? Cremos que essa limitação introduzida no Código de Processo Penal tem incidência na Lei Maria da Penha, a impossibilitar o juiz de decretar, ex officio, a prisão preventiva. Não há mais, assim, essa possibilidade, em posicionamento que, de resto, rende homenagem ao princípio acusatório, a evitar que o juiz adote medidas de cunho persecutório. Afinal, como lembra Aury Lopes Júnior, "são logicamente incompatíveis as funções de investigar e ao mesmo tempo garantir o respeito aos direitos do imputado. São atividades que não podem ficar nas mãos de uma mesma pessoa, sob pena de comprometer a eficácia das garantias individuais do sujeito passivo e a própria credibilidade da administração de justiça. (...) Em definitivo, não é suscetível de ser pensado que uma mesma pessoa se transforme em um investigador eficiente e, ao mesmo tempo, em um guardião zeloso da segurança individual. É inegável que 'o bom inquisidor mata o bom juiz ou, ao contrário, o bom juiz desterra o inquisidor'" (*Investigação Preliminar no Processo Penal.* Rio de Janeiro: Lumen Juris, 2001, p. 74).

Haverá, decerto, quem invoque o princípio da especialidade, como argumento para a manutenção da regra contida na Lei Maria da Penha, a despeito da limitação introduzida pela Lei 13.964/19, a impedir que o juiz decrete de ofício a prisão preventiva. Por esse princípio, a norma mais específica é aplicada em detrimento da norma de caráter geral. Ou, em outras palavras, surgindo um aparente conflito de normas, exatamente por ser específica, deve prevalecer a *lex specialis*, sobre a lei geral, que abrange um todo. Nesse sentido, o teor do art. 12 do Código Penal, quando dispõe que "as regras gerais deste Código aplicam-se aos fatos incriminados por lei especial, se esta não dispuser de modo diverso". Ocorre que o art. 20 da Lei Maria da Penha não contém, em absoluto, nada de especial em relação ao Código de Processo Penal. Trata-se, antes, de mera transcrição, quase que completa, da redação original do art. 311 do CPP, vigente quando da sua sanção: "Em qualquer fase do inquérito policial ou da instrução criminal, caberá a prisão preventiva decretada pelo juiz, de ofício, a requerimento do Ministério Público, ou do querelante, ou mediante representação da autoridade policial". Já que é assim, alterada a redação do art. 311 do CPP, tem-se, por consequência lógica, que essa mudança deva incidir também sobre a Lei Maria da Penha, para se concluir que, não mais é dada ao juiz a possibilidade de decretação, de ofício, da prisão preventiva do agressor. A reforçar esse entendimento, lembremos do disposto no art. 13 da Lei n. 11.340/2006, quando determina que "ao processo, ao julgamento e à execução das causas cíveis e criminais decorrentes da prática de violência doméstica e familiar contra a mulher aplicar-se-ão as normas dos Códigos de Processo Penal e Processo Civil (...)". Somos, pois, pela impossibilidade de decretação da prisão preventiva, de ofício pelo juiz, na persecução criminal. Nesse sentido, ainda, Ana Paula Monte Figueiredo Pena Barros (*Inovações Trazidas pela Lei nº 12.403/2011*, in "O Novo Regime Jurídico das Medidas Cautelares no Processo Penal", Rio de Janeiro: Emerj, 2002, p. 54).

Legitimidade – Os entes relacionados no dispositivo legal (Ministério Público, querelante ou assistente) estão legitimados a requerer a prisão preventiva. Vale anotar, contudo, que na fase de investigações não se cogita da figura do assistente de acusação, cabível somente quando já deflagrada a ação penal, segundo o art. 268 do CPP. Tampouco há que se falar, nessa fase, de "querelante", por ser ele o autor da ação penal privada, a pressupor, assim, que a queixa-crime já tenha sido recebida. Tem-se, com isso, que no âmbito das investigações (policial ou por outro meio), o único legitimado para o requerimento da prisão preventiva é o Ministério Público ou a autoridade policial, por meio de representação. Já no curso do processo, essa legitimação se estende ao assistente e ao querelante.

Ministério Público – Na condição de titular privativo da ação penal pública, conforme expressa disposição constitucional (art. 129, inc. I da Constituição), é óbvia a legitimidade do Ministério Público para o pedido de prisão preventiva, reforçada pelo dispositivo em exame. Esse requerimento, como já ressaltado, pode ser formulado na fase de investigações ou posteriormente, no curso da ação penal, quando já ofertada a denúncia. Há entendimento no sentido de que, uma vez decretada a custódia cautelar, deve o Ministério Público oferecer a denúncia, não podendo, por exemplo, devolver o inquérito para a polícia para a realização de novas diligências. É que tanto para a decretação da prisão preventiva como para a oferta da denúncia, se exigem os mesmos requisitos, que são a certeza da ocorrência do crime e indícios de sua autoria. Ora, se presentes os requisitos que justificaram a decretação da preventiva, eles se prestam, também, a impor a imediata oferta de denúncia pela acusação. Nesse sentido a jurisprudência abaixo colacionada.

De se ver, porém, que o "parquet" exerce, também, a função de "fiscal da lei" (*custos legis*), notadamente nas hipóteses de ação penal exclusivamente privada. Nestas, como já ressaltado anteriormente, a titularidade é exclusiva do ofendido, ficando a seu critério a deflagração – ou não – da ação penal. De sorte que, em uma queixa-crime, ofertada pelo querelante, a participação do Ministério Público se dará na condição de fiscal da correta aplicação da lei e não mais como parte. Não poderá se opor – apenas para ficarmos com um exemplo – ao pedido de absolvição eventualmente formulado pelo querelante, cujo atendimento pelo juiz é obrigatório, a configurar a perempção (art. 60, inc. III do CPP). Ora, nessa espécie de ação, parece clara a ilegitimidade do Ministério Público para o pedido de decretação da prisão preventiva. Não sendo, pois, titular da ação penal exclusivamente privada, mas nela atuando apenas de forma coadjuvante, é óbvio que essa legitimidade se reconhece, apenas, em favor do querelante, como, aliás, previsto neste dispositivo em exame.

Situação diversa, porém, se verificará nas hipóteses de ação penal privada subsidiária da pública, que possuem expressa previsão constitucional (art. 5º, inc. LIX da CF), e são tratadas no art. 29 do código. Assim, quando inerte o órgão do Ministério Público, que deixa de ofertar a denúncia no prazo legal, legitima-se o ofendido a fazê-lo. Ocorre que, nesse caso, a posterior atuação do *parquet*, quando já deflagrado o processo-crime com o recebimento da queixa, na condição de "litisconsorte obrigatório", é a mais ampla possível, quando pode, inclusive, "retomar a ação como parte principal", como se vê da redação do art. 29 do código. Nesse caso, a legitimidade para o pedido de prisão preventiva deve ser reconhecida não apenas em favor do querelante, na condição de titular da ação penal, mas também em prol do Ministério Público, cuja atuação não mais se limita à mera fiscalização (como ocorre na ação penal exclusivamente privada), mas, ao revés, ocorre de forma ativa, segundo o já referido art. 29 do CPP.

Querelante – A legitimidade do querelante para o pedido já constava da redação original do Código de Processo Penal e sempre foi reconhecida pela legislação posterior que alterou a disciplina da prisão preventiva. Tal legitimidade é atribuída ao querelante comum e ao querelante subsidiário, isto é, ao titular da ação penal exclusivamente privada e ao titular da ação penal subsidiária da pública. Não se vê, na prática, essa espécie de pedido e tal inocorrência pode ser facilmente explicada. No que se refere à ação penal exclusivamente privada, os crimes que a admitem possuem penas brandas que, dada à pouca gravidade da conduta, raramente admitirão um decreto de prisão preventiva. Já a ação penal subsidiária da pública é de quase nenhuma incidência no cotidiano forense. Se rara é a ação, mais rara ainda será um pedido de preventiva contido em seu bojo.

De qualquer sorte, a lei prevê ambas as possibilidades, deferindo expressa legitimidade ao querelante para o pedido. Insistimos que, ao mencionar o "querelante", a lei se refere ao titular da ação penal privada, pressupondo, assim, que o processo-crime já foi deflagrado. Daí concluirmos que, na fase pré-processual, onde não há que se falar, ainda, em querelante, este não possui legitimidade para o pedido, reconhecida, apenas, em favor da autoridade policial (por meio de representação), ou do Ministério Público, através de requerimento.

Assistente de acusação – Novidade introduzida pela Lei nº 12.403/2011, não prevista na redação anterior deste dispositivo e, tampouco, no art. 271 do código, é a legitimidade conferida ao assistente de acusação para o pedido de decretação da prisão preventiva. Ainda que se entenda que a função do assistente se limite à mera obtenção de uma condenação que propicie sua execução no âmbito cível, ainda assim é óbvio seu interesse (*rectius*: utilidade), para o pedido. Para exemplificar: a fuga de um acusado, citado por edital, que não tenha sido citado pessoalmente ou constituído defensor, inibirá a continuidade do processo, na dicção do art. 366 do código. Com a suspensão do feito, e sem que o réu compareça ou constitua advogado, não haverá, ao cabo do processo, uma sentença penal. Inegável, assim, o interesse do assistente no pedido de preventiva, como forma de assegurar a futura aplicação da lei penal, nos termos do art. 312 do código. Claro: com a prisão do réu, ele pode ser, adiante, condenado, permitindo ao assistente, com esse título, buscar a respectiva reparação no âmbito cível. Ao contrário, caso o réu fuja, essa condenação é impossível. Daí seu inegável interesse. Por analogia ao art. 271, § 1º do código, que determina a oitiva do Ministério Público "acerca da realização das provas propostas pelo assistente", pensamos que o "parquet" deva ser ouvido, também, a respeito do pedido de prisão preventiva formulado pelo assistente. Mas, como dito acima, sob a rubrica *legitimidade*, a possibilidade de o assistente pedir a prisão preventiva ocorre apenas a partir da deflagração do processo-crime, pois, antes, no âmbito das investigações, não se conhece dessa figura, cabível somente na ação penal (art. 268 do código). Aliás, como se cogitar de um assistente de acusação se nem acusação há?

Representação da autoridade policial – A prisão pode ser também provocada por representação policial e é comum que seja assim. "Representação", como já dito antes, trata-se de uma exposição de motivos, ainda que sucinta, na qual a autoridade indicará as razões que justificam a medida. Apenas não se utiliza a expressão "requerimento" em virtude de que a autoridade policial não atua no processo crime, exercendo apenas função (relevante) no âmbito administrativo. Tanto que, indeferido o requerimento de prisão preventiva, a parte que o requereu poderá se valer do recurso em sentido estrito para reforma da decisão (art. 581, inc. V do CPP), possibilidade que não se defere ao delegado de polícia, na hipótese de não acolhimento de sua representação.

Recurso cabível – Da decisão que nega o pedido de prisão preventiva ou revoga a prisão já decretada, é cabível recurso em sentido estrito, nos termos do art. 581, inc. V, do CPP. Contra a decisão que decreta a prisão preventiva não há previsão de recurso, podendo, contudo, ser impetrado "habeas corpus". Neste caso, interposto, equivocadamente, o recurso em sentido estrito, nada impede que o órgão julgador, de ofício, conceda o "writ".

Entendemos, com fundamento no art. 3º do CPP, que a decisão que substitui a preventiva por cautelares deve ser tratada, por meio da analogia, como denegação ou revogação de prisão provisória, cabendo também recurso em sentido estrito. É sabido que, onde existe a mesma razão deve existir o mesmo direito (*ubi eadem ratio, ibi eadem ius*). Com efeito, a decisão que defere a substituição gera consequências semelhantes à da denegação ou revogação da custódia, havendo, entre os atos judiciais, pontos de semelhança que justificam, no silêncio da lei, o mesmo tratamento.

A legitimidade recursal é a mesma de todos os entes legitimados para, em juízo, formular o pedido, isto é, do Ministério Público, do querelante e do assistente de acusação. Não a tem, contudo, a autoridade policial, pois sua atuação se restringe ao âmbito administrativo, extrajudicial. Nada impede, porém, que formulada a representação pela autoridade policial e ante a concordância com o pedido do Ministério Público, o "parquet" recorra contra a decisão que deixou de decretar a prisão, com base no art. 581, inc. V, do código.

REQUISITOS E FUNDAMENTOS DA PRISÃO PREVENTIVA

"Art. 312. A prisão preventiva poderá ser decretada como garantia da ordem pública, da ordem econômica, por conveniência da instrução criminal ou para assegurar a aplicação da lei penal, quando houver prova da existência do crime e indício suficiente de autoria e de perigo gerado pelo estado de liberdade do imputado.

§ 1º ....

§ 2º A decisão que decretar a prisão preventiva deve ser motivada e fundamentada em receio de perigo e existência concreta de fatos novos ou contemporâneos que justifiquem a aplicação da medida adotada." (NR)

Redação ANTES da Lei 13.964/19	Redação DEPOIS da Lei 13.964/19
Art. 312. A prisão preventiva poderá ser decretada como garantia da ordem pública, da ordem econômica, por conveniência da instrução criminal, ou para assegurar a aplicação da lei penal, quando houver prova da existência do crime e indício suficiente de autoria. Parágrafo único. A prisão preventiva também poderá ser decretada em caso de descumprimento de qualquer das obrigações impostas por força de outras medidas cautelares (art. 282, § 4º).	**Art. 312.** A prisão preventiva poderá ser decretada como garantia da ordem pública, da ordem econômica, por conveniência da instrução criminal, ou para assegurar a aplicação da lei penal, quando houver prova da existência do crime, indício suficiente de autoria e de perigo gerado pelo estado de liberdade do imputado. §1º. A prisão preventiva também poderá ser decretada em caso de descumprimento de qualquer das obrigações impostas por força de outras medidas cautelares (art. 282, § 4º). (Incluído pela Lei nº 12.403, de 2011). §2º. A decisão que decretar a prisão preventiva deve ser motivada e fundamentada em receio de perigo e existência concreta de fatos novos ou contemporâneos que justifiquem a adoção da medida adotada.

Pressupostos da prisão preventiva - A prisão se justifica como forma de preservação da ordem pública e econômica, por conveniência (necessidade) da instrução criminal e como garantia da futura aplicação da lei penal. Como aponta Antônio Magalhães Gomes Filho, "na técnica processual, as providências cautelares constituem os instrumentos através dos quais se obtém a antecipação dos efeitos de um futuro provimento definitivo, exatamente com o objetivo de assegurar os meios para que esse mesmo provimento definitivo possa ser conseguido e, principalmente, possa ser eficaz" (*Presunção de Inocência e prisão cautelar*. São Paulo, Saraiva, 1991, p. 53). Tem, portanto, inegável caráter de uma prisão cautelar de natureza processual e, por conta disso, deve preencher os requisitos típicos de toda e qualquer medida cautelar, a saber, o *fumus comissi delicti* e o *periculum libertatis*.

Fumus comissi delicti – Trata-se da comprovação da existência de um crime e indícios suficientes de autoria. É a fumaça da prática de um fato punível. Estes são, portanto, os dois pressupostos que, presentes, autorizam a decretação da prisão preventiva.

Quanto à existência do crime nenhuma dúvida pode persistir. É preciso, assim, a prova da materialidade do delito, produzida, via de regra, com o exame de corpo de delito, direto ou indireto (art. 158 do CPP). Sem ela, não se decreta a prisão preventiva. Há doutrina que indica a impropriedade do emprego da expressão *prova da existência do crime*, quando o mais correto seria *prova da existência do fato criminoso*. É que, no exemplo da prática de um homicídio, o agente cometeu, em tese, um fato criminoso, mas pode não ter perpetrado um crime, bastando que se recorde da possibilidade de haver agido em legítima defesa. Nesse caso, não será decretada sua prisão preventiva, com fulcro no art. 314 abaixo.

Já em relação à autoria, se satisfaz o legislador com meros indícios. Ou seja, aqui não se exige a certeza absoluta da autoria do delito, necessária apenas quando da prolação da sentença, hipótese em que eventual dúvida é dirimida em favor do réu (*in dubio pro reo*). Na lição de Bento de Faria, exige-se a "*suspeita jurídica* da responsabilidade do acusado, ou seja, a *presunção veemente*, que será *fundada* quando constituída por um conjunto de circunstâncias que induzam a *menor incerteza* e a maior ligação do eu se conhece com o que é desconhecido" (*Código de Processo Penal*, Rio de Janeiro: Record, 1960, vol. 2, p. 53) (grifos originais). Bastam, pois, indícios, isto é, a probabilidade razoável da autoria delitiva, que deverão ser analisados caso a caso, segundo o prudente arbítrio do juiz, sem uma regra preconcebida que os definam.

Periculum libertatis – O *fumus commissi delicti* deverá estar acompanhado do *periculum libertatis* para a aplicação das medidas cautelares e da prisão preventiva. Este se refere ao risco que o agente, em liberdade, possa criar à garantia da ordem pública, da ordem econômica, da conveniência da instrução criminal e para a aplicação da lei penal. Este requisito sempre foi lembrado pela doutrina e jurisprudência, mesmo que não explícito no artigo em comento. Agora, com as alterações trazidas pela Lei 13.964/19, o perigo gerado pelo estado de liberdade do imputado encerra o art. 312 do CPP.

Os fatos que justificam a prisão preventiva devem ser contemporâneos à decisão que a decreta – Na esteira da jurisprudência do STJ, o §2º do art. 312 do CPP, acrescentado pela Lei 13.964/19, reconhece que a urgência intrínseca às cautelares exige a contemporaneidade dos fatos justificadores dos riscos que se pretende evitar com a segregação processual. Tese outra não se coaduna com a excepcionalidade da prisão preventiva, princípio que há de ser observado para a convivência harmônica da cautela pessoal extrema com a presunção de não culpabilidade (STJ - HC 509.878/SP, j. 05/09/2019).

Fundamentos da prisão preventiva – Os seus fundamentos estão na primeira parte do art. 312. A prisão preventiva poderá ser decretada como garantia da ordem pública, da ordem econômica, por conveniência (necessidade) da instrução criminal, ou para assegurar a aplicação da lei penal. Vejamos cada um, separadamente.

Garantia da ordem pública – *Ordem pública* é a paz social, a tranquilidade no meio social cuja manutenção é um dos objetivos principais do Estado. Quando tal tranquilidade se vê ameaçada, é possível a decretação da prisão preventiva, a fim de evitar que o agente, solto, continue a delinquir. Assim, é possível a decretação da medida quando se constata que o agente, dada à periculosidade que ostenta, sente-se incentivado a prosseguir em suas práticas delituosas. Basileu Garcia aborda o tema da seguinte maneira: "para a garantia da ordem pública, visará o magistrado, ao decretar a prisão preventiva, evitar que o delinqüente volte a cometer delitos, ou porque é acentuadamente propenso a práticas delituosas, ou porque, em liberdade, encontraria os mesmos estímulos relacionados com a infração cometida. Trata-se, por vezes, de criminosos habituais, indivíduos cuja vida social é uma sucessão interminável de ofensas à lei penal: contumazes assaltantes da propriedade, por exemplo. Quando outros motivos não ocorressem, o intuito de impedir novas violações determinaria a providência" (*Comentários ao Código de Processo Penal*, v. III, pág. 169).

Maus antecedentes e reincidência, por revelarem a probabilidade de que outros crimes sejam praticados, autorizam a decretação de sua prisão preventiva. Nesse sentido a "Jurisprudência de Teses", n. 14, divulgada periodicamente pelo STJ, que, conquanto não possua o "status" de uma súmula, representa o entendimento da Corte sobre determinada matéria, *in verbis*: "Inquéritos policiais e processos em andamento, embora não tenham o condão de exasperar a pena-base no momento da dosimetria da pena, são elementos aptos a demonstrar eventual reiteração delitiva, fundamento suficiente para a decretação da prisão preventiva".

Não se desconsidera doutrina criticando o requisito da *ordem pública* como fundamento da prisão preventiva, argumentando, em resumo, tratar-se de expressão porosa, indeterminada, ambígua, nada clara, campo fértil para arbitrariedades. Roberto Delmanto Junior assim se manifesta: "(...) não há como negar que a decretação de prisão preventiva com o fundamento de que o acusado poderá cometer novos delitos baseia-se, sobretudo, em dupla presunção de culpabilidade: a primeira, de que o imputado realmente cometeu um delito; a segunda, de que, em liberdade e sujeito aos mesmos estímulos, praticará outro crime ou, ainda, envidará esforços para consumar o delito tentado. (...)." (*As modalidades de prisão provisória e seu prazo de duração*. Rio de Janeiro: Renovar, 2001. p. 179).

Sustenta-se, inclusive, a inconstitucionalidade da prisão preventiva quando decretada sob esse fundamento, vez que não cumpriria seu papel de tutela ao processo, desvirtuando, assim, seu caráter cautelar e instrumental. Em verdade, o conceito de *ordem pública* é por demais vago, sujeito, portanto, a interpretações variáveis, de cunho, inclusive, ideológico. Afinal, qual a paz que se busca preservar? Qual o *status quo* que o dispositivo tutela? De qualquer sorte, como já ressaltado acima, em que pese importar em um mal necessário, o certo é que a prisão preventiva não se justifica apenas por seu caráter instrumental, possuindo, além disso, um objetivo – como indica o nome – de prevenir a ocorrência de mais crimes, na tutela da *ordem pública*. A propósito, o inc. I, do art. 282 do código, ao prever medidas cautelares como sucedâneo da preventiva, recomenda sua adoção "para evitar a prática de infrações penais". Por mais vagueza que enseje a expressão, há um conceito que parece comum a todos.

Como alerta o juiz carioca Flávio Marcelo de Azevedo Horta Fernandes, "nestes termos, se a infração penal repercute de modo intenso em determinada comunidade, a comoção social, a insegurança coletiva e o sentimento de impunidade podem justificar a aplicação da prisão cautelar, mesmo que o meio social atingido seja um bairro ou uma pequena comunidade. De outra sorte, a ousadia do agente na realização do delito, bem como a premeditação ou o uso de métodos cruéis ou frívolos de execução [...], podem criar excepcionalidade ou anormalidade na conduta imputada, de modo a justificar a decretação da prisão preventiva. Outros fatores, como a possibilidade de reiteração delituosa, a personalidade sádica ou perversa, a péssima conduta social e o envolvimento com organizações criminosas são motivos que podem causar intranquilidade social, evidenciando não só a periculosidade do indiciado ou acusado, como também a necessidade de seu encarceramento" (*Ordem Pública" do Art. 312 do CPP – Necessidade de Observância da Cláusula de Reserva de Plenário para Afastar a Incidência, no Todo ou em Parte, do Referido Dispositivo Legal*, in "O Novo Regime Jurídico das Medidas Cautelares no Processo Penal", Rio de Janeiro, Emerj, 2002, p. 162).

Basta indagar – tomando nosso exemplo acima – se um estuprador contumaz, confesso e reconhecido por diversas de suas vítimas, deve permanecer solto posto que não foi preso em flagrante ou, antes, deve ser preso preventivamente, a fim de que as condutas delituosas não se repitam em detrimento de tantas e tantas vítimas e na proteção da sociedade como um todo. Com a palavra os que sustentam a inconstitucionalidade do dispositivo.

Segundo a tese n. 12, da "Jurisprudência de Teses", do STJ, "a prisão cautelar pode ser decretada para garantia da ordem pública potencialmente ofendida, especialmente nos casos de: reiteração delitiva, participação em organizações criminosas, gravidade em concreto da conduta, periculosidade social do agente, ou pelas circunstâncias em que praticado o delito (*modus operandi*)".

Gravidade do crime – Prevalece o entendimento no sentido de que a mera gravidade do crime, por si só, não justifica a decretação da prisão preventiva. Como ensina Hélio Tornaghi, "nem a gravidade do crime, em tese, nem o rigor da pena são suficientes para autorizá-la [a prisão preventiva]. Os perigos que o réu poderia oferecer, para a ordem pública, para o processo ou para a execução dependem muito mais de sua personalidade, de seu caráter, de sua formação, que do crime. Em outras palavras: as condições subjetivas do agente e não a importância objetiva do crime é que permitem verificar ou até presumir a perigosidade do agente e a necessidade de prendê-lo" (*Curso de Processo Penal*, São Paulo: Saraiva, 7ª. Ed., 1990, vol. 3, p. 328). Necessário, portanto, que se demonstre o risco que correrá a sociedade, a intranquilidade por ela vivenciada, na manutenção em liberdade de um pretenso criminoso ante a probabilidade de ele voltar a delinquir.

Assim, nos termos da tese n. 9, da "Jurisprudência de Teses", do STJ, "a alusão genérica sobre a gravidade do delito, o clamor público ou a comoção social não constituem fundamentação idônea a autorizar a prisão preventiva". Não significa dizer, por óbvio, que a gravidade do crime, sua repercussão no meio no qual cometido, o desassossego que acarreta à sociedade, devam ser ignorados pelo julgador. Ao contrário, devem ser considerados, mas a partir de fundamentos precisos, extraídos da análise do caso concreto, e não buscados em afirmações genéricas, em frases feitas, de cunho abstrato, incompatíveis com a excepcionalidade que marca a prisão preventiva. Tal excepcionalidade, a conferir à prisão preventiva a característica de última *ratio* e, bem por isso, a possibilidade da adoção de medidas cautelares alternativas, exige do Magistrado que se abstenha da retórica vazia, procedendo a análise fundamentada e precisa quanto à necessidade da medida de exceção. Não implica afirmar, contudo, que deva se derramar em longas e enfadonhas citações doutrinárias e jurisprudenciais, de tudo desnecessárias. Basta a fundamentação, concreta, direta e objetiva. A propósito, segundo a tese n. 11, da "Jurisprudência de Teses", do STJ, "a prisão cautelar deve ser fundamentada em elementos concretos que justifiquem, efetivamente, sua necessidade".

Proteção do agente? – Não se aplaude, outrossim, antiga orientação doutrinária que, ao vislumbrar na prisão preventiva uma espécie de medida de segurança, em seu sentido lato, conceberia sua decretação em proteção ao suposto autor do crime, a fim de preservá-lo contra eventual vingança da vítima ou daqueles que lhe são próximos. Nesse sentido, as lições de Bento de Faria e Helvécio Gusmão (*apud* Ary Azevedo Franco, ob. cit., vol. 1, p. 309). Haverá, decerto, forma diversa de proteção ao agente, contra a vindicta de seus algozes, que não seu encarceramento.

Garantia da ordem econômica – Ainda como circunstância autorizadora da prisão preventiva tem-se a garantia da ordem econômica, hipótese incluída no art. 312, do CPP, pelo art. 86 da Lei 8.884/94 (antiga Lei Antitruste), que tem por objetivo, segundo o art. 1º da mencionada norma, coibir a ganância do agente que comete ações atentatórias à livre concorrência, à função social da propriedade, às relações de consumo e com abuso do poder econômico. Saliente-se, apenas, que hoje, à exceção dos arts. 86 e 87, a estrutura e as competências do CADE, bem como situações de direito concorrencial são reguladas pela Lei 12.529/2011.

Quando atividades ilícitas de grupo criminoso repercutem negativamente no comércio lícito e, portanto, alcançam um indeterminando contingente de trabalhadores e comerciantes honestos, geram evidente vulneração do princípio constitucional da livre concorrência e da livre iniciativa, merecendo a prisão cautelar.

Contudo, a indeterminação da expressão *ordem econômica* e sua notável fluidez conferem ao dispositivo as mesmas críticas formuladas ao conceito de ordem pública.

Atenção

Nestor Távora e Fábio Roque Araújo lembram que, "tratando dos crimes contra o sistema financeiro nacional, a Lei 7.492/1986 admite, além das hipóteses já contempladas no art. 312 do CPP, a decretação da prisão preventiva em razão da magnitude da lesão provocada pelo delito (art. 30). Segundo a doutrina majoritária, o fundamento não foi recepcionado pela Constituição Federal, afinal, a estatura da lesão, isoladamente, não pode servir para justificar a constrição da liberdade, sendo consequência do crime, devendo ser levada em conta para dosimetria da pena, e não para o cárcere cautelar. Todavia, a jurisprudência não é sensível ao argumento, que continua como elemento de sustentação do cárcere cautelar" (Código de processo penal, Salvador: Juspodivm, 2010, p. 395).

A prisão preventiva e o "insider trading" – Dentre esses fundamentos, talvez o menos utilizado seja o da garantia da ordem econômica porque, no geral, as prisões preventivas são decretadas para aprisionar cautelarmente criminosos perigosos, que gozando de liberdade podem causar sérios distúrbios sociais, ou para aprisionar criminosos que têm possibilidade de embaraçar o andamento do processo e de frustrar a aplicação da lei penal.

Ultimamente, no entanto, temos visto a proliferação de investigações envolvendo órgãos estatais, políticos e seus respectivos partidos e grandes conglomerados empresariais, que, aliás, invariavelmente se beneficiaram dessas relações espúrias para tornarem-se o que são.

Essas investigações têm revelado a prática dos mais diversos crimes, a começar, obviamente, por aqueles que atingem a Administração Pública – como corrupção e peculato –, aos quais se seguem outros como lavagem de dinheiro e contra o sistema financeiro em geral. São crimes cometidos por agentes influentes política e economicamente, que nem sempre colocam em risco direto a ordem pública, mas que nem por isso deixam de exercer influência negativa enquanto estão em liberdade.

Agentes detentores de grande poder financeiro podem muitas vezes provocar situações catastróficas na esfera econômica com a venda repentina de ativos, a manipulação do mercado financeiro, a evasão de divisas, etc. É a partir do surgimento desses casos que começa a ter importância a prisão preventiva como garantia da ordem econômica.

Recentemente, a Justiça Federal em São Paulo utilizou de forma inédita o fundamento da garantia da ordem econômica para decretar a prisão de Wesley e Joesley Batista, donos da JBS, no decorrer de investigação a respeito do cometimento do crime tipificado no art. 27-D da Lei 6.385/76.

Trata-se do denominado *insider trading*, que consiste em aproveitar informações privilegiadas a respeito de determinada empresa para efetuar operações financeiras e se beneficiar delas. O tipo penal pune a conduta de "Utilizar informação relevante ainda não divulgada ao mercado, de que tenha conhecimento e da qual deva manter sigilo, capaz de propiciar, para si ou para outrem, vantagem indevida, mediante negociação, em nome próprio ou de terceiro, com valores mobiliários".

No caso, Wesley Batista havia tomado parte, juntamente com seu irmão Joesley, na realização de colaboração premiada na qual foram relatados crimes que envolviam a empresa. Pouco antes do vazamento dos termos da delação, sabendo do impacto que haveria no mercado financeiro, Wesley promoveu a venda de ações da empresa para recomprá-las por menor valor, evitando dessa forma o prejuízo decorrente da queda do valor das ações quando da divulgação dos termos da delação. Além disso, um dia antes da divulgação a JBS foi a segunda maior compradora de dólares no Brasil, manobra que, segundo a investigação, foi promovida para que a empresa se beneficiasse da alta da moeda quando o teor do acordo se tornasse público. A operação teria rendido um lucro de US$ 100 milhões, quantia semelhante à multa acordada na própria colaboração.

O crime de *insider trading* tutela múltiplos bens jurídicos.

Nesse tipo de ação criminosa, o patrimônio dos investidores é sem dúvida objeto de proteção. O caso da JBS retrata muito bem isso, pois a operação de venda de ações evitou prejuízo apenas aos controladores, mas os demais investidores, sem conhecimento de que havia sido feito o acordo de colaboração, e, portanto, sem ideia do impacto que isso provocaria nas ações da empresa, absorveram considerável prejuízo.

Além disso, busca-se garantir a manutenção da confiança dos investidores no mercado de valores mobiliários. Especialmente os pequenos e médios investidores – no mais das vezes alheios à dinâmica do mercado – devem poder confiar na administração transparente da empresa, cujos controladores não podem se valer de informações privilegiadas para seu próprio benefício e transferir o prejuízo aos demais. Em suma, os investidores têm de ter a certeza de que a administração da sociedade é pautada pela boa-fé.

Finalmente, a tutela penal recai na confiança do próprio mercado financeiro, que, sabemos, é volátil e extremamente suscetível a operações que indiquem a possibilidade de prejuízos repentinos de grande monta. É necessário, portanto, que todos confiem na regularidade das operações para que não se extrapole a projeção de riscos e se mantenha a estabilidade na medida do possível e das características dessa espécie de operação financeira.

A conduta dos controladores da JBS, ao menos segundo o que foi divulgado até o momento, atingiu sem nenhuma dúvida esses bens jurídicos. Além do já mencionado prejuízo direto aos demais acionistas, é evidente que as operações realizadas abalaram a confiança não só desses mesmos investidores como de muitos outros em potencial, que se põem em estado de dúvida a respeito da boa-fé de quem controla a empresa. E, evidentemente, operações financeiras desse tipo são catastróficas para o mercado em geral, pois afetam a operação da Bolsa de Valores, provocam fuga de capital, alteram o mercado de câmbio e geram até mesmo consequências no meio político porque muitas ações de governo têm em consideração a condição do mercado e dependem dela.

A prisão preventiva foi, portanto, decretada porque a permanência dos empresários no comando da sociedade, especialmente em virtude dos desdobramentos do acordo de colaboração premiada em torno do qual as operações financeiras irregulares foram realizadas, colocava em risco a manutenção da ordem econômica pela probabilidade de reiteração de condutas semelhantes às que estavam sendo investigadas.

Conveniência (necessidade) da instrução criminal – O terceiro fundamento que pode ensejar a decretação da prisão preventiva é a *conveniência da instrução criminal*, cujo objetivo é de preservar a prova processual, garantindo sua regular produção, imune a qualquer ingerência nefasta do agente. Assim, se o agente se encontra ameaçando testemunhas e vítimas, aliciando testemunhas falsas, desaparecendo com vestígios do crime, destruindo documentos, enfim, dificultando ou desfigurando a prova, será cabível a medida extrema.

Atenção

Talvez a redação atual do art. 312 do código devesse ter acolhido a crítica da doutrina, alterando a expressão *conveniência* para *necessidade* da instrução, em consonância com o caráter excepcional da medida extrema, só cabível quando demonstrada a imprescindibilidade da prisão preventiva.

Saliente-se da impossibilidade da prisão preventiva ser decretada com o fim de coagir ou estimular o agente a colaborar na investigação ou na instrução do processo criminal, posto que não recai sobre ele o dever de auxiliar as autoridades na descoberta da verdade real, produzindo provas contra si mesmo. É a leitura que se faz do privilégio contra a não autoincriminação (*nemo tenetur se detegere* ou *nemo tenetur se ipsum accusare* ou *nemo tenetur se ipsum prodere*). Nesse sentido, a lição de Germano Marques da Silva (*Curso de processo penal*, 2. ed. Lisboa: Editorial Verbo, 1999. vol. II, p. 245-246). Ainda sobre tal princípio, confiram-se comentários aos arts. 7º, 174, 186 e 420. Tampouco se decretará a preventiva por comodismo, ante "a facilidade de ter o acusado sempre à mão", na lição de Tornaghi (ob. cit., vol. 3, p. 337).

Demais disso, eventual descumprimento pelo acusado de uma ordem legal pode ensejar a adoção da medida prevista no art. 260 do código, a implicar em sua condução coercitiva, embora, na análise desse artigo de lei acima, concluímos por sua não recepção pela Constituição em vigor.

Segurança da aplicação da lei penal - Como último fundamento, tem-se a possibilidade de decretação da prisão preventiva para assegurar a aplicação da lei penal. Assim, quando inexistente qualquer elemento que indique que o provável autor do crime, uma vez condenado, será efetivamente compelido a cumprir a pena, é possível a decretação de sua prisão preventiva. É uma forma, portanto, de se assegurar a futura aplicação da pena, que será fatalmente frustrada caso, desde logo, não se prenda o agente. Tem cabimento, v.g., em casos nos quais o agente não possui residência fixa ou ocupação lícita ou em que foge no curso do processo. A apressada alienação do patrimônio, a obtenção, sem maior justificativa, de uma cidadania estrangeira, o plano de mudança de domicílio sem qualquer comunicação ao distrito da culpa, são também exemplos que ensejariam, em tese, a decretação da medida extrema.

Segundo a tese n. 1, da "Jurisprudência de Teses", do STJ, "a fuga do distrito da culpa é fundamentação idônea a justificar o decreto da custódia preventiva para a conveniência da instrução criminal e como garantia da aplicação da lei penal"

Outro fundamento - A tais fundamentos um outro pode ser incluído, constante do art. 282, § 6º, do código, pelo qual a prisão preventiva somente pode ser decretada desde que não seja cabível sua substituição por alguma medida cautelar. Cumpre ao juiz, assim, justificar as razões pelas quais, ao impor a prisão preventiva do agente, afastou a possibilidade de substituir a drástica medida por uma cautelar.

Descumprimento da medida - Trata-se de dispositivo idêntico ao contido no art. o art. 282, § 4.º, do CPP, quando o tema foi abordado e cuja consulta fica recomendada.

CONDIÇÕES DE ADMISSIBILIDADE DA PRISÃO PREVENTIVA

"Art. 313. ....

§ 1º ....

§ 2º Não será admitida a decretação da prisão preventiva com a finalidade de antecipação de cumprimento de pena ou como decorrência imediata de investigação criminal ou da apresentação ou recebimento de denúncia." (NR)

Redação ANTES da Lei 13.964/19	Redação DEPOIS da Lei 13.964/19
Art. 313. Nos termos do art. 312 deste Código, será admitida a decretação da prisão preventiva: I - nos crimes dolosos punidos com pena privativa de liberdade máxima superior a 4 (quatro) anos; II - se tiver sido condenado por outro crime doloso, em sentença transitada em julgado, ressalvado o disposto no inciso I do *caput* do art. 64 do Decreto-Lei no 2.848, de 7 de dezembro de 1940 - Código Penal; III - se o crime envolver violência doméstica e familiar contra a mulher, criança, adolescente, idoso, enfermo ou pessoa com deficiência, para garantir a execução das medidas protetivas de urgência; IV - (revogado). Parágrafo único. Também será admitida a prisão preventiva quando houver dúvida sobre a identidade civil da pessoa ou quando esta não fornecer elementos suficientes para esclarecê-la, devendo o preso ser colocado imediatamente em liberdade após a identificação, salvo se outra hipótese recomendar a manutenção da medida.	**Art. 313.** Nos termos do art. 312 deste Código, será admitida a decretação da prisão preventiva; I – nos crimes dolosos punidos com pena privativa de liberdade máxima superior a 4 (quatro) anos; II – se tiver sido condenado por outro crime doloso, em sentença transitada em julgado, ressalvado o disposto no inciso I do *caput* do art. 64 do Decreto-Lei nº 2.848, de 7 de dezembro de 1940 – Código Penal; III – se o crime envolver violência doméstica e familiar contra a mulher, criança, adolescente, idoso, enfermo ou pessoa com deficiência, para garantir a execução das medidas protetivas de urgência; IV – (revogado) § 1º. Também será admitida a prisão preventiva quando houver dúvida sobre a identidade civil da pessoa ou quando esta não fornecer elementos suficientes para esclarecê-la, devendo o preso ser colocado imediatamente em liberdade após a identificação, salvo se outra hipótese recomendar a manutenção da medida. § 2º. Não será permitida a decretação da prisão preventiva com a finalidade de antecipação de cumprimento de pena ou decorrência imediata de investigação criminal ou da apresentação ou recebimento da denúncia.

Cabimento da prisão preventiva. Introdução – Uma vez preenchidos os requisitos e pressupostos elencados no art. 312 CPP, deve-se avaliar se o fato se amolda às condições abaixo relacionadas, que permitem a decretação da prisão preventiva. Observe-se que tais condições não exigem a simultaneidade entre si, isto é, a presença das três condições ao mesmo tempo. Em outras palavras: basta a incidência de uma delas para que se permita a decretação da prisão preventiva. Num exemplo: cometido um crime que envolva violência doméstica, tendo o agente descumprido alguma das medidas que lhe foram impostas, posto que ameaçou a vítima, é cabível a preventiva, com base no inc. III deste dispositivo, ainda que o crime de ameaça tenha pena máxima cominada em seis meses de detenção (art. 147 do Código Penal), não atendendo, assim, ao requisito previsto no inc. I.

I – nos crimes dolosos punidos com pena privativa de liberdade máxima superior a 4 (quatro) anos;

Crimes dolosos punidos com pena privativa de liberdade máxima superior a quatro anos – Face aos termos expressos da lei, afasta-se, de plano, a possibilidade de decretação da prisão preventiva pela prática de crime culposo. Do mesmo teor, aliás, era a redação do art. 313, "*caput*" do código, antes da entrada em vigor da Lei nº 12.403/2011. E, de fato, a própria natureza dessa espécie de delito, onde inexiste a voluntariedade do agente, revela-se incompatível com a decretação de tão drástica medida. Se prisão preventiva já se viu decretada, por exemplo, em delitos de trânsito, é porque se identificou, no caso concreto, a ocorrência do chamado *dolo eventual*. Mais aí o delito é doloso e não mais culposo. Ou porque o agente cometeu o crime de embriaguez ao volante que, de sua parte, também não é culposo.

Contravenções penais – É incabível a prisão preventiva pela prática de contravenção penal, posto que o legislador se referiu a *crimes*, não se devendo cogitar do emprego da analogia, porque *in malam partem*, para estender esse conceito às contravenções penais. Não atenderia, ademais, ao princípio da proporcionalidade, a imposição de tão drástica medida em face de singela prática de contravenção penal que, se condenado o réu, raramente ensejaria sua prisão. Afinal, se depois de condenado, na maioria das vezes, não haveria prisão-pena, que sentido faz manter-se o réu encarcerado cumprindo prisão processual? Destaque-se, aliás, que o art. 6º da Lei das Contravenções Penais, impõe o cumprimento da pena de prisão simples em regime semiaberto ou aberto. De resto, não há qualquer contravenção penal cuja pena máxima supere os quatro anos, o que, por si só, desaconselha a imposição da medida extrema ao *crime-anão*.

Mas não é só: quando o legislador, diante de determinada situação, pretendeu abranger crimes e contravenções, ele o fez de forma expressa, com a utilização do vocábulo "infração penal". É assim, por exemplo, quando considera em flagrante delito "quem está cometendo a *infração penal*" (art. 302, inc. I), a autorizar, dessa forma, a prisão em flagrante tanto para crimes como para contravenções. Não é o caso da preventiva, onde o emprego do termo "crimes" deve ser entendido literalmente, sem lugar para interpretações extensivas, indevidas por se lidar com a liberdade do indivíduo.

Sobre as contravenções penais no ambiente doméstico e familiar contra a mulher, v. art. 313, III, abaixo.

Crimes punidos com reclusão ou detenção? – O art. 313, em sua redação anterior, só admitia a prisão preventiva para os crimes dolosos punidos com pena de reclusão. A norma em vigor não faz mais essa diferenciação, aludindo apenas à pena privativa de liberdade. Assim, é, em tese, cabível a decretação da prisão preventiva seja a pena cominada ao delito de reclusão ou detenção. Exige, contudo, que a pena máxima prevista ao crime supere quatro anos. Pesquisando no Código Penal, encontramos apenas dois delitos que, punidos com pena de detenção, possuem penas cominadas superiores a quatro anos. Cuidam-se do infanticídio (art. 23 do CP), e a exposição ou abandono de recém-nascido com resultado morte (art. 134, § 2º, do CP).

Pena máxima não superior a quatro anos – Há doutrina que entende cabível a decretação da preventiva ainda que o crime, em tese, atribuído ao agente, tenha previsão de pena máxima não superior a quatro anos. É a respeitável lição de Andrey Borges de Mendonça, que sintetiza da seguinte forma: "em situações concretas, excepcionais e devidamente justificáveis, diante das circunstâncias objetivas do caso concreto (gravidade do crime e circunstâncias do fato), ou, ainda, atento às circunstâncias pessoais do agente, nos termos do art. 282, inc. II, a prisão preventiva pode se mostrar a medida mais *adequada* para tutelar os bens jurídicos indicados no art. 282, inc. I, mesmo não preenchendo os requisitos do art. 313" (*Prisão e outras Medidas Cautelares Pessoais.* São Paulo: Ed. Método, 2012, p.261).

Fazemos, porém, alguma ressalva a esse entendimento. Independentemente da pena cominada ao delito, se há dúvida quanto à identidade do agente, é cabível a preventiva, nos termos do §1º. deste dispositivo. O mesmo ocorrerá quando o agente descumpre alguma obrigação imposta por força de medida cautelar (art. 312, §1º.). Quando se tratar, porém, de prisão preventiva originariamente decretada, que não guarde relação com nenhuma das situações retro mencionadas (não identificação do agente ou conversão da medida cautelar em prisão), o decreto deverá atentar à pena imposta ao delito. Logo, já não pairando dúvida sobre sua real identidade, acusado pela prática de crime com pena máxima inferior a 4 anos, deve-se, primeiro, atendidos os requisitos objetivos e subjetivos, impor-lhe uma medida cautelar, nos termos do art. 282, § 6º do CPP. Somente depois, na eventualidade do descumprimento de alguma condição, será cabível a decretação da prisão preventiva (arts. 282, § 4º e 312, parágrafo único do CPP).

Pertinente, nesse aspecto, a observação de Rogério Schietti Cruz, ainda sob a luz da legislação anterior, mas com aplicação à disciplina atual: "Daí porque o juiz, ao analisar pedido de prisão preventiva, ou mesmo se já preso o acusado, para manter a custódia de forma legítima, deverá avaliar, diante das circunstâncias concretas deduzidas na acusação e já acolhidas na instrução criminal, se a pena que resultará de eventual sentença condenatória justifica o encarceramento preventivo, porquanto é bem possível que a sanção criminal que se antevê aplicável ao caso concreto seja bem inferior ao máximo cominado em abstrato para o ilícito em apuração. Com efeito, aparenta-se irrazoável suprimir a liberdade de alguém a título de prisão cautela, se essa pessoa, ao cabo do processo, não será efetivamente encarcerada a título de prisão pena" (*Prisão Cautelar: Dramas, Princípios e Alternativas*. Rio de Janeiro: Lumen Juris, 2006, p. 100).

Concurso de crimes – Suponha-se a prática de dois crimes, em concurso material, cuja pena máxima isoladamente cominada para cada um deles não ultrapasse os quatro anos. Assim, após perpetrar um crime de furto simples (pena máxima de quatro anos), o agente ofende os policiais responsáveis por sua prisão, praticando o crime de desacato, que tem pena máxima de dois anos. Nesta hipótese de concurso material (heterogêneo), as penas de ambos os delitos, para fins de decretação da prisão preventiva, devem ser consideradas isoladamente ou, ao revés, somadas?

Trata-se das duas correntes que se estabeleceram sobre o tema, sendo que Rômulo de Andrade Moreira, ao aderir à primeira delas, entende que "no caso de concurso de concurso material ou formal de crimes, ou em se tratando de crime continuado, entendemos que cada crime deve ser considerado isoladamente, aplicando-se, por analogia o art. 119 do Código Penal e a Súmula 497 do STF, posição que sofre restrição de boa parte da doutrina e da jurisprudência"(*Curso Temático de Direito Processual Penal*. 2. ed. Curitiba: Juruá, 2010, p. 583). Não é o posicionamento que vingou na doutrina, como reconhece o próprio autor baiano, embora seja aquele que mais restringe o cabimento da prisão preventiva, a destacar seu caráter de excepcionalidade. Nesse sentido, ainda, Adriana Therezinha Carvalho Souto Castanho de Carvalho (*O Novo Regime Jurídico das Medidas Cautelares no Processo Penal*, in "O Novo Regime Jurídico das Medidas Cautelares no Processo Penal", Rio de Janeiro: Emerj, 2002, p. 19).

Posiciona-se pela segunda corrente o promotor de Justiça da Bahia, João Paulo Schoucair, em alentado trabalho que publicou sobre o tema (*Prisão preventiva e pena em abstrato no concurso de crimes*), quando destaca que "para resolver o citado impasse e sublinhe-se, por relevante, mais razoável, seria exigir que a soma das penas dos crimes na alça de mira da Justiça seja superior a 4 (quatro) anos, vez que, além de ser cabível, em tese, uma condenação final a pena privativa de liberdade em regime fechado, *ex vi* do estabelecido no art. 33 do Código Penal, o legislador, em momento algum, indicou que sua aferição deveria ser individual, não se perdendo de foco que idêntica postura já estava pacificada nos casos de incidência dos benefícios das suspensão condicional do processo e fiança, quando em concurso de crimes, assim como no rito processual aplicado" (site *Jus navigandi*, Teresina, ano 17, n. 3296, 10 jul. 2012).

E, de fato, o entendimento do Superior Tribunal de Justiça, cristalizado em duas súmulas, em temas diversos, pode ser adotado, por analogia, à hipótese vertente. Assim, a Súmula n. 81 daquele tribunal, dispõe que, *verbis*: "Não se concede fiança quando, em concurso material, a soma das penas mínimas cominadas for superior a dois anos de reclusão". Já a Súmula n. 243 é no sentido de que: "O benefício da suspensão do processo não é aplicável em relação às infrações penais cometidas em concurso material, concurso formal ou continuidade delitiva, quando a pena mínima cominada, seja pelo somatório, seja pela incidência da majorante, ultrapassar o limite de um (01) ano". Este último entendimento se refere à possibilidade de concessão do chamado *sursis* processual, previsto na Lei dos Juizados Especiais Criminais (Lei n. 9.099/95).

É o pensamento, ainda, de Fauzi Hassan Choukr, quando ressalta que da mesma forma "deixaram-se igualmente em aberto, e com as complicações naturalmente decorrentes dessa omissão, as hipóteses de concurso formal, material ou crime continuado quando se analisa que, pela somatória das penas em abstrato dos delitos imputados alcança-se piso superior ao dos quatro anos. Nestas hipóteses, cremos, tenderá a valer a mesma compreensão que tema análogo teve, a saber, a interpretação do art. 89 da Lei n. 9.099/1995 nessas situações, para concluir que, nas hipóteses de concurso formal, material e crime continuado as penas em abstrato devem ser somadas, superando eventualmente o máximo em abstrato de quatro anos e o respectivo impedimento para a decretação, de plano, da prisão preventiva"(*Medidas cautelares e pri-*

são processual: Comentários à Lei 12.403/2011. 1ª ed. Rio de Janeiro: Forense, 2011, pág. 94/95).

II – se tiver sido condenado por outro crime doloso, em sentença transitada em julgado, ressalvado o disposto no inciso I do *caput* do art. 64 do Decreto-Lei nº 2.848, de 7 de dezembro de 1940 – Código Penal; (Redação dada pela Lei nº 12.403, de 2011).

Condenação anterior – A preventiva também é cabível quando o acusado já foi condenado por outro crime doloso, castigado com pena de reclusão, detenção ou multa, em sentença transitada em julgado, ressalvado o disposto no inc. I do *caput* do art. 64 do CP. É a seguinte a redação do artigo do Código Penal: "Para efeito de reincidência: I – não prevalece a condenação anterior, se entre a data do cumprimento ou extinção da pena e a infração posterior tiver decorrido período de tempo superior a 5 (cinco) anos, computado o período de prova da suspensão ou do livramento condicional, se não ocorrer revogação"

Em outras palavras, é cabível a medida extrema nos casos em que o réu contar com uma condenação anterior (ainda que se tratando de infração diversa), capaz de configurar a reincidência na eventualidade de nova condenação. Ambos os delitos – o anterior e o posterior – devem se referir, por óbvio, a crimes dolosos. É, porém, feita a mencionada ressalva na parte final do dispositivo, quando alude ao inc. I do *caput* do art. 64 do Código Penal. Ou seja, caso ultrapassado o prazo de cinco anos entre a nova infração e a data do cumprimento ou extinção da pena, isto é, não mais configurada a reincidência, esse crime anterior não deve ser considerado, não justificando, assim a prisão preventiva do agente, pelo menos sob o fundamento previsto neste inc. II. Em remate: condenação anterior, por crime doloso, justifica, em tese, a decretação da prisão preventiva, a menos que essa condenação anterior não mais configure a reincidência.

Considerando que, segundo observado acima, as três hipóteses de cabimento da preventiva não precisam estar presentes cumulativamente, bastando a demonstração isoladamente de uma delas, não há que se exigir que os delitos – quer o anterior, quer o posterior – tenham penas máximas superiores a quatro anos.

Sentença no estrangeiro – A sentença no estrangeiro por crime vale para a reincidência, não necessitando de homologação do Superior Tribunal de Justiça. Salvo se o fato for atípico no nosso país, quando a condenação alienígena não configurará a reincidência. Para caracterizar a reincidência, não importa saber qual a pena imposta ao delito pretérito. Logo, condenação anterior com imposição de pena de multa também configura reincidência. A extinção da punibilidade em relação à infração anterior não gera reincidência se antes do trânsito em julgado; se após o trânsito em julgado, configura reincidência, salvo se a causa extintiva for anistia ou *abolitio criminis*. Ressalte-se, ainda, que o beneficiado com perdão judicial e que comete novo crime não será considerado reincidente, nos termos do art. 120 do Código Penal.

Insistimos, novamente, em um ponto: não bastará a mera reincidência para que, de plano, ensejar a decretação da preventiva. Será necessário, em acréscimo, o preenchimento dos demais requisitos previstos no art. 312 do código.

III – se o crime envolver violência doméstica e familiar contra a mulher, criança, adolescente, idoso, enfermo ou pessoa com deficiência, para garantir a execução das medidas protetivas de urgência; (Redação dada pela Lei nº 12.403, de 2011).

Prisão preventiva, medidas protetivas e Lei Maria da Penha – O dispositivo em tela alargou as hipóteses de cabimento da prisão preventiva, possibilitando ao juiz decretar a prisão provisória em face do agressor, "para garantir a execução das medidas protetivas de urgência". Com o advento da Lei 12.403/2011, caberá preventiva se o crime envolver violência doméstica e familiar contra a mulher, criança, adolescente, idoso, enfermo ou pessoa com deficiência, para garantir a execução das medidas protetivas de urgência.

Cabe observar, assim, que a lei reforça o entendimento de que as medidas protetivas da Lei Maria da Penha não são exclusivas da mulher ofendida, mas de qualquer pessoa vítima dessa espécie de violência (não importando o sexo), desde que vulnerável (como criança, adolescente, idoso, enfermo ou pessoa com deficiência).

Logo, cometido um delito de lesão corporal leve contra a mulher, pode seu autor ter decretada a prisão preventiva, embora esse crime seja apenado com detenção máxima de 1 (um) ano. Essa espécie de prisão provisória, na redação anterior do art. 313 do CPP, praticamente não existia para os crimes apenados com detenção (a menos que fosse o réu vadio ou pairasse dúvida quanto à sua identidade, hipóteses raríssimas de se verificarem ou se, antes, tivesse sido condenado pela prática de crime doloso).

Essa iniciativa do legislador foi recebida com aplausos por significativa parcela doutrina. Nesse sentido as palavras de Eduardo Cabette: "O dispositivo é providencial, constituindo-se em um utilíssimo instrumento para tornar efetivas as medidas de proteção preconizadas pela novel legislação. Não houvesse essa modificação, a maioria dos casos de violência doméstica e familiar contra a mulher ficaria privada do instrumento coercivo da prisão preventiva por ausência de sustentação nos motivos elencados no art. 312, CPP, tradicionalmente e nos casos de cabimento arrolados no art. 313, CPP". *Anotações críticas sobre a lei de violência doméstica e familiar contra a mulher*. Disponível em: [www.jusnavigandi.com.br].

Arremata o autor que "a utilidade dessa inovação é cristalina. Basta, para exemplificar, destacar a inocuidade da medida protetiva de urgência de proibição ao agressor de aproximação da ofendida, de seus familiares e das testemunhas, fixando um limite mínimo de distância entre estes e o agressor (art. 22, III, a, da Lei 11.340/2006). Tal determinação judicial desprovida de um instrumento coercitivo rigoroso não passaria de formalidade estéril a desacreditar a própria Justiça".

Compartilhamos desse entusiasmo, mas, no entanto, recomendamos cautela na abordagem do tema. Para a decretação da medida de exceção, que o crime tenha sido perpetrado contra a mulher, criança, adolescente, idoso, enfermo ou pessoa com deficiência no âmbito doméstico ou familiar. É preciso que, além disso, estejam presentes, também, os pressupostos e fundamentos justificadores da prisão preventiva, elencados no art. 312 do CPP.

Sobre a decretação da prisão preventiva de ofício e a Lei Maria da Penha, v. art. 311 CPP.

Vias de fato e não cabimento de prisão preventiva no âmbito da violência doméstica – O Superior Tribunal de Justiça, no julgamento do HC n. 437.535-SP, em 26 de junho de 2018, no qual foi relator para o Acórdão o Min. Rogério Schietti Cruz, entendeu, por maioria de votos, pelo não cabimento da prisão preventiva para a hipótese da prática de vias de fato, prevista no art. 21 da Lei das Contravenções Penais, ainda que perpetrada no âmbito da violência doméstica. O principal argumento foi no sentido de que o art. 313, inc. III, do Código de Processo Penal é expresso ao admitir a medida extrema apenas para ***crimes*** e não para ***contravenções penais***, não se autorizando, no caso, outra interpretação da lei que não seja a literal, sob pena de grave prejuízo ao agente.

Da ementa de tal decisão, extraímos o seguinte trecho:

"Em se tratando de aplicação da cautela extrema, não há campo para interpretação diversa da literal, de modo que não existe previsão legal autorizadora da prisão preventiva contra autor de uma contravenção, mesmo na hipótese específica de transgressão das cautelas de urgência diversas já aplicadas [...] Vedada a incidência do art. 313, III, do CPP, tendo em vista a notória ausência de autorização legal para a decisão que decretou a constrição cautelar do acusado. Ordem concedida, para que o paciente possa responder a ação penal em liberdade, se por outro motivo não estiver preso".

Criança, adolescente, idoso, enfermo, pessoa com deficiência – Considera-se criança, na definição dada pelo art. 2° da Lei n° 8.069/90 (Estatuto da Criança e do Adolescente), a pessoa até 12 anos de idade incompletos e, adolescente, aquela que contar entre 12 e 18 anos de idade. Já idoso é aquele com idade igual ou superior a 60 anos, nos termos do art. 1° da Lei n° 10.741/2003 (Estatuto do Idoso). É tido por enfermo, na definição do clássico Dicionário Aurélio, aquele que está doente. O conceito de pessoa portadora de deficiência é trazido pelo art. 2° da Lei

n. 13.146/2015, a saber: "Considera-se pessoa com deficiência aquela que tem impedimento de longo prazo de natureza física, mental, intelectual ou sensorial, o qual, em interação com uma ou mais barreiras, pode obstruir sua participação plena e efetiva na sociedade em igualdade de condições com as demais pessoas". Para maior aprofundamento sobre o tema, sugerimos nosso *Estatuto da Pessoa com Deficiência comentado artigo por artigo*, em coautoria com Cristiano Chaves de Farias (editora Juspodivm, Salvador, 2016, 2. edição).

Cremos, no entanto, que não será todo e qualquer doente que merecerá a concessão de medidas protetivas. Há necessidade que, em virtude da doença, a pessoa se encontre, de alguma forma, em situação de vulnerabilidade, com sua capacidade de defesa reduzida, enfim, em um determinado estado que exija a adoção de medidas que a protejam, em análise a ser feita caso a caso. O portador de uma doença crônica (assim consideradas aquelas que se prolongam no tempo), como, por exemplo, diabetes ou asma, não se encontra, necessariamente, em situação de fragilidade a reclamar a proteção da lei. Já aquele acometido de um mal capaz de minar qualquer possibilidade de defesa ou reação, a ocupar, por exemplo, um leito de um quarto, necessitando do auxílio de terceiros para fazer frente às atividades básicas do cotidiano, esse, seguramente, merecerá a proteção da lei em estudo.

Descumprimento de medida protetiva e crime de desobediência – Reinava certa divergência no Superior Tribunal de Justiça quanto à possibilidade de configuração do crime de desobediência (art. 330 do Código Penal), nas hipóteses em que o agressor descumprisse as medidas que lhe foram impostas, em proteção à mulher vítima de violência doméstica. Mais recentemente, porém, prevalecia, de forma monótona, o entendimento de que, havendo uma medida específica a ser adotada quando descumprida a medida protetiva, consistente, exatamente, na possibilidade de decretação da prisão preventiva, não se configurava o delito de desobediência. Esse debate, porém, foi superado com o advento da Lei n. 13.641/2018 que, ao incluir o art. 24-A na Lei Maria da Penha, passou a prever um crime específico para as hipóteses de "Descumprimento de Medidas Protetivas de Urgência Descumprimento de Medidas Protetivas de Urgência". De tal maneira, portanto, que uma vez descumprida uma medida protetiva, não mais se cogita da prática do crime de desobediência, mas, forte no princípio da especialidade, daquele previsto no art. 24-A da Lei n. 11.340/2006.

IV - (Revogado pela Lei nº 12.403, de 2011).

§ 1º. Também será admitida a prisão preventiva quando houver dúvida sobre a identidade civil da pessoa ou quando esta não fornecer elementos suficientes para esclarecê-la, devendo o preso ser colocado imediatamente em liberdade após a identificação, salvo se outra hipótese recomendar a manutenção da medida.

Dúvida sobre a identidade civil - Inovação trazida com a Lei n. 12.403/2011, consiste na possibilidade de decretação de prisão preventiva quando perdurar dúvida sobre a identidade civil da pessoa, quando esta não fornecer dados que permitam o esclarecimento da verdade. "Inovação", em verdade, quanto à possibilidade da preventiva, pois essa hipótese já era tratada na lei que cuida da prisão temporária. Com efeito, a Lei n. 7.960/89 - art. 1º, inciso II, parte final, dispõe que cabe a prisão temporária quando o indiciado "não fornecer elementos necessários ao esclarecimento de sua identidade".

A novidade foi saudada com entusiasmo pela doutrina, valendo que se confira o ensinamento de Valter Soleto Fantin, ao destacar que "a preventiva por dúvida de identidade tem relação com a própria persecução penal que pode ser dificultada pela falta de características pessoais do indiciado ou acusado ou até ser inócua, mas caracterizada por temporariedade atinente à obtenção da verdadeira identidade do indiciado, seja com ou sem a colaboração dele; é ínsita a presença de conveniência da instrução criminal e da garantia da aplicação da pena" (*Primeiras impressões da Lei 12.403/2011 sobre prisão preventiva e medidas cautelares*. In *Inovações à prisão preventiva e às medidas cautelares trazidas pela Lei nº 12.403/2011*. São Paulo: APMP, 2011, p. 57).

Temos algumas ressalvas. Primeiro, parece-nos óbvio que não basta, a justificar o decreto de preventiva, a existência de dúvida quanto à identidade da pessoa, sendo de se exigir, em acréscimo, a presença dos demais pressupostos que ensejam a decretação da preventiva (**prova da materialidade, indícios de autoria,** segurança de aplicação da lei penal *ou* conveniência da instrução criminal *ou* garantia da ordem pública ou econômica). Ademais, "se a dúvida sobre a identidade civil da pessoa ou sua inércia em fornecer elementos suficientes para esclarecê-la não constituir um obstáculo imprescindível à investigação criminal, não estará presente o *periculum in mora*, requisito cautelar dessa espécie de prisão", como bem observam Pedro Henrique Demercian e Jorge Assaf Maluly (*A prisão preventiva e as suas hipóteses previstas no art. 313 do CPP, conforme a Lei nº 12.403, de 2011.* In *Inovações à prisão preventiva e às medidas cautelares trazidas pela Lei nº 12.403/2011.* São Paulo: APMP, 2011, p. 39).

Ninguém irá cogitar, assim, de se prender o indivíduo somente porque não identificado, sendo evidente a necessidade da demonstração, antes de tudo, da prática de um crime. Tampouco existe a possibilidade dessa prisão quando se tratar, por exemplo, de um crime culposo, ante a total desproporcionalidade da medida, embora haja quem sustente em sentido contrário – a despeito do teor do art. 313, inc. I –, sob o argumento de que o legislador, neste dispositivo específico, não fez qualquer distinção entre uma e outra modalidade de crime (nesse sentido, André Luiz Nicolitt, *Lei 12.403/11: o novo processo penal cautelar, a prisão e as demais medidas cautelares,* Rio de Janeiro: Elsevier, 2011, p. 66).

Segundo, conquanto não nos coloquemos entre aqueles que vislumbram inconstitucionalidade em toda e qualquer lei (a propósito, sobre o *princípio da presunção de constitucionalidade dos atos do Poder Público*, v. abaixo comentários ao parágrafo único, do art. 414 do CPP), lançamos alguns questionamentos sobre essa possibilidade. É que a Lei n. 12.037/2009, em seu art. 2º, estabelece, como norma geral, as formas de identificação civil, por meio da carteira de identidade, da carteira de trabalho, etc. Como exceção, ainda nos termos desse diploma (art. 3º), é possível a identificação criminal quando o documento apresentar rasura ou tiver indício de falsificação, o documento apresentado for insuficiente para identificar cabalmente o indiciado, o indiciado portar documentos de identidade distintos, com informações conflitantes entre si (ainda sobre o tema, conferir comentários acima ao art. 6., inc. VIII, sob a rubrica "identificação civil e criminal"). Decretar-se a prisão preventiva, medida drástica e de exceção, a atentar contra valor constitucionalmente assegurado, consistente na liberdade da pessoa, quando a própria legislação oferece meios para se solucionar a dúvida sobre a identidade do indivíduo, parece um pouco exagerado. Reconhecemos, porém, que mesmo antes dessa inovação, implantada pela Lei nº 12.403/2011, o Superior Tribunal de Justiça, como se vê abaixo, reconheceu a possibilidade de decretação da preventiva, a fim de viabilizar a investigação policial.

Essa impressão se reforça, quanto à (in)constitucionalidade do dispositivo, ao se constatar que ele não estabeleceu qualquer prazo para duração da medida. Limitou-se, simplesmente, a determinar a imediata soltura do preso assim que descoberta sua identidade. De se indagar, então: caso perdure, *v.g.*, por três meses essa apuração quanto à identidade, permanecerá o indivíduo preso, no aguardo da solução do impasse? Melhor solução foi dada pela Lei n. 7.960/89 que, em seu art. 2º, prevê um prazo de duração da prisão temporária, de cinco dias prorrogáveis por igual período. Não vislumbramos, outrossim, qualquer esvaziamento na disciplina da prisão temporária, como pareceu ao enunciado de n. 11, da Procuradoria de Justiça de "habeas corpus" e mandado de segurança do Ministério Público de São Paulo, pelo qual "a Lei n.º 12.403/2011 fez a prisão temporária perder em parte o objeto, ao prever a prisão preventiva quando houver dúvida sobre a identidade civil da pessoa ou quando não forem fornecidos elementos suficientes para esclarecê-la (CPP – art. 313, parágrafo único, do CPP). Essa hipótese, que ensejava a prisão temporária (Lei nº 7.960/89 – art. 1º, inciso II, parte final) agora está prevista como situação que admite a prisão preventiva por necessidade de investigação criminal (CPP – art. 282, I)". Entendemos que a Lei nº 7.960/89 continua em vigor e não conflita com a disciplina da prisão preventiva, pois ambas se apoiam em requisitos e pressupostos diversos. Na prática, parece até mais aconselhável o pedido de temporária, posto que apto a escapar de qualquer pecha de inconstitucionalidade, sobretudo por prever um lapso temporal de duração.

§2º. Não será permitida a decretação da prisão preventiva com a finalidade de antecipação de cumprimento de pena ou decorrência imediata de investigação criminal ou da apresentação ou recebimento da denúncia.

Não cabimento da prisão preventiva - O novel dispositivo, acrescentado pela Lei 13.964/19, parece inútil, ou, quiçá, servindo como reforço de garantia. É óbvio, da redação do art. 312 do CPP, que a medida extrema deve pressupor prova do crime, indícios da autoria e demonstração de que o agente, em liberdade, é perigoso para a sociedade. A prisão preventiva deve estar fincada na garantia da ordem pública, ou da ordem econômica, da necessidade de instrução ou futura aplicação da lei penal. O juiz que decreta a prisão cautelar com finalidade de antecipação de cumprimento da pena ou decorrência imediata de investigação criminal ou da apresentação ou recebimento da incoativa, ignora, por completo, as premissas acima.

PRISÃO PREVENTIVA MOTIVADA E FUNDAMENTADA

"Art. 315. A decisão que decretar, substituir ou denegar a prisão preventiva será sempre motivada e fundamentada.

§ 1º Na motivação da decretação da prisão preventiva ou de qualquer outra cautelar, o juiz deverá indicar concretamente a existência de fatos novos ou contemporâneos que justifiquem a aplicação da medida adotada.

§ 2º Não se considera fundamentada qualquer decisão judicial, seja ela interlocutória, sentença ou acórdão, que:

I - limitar-se à indicação, à reprodução ou à paráfrase de ato normativo, sem explicar sua relação com a causa ou a questão decidida;

II - empregar conceitos jurídicos indeterminados, sem explicar o motivo concreto de sua incidência no caso;

III - invocar motivos que se prestariam a justificar qualquer outra decisão;

IV - não enfrentar todos os argumentos deduzidos no processo capazes de, em tese, infirmar a conclusão adotada pelo julgador;

V - limitar-se a invocar precedente ou enunciado de súmula, sem identificar seus fundamentos determinantes nem demonstrar que o caso sob julgamento se ajusta àqueles fundamentos;

VI - deixar de seguir enunciado de súmula, jurisprudência ou precedente invocado pela parte, sem demonstrar a existência de distinção no caso em julgamento ou a superação do entendimento." (NR)

Redação ANTES da Lei 13.964/19	Redação DEPOIS da Lei 13.964/19
Art. 315. A decisão que decretar, substituir ou denegar a prisão preventiva será sempre motivada.	**Art. 315.** A decisão que decretar, substituir ou denegar a prisão preventiva será sempre motivada e fundamentada. §1º Na motivação da decretação da prisão preventiva ou de qualquer outra cautelar, o juiz deverá indicar concretamente a existência de fatos novos ou contemporâneos que justifiquem a adoção da medida adotada.

Redação ANTES da Lei 13.964/19	Redação DEPOIS da Lei 13.964/19
	§2º Não se considera fundamentada qualquer decisão judicial, seja ela interlocutória, sentença ou acórdão, que: I – se limitar à indicação, à reprodução ou à paráfrase de ato normativo, sem explicar sua relação com a causa ou questão decidida; II – empregar conceitos jurídicos indeterminados, sem explicar o motivo concreto de sua incidência no caso; III – invocar motivos que se prestariam a justificar qualquer outra decisão; IV – não enfrentar todos os argumentos deduzidos no processo capazes de, em tese, infirmar a conclusão adotada pelo julgador; V – se limitar a invocar precedente ou enunciado de súmula, sem identificar seus fundamentos determinantes nem demonstrar que o caso sob julgamento se ajusta àqueles fundamentos; VI – deixar de seguir enunciado de súmula, jurisprudência ou precedente invocado pela parte, sem demonstrar a existência de distinção no caso em julgamento ou a superação do entendimento".

Motivação e fundamentação – Como bem explica Carlos Aurélio Mota de Souza, a motivação das decisões submete-se ao princípio constitucional da publicidade e controle dos atos judiciais, a ser exercido pelos poderes públicos, pelos jurisdicionados, pela sociedade e pela comunidade jurídica. Tocante às decisões judiciais, a expressão fundamentar, com o mesmo significado de motivar, está a merecer apreciação diferenciada, em razão das funções distintas que exercem, dentro e fora do processo. Para o juiz estabelecer a necessária correlação entre a demanda e a sentença, a motivação deve se ocupar das questões de fato e de direito, apresentadas como "causa petendi", enquanto a fundamentação destina-se finalisticamente à solução do pedido, mediante a determinação de um fundamento jurídico aplicável ao caso concreto (*in* MOTIVAÇÃO E FUNDAMENTAÇÃO DAS DECISÕES JUDICIAIS E O PRINCÍPIO DA SEGURANÇA JURÍDICA, disponível em http://esdc.com.br/seer/index.php/rbdc/article/viewFile/345/338).

O princípio pelo qual toda e qualquer decisão deva ser devidamente motivada tem previsão constitucional (art. 93, inc. IX da Carta), razão pela qual, a rigor, seria mesmo desnecessária a observação contida neste dispositivo. De qualquer maneira, a fim de reforçar o mandamento constitucional, o legislador houve por bem apontar essa necessidade de motivação e fundamentação.

§ 1º Na motivação da decretação da prisão preventiva ou de qualquer outra cautelar, o juiz deverá indicar concretamente a existência de fatos novos ou contemporâneos que justifiquem a adoção da medida adotada.

Motivação e fundamentação adequadas - No dizer de Hélio Tornaghi, "o juiz deve mencionar de maneira clara e precisa os fatos que o levam a considerar *necessária* a prisão para garantia da ordem pública ou para assegurar a instrução criminal ou a aplicação da lei penal substantiva. Não basta de maneira alguma, não é fundamentação, frauda a finalidade da lei e ilude as garantias da liberdade o fato de o juiz dizer apenas: 'considerando que a prisão é necessária para a garantia da ordem pública [...]'. Ou então: 'a prova dos autos revela que a prisão é conveniente para a instrução criminal [...]'. Fórmulas como essas são a mais rematada da prepotência, do arbítrio e da opressão. Revelam displicência, tirania ou ignorância, pois além de tudo envolvem petição de princípio: com elas o juiz toma por base exatamente aquilo que deveria demonstrar" (ob. cit., vol. 3, pp. 334-5).

§ 2º **Não se considera** fundamentada qualquer decisão judicial, seja ela interlocutória, sentença ou acórdão, que:

I - se limitar à indicação, à reprodução ou à paráfrase de ato normativo, sem explicar sua relação com a causa ou questão decidida;

II - empregar conceitos jurídicos indeterminados, sem explicar o motivo concreto de sua incidência no caso;

III – invocar motivos que se prestariam a justificar qualquer outra decisão;

IV – não enfrentar todos os argumentos deduzidos no processo capazes de, em tese, infirmar a conclusão adotada pelo julgador;

V – se limitar a invocar precedente ou enunciado de súmula, sem identificar seus fundamentos determinantes nem demonstrar que o caso sob julgamento se ajusta àqueles fundamentos;

VI – deixar de seguir enunciado de súmula, jurisprudência ou precedente invocado pela parte, sem demonstrar a existência de distinção no caso em julgamento ou a superação do entendimento".

Motivação e fundamentação deficientes – O dispositivo em análise deve ser observado em qualquer decisão judicial, seja ela interlocutória, sentença ou acórdão. Apenas os despachos dispensam a fundamentação, já que desprovidos de conteúdo decisório.

Decisão judicial suficientemente motivada e fundamentada, de acordo com a jurisprudência de nossos Tribunais Superiores, não reclama uma "obra" aprofundada em citações doutrinárias e pretorianas, evitando-se, ademais, o risco de se adiantar precipitadamente o mérito do julgamento em decisões que antecedem a sentença final.

No que diz respeito à decretação da prisão preventiva ou de qualquer outra cautelar, permite decisão sucinta, mas que, observe, com atenção, a Constituição e os pressupostos e requisitos autorizadores da medida. Nos termos da tese n. 5, da "Jurisprudência de Teses", do STJ, "as medidas cautelares diversas da prisão, ainda que mais benéficas, implicam em restrições de direitos individuais, sendo necessária fundamentação para sua imposição".

Da simples leitura do novel dispositivo acrescentado pela Lei 13.964/19, reprodução fiel do art. 489, § 1º, do CPC, conclui-se que a decisão do magistrado deve fugir ao lugar comum, evitando frases feitas, verdadeiros "carimbos", que permitem sua reprodução em série, aplicáveis a todo e qualquer caso, sem o mínimo de individualização da situação posta em apreciação. Deve ficar evidente o porquê de o juiz ter tomado aquela decisão. Nessa linha de raciocínio, menções, por exemplo, à gravidade em abstrato do delito são repugnadas. Não basta afirmar que o crime de tráfico de drogas é grave, em observação, de resto, conhecida por todos. Se, por um lado, "a primariedade, os bons antecedentes, a residência fixa e a profissão lícita são circunstâncias pessoais que, de *per si*, não são suficientes ao afastamento da prisão preventiva" (STF – HC nº 114841-SP, Rel. Luiz Fux, j. 10.09.2013, DJe 24.09.2013), é de rigor, por outro, que na apreciação concreta do pedido, se demonstre, ainda que sucintamente, porque é necessária a decretação da medida de exceção, fincada em motivação própria e idônea, que faça alusão, por exemplo, à grande quantidade de droga apreendida, ao anterior envolvimento do réu com essa espécie de delito, à sua adesão a organização criminosa estruturada ao ilícito comércio, o *modus operandi* empregado etc.

Decisões que se limitam a invocar precedente ou enunciado de súmula, sem identificar seus fundamentos determinantes nem demonstrar que o caso sob julgamento se ajusta àqueles fundamentos retratam, na realidade, pseudofundamentação, e por isso devem ser reprovadas. Se a decisão tem como único ou principal fundamento o precedente, seja ele obrigatório ou apenas persuasivo, e não realiza o necessário *distinguishing*, a decisão será rotulada nula por falta de fundamentação (ou fundamentação deficiente).

Do mesmo modo, merecem censura a decisão que deixar de seguir enunciado de súmula, jurisprudência ou precedente invocado pela parte, sem demonstrar a existência de distinção no caso em julgamento ou a superação do entendimento. É que, tratando-se de precedente vinculante, para que o julgador possa deixar de aplicá-lo, é necessário que especifique quais diferenças entre os casos julgado e em julgamento tornam inadequada essa aplicação (*distinguishing*), ou, em sendo competente para tal, que indique a superação do entendimento anterior (*overruling*), ou a limitação de sua abrangência (*overriding*).

PRISÃO PREVENTIVA E A CLÁUSULA *REBUS SIC STANTIBUS*

"Art. 316. O juiz poderá, de ofício ou a pedido das partes, revogar a prisão preventiva se, no correr da investigação ou do processo, verificar a falta de motivo para que subsista, bem como de novo decretá-la, se sobrevierem razões que a justifiquem.

Parágrafo único. Decretada a prisão preventiva se, deverá o órgão emissor da decisão revisar a necessidade de sua manutenção a cada 90 (noventa) dias, mediante decisão fundamentada, de ofício, sob pena de tornar a prisão ilegal."

Redação ANTES da Lei 13.964/19	Redação DEPOIS da Lei 13.964/19
Art. 316. O juiz poderá revogar a prisão preventiva se, no correr do processo, verificar a falta de motivo para que subsista, bem como de novo decretá-la, se sobrevierem razões que a justifiquem.	**Art. 316.** O juiz poderá, de ofício ou a pedido das partes, revogar a prisão preventiva se, no correr da investigação ou do processo, verificar a falta de motivo para que subsista, bem como de novo decretá-la, se sobrevierem razões que a justifiquem. Parágrafo único. Decretada a prisão preventiva se, deverá o órgão emissor da decisão revisar a necessidade de sua manutenção a cada 90 (noventa) dias, mediante decisão fundamentada, de ofício, sob pena de tornar a prisão ilegal.

Rebus sic stantibus – O juiz pode, a requerimento das partes ou de ofício, revogar a prisão preventiva por ele mesmo decretada, desde que surja fato novo que não mais justifique sua manutenção. Não se estabelece, assim, uma situação irrevogável, mas, antes, uma apreciação da causa no estado em que se encontra (*rebus sic stantibus*). Dessa decisão cabe recurso em sentido estrito, nos termos do disposto no inc. V, do art. 581 do código.

De acordo com a parte final do dispositivo, nada impede, ainda, que, revogada a medida, surjam posteriormente motivos que autorizem nova decretação, estando autorizado o juiz a decidir nesse sentido. Essa última decisão, diferentemente da que revoga, deve ser sempre provocada (jamais de ofício), e pode ser desafiada por meio de *habeas corpus*.

Transitoriedade - Esse dispositivo reforça a ideia de transitoriedade, que é inerente à prisão preventiva. Com efeito, enquanto a prisão em flagrante se apoia na *certeza visual* do crime, a prisão preventiva se satisfaz com meros *indícios suficientes* de autoria, na dicção do art. 312 do código. Daí seu caráter de exceção, cujo cabimento é, por isso mesmo, reservado para hipóteses taxativamente elencadas em lei, a permitir, ademais, a revisão a todo tempo, seja para sua revogação, quando já decretada, seja para decretá-la novamente.

Dois exemplos se prestam a esclarecer a aplicação deste dispositivo. Suponha-se que, decretada a prisão preventiva, se apure, ainda que de forma provisória e precária, no curso do processo (ou mesmo durante o inquérito policial), mas antes de proferida a sentença, não ter sido ele o autor do delito. Terá, nesse caso, desaparecido "o indício suficiente de autoria", ao qual se refere o art. 312 do código, a justificar a revogação da prisão preventiva então decretada. De outra parte, negada a prisão preventiva, porque ausente tal indício, a autoridade policial, a partir de novas investigações encetadas, traz ao juiz elementos probatórios até então inexistentes, que reforçam a demonstração da autoria do crime. A partir desse novo quadro que se apresenta, pode o juiz, provocado pela referida autoridade, decretar a prisão preventiva que, antes, negara. Noutro exemplo, lembrado por Luiz Flávio Gomes, "suponha-se que o acusado tenha ameaçado determinada testemunha. Logo após a sua oitiva, já não se justifica a prisão preventiva. Se a ameaça retorna, em relação a outra testemunha, nada impede que o juiz decrete a prisão preventiva novamente. É nisso que consiste a natureza *rebus sic stantibus* da decisão do juiz" (ob. cit., p. 53).

Prazo obrigatório para revisão da necessidade da medida - Considerando "a preocupação da magistratura com as situações de prisão provisória com excesso de prazo ou a manutenção da privação da liberdade após o cumprimento da sua finalidade", o Conselho Nacional de Justiça (CNJ) editou a Resolução 66/2009, onde determina que, estando o réu preso provisoriamente há mais de três meses, com o processo ou inquéritos parados, cumpre ao juiz (ou ao relator tratando-se de recurso), investigar as razões da demora, indicando, ainda, as providências adotadas, a serem, posteriormente, comunicadas à Corregedoria Geral de Justiça ou à Presidência do Tribunal (no caso do relator). A propósito, como observam Alberto Silva Franco e Maurício Zanoide, sendo o juiz "obrigado a declinar os motivos da demora sempre que concluir a instrução fora do prazo, com maior razão deverá fundamentar a necessidade da prisão cautelar, se o *arco de tempo processual*, a que alude Chiavario, previsto para um determinado procedimento, estiver consumido" (*Código de Processo Penal e sua Interpretação Judicial*, 2ª ed., vol. 1, São Paulo: Editora Revista dos Tribunais, 2004, p. 279) (grifo original).

A Lei 13.964/19, acrescentando ao art. 316 do CPP novel parágrafo, seguiu o espírito da referida Resolução. Diz que o órgão emissor da decisão deverá revisar a necessidade de sua manutenção a cada 90 dias, mediante decisão fundamentada, sob pena de o constrangimento, até então legal, se tornar ilegal.

EXECUÇÃO PENAL PROVISÓRIA NO JÚRI

"Art. 492. ....

I - ....

....

e) mandará o acusado recolher-se ou recomendá-lo-á à prisão em que se encontra, se presentes os requisitos da prisão preventiva, ou, no caso de condenação a uma pena igual ou superior a 15 (quinze) anos de reclusão, determinará a execução provisória das penas, com expedição do mandado de prisão, se for o caso, sem prejuízo do conhecimento de recursos que vierem a ser interpostos;

....

§ 3º O presidente poderá, excepcionalmente, deixar de autorizar a execução provisória das penas de que trata a alínea e do inciso I do *caput* deste artigo, se houver questão substancial cuja resolução pelo tribunal ao qual competir o julgamento possa plausivelmente levar à revisão da condenação.

§ 4º A apelação interposta contra decisão condenatória do Tribunal do Júri a uma pena igual ou superior a 15 (quinze) anos de reclusão não terá efeito suspensivo.

§ 5º Excepcionalmente, poderá o tribunal atribuir efeito suspensivo à apelação de que trata o § 4º deste artigo, quando verificado cumulativamente que o recurso:

I - não tem propósito meramente protelatório; e

II - levanta questão substancial e que pode resultar em absolvição, anulação da sentença, novo julgamento ou redução da pena para patamar inferior a 15 (quinze) anos de reclusão.

§ 6º O pedido de concessão de efeito suspensivo poderá ser feito incidentemente na apelação ou por meio de petição em separado dirigida diretamente ao relator, instruída com cópias da sentença condenatória, das razões da apelação e de prova da tempestividade, das contrarrazões e das demais peças necessárias à compreensão da controvérsia." (NR)

Redação ANTES da Lei 13.964/19	Redação DEPOIS da Lei 13.964/19
Art. 492. Em seguida, o presidente proferirá sentença que: I – no caso de condenação: a) fixará a pena-base; b) considerará as circunstâncias agravantes ou atenuantes alegadas nos debates; c) imporá os aumentos ou diminuições da pena, em atenção às causas admitidas pelo júri; d) observará as demais disposições do art. 387 deste Código; e) mandará o acusado recolher-se ou recomendá-lo-á à prisão em que se encontra, se presentes os requisitos da prisão preventiva; f) estabelecerá os efeitos genéricos e específicos da condenação; II – no caso de absolvição: a) mandará colocar em liberdade o acusado se por outro motivo não estiver preso; b) revogará as medidas restritivas provisoriamente decretadas; c) imporá, se for o caso, a medida de segurança cabível. § 1º Se houver desclassificação da infração para outra, de competência do juiz singular, ao presidente do Tribunal do Júri caberá proferir sentença em seguida, aplicando-se, quando o delito resultante da nova tipificação for considerado pela lei como infração penal de menor potencial ofensivo, o disposto nos arts. 69 e seguintes da Lei nº 9.099, de 26 de setembro de 1995.	**Art. 492.** Em seguida, o presidente proferirá sentença que: I – no caso de condenação: a) fixará a pena-base; b) considerará as circunstâncias agravantes ou atenuantes alegadas nos debates; c) imporá os aumentos ou diminuições da pena, em atenção às causas admitidas pelo júri; d) observará as demais disposições do art. 387 deste Código; e) mandará o acusado recolher-se ou recomendá-lo-á à prisão em que se encontra, se presentes os requisitos da prisão preventiva, ou, no caso de condenação a uma pena igual ou superior a 15 anos de reclusão, determinará a execução provisória das penas, com expedição de mandado de prisão, se for o caso, sem prejuízo do conhecimento de recursos que vierem a ser interpostos. f) estabelecerá os efeitos genéricos e específicos da condenação; II – no caso de absolvição: a) mandará colocar em liberdade o acusado se por outro motivo não estiver preso; b) revogará as medidas restritivas provisoriamente decretadas; c) imporá, se for o caso, a medida de segurança cabível. § 1º Se houver desclassificação da infração para outra, de competência do juiz singular, ao presidente do Tribunal do Júri caberá proferir sentença em seguida, aplicando-se, quando o delito resultante da nova tipificação for considerado pela lei como infração penal de menor potencial ofensivo, o disposto nos arts. 69 e seguintes da Lei nº 9.099, de 26 de setembro de 1995.

Redação ANTES da Lei 13.964/19	Redação DEPOIS da Lei 13.964/19
§ 2º Em caso de desclassificação, o crime conexo que não seja doloso contra a vida será julgado pelo juiz presidente do Tribunal do Júri, aplicando-se, no que couber, o disposto no § 1º deste artigo.	§ 2º Em caso de desclassificação, o crime conexo que não seja doloso contra a vida será julgado pelo juiz presidente do Tribunal do Júri, aplicando-se, no que couber, o disposto no § 1º deste artigo. § 3º O presidente poderá, excepcionalmente, deixar de autorizar a execução provisória das penas de que trata a alínea "e" do inc. I deste artigo, se houver questão substancial cuja resolução pelo tribunal a quem competir o julgamento possa plausivelmente levar à revisão da condenação. § 4º A apelação interposta contra decisão condenatória do Tribunal do Júri a uma pena igual ou superior a 15 anos de reclusão não terá efeito suspensivo. § 5º Excepcionalmente, poderá o tribunal atribuir efeito suspensivo à apelação de que trata o §4º, quando verificado cumulativamente que o recurso: I - não tem o propósito meramente protelatório; e II - levanta questão substancial e que pode resultar em absolvição, anulação da sentença, novo julgamento ou redução da pena para patamar inferior a 15 anos de reclusão. §6º. O pedido de concessão de efeito suspensivo poderá ser feito incidentalmente na apelação ou por meio de petição em separado dirigida diretamente ao relator, instruída com cópias da sentença condenatória, das razões de apelação e de prova da tempestividade, das contrarrazões e das demais peças necessárias à compreensão da controvérsia.

Sentença no júri - A sentença oriunda do Júri, prevista no art. 492 do CPP, se diz subjetivamente complexa ou de formação complexa, isto porque envolve dois órgãos jurisdicionais diversos. Um, o Conselho de

Sentença que aprecia o fato e suas circunstâncias, e outro, o juiz togado, a quem cabe aplicar a pena.

Tratando-se de sentença absolutória própria, cabe ao juiz determinar a imediata soltura do réu, a menos que se encontre preso pela prática de outro delito.

No caso de sentença absolutória imprópria, assim entendida aquela que conclui pela incapacidade do agente em entender o caráter ilícito do fato que cometeu, cumpre ao juiz aplicar a medida de segurança cabível à espécie, dentre aquelas previstas no art. 96 do Código Penal.

Sendo pela condenação a conclusão dos jurados, a sentença do juiz deverá atentar ao disposto no artigo em análise. Ele se diferencia, em caso de condenação, da sentença tratada no art. 387 do CPP. Primeiro, por dispensar a elaboração do relatório e, segundo, por não exigir fundamentação. Óbvio que a dispensa de fundamentação se restringe ao mérito da decisão que, tomada pelo Conselho de Sentença, tem como característica o sigilo. Quanto à dosimetria da pena, cumpre ao juiz motivar as razões que o levaram a dosá-la, em atenção ao sistema trifásico adotado pelo art. 68 do Código Penal.

Condenado ao cumprimento de pena inferior a 15 anos – Uma vez condenado o réu, em plenário, ao cumprimento de pena inferior a 15 anos de reclusão, cabe ao juiz-presidente decidir se ele deve ser mantido preso ou, se solto, se cabe sua prisão de imediato. A primeira parte deste dispositivo, a nosso ver, deve ser interpretado em consonância com o § 1°, do art. 387 do código, que impõe ao juiz, em caso de condenação, decidir "fundamentadamente, sobre a manutenção ou, se for o caso, a imposição de prisão preventiva ou de outra medida cautelar, sem prejuízo do conhecimento de apelação que vier a ser interposta".

Pode-se afirmar, de plano, que, ressalvada a segunda parte do dispositivo em comento, acrescentada pela Lei 13.964/19, a prisão deixa de ser um efeito natural da sentença condenatória (art. 393, inc. I do CPP), passando a exigir fundamentação idônea que a justifique. Essa opção do legislador atinge, diretamente, o art. 594 do CPP, que, aliás, foi expressamente revogado pela Lei n° 11.791/08. Quis o legislador demonstrar, com isso, que a regra geral consiste na possibilidade de se recorrer em liberdade. Caso mantida (ou determinada) a prisão, cumpre ao juiz esclarecer, de maneira fundamentada, os motivos que justificam a medida de exceção.

O raciocínio aqui desenvolvido é o mesmo que sempre defendemos no capítulo da manutenção ou decretação da prisão do réu em caso de pronúncia. A orientação que sempre nos pareceu razoável é no sentido de que: 1) tendo o réu respondido solto ao processo implica dizer que ele não deu causa à revogação de sua liberdade provisória, caso tenha sido preso em flagrante ou à decretação de sua prisão preventiva. Ora, ausentes os requisitos ensejadores da prisão preventiva, é justo que, uma vez condenado, possa em liberdade recorrer. Já se respondeu ao processo preso, não faz qualquer sentido seja, depois de condenado em plenário, colocado em liberdade. Claro: se antes já se reuniam os elementos justificadores da prisão provisória, agora, em face da condenação, com mais razão ainda deve ser ele mantido no cárcere, enquanto aguarda o julgamento.

Essa a orientação, que parece inspirar os tribunais superiores, reclama, sempre, a análise do caso concerto, não podendo, assim, ser tomada como absoluta. Queremos dizer, com isso, que nada impede ao juiz que, na análise específica do caso, identifique a necessidade do imediato recolhimento do réu à prisão, ainda que tenha respondido em liberdade ao processo. Suponha-se a presença de forte indício de que, porque condenado, o réu empreenderá fuga. Ora, a partir de fundamentação idônea, nada impede que o juiz, como forma de garantir a aplicação da lei penal (art. 312 do CPP), determine desde logo a prisão do condenado que, antes, respondera solto ao processo. Sobre a possibilidade do réu que respondeu, até então, a primeira fase do processo em liberdade, ser preso com a pronúncia, v. acima comentários ao art. 413, § 3º do CPP.

Prisão imediata do réu condenado ao cumprimento de pena igual ou superior a 15 anos – A possibilidade de execução da pena após a decisão do recurso em segunda instância foi inicialmente estabelecida pelo STF no julgamento do habeas corpus 126.292, em 17 de fevereiro de

2016. À época, o tribunal modificou orientação firmada em 2009, quando, ao julgar o habeas corpus 84.078, havia considerado impossível que se executasse a pena antes do trânsito em julgado da sentença condenatória e estabeleceu a possibilidade de encarceramento apenas se verificada a necessidade de que isso ocorresse por meio de cautelar (prisão preventiva).

A decisão proferida em 2016 provocou muita controvérsia e suscitou debates a respeito da constitucionalidade da execução da pena antes de percorrida toda a cadeia recursal. O argumento central dos que advogam a tese de que a pena não pode ser executada até que a sentença condenatória se torne definitiva se baseia no art. 5º, inc. LVII, da Constituição Federal, segundo o qual "ninguém será considerado culpado até o trânsito em julgado de sentença penal condenatória". Tamanha foi a celeuma que, no mesmo ano, foram ajuizadas duas ações declaratórias de constitucionalidade (43 e 44), nas quais se pretendia a declaração de plena vigência e compatibilidade constitucional do art. 283 do CPP, que dispõe: "Ninguém poderá ser preso senão em flagrante delito ou por ordem escrita e fundamentada da autoridade judiciária competente, em decorrência de sentença condenatória transitada em julgado ou, no curso da investigação ou do processo, em virtude de prisão temporária ou prisão preventiva". Pretendia-se, com isso, evitar os efeitos da decisão tomada no habeas corpus já citado, ou seja, que a prisão se tornasse possível após o julgamento de recursos em segunda instância.

À época, o pleno do STF indeferiu medida cautelar para que fossem suspensas execuções antecipadas em curso e para que fossem impedidas novas execuções enquanto não julgado o mérito das ações constitucionais. Considerou-se, basicamente, que a presunção de inocência tem sentido dinâmico, modificando-se conforme se avança a marcha processual. Dessa forma, se no início do processo a presunção pende efetivamente para a inocência, uma vez proferido julgamento em recurso de segunda instância essa presunção passa a ser de não culpa, pois, nessa altura, encerrou-se a análise de questões fáticas e probatórias. Portanto, uma vez que o tribunal (TJ/TRF) tenha considerado bem provados o fato e suas circunstâncias, os recursos constitucionais não abordarão esses aspectos, pois estarão adstritos aos limites que lhe são impostos constitucional e legalmente.

Em abril de 2018, nova ação declaratória de constitucionalidade (54) foi ajuizada com o mesmo propósito das anteriores.

Quando do julgamento do mérito das três ações (ADCs 43, 44 e 54), o tribunal, contrariando a tendência que se desenhava desde 2016, decidiu que a pena só pode ser executada após esgotados todos os recursos, marco do trânsito em julgado.

Na qualidade de relator de todas as ações, o ministro Marco Aurélio foi o primeiro a votar para julgar procedentes os pedidos e, consequentemente, declarar a constitucionalidade do art. 283 do CPP, com a consequente proibição de que penas sejam executadas antes do julgamento dos recursos (trânsito em julgado da sentença condenatória). De acordo com o ministro, o art. 5º, inc. LVII, da Constituição Federal, é claro e não deixa margem para dúvidas a respeito da necessidade da condenação definitiva.

Ao final do julgamento, contudo, o presidente da Corte alertou que o julgamento realizado na oportunidade pelo STF não deveria abranger as decisões tomadas pelo Conselho de Sentença nos crimes dolosos contra a vida.

Esta observação do ministro presidente se alinha a uma decisão proferida em 2017 pela 1ª Turma do tribunal quando do julgamento do habeas corpus HC 118.770. Na ocasião, o ministro Luis Roberto Barroso, que teve sua tese acolhida por maioria, destacou que "[...] a presunção de inocência é princípio (e não regra) e, como tal, pode ser aplicada com maior ou menor intensidade, quando ponderada com outros princípios ou bens jurídicos constitucionais colidentes. No caso específico da condenação pelo Tribunal do Júri, na medida em que a responsabilidade penal do réu já foi assentada soberanamente pelo Júri, e o Tribunal não pode substituir-se aos jurados na apreciação de fatos e provas (CF/88, artigo 5º, XXXVIII, c), o princípio da presunção de inocência adquire menor peso ao ser ponderado com o interesse constitucional na efetividade da lei penal, em prol dos bens jurídicos que ela visa resguardar (CF/88, artigos 5º, *caput* e LXXVIII e 144). Assim, interpretação que interdite a prisão como consequência da condenação pelo Tribunal do Júri representa proteção insatisfatória de direitos fundamentais, como a vida, a dignidade humana e a integridade física e moral das pessoas".

Partiu-se da premissa de que, face à soberania que é inerente ao Tribunal do Júri, decorrente de expresso texto constitucional (art. 5º, inc. XXXVIII, "c"), deve ser admitida a imediata prisão do réu, assim que condenado pelo tribunal popular. Vê-se, portanto, que a execução antecipada da pena no caso dos crimes dolosos contra a vida tem fundamento mais amplo do que a execução nos demais casos, pois baseada no princípio constitucional de que a decisão tomada pelos jurados não pode ser desrespeitada. Mas, como se tratou de uma decisão tomada por maioria no âmbito restrito de uma das turmas do tribunal, é muito provável que o tema volte a julgamento no plenário.

Com a nova Lei 13.964/19, sacramenta-se a possibilidade de execução provisória no júri, mas condicionada ao "quantum" da pena imposta na sentença. Somente no caso de condenação a uma pena igual ou superior a 15 anos de reclusão, o juiz presidente do Tribunal do Júri determinará a execução provisória das penas, com expedição de mandado de prisão, se for o caso. Nessa hipótese, eventual apelação interposta, em regra, não terá efeito suspensivo (§4º.). O juiz presidente poderá, excepcionalmente, deixar de autorizar a execução provisória das penas de que trata esta alínea "e" se houver questão substancial cuja resolução pelo tribunal a quem competir o julgamento possa plausivelmente levar à revisão da condenação (§3º.). A expressão "excepcionalmente" indica que a não execução provisória pressupõe condenação anormal, inusitada, fora do comum. A regra, então, é a execução imediata da pena, ainda que em caráter provisório.

O próprio tribunal competente para julgar a apelação poderá, também em situações excepcionais, atribuir efeito suspensivo ao recurso quando verificado cumulativamente (e não isoladamente) que o recurso não tem o propósito meramente protelatório e levanta questão substancial e que pode resultar em absolvição, anulação da sentença, novo julgamento ou redução da pena para patamar inferior a 15 anos de reclusão (5º.). Em razão da soberania dos veredictos, o tribunal, no julgamento da apelação, jamais absolverá o apelante, mas, se o caso, anulará o julgamento para nova sessão perante o Conselho de Sentença. Por isso, ficamos sem entender o que buscou o legislador ao descrever que um dos requisitos para o efeito suspensivo é a presença de "questão substancial que pode resultar em absolvição".

O pedido de concessão de efeito suspensivo poderá ser feito incidentalmente na apelação ou por meio de petição em separado dirigida diretamente ao relator, instruída com cópias da sentença condenatória, das razões de apelação e de prova da tempestividade, das contrarrazões e das demais peças necessárias à compreensão da controvérsia (6º.).

Concurso de crimes – para atingir o patamar mínimo autorizador da execução imediata da pena deve ser levado em conta eventual concurso de crimes (homicídio e ocultação de cadáver, por exemplo). O legislador não restringiu o limite mínimo ao crime doloso contra a vida, razão pela qual não cabe ao intérprete fazê-lo. Esse raciocínio do concurso de delitos para análise das suas consequências já ocorre em outros institutos, como do regime inicial de cumprimento de pena, cabimento das reprimendas alternativas ou do "sursis" etc. Aqui, em sede de execução penal provisória da pena no júri não deve ser diferente.

Lei no tempo – estamos diante de verdadeira execução provisória da pena, autorizada por lei e fundamentada na soberania dos veredictos. Sua (ir)retroatividade vai ser objeto de indisfarçável controvérsia. O STF, quando admitiu a execução penal provisória (julgado acima referido), permitiu a sua aplicação imediata, mesmo para os casos pretéritos. Encarou a prisão imediata após confirmação da condenação pela segunda instância como sendo norma estritamente processual (marco inicial da execução). Esse entendimento, contudo, foi bastante criticado. Como ocorreu lá, também aqui haverá corrente lecionando que o dispositivo em comento se apresenta como norma mista, tratando, a um só tempo, de direito material e adjetivo. Ora, quando a lei tem essa característica, não incide o art. 2º do CPP (*tempus regit actum*), mas os princípios que regem a aplicação da lei penal no tempo e que proíbem a retroatividade da lei mais severa. Já que a lei trouxe uma situação mais gravosa ao réu condenado em 1º. grau, porquanto autoriza sua prisão imediata, consequentemente não deve retroagir aos delitos cometidos antes de sua entrada em vigor.

NULIDADES

"Art. 564. ....

..

V - em decorrência de decisão carente de fundamentação.

.."(NR)

Redação ANTES da Lei 13.964/19	Redação DEPOIS da Lei 13.964/19
Art. 564. A nulidade ocorrerá nos seguintes casos: I - por incompetência, suspeição ou suborno do juiz; II - por ilegitimidade de parte; III - por falta das fórmulas ou dos termos seguintes: a) a denúncia ou a queixa e a representação e, nos processos de contravenções penais, a portaria ou o auto de prisão em flagrante; b) o exame do corpo de delito nos crimes que deixam vestígios, ressalvado o disposto no Art. 167; c) a nomeação de defensor ao réu presente, que o não tiver, ou ao ausente, e de curador ao menor de 21 anos; d) a intervenção do Ministério Público em todos os termos da ação por ele intentada e nos da intentada pela parte ofendida, quando se tratar de crime de ação pública; e) a citação do réu para ver-se processar, o seu interrogatório, quando presente, e os prazos concedidos à acusação e à defesa; f) a sentença de pronúncia, o libelo e a entrega da respectiva cópia, com o rol de testemunhas, nos processos perante o Tribunal do Júri; g) a intimação do réu para a sessão de julgamento, pelo Tribunal do Júri, quando a lei não permitir o julgamento à revelia;	**Art. 564.** A nulidade ocorrerá nos seguintes casos: I - por incompetência, suspeição ou suborno do juiz; II - por ilegitimidade de parte; III - por falta das fórmulas ou dos termos seguintes: a) a denúncia ou a queixa e a representação e, nos processos de contravenções penais, a portaria ou o auto de prisão em flagrante; b) o exame do corpo de delito nos crimes que deixam vestígios, ressalvado o disposto no Art. 167; c) a nomeação de defensor ao réu presente, que o não tiver, ou ao ausente, e de curador ao menor de 21 anos; d) a intervenção do Ministério Público em todos os termos da ação por ele intentada e nos da intentada pela parte ofendida, quando se tratar de crime de ação pública; e) a citação do réu para ver-se processar, o seu interrogatório, quando presente, e os prazos concedidos à acusação e à defesa; f) a sentença de pronúncia, o libelo e a entrega da respectiva cópia, com o rol de testemunhas, nos processos perante o Tribunal do Júri; g) a intimação do réu para a sessão de julgamento, pelo Tribunal do Júri, quando a lei não permitir o julgamento à revelia;

Redação ANTES da Lei 13.964/19	Redação DEPOIS da Lei 13.964/19
h) a intimação das testemunhas arroladas no libelo e na contrariedade, nos termos estabelecidos pela lei; i) a presença pelo menos de 15 jurados para a constituição do júri; j) o sorteio dos jurados do conselho de sentença em número legal e sua incomunicabilidade; k) os quesitos e as respectivas respostas; l) a acusação e a defesa, na sessão de julgamento; m) a sentença; n) o recurso de oficio, nos casos em que a lei o tenha estabelecido; o) a intimação, nas condições estabelecidas pela lei, para ciência de sentenças e despachos de que caiba recurso; p) no Supremo Tribunal Federal e nos Tribunais de Apelação, o quorum legal para o julgamento; IV - por omissão de formalidade que constitua elemento essencial do ato. Parágrafo único. Ocorrerá ainda a nulidade, por deficiência dos quesitos ou das suas respostas, e contradição entre estas. (Incluído pela Lei nº 263, de 23.2.1948)	h) a intimação das testemunhas arroladas no libelo e na contrariedade, nos termos estabelecidos pela lei; i) a presença pelo menos de 15 jurados para a constituição do júri; j) o sorteio dos jurados do conselho de sentença em número legal e sua incomunicabilidade; k) os quesitos e as respectivas respostas; l) a acusação e a defesa, na sessão de julgamento; m) a sentença; n) o recurso de oficio, nos casos em que a lei o tenha estabelecido; o) a intimação, nas condições estabelecidas pela lei, para ciência de sentenças e despachos de que caiba recurso; p) no Supremo Tribunal Federal e nos Tribunais de Apelação, o quorum legal para o julgamento; IV - por omissão de formalidade que constitua elemento essencial do ato. V – em decisão carente de fundamentação. Parágrafo único. Ocorrerá ainda a nulidade, por deficiência dos quesitos ou das suas respostas, e contradição entre estas. (Incluído pela Lei nº 263, de 23.2.1948)

Nulidade – É o vício processual decorrente da inobservância de determinada exigência legal. Ou seja, a lei prevê a forma pela qual deva ser praticado um ato e, apesar disso, o ato é perpetrado de maneira diversa, contrariamente os seus termos. Assim, o ato praticado *contra legem* possui um vício, um defeito. Mas, dependendo da gravidade desse vício, se mínimo, o ato pode ser plenamente aproveitado, configurador de mera irregularidade. Ou, na hipótese mais extrema, quando enorme a falha, pode nem mesmo ingressar no mundo jurídico.

Sistema adotado pelo código – A história tem demonstrado a existência de três sistemas referentes à disciplina das nulidades. Pelo primeiro, chamado sistema francês, a lei relaciona, de forma minuciosa, em lista taxativa, todas as hipóteses de nulidade, não dando margem que nenhuma outra, senão a constante do rol, seja decretada. Outro sistema, adotado, segundo Espínola Filho (ob. cit., vol. 2, p. 425), nos códigos espanhol (1882) e suíço (1851), faz apenas uma menção genérica à nulidade, sem indicar em quais casos concretos ela se verificaria, dando ensejo ao risco decorrente da vasta possibilidade de interpretação da norma. Era o sistema da equidade. Adotou nosso código um sistema eclético (também conhecido como sistema da finalidade da lei e do prejuízo), no qual não se esmiúçam todas as causas de nulidade, mas, ao contrário, se elenca um mínimo de situações, verdadeiramente relevantes, na qual ela pode se configurar. E, tampouco se deixa um campo aberto, propiciado por uma norma genérica e de conteúdo indefinido, capaz de dar margem a toda espécie de interpretação e a propiciar o arbítrio do juiz, em franco prejuízo ao bom andamento do feito. É ainda de Espínola Filho a lição na qual cita Mortara: "O projeto é infenso ao excessivo rigorismo formal, que dá ensejo, atualmente, para infindável série das nulidades. Segundo a justa advertência do ilustre processualista italiano, 'um bom direito processual penal deve limitar as sanções de nulidade àquele estrito mínimo que não pode ser subtraído sem lesar legítimos e graves interesses o Estado e dos cidadãos'" (ob. cit., vol. 2, p. 426)

Daí a advertência contida na Exposição de Motivos do Código de Processo Penal, segundo a qual "as nulidades processuais, reduzidas ao mínimo, deixam de ser o que têm sido até agora, isto é, um meandro técnico por onde se escoa a substância do processo e se perdem o tempo e a gravidade da justiça. É coibido o êxito das fraudes, subterfúgios e alicantinas" (item 22).

Vícios do ato e suas consequências processuais – Já focalizado que a divergência entre a moldura legal e a prática de determinado ato contra a fórmula descrita na lei pode configurar a nulidade, veremos abaixo a classificação desses vícios e suas consequências, graduadas segundo o prejuízo decorrente da inobservância da lei.

a) irregularidades – Aqui é desatendida uma exigência legal sem maior relevância. Tal exigência é estabelecida em norma infraconstitucional, traduzindo um fim em si mesma, ou seja, sem acarretar prejuízo para nenhuma das partes. Portanto, não se anula o ato quando este configura mera irregularidade, embora praticado em contrariedade ao que determina a lei processual.

Assim, por exemplo, o art. 471 do CPP determinava a leitura do libelo antes de se produzir a acusação em plenário. Caso, porém, o acusador se esquecesse de produzir tal leitura, essa omissão, por não ter acarretado nenhum prejuízo, configurava simples irregularidade. Ou ainda, o art. 216 impõe que na hipótese da testemunha que não sabe assinar, alguém assinará a rogo o seu depoimento. A falta dessa assinatura, porém, não dá causa à nulidade, posto configurar mera irregularidade. Ou o juiz que na sentença condenatória erra o nome do réu ou o artigo em que ele está incurso. Ou, ainda, a falta de rubrica do juiz nas folhas da sentença, determinada pelo art. 388 do código que, se ausente, não é causa de nulidade do decisum. Lembre-se, ainda, da oferta de denúncia fora do prazo legal (art. 46) que pode acarretar até a soltura do réu, mas que, ainda assim, continua sendo válida como peça de acusação. Percebe-se que, nesses casos, a formalidade não observada não é essencial ao ato e por isso não o invalida.

b) nulidade relativa – É desatendida uma exigência legal estabelecida em norma infraconstitucional. Tal formalidade é essencial, pois resguarda interesse de uma das partes. O interesse maior, portanto, é de uma das partes e, em razão disso, somente será declarada a nulidade se demonstrado o prejuízo e quando agitada em tempo oportuno. Em um exemplo: é obrigatória a intimação pessoal do Ministério Público para participar da audiência, bem como da Defensoria Pública (art. 370, § 4º), omissão capaz de acarretar a nulidade do ato. Entretanto, se o Promotor comparece espontaneamente está sanada a falta e o ato é aproveitado. Ou ainda, a falta de intimação da defesa da expedição de carta precatória (Súmula 155-STF). Se por acaso o advogado não comparece na audiência, posto que não intimado, mas a testemunha presta um depoimento irrelevante, o ato é válido. Portanto, em todos esses casos, para que se reconheça a nulidade, é preciso que se demonstre o prejuízo sofrido. Outras duas características da nulidade relativa é que, primeiro, ela seja suscitada no momento oportuno (art. 571), sob pena de preclusão e, segundo, que não pode ser reconhecida de ofício pelo juiz, ou seja, depende de provocação da parte interessada.

c) nulidade absoluta – Nela se desatende uma formalidade de caráter constitucional, ou seja, são afrontados princípios constitucionais do Processo Penal. Aqui a formalidade não interessa apenas às partes, mas à ordem pública. Em razão disso, independe da demonstração de prejuízo (que é presumido) e pode ser conhecida de ofício, sem necessidade de provocação das partes, não se sujeitando à preclusão. Tome-se o exemplo da votação dos quesitos no julgamento do Júri realizado publicamente, quando a Constituição prevê o sigilo das votações. Ou um processo que tem curso sem a nomeação de um defensor, prevendo a Carta a ampla defesa. Ou ainda, se não é aberta oportunidade para a defesa se manifestar em alegações finais, quando o contraditório é um princípio constitucionalmente previsto.

Atenção

A tendência demonstrada, sobretudo, pela jurisprudência de nossos tribunais superiores, é no sentido de conferir, a praticamente todo e qualquer vício, a roupagem de nulidade relativa, a exigir, notadamente, a demonstração de prejuízo. No aresto abaixo mencionado, ressaltou-se que, ainda que absoluta a nulidade, sem a demonstração do prejuízo, ela não será reconhecida:

"Esta Corte vem assentando que a demonstração de prejuízo, a teor do art. 563 do CPP, é essencial à alegação de nulidade, seja ela relativa ou absoluta, eis que "o âmbito normativo do dogma fundamental da disciplina das nulidades pas de nullité sans grief compreende as nulidades absolutas" (HC 85.155/SP, Rel. Min. Ellen Gracie). Precedentes" (STF – RHC nº 117102-SP, Rel. Ricardo Lewandowski, j. 25.06.2013, DJe 13.08.2013).

Embora podendo a nulidade absoluta ser conhecida de ofício, há exceções a tal princípio. Assim, por exemplo, sendo o réu absolvido, não se declara nulidade absoluta em revisão criminal *pro societate*. Ou ainda, não será declarada nulidade absoluta em prejuízo do réu quando apenas ele recorreu. Num exemplo: se apenas o réu recorreu, não pode o Tribunal anular o processo porque não se abriu vista ao Ministério Público para apresentar alegações finais, devendo, se for o caso, dar provimento ao recurso para absolver o réu. A possibilidade de se declarar a nulidade haveria se também o parquet tivesse recorrido, suscitando a nulidade. É a aplicação da Súmula 160 do STF, no sentido de que o tribunal não pode conhecer nulidade (ainda que absoluta) contra o réu não arguida em recurso da acusação, a menos que se trate de recurso de ofício. Há entendimento, porém, que se tratando de incompetência absoluta do juiz, deve o Tribunal declará-la de ofício, mesmo que em recurso exclusivo do réu e em seu prejuízo.

d) ato inexistente – É aquele ato que, porque possui um vício de tamanha gravidade, nem chega a ingressar no mundo jurídico, por não reunir elementos para existir. Assim, nem mesmo é necessária uma decisão judicial que o reconheça como inexistente. É o chamado "não ato". Como exemplos poderiam ser lembrados a sentença sem assinatura do juiz, que não passa de um mero pedaço de papel ou aquela proferida por um juiz absolutamente incompetente. Ou ainda, quando a lei prevê recurso de ofício, não havendo remessa dos autos à instância superior, a certidão que declarou o trânsito em julgado é considerada inexistente, cabendo o envio dos autos, a qualquer momento, para o Tribunal (Súmula 423 do STF).

Hipóteses de nulidade absoluta e nulidade relativa – A despeito da classificação que mencionamos acima, nem sempre será tarefa fácil, na prática, identificar se a atipicidade formal configura uma nulidade relativa ou absoluta. Conceituar-se singela irregularidade não importa em grande dificuldade, por encerrar, no mais das vezes, mera falha, sem maiores consequências. No outro extremo, no ato inexistente, a preterição da solenidade é de tamanha evidência, que sua detecção também não traz maior complexidade (tanto é assim que a lei nem chega a tratar, expressamente, do não ato). O problema se instala - repetimos - ao se procurar definir, na análise da hipótese concreta, se determinado ato, praticado ao arrepio da forma legal, configura nulidade relativa ou absoluta, havendo, não é raro, entendimentos doutrinários e jurisprudenciais inconciliáveis entre si.

O caminho, a nosso ver, deve começar a ser trilhado pela compreensão do art. 572 do código, que trata do chamado princípio da convalidação. Neste dispositivo, são listadas as hipóteses passíveis de convalescimento, isto é, os casos em que a falha é suprida caso não agitada no momento oportuno. Ora, se a nulidade absoluta, como vimos acima, pode ser reconhecida a qualquer tempo, tem-se, contrario sensu, que as hipóteses tratadas no *caput* do art. 572, que admitem convalidação, configuram nulidades relativas. Assim e em reforço, quando o código lista os atos que podem ser objeto de sanabilidade, configuradores, portanto, de nulidade relativa, conclui-se, por exclusão, que as demais hipóteses, não apontadas na lei, tratam-se de nulidades absolutas.

Assim, são nulidades relativas, aquelas que, segundo o art. 572 do código, podem ser sanadas, a saber "as nulidades previstas no art. 564, Ill, "d" e "e", segunda parte, "g" e "h", e IV".

As demais hipóteses não abrangidas pelo art. 572, listadas no art. 564, e que, portanto, não admitem convalidação, configuram, por consequência, nulidades absolutas.

Sem embargo dessa explicação, o que se verifica, em verdade, é que a jurisprudência, francamente apoiada no princípio do prejuízo, raramente vem identificando nulidades absolutas, salvo, como orienta o *pas de nullité sans grief*, quando demonstrado o efetivo prejuízo advindo do preterimento da forma:

"Esta Suprema Corte igualmente assentou o entendimento de que 'a demonstração de prejuízo, a teor do art. 563 do CPP, é essencial à alegação de nulidade, seja ela relativa ou absoluta" (HC nº 85.155/SP, de relatoria da Min. Ellen Gracie, DJ de 15/4/05)'" (STF – AI n. 825534, Rel. Dias Toffoli, j. 07.06.2011, DJE 07.06.2011).

Princípio do prejuízo ou da finalidade da lei – Para que seja declarada uma determinada nulidade, é preciso a demonstração do prejuízo sofrido pela parte interessada, em decorrência da omissão, nos termos do dispositivo em exame. É a aplicação do brocardo francês denominado *pas de nullité sans grief*. Assim, se o ato foi praticado em desconformidade com a lei, mas, a despeito disso, não acarretou qualquer prejuízo, ele é válido. Isso em se tratando de nulidade relativa. A preterição da forma, portanto, não é causa, por si só, do reconhecimento da nulidade, desde que o ato tenha atingido seu objetivo. Tratando-se, porém, de nulidade absoluta, como já visto, é desnecessária a demonstração do prejuízo, pois ele é presumido. Na lição de Nélson Hungria, "o que vale e conta, acima de tudo, é a verdade material, uma vez que não se verifique evidente e irremediável prejuízo da acusação e da defesa. Não será declarada a nulidade de nenhum ato processual, quando este não haja influído concretamente na decisão da causa ou na apuração da verdade real" (apud, Ary de Azevedo Franco, Código de Processo Penal, 7. ed. Rio de Janeiro: Forense, 1960, vol. 2, p. 209). Assim, para exemplificar, a hipótese de um réu que, condenado, foi defendido por um estagiário, constitui uma nulidade absoluta, na qual se presume o prejuízo, pouco importando se brilhante a defesa exercida, se o réu confessou a prática do crime, se com ele foi apreendida a res furtiva, se testemunhas o reconheceram etc.

"Em tema de nulidade no processo penal, as vigas mestras do sistema assentem-se nas seguintes assertivas: (a) ao argüir-se nulidades, dever-se-á indicar, de modo objetivo os prejuízos correspondentes, com influência na apuração da verdade substancial e reflexo na decisão da causa (CPP, art. 566); (b) em princípio, as nulidades consideram-se sanadas se não forem argüidas no tempo oportuno, por inércia da parte. Eventual irregularidade no curso da instrução, sem prova de influência na busca da verdade ou repercussão na sentença, não tem relevância jurídica e resulta sanada, à míngua de argüição na fase, prevista no art. 571, II, do CPP" (STJ – RHC n° 9480-SP, Rel. Vicente Leal, RSTJ 159/674).

"Para a declaração de nulidade de determinado ato processual, deve haver a demonstração de eventual prejuízo concreto suportado pela parte, não sendo suficiente a mera alegação da ausência de alguma formalidade, mormente quando se alcança a finalidade que lhe é intrínseca, consoante o disposto no artigo 563 do Código de Processo Penal" (STJ – HC n° 217972-RJ, Rel. Rogério Schietti Cruz, j. 07.11.2013, DJe 26.11.2013).

"Prevalece no moderno sistema processual penal que eventual alegação de nulidade deve vir acompanhada da demonstração do efetivo prejuízo, o que não se verificou no caso. Portanto, não se proclama uma nulidade sem a comprovação do prejuízo concreto suportado pela parte, sob pena de a forma superar a essência. Vigora a máxima de que não se declara a nulidade sem demonstração do prejuízo sofrido, a teor do que dispõe o art. 563 do Código de Processo Penal" (STJ – AgRg no HC n° 249030-ES, Rel. Marco Aurélio Bellizze, j. 17.09.2013, DJe 25.09.2013).

Decisão carente de fundamentação - A Lei 13.964/19 acrescentou ao artigo em comento o inc. V, reconhecendo nula a decisão carente de fundamentação. Contudo, a necessidade de fundamentação de toda e qualquer decisão judicial já decorre de mandamento constitucional (art. 93, inc. IX da Carta), e, por isso mesmo, a rigor, nem precisaria ser mencionada. Aliás, o CPC, no art. 489, §1º., foi além. Não somente repudia a decisão carente de fundamentação, mas acaba por anunciar o que se entende por decisão não fundamentada, seja ela interlocutória, sentença ou acórdão:

"Art. 489. (...)

§1º (...)

I - se limitar à indicação, à reprodução ou à paráfrase de ato normativo, sem explicar sua relação com a causa ou a questão decidida;

II - empregar conceitos jurídicos indeterminados, sem explicar o motivo concreto de sua incidência no caso;

III - invocar motivos que se prestariam a justificar qualquer outra decisão;

IV - não enfrentar todos os argumentos deduzidos no processo capazes de, em tese, infirmar a conclusão adotada pelo julgador;

V - se limitar a invocar precedente ou enunciado de súmula, sem identificar seus fundamentos determinantes nem demonstrar que o caso sob julgamento se ajusta àqueles fundamentos;

VI - deixar de seguir enunciado de súmula, jurisprudência ou precedente invocado pela parte, sem demonstrar a existência de distinção no caso em julgamento ou a superação do entendimento".

Talvez em razão da teimosia em se obedecer o citado mandamento constitucional, o legislador, não raras vezes, tem que explicar que não somente a "cocada vem do coco, mas que o coco vem do coqueiro".

A fundamentação aparece como consectário lógico do devido processo legal. Como bem ensina Luíz Guilherme Marinoni (Curso de Processo Civil vol. 2. 1º ed. 2015. RT. p. 446), fundamentar é atividade que parte da escolha interpretativa do julgador e, a partir desta premissa, deve sua decisão fundamentadamente conter a justificação dos enunciados com base em critérios que evidenciem ter sido sua escolha racionalmente apropriada.

Com exceção da decisão de mérito, outras decisões, notadamente de caráter interlocutório, não precisam ser longas e exaustivas, abordando com excessiva profundidade todos os temas colocados em debate. Contentam-se, doutrina e jurisprudência, com uma motivação sucinta, sob pena de o juiz adiantar sua convicção, com indevida introdução no mérito da causa, em momento inapropriado para fazê-lo. Fundamentação sucinta não se confunde com carência de fundamentação.

DO RECURSO EM SENTIDO ESTRITO

"Art. 581. ....

..

XXV - que recusar homologação à proposta de acordo de não persecução penal, previsto no art. 28-A desta Lei." (NR)

Redação ANTES da Lei 13.964/19	Redação DEPOIS da Lei 13.964/19
Art. 581. Caberá recurso, no sentido estrito, da decisão, despacho ou sentença:	**Art. 581.** Caberá recurso, no sentido estrito, da decisão, despacho ou sentença:
I - que não receber a denúncia ou a queixa;	I - que não receber a denúncia ou a queixa;
II - que concluir pela incompetência do juízo;	II - que concluir pela incompetência do juízo;
III - que julgar procedentes as exceções, salvo a de suspeição;	III - que julgar procedentes as exceções, salvo a de suspeição;
IV - que pronunciar ou impronunciar o réu;	IV - que pronunciar ou impronunciar o réu;
IV – que pronunciar o réu;	IV – que pronunciar o réu;
V – que conceder, negar, arbitrar, cassar ou julgar inidônea a fiança, ou indeferir requerimento de prisão preventiva, no caso do artigo 312; V - que conceder, negar, arbitrar, cassar ou julgar inidônea a fiança, indeferir requerimento de prisão preventiva, ou relaxar prisão em flagrante.	V – que conceder, negar, arbitrar, cassar ou julgar inidônea a fiança, ou indeferir requerimento de prisão preventiva, no caso do artigo 312; V - que conceder, negar, arbitrar, cassar ou julgar inidônea a fiança, indeferir requerimento de prisão preventiva, ou relaxar prisão em flagrante.
V - que conceder, negar, arbitrar, cassar ou julgar inidônea a fiança, indeferir requerimento de prisão preventiva ou revogá-la, conceder liberdade provisória ou relaxar a prisão em flagrante;	V - que conceder, negar, arbitrar, cassar ou julgar inidônea a fiança, indeferir requerimento de prisão preventiva ou revogá-la, conceder liberdade provisória ou relaxar a prisão em flagrante;
VI - que absolver o réu, nos casos do art. 411;	VI - que absolver o réu, nos casos do art. 411;
VII - que julgar quebrada a fiança ou perdido o seu valor;	VII - que julgar quebrada a fiança ou perdido o seu valor;
VIII - que decretar a prescrição ou julgar, por outro modo, extinta a punibilidade;	VIII - que decretar a prescrição ou julgar, por outro modo, extinta a punibilidade;
IX - que indeferir o pedido de reconhecimento da prescrição ou de outra causa extintiva da punibilidade;	IX - que indeferir o pedido de reconhecimento da prescrição ou de outra causa extintiva da punibilidade;

Redação ANTES da Lei 13.964/19	Redação DEPOIS da Lei 13.964/19
X - que conceder ou negar a ordem de habeas corpus; XI - que conceder, negar ou revogar a suspensão condicional da pena; XII - que conceder, negar ou revogar livramento condicional; XIII - que anular o processo da instrução criminal, no todo ou em parte; XIV - que incluir jurado na lista geral ou desta o excluir; XV - que denegar a apelação ou a julgar deserta; XVI - que ordenar a suspensão do processo, em virtude de questão prejudicial; XVII - que decidir sobre a unificação de penas; XVIII - que decidir o incidente de falsidade; XIX - que decretar medida de segurança, depois de transitar a sentença em julgado; XX - que impuser medida de segurança por transgressão de outra; XXI - que mantiver ou substituir a medida de segurança, nos casos do art. 774; XXII - que revogar a medida de segurança; XXIII - que deixar de revogar a medida de segurança, nos casos em que a lei admita a revogação; XXIV - que converter a multa em detenção ou em prisão simples.	X - que conceder ou negar a ordem de habeas corpus; XI - que conceder, negar ou revogar a suspensão condicional da pena; XII - que conceder, negar ou revogar livramento condicional; XIII - que anular o processo da instrução criminal, no todo ou em parte; XIV - que incluir jurado na lista geral ou desta o excluir; XV - que denegar a apelação ou a julgar deserta; XVI - que ordenar a suspensão do processo, em virtude de questão prejudicial; XVII - que decidir sobre a unificação de penas; XVIII - que decidir o incidente de falsidade; XIX - que decretar medida de segurança, depois de transitar a sentença em julgado; XX - que impuser medida de segurança por transgressão de outra; XXI - que mantiver ou substituir a medida de segurança, nos casos do art. 774; XXII - que revogar a medida de segurança; XXIII - que deixar de revogar a medida de segurança, nos casos em que a lei admita a revogação; XXIV - que converter a multa em detenção ou em prisão simples. XXV – que recusar homologação à proposta de acordo de não persecução penal, previsto no art. 28-A.

Recurso em sentido estrito – O recurso em sentido estrito constitui-se no remédio cabível para impugnar, via de regra, decisões interlocutórias expressamente previstas no art. 581 do CPP. De sorte que o recurso em sentido estrito guarda grande semelhança com o agravo de instrumento do processo civil, na medida em que se presta, regra geral, à impugnação de decisões proferidas no curso do processo e que não colocam fim a ele. Daí a observação de Hélio Tornaghi, segundo o qual "da expressão primitiva, recurso de agravo, ficou no campo civil somente o nome agravo e no penal a designação recurso que, para distinguir dos recursos em sentido amplo, foi chamado recurso em sentido estrito" (Curso de Processo Penal, ob. cit., vol. 2., p. 317). Tanto que legislações posteriores ao Código de Processo Penal (a Lei de Execução Penal, por exemplo) e os projetos e anteprojetos visando sua alteração, já preferem adotar o nome agravo para indicar o recurso cabível contra toda e qualquer decisão interlocutória. De se destacar, contudo, que por vezes esse recurso pode ser utilizado para atacar uma sentença definitiva, como ocorre, v.g., na hipótese de reconhecimento da prescrição (art. 581, inc. VIII).

Rol taxativo – Discute a doutrina se o rol das hipóteses de cabimento do recurso, previsto no art. 581, é exemplificativo ou taxativo, isto é, se é cabível a ampliação do recurso para outras hipóteses além daquelas elencadas pelo legislador ou, ao contrário, se ele somente pode ser empregado naqueles casos previstos no dispositivo legal (*numerus clausus*). O entendimento que prevalece é no sentido de que vigora o princípio da taxatividade, visto que só tem cabimento o recurso nas hipóteses expressamente previstas no art. 581. Argumenta-se que, se o legislador se preocupou em especificar cada uma das hipóteses de cabimento do recurso, detalhando uma a uma, é porque o recurso em sentido estrito só é mesmo cabível nesses casos. Quisesse deixar um campo fértil de incidência e bastaria adotar a fórmula do processo civil que, de maneira genérica, diz que as decisões interlocutórias são atacáveis através de agravo.

Isso não impede, no entanto, que se proceda à interpretação extensiva. Afinal, interpretar a lei significa tornar-lhe claro o sentido, apurando sua vontade e alcance. Ora, por mais prudente que seja o legislador, não há que se exigir dele a capacidade de prever todos os casos particulares, tamanha a gama de situações que podem surgir. Por isso, formula uma norma genérica, cabendo ao operador do Direito a função de enquadrar a ação humana à norma jurídica, fazendo, exatamente, o que faria o legislador se estivesse diante do caso concreto.

Tal necessidade afasta a velha afirmação de que o texto claro prescinde de interpretação, firmada no brocardo latino segundo o qual *in claris cessat interpretatio*. Não se deve confundir, outrossim, analogia com interpretação extensiva. A analogia é forma de integração, suprir lacuna, agindo onde a lei é inexistente. Na interpretação extensiva existe a lei que, no entanto, disse menos do que pretendia (*minus dixit quam voluit*). "Ocorre quando é necessário ampliar o sentido ou alcance da lei", no dizer de Julio Fabbrini Mirabete (*Processo penal*, São Paulo: Atlas, 17ª. ed., 2004, p. 77). Ou seja, a lei disse menos do que pretendia, o que é justificável na medida em que elaborada por homens, sujeitos a equívocos e imperfeições. Daí a necessidade de se alargar, se estender o campo de incidência da lei. Aponte-se o exemplo do art. 89 da Lei nº 9.099/95 (Juizados Especiais Criminais), que menciona, como passíveis de suspensão condicional do processo, os "crimes em que a pena mínima cominada ...", parecendo lógico que o benefício deva ser estendido, também, às contravenções penais.

Veja-se, ainda, o exemplo clássico no qual, rejeitada a denúncia, o recurso cabível, por força de expressa disposição legal, é o recurso em sentido estrito, na exata dicção do art. 581, inc. I, do código. Já se o juiz rejeitar o aditamento à denúncia, a lei não prevê qualquer recurso. Nada impede que, nesse caso, utilizando-se uma interpretação extensiva, o promotor de justiça interponha o recurso stricto sensu, ante a omissão legal (RT 607/410, 546/365). É o entendimento que prevalece na doutrina. Não se trata, pois, de ampliar as hipóteses de cabimento do recurso, tampouco de, usurpando a função do legislador, criar recurso onde a lei não o prevê, mas apenas de se interpretar a norma de forma que sua incidência se estenda a casos não expressamente previstos em lei.

ATENÇÃO – Há doutrina que se manifesta contrariamente à utilização do recurso em sentido estrito, contra a rejeição ao aditamento da denúncia, entendendo cabível, nesse caso, a apelação, em vista do disposto no inc. II, do art. 595, do código ("caberá apelação ... das decisões definitivas, ou com força de definitivas, proferidas por juiz singular nos casos não previstos no Capítulo anterior"). No sentido do cabimento da apelação contra decisão que rejeita o aditamento formulado pelo Ministério Público é o Regimento Interno do Tribunal de Justiça do Estado de São Paulo, como se infere de seu art. 806, inc. I.

Há, em acréscimo, a necessidade de adoção de um critério mais contemporâneo, que atenda a eventuais omissões legislativas. Aliás, é questão que não passou despercebida já por Borges da Rosa, quando, embora salientando ser taxativa a enumeração do art. 581, ressalva que "seria excessivo afirmar que o legislador teve uma visão completa de toda a matéria processual e pôde, assim, ter sob os olhos todos os casos semelhantes que pudessem ocorrer na vida prática. Mas admitindo, por tolerância, que o legislador tivesse podido arrolar todos os casos então presentes na época da elaboração da lei, seria temerário afirmar que, nos ditos casos, pôde contemplar também os futuros, oriundos das modificações das leis penais tanto substantivas como adjetivas ... de sorte que, embora o novo caso não se identifique, pelas suas expressões literais, com os enumerados no texto legal, deve ser contemplado na enumeração taxativa, quando se identifique pelo seu espírito, tanto vale dizer pelos seus fins e efeitos, com qualquer um dos casos contemplados no texto legal" (*Comentários ao Código de Processo Penal*, São Paulo: RT, 3ª. ed., 1982, p. 707).

Cite-se e ainda a título de exemplo, a decisão que determina a suspensão do processo de que trata o art. 366 do código, alterado pela Lei nº 9.271/96. Ora, esse dispositivo legal não prevê o recurso cabível de tal decisão. O art. 581 não poderia fazê-lo, posto que muito anterior à edição da lei. A jurisprudência então, se valendo de uma aplicação extensiva, admite o recurso em sentido estrito com base no inc. XVI, do art. 581 (RT 796/684). Vale lembrar, ademais, do disposto no parágrafo único do art. 294 do Código de Trânsito Brasileiro, que prevê o cabimento de recurso em sentido estrito, sem efeito suspensivo, da decisão do juiz que decrete a suspensão da permissão ou da habilitação para dirigir veículo automotor ou a proibição de sua obtenção.

Efeitos do recurso – Como todo e qualquer recurso, o recurso em sentido estrito possui o chamado efeito devolutivo. Possui, também, o efeito suspensivo, mas em poucas hipóteses, tratadas no art. 584 do código. Aqui é cabível uma observação. O art. 584 relaciona as decisões que comportam, por exceção a regra geral, recurso em sentido estrito com efeito suspensivo. São as seguintes:

1) que decretar a perda da fiança;

2) que conceder livramento condicional;

3) que denegar apelação ou a julgar deserta (inc. XV);

4) que decidir sobre a unificação de penas (inc. XVII);

5) que converte a multa em detenção ou em prisão simples (inc. XXIV).

Algumas dessas hipóteses foram posteriormente alteradas ou mesmo não mais subsistem. Pois bem. As decisões que se refiram ao livramento condicional ou sobre unificação de penas, com a reforma penal de 1984, passaram a admitir agravo em execução, sem efeito suspensivo (v. em seguida verbete hipóteses de cabimento). Já a situação prevista no inc. XXIV não mais existe, eis que, por força da alteração havida no art. 51, *caput*, do Código Penal, com o advento da Lei nº 9.628/96, desapareceu a possibilidade de conversão de pena de multa em pena restritiva de liberdade. Hoje, aplicada a pena de multa e verificando-se a inadimplência do condenado, cabe a execução fiscal desse valor junto ao juiz das execuções criminais.

Daí se concluir, por exclusão, que o recurso em sentido estrito tem efeito suspensivo em apenas duas ocasiões:

1) quando se voltar contra a decisão que decretou a perda da fiança e

2) quando se rebelar contra decisão do juiz que denegar apelação ou a julgar deserta.

De se ver, porém, que embora não mencionada no *caput* do art. 584, em pelo menos mais uma hipótese será deferido o efeito suspensivo ao recurso em sentido estrito. Ocorre no recurso que investir contra a pronúncia (art. 581, IV, primeira parte), quando apenas o julgamento em plenário fica suspenso, aguardando a apreciação do RSE (art. 584, § 2º).

Mandado se segurança e efeito suspensivo – Uma das situações nas quais se interpõe com frequência o recurso em sentido estrito é aquela em que o juiz concede liberdade provisória. Trata-se, seguindo a regra, de recurso sem efeito suspensivo, mas, na prática, a solução muitas vezes adotada pelo Ministério Público para tentar manter a prisão é a impetração de mandado de segurança pleiteando a imposição do mencionado efeito. O STJ, no entanto, firmou a tese de que o mandado de segurança não pode ser impetrado com esse propósito:

"2. A jurisprudência do Superior Tribunal de Justiça é firme no sentido do descabimento de mandado de segurança para conferir efeito suspensivo a recurso em sentido estrito interposto a decisão que concede liberdade provisória, por ausência de amparo legal e por tal manejo refugir ao escopo precípuo da ação mandamental. 3. Assim, o manejo do mandado de segurança como sucedâneo recursal, notadamente com o fito de obter medida não prevista em lei, revela-se de todo inviável, sendo, ademais, impossível falar em direito líquido e certo na ação mandamental quando a pretensão carece de amparo legal. Precedentes" (HC 368.906/SP, j. 18/04/2017).

Algo semelhante ocorre no âmbito da execução penal, em que as decisões que concedem benefícios – e as que os negam – são atacadas por meio do agravo em execução, cujo rito, na falta de previsão legal específica, é o do recurso em sentido estrito, e sobre o qual, por disposição expressa do art. 197 da LEP, não há efeito suspensivo. Neste caso também não é raro que o Ministério Público lance mão do mandado de segurança para obstar, por exemplo, a eficácia da decisão concessiva da progressão de regime ou de livramento condicional. Mas o STJ também vinha afastando pretensões desta natureza.

Considera-se, basicamente, que a impetração de mandado de segurança em matéria criminal só é possível quando atendidos os requisitos básicos do art. 5º, inciso LXIX, da Constituição Federal, segundo o qual "conceder-se-á mandado de segurança para proteger direito líquido e certo, não amparado por habeas corpus ou habeas data, quando o responsável pela ilegalidade ou abuso de poder for autoridade pública ou agente de pessoa jurídica no exercício de atribuições do Poder Público". No caso, considera-se inexistente o direito líquido e certo porque a pretensão não encontra amparo legal, tendo em vista que a lei não confere ao recurso o efeito pretendido por meio do *mandamus*, cujo propósito fundamental é afastar a violação de direitos por meio do abuso de poder:

"A impetração do mandado de segurança como sucedâneo recursal, notadamente com o fito de obter medida não prevista em lei, revela-se de todo inviável, sendo, ademais, impossível falar em direito líquido e certo na ação mandamental quando a pretensão carece de amparo legal" (HC 368.906/SP, DJe 28/04/2017).

Com a edição da súmula 604, segundo a qual o "Mandado de segurança não se presta para atribuir efeito suspensivo a recurso criminal interposto pelo Ministério Público", o STJ resolve definitivamente a matéria. Resta, apenas, a possibilidade de medida cautelar, que deve ser admitida em casos excepcionais, como tem decidido o próprio STJ quanto ao efeito suspensivo no recurso especial:

"1. É assente na jurisprudência desta Corte de Justiça que o habeas corpus não é a via adequada para dar efeito suspensivo a recurso especial pendente de admissibilidade na origem, tendo em vista que este pedido normalmente é veiculado por medida cautelar inominada e só é acolhido em casos excepcionais" (HC 351.114/SP, DJe 29/06/2016).

Efeito regressivo – O efeito, todavia, que mais caracteriza o recurso em sentido estrito é o regressivo, também denominado de iterativo ou diferido, que importa na faculdade conferida ao juiz de reformar sua própria decisão. Assim, proferida uma decisão impugnável por meio de recurso em sentido estrito, e tendo sido ele interposto, cabe ao juiz, após a apresentação da contrariedade ao recurso, decidir se mantém a decisão anterior ou, ao contrário, se a reforma. Essa nova decisão deve ser proferida no prazo de dois dias. É o chamado juízo de retratação, previsto no art. 589 do código. De sorte que o juiz é obrigado a reapreciar a matéria, seja para manter sua decisão (que o código impropriamente denomina despacho), seja para reformá-la. Caso não o faça, determinando a subida dos autos, o Tribunal, convertendo o julgamento em diligência, devolverá o recurso para que seja observado o disposto no art. 589 (nesse sentido, RT 514/387, 555/416).

Ratio legis – A possibilidade de retratação tem por objetivo atender o princípio da economia processual, ou seja, se o próprio juiz pode rever sua decisão, via de regra interlocutória, não faz sentido a remessa do recurso, de imediato, ao Tribunal. Nenhum demérito há, outrossim, na decisão do juiz que, revendo seu posicionamento anterior e se curvando ante a nova argumentação, se retrate, modificando-a. Ao contrário, demonstrará elevação e serenidade, pois, na lição de Espínola Filho, "mais nobreza há, por certo, na reconsideração da sentença, que se verifica estar errada, assim fazendo atuar o perfeito e equilibrado espírito da justiça, a serviço dos bons ensinamentos da ciência jurídica" (ob., cit., vol. VI, p. 121). Diz-se que o efeito é misto, quando mantida a decisão por seu prolator de 1º grau, ele envia o recurso para a instância superior.

O parágrafo único do art. 589 abre a possibilidade da parte prejudicada com a retratação se valer do mesmo recurso para, através de simples petição, requerer sua apreciação pelo tribunal. Num exemplo: suponha-se que concedida fiança ao réu, o promotor de justiça (recorrente) interpõe recurso em sentido estrito, com base no art. 581, inc. V, do código. Após a contrariedade ao recurso, o juiz, reapreciando a matéria, se retrata, negando a fiança ao réu (recorrido). Nada impede que o réu, agora prejudicado com a nova decisão, se utilize do recurso em sentido estrito, requerendo sua subida ao tribunal para julgamento. Assim, o réu se transforma em recorrente e o Ministério Público em recorrido. O prazo para se requerer a subida do recurso, à falta de disposição legal expressa, se entende de cinco dias, por analogia ao disposto no art. 586. É desnecessária, nessa segunda fase, a oferta de razões pelo novo recorrente, eis que sua argumentação já foi apresentada quando se bateu, em nosso exemplo, pela manutenção da fiança. Prescindíveis também as contrarrazões, porquanto o Ministério Público já expôs seu ponto de vista quando fundamentou seu recurso em sentido estrito, postulando a negativa da fiança. É que, na lição de Espínola Filho, "em rigor, não há um novo recurso, independente, mas o prosseguimento do primeiro, transformado" (ob. cit., p. 123).

Pro et contra – Mas isso somente é possível nas hipóteses de recurso em sentido estrito que sejam *pro et contra*, assim entendidas aquelas que admitam o recurso caso o juiz julgue de uma ou outra forma, ou seja, quando o recurso é cabível em ambas as situações inversas de sucumbência. Assim, v.g., quando o juiz concede ou nega a fiança (inc. V), quando concede ou nega habeas corpus (inc. X), etc.

Secundum eventum littis – Quando o recurso é cabível apenas para impugnar uma decisão determinada e não a decisão em sentido contrário, se diz que a hipótese de recurso em sentido estrito é *secundum eventum littis*. Nesse caso, ao contrário do que vimos acima, já não mais será possível o aproveitamento do recurso pela parte prejudicada pela retratação. Assim, por exemplo, se o juiz rejeita a denúncia e, após recurso em sentido estrito interposto pelo promotor de justiça (art. 581, inc. I), a recebe, não poderá o réu pedir a subida do recurso, já que em relação ao recebimento da denúncia não tem cabimento o recurso. O mesmo ocorrerá se, após anular o processo e ante recurso em sentido estrito interposto pelo Ministério Público (art. 581, XIII), o juiz se retratar, decidindo pelo prosseguimento do feito. Já não será possível, nesse caso, o pedido de subida do recurso, pois essa última decisão não comporta o recurso stricto sensu.

Feito esse breve resumo do recurso em sentido estrito, abaixo analisamos a sua mais nova hipótese de cabimento, introduzida pela Lei 13.964/19.

Decisão que recusar homologação à proposta de acordo de não persecução penal, previsto no art. 28-A. - O art. 28-A do CPP trata do acordo de não persecução penal, compreendido como sendo o ajuste obrigacional celebrado entre o órgão de acusação e o investigado (assistido por advogado), devidamente homologado pelo juiz, no qual o indigitado assume sua responsabilidade, aceitando cumprir, desde logo, condições menos severas do que a sanção penal aplicável ao fato a ele imputado. Referido artigo, nos §§ 4º. e ss, prevê verdadeira solenidade para julgamento do ANPP. O juiz marca audiência para verificar a sua voluntariedade, por meio da oitiva do investigado na presença de seu defensor, bem como sua legalidade. A "ratio legis" fica bem clara. Confere-se ao juiz, com a oitiva do investigado (compromissário) e de seu defensor, a salutar possibilidade de avaliar se o acordo foi ou não forçado, contra a vontade do investigado. Daí porque, na audiência a que se refere o dispositivo, não haver previsão quanto à presença do proponente do acordo (Ministério Público), mas somente do indigitado e seu defensor. A legalidade do ANPP também será objeto de análise judicial.

Atenção

o legislador empregou o vocábulo "juiz" em seu sentido amplo, pelo que, por óbvio, também abrange o relator da persecução penal de competência originária de um tribunal. Aliás, de forma a espancar qualquer dúvida, a Lei 13.964/19 alterou a Lei 8.038/90, cujas normas são usadas para os processos perante o Superior Tribunal de Justiça e o Supremo Tribunal Federal, nela acrescentando novo parágrafo ao art. 1º., prevendo, expressamente, o ANPP nos crimes praticados por autoridades com foro por prerrogativa de função.

Ao analisar o ANPP, o juiz pode:

a) homologar o acordo de não persecução penal, devolvendo os autos ao Ministério Público para que inicie sua execução perante o juízo de execução penal (§6º.)

b) se considerar inadequadas, insuficientes ou abusivas as condições dispostas no acordo de não persecução penal, devolver os autos ao Ministério Público para que seja reformulada a proposta do acordo, com concordância do investigado e seu defensor (§ 5º.). Tendo a concordância do investigado, a hipótese é de retratação. Ou o Ministério Público reabre as negociações, ou oferece a denúncia-crime.

c) se entender que não é caso de acordo recusa sua homologação, devolverá os autos ao Ministério Público para análise da necessidade de complementação das investigações ou o oferecimento da denúncia (§ 8º.) Mas e se o Ministério Público discordar do juiz e insistir no ANPP já assinado? Surge um conflito entre o promotor de Justiça e o juiz. E quem resolve o impasse? De acordo com a Res. 181/17 do CNMP, não sem razão, tratando-se de divergência envolvendo o juiz e o titular da ação penal, este único responsável pela implementação da política criminal adotada pela instituição ministerial, a solução deve ser dada pelo órgão superior do Ministério Público (PGJ, nos estados, Câmara de Revisão, no âmbito da União). A Lei 13.964/19, contudo, preferiu "escalar" para a solução do conflito o próprio Judiciário. O juiz deve recusar a homologação (§ 7º.), desafiando, essa decisão, recurso em sentido estrito (art. 581, XXV, CPP). Essa arquitetura, entretanto, é equivocada e inconstitucional, violando não somente o sistema acusatório, mas a independência do Ministério Público brasileiro (arts. 127, *caput*, 127, §1º., e 129, I, todos da CF). Importante destacar, nesse ponto, a sempre pertinente lição de Ferrajoli, citada pelo STF na ADI 4.414 Alagoas: "A separação entre as funções de acusar, defender e julgar é o signo essencial do sistema acusatório de processo penal (art. 129, I, CRFB), tornando a atuação do Judiciário na fase pré-processual somente admissível com o propósito de proteger as garantias fundamentais do investigado"(FERRAJOLI, Luigi. Derecho y Razón - Teoría del Garantismo Penal. 3ª ed., Madrid: Trotta, 1998. p. 567).

Diante desse quadro (e preocupação), sugerimos, por analogia, aplicar o art. 28 do CPP, usado, aliás, pelo próprio art. 28-A para solucionar conflito inverso: juiz discorda da recusa do MP em propor o ANPP (§14). Em caso semelhante, aliás, envolvendo a suspensão condicional do processo, o STF assim decidiu, editando a Súmula 696:

"Reunidos os pressupostos legais permissivos da suspensão condicional do processo, mas se recusando o promotor de justiça a propô-la, o juiz, dissentindo, remeterá a questão ao Procurador-Geral, aplicando-se por analogia o art. 28 do Código de Processo Penal".

DOS RECURSOS EXTRAORDINÁRIO E ESPECIAL

"Art. 638. O recurso extraordinário e o recurso especial serão processados e julgados no Supremo Tribunal Federal e no Superior Tribunal de Justiça na forma estabelecidas por leis especiais, pela lei processual civil e pelos respectivos regimentos internos."

Redação ANTES da Lei 13.964/19	Redação DEPOIS da Lei 13.964/19
Art. 638. O recurso extraordinário será processado e julgado no Supremo Tribunal Federal na forma estabelecida pelo respectivo regimento interno.	**Art. 638.** O recurso extraordinário e o recurso especial serão processados e julgados no Supremo Tribunal Federal e no Superior Tribunal de Justiça na forma estabelecidas por leis especiais, pela lei processual civil e pelos respectivos regimentos internos.

Redação anterior – "O recurso extraordinário será processado e julgado no Supremo Tribunal Federal na forma estabelecida pelo respectivo regimento interno". Percebam que antes da Lei 13.964/19, o artigo em comento fazia referência somente ao recurso extraordinário e ao STF. Tem uma explicação simples: no ano de promulgação do CPP (1941) não existia o STJ, criado pelo Constituinte de 1988. O presente dispositivo carecia de atualização desde então.

Recursos extraordinário e especial - Os recursos extraordinário e especial têm fundamento na Constituição Federal, artigos 102 e 105, respectivamente. O primeiro (extraordinário), é processado e julgado no STF, tem como finalidade discutir questões de direito constitucional. Já o segundo (especial), processado e julgado no STJ, debate a questões envolvendo a interpretação de lei federal ou de tratado. Ambos recursos serão processados na forma estabelecidas por leis especiais, pela lei processual civil e pelos respectivos regimentos internos. Agiu bem o legislador ao não tratar desses recursos no CPP, eis que a matéria, devidamente regulada no Código de Processo Civil, demanda tratamento unitário.

Código de Processo Civil – Atualmente, o procedimento dos recursos extraordinário e especial vem tratado nos arts. 1.029 *usque* 1.042, do

Código de Processo Civil. Destacando-se os pontos mais relevantes, em síntese, de se ver que o recurso deve ser interposto perante o presidente ou o vice-presidente do tribunal recorrido, contendo a exposição do fato e do direito, a demonstração do cabimento do recurso interposto e as razões do pedido de reforma ou de invalidação da decisão recorrida (art. 1.029, incs. I, II e III). O art. 1.030 elenca as causas que podem ensejar a rejeição in limine do recurso pelo o presidente ou vice-presidente do tribunal recorrido. Da decisão de inadmissibilidade proferida com fundamento no inciso V caberá agravo ao tribunal superior, nos termos do art. 1.042. Já da decisão proferida com fundamento nos incisos I e III caberá agravo interno, nos termos do art. 1.021.

Interposição conjunto de RExt e REsp - Na hipótese de interposição conjunta de recurso extraordinário e recurso especial, os autos serão remetidos ao Superior Tribunal de Justiça (art. 1.031).

Processo cooperativo - Se o relator, no Superior Tribunal de Justiça, entender que o recurso especial versa sobre questão constitucional, deverá conceder prazo de 15 (quinze) dias para que o recorrente demonstre a existência de repercussão geral e se manifeste sobre a questão constitucional. Cumprida essa diligência, o relator remeterá o recurso ao Supremo Tribunal Federal, que, em juízo de admissibilidade, poderá devolvê-lo ao Superior Tribunal de Justiça (art. 1.032). A situação inversa também é possível, isto é, se o Supremo Tribunal Federal considerar como reflexa a ofensa à Constituição afirmada no recurso extraordinário, por pressupor a revisão da interpretação de lei federal ou de tratado, remetê-lo-á ao Superior Tribunal de Justiça para julgamento como recurso especial (art. 1.033). Sobre os artigos 1.032 e 1.033, explica Cassio Scarpinella Bueno: "são novidades trazidas pelo CPC de 2015. Diferentemente do que ocorre na hipótese do art. 1031, eles não tratam de dois recursos, extraordinário e especial, interpostos concomitantemente. Há, aqui, apenas, um recurso, especial ou extraordinário, e a discussão sobre quem é competente para julgá-lo consoante o enfoque que seja dada à matéria nele versada. (...). Ambas as regras representam importante novidade trazida pelo CPC de 2015 para combater as dificuldades decorrentes da inconstitucionalidade reflexa, que, em termos práticos, acaba gerando verdadeiro vácuo de competência. Ademais, cabe acentuar que ambos os dispositivos, os arts. 1.032 e 1.033, são reflexo inquestionável do modelo de processo cooperativo desejado pelo CPC de 2015 desde seu art. 6º" (Manual de Direito Processual Civil. São Paulo: Saraiva, 2016. p. 719).

Efeito suspensivo – Em regra, recursos extraordinário e especial não têm efeito suspensivo. Quando, por ocasião do processamento do incidente de resolução de demandas repetitivas, o presidente do Supremo Tribunal Federal ou do Superior Tribunal de Justiça receber requerimento de suspensão de processos em que se discuta questão federal constitucional ou infraconstitucional, poderá, considerando razões de segurança jurídica ou de excepcional interesse social, estender a suspensão a todo o território nacional, até ulterior decisão do recurso extraordinário ou do recurso especial a ser interposto (art. 1.029, § 4º). O pedido de concessão de efeito suspensivo poderá ser formulado por requerimento dirigido: I – ao tribunal superior respectivo, no período compreendido entre a publicação da decisão de admissão do recurso e sua distribuição, ficando o relator designado para seu exame prevento para julgá-lo; II – ao relator, se já distribuído o recurso; III – ao presidente ou ao vice-presidente do tribunal recorrido, no período compreendido entre a interposição do recurso e a publicação da decisão de admissão do recurso, assim como no caso de o recurso ter sido sobrestado.

Vício formal de recurso tempestivo – Atento aos princípios da instrumentalidade e da economia processual, o art. 1.029, § 3º, anuncia que o STF e o STJ podem desconsiderar vicio formal de recurso tempestivo ou determinar sua correção, desde que o vicio seja sanável e não seja considerado grave. Teresa Arruda Alvim aplaude e novidade introduzida no CPC, "que tem em vista desestimular a jurisprudência defensiva e está em perfeita consonância com uma das linhas mestras do novo código, que é a de que haja relevação ou sanação de vícios, para que o mérito seja julgado" (WAMBIER, Teresa Arruda Alvim; CONCEIÇÃO, Maria Lucia Lins; RIBEIRO; Leonardo Ferres da Silva; e MELLO, Rogério Licastro Torres de. Primeiros Comentários ao Novo Código de Processo Civil. São Paulo: RT, 2016. p. 1658).

Regimento interno – O regimento interno dos tribunais é, de acordo com a maioria, lei em sentido material. Na taxinomia das normas jurídicas o regimento interno dos tribunais se equipara à lei. A prevalência de uma ou de outro depende de matéria regulada, pois são normas de igual categoria. Em matéria processual prevalece a lei, no que tange ao funcionamento dos tribunais o regimento interno prepondera. Esse é o entendimento dado pelo Supremo Tribunal Federal, nos autos da ADI 1.105-7/DF, de relatoria do ministro Ricardo Lewandowski. Pois bem. Em matéria de recursos extraordinário e especial, os regimentos internos do STF e do STJ se aplicam, basicamente, para questões de trâmite no Tribunal, podendo ser aplicado com maior significado – e mesmo assim, em casos excepcionais – em sede de julgamento monocrático, quando o tema envolve jurisprudência dominante da Corte.

PARTE III

ALTERAÇÕES NA LEI DE EXECUÇÃO PENAL

IDENTIFICAÇÃO DO PERFIL GENÉTICO DO CONDENADO

"Art. 9º-A. (VETADO).

..

§ 1º-A. A regulamentação deverá fazer constar garantias mínimas de proteção de dados genéticos, observando as melhores práticas da genética forense.

..

§ 3º Deve ser viabilizado ao titular de dados genéticos o acesso aos seus dados constantes nos bancos de perfis genéticos, bem como a todos os documentos da cadeia de custódia que gerou esse dado, de maneira que possa ser contraditado pela defesa.

§ 4º O condenado pelos crimes previstos no *caput* deste artigo que não tiver sido submetido à identificação do perfil genético por ocasião do ingresso no estabelecimento prisional deverá ser submetido ao procedimento durante o cumprimento da pena.

§ 5º (VETADO).

§ 6º (VETADO).

§ 7º (VETADO).

§ 8º Constitui falta grave a recusa do condenado em submeter-se ao procedimento de identificação do perfil genético." (NR)

Redação ANTES da Lei 13.964/19	Redação DEPOIS da Lei 13.964/19
Art. 9º-A. Os condenados por crime praticado, dolosamente, com violência de natureza grave contra pessoa, ou por qualquer dos crimes previstos no art. 1° da Lei n° 8.072, de 25 de julho de 1990, serão submetidos, obrigatoriamente, à identificação do perfil genético, mediante extração de DNA - ácido desoxirribonucleico, por técnica adequada e indolor. § 1º A identificação do perfil genético será armazenada em banco de dados sigiloso, conforme regulamento a ser expedido pelo Poder Executivo.	**Art. 9º-A.** Os condenados por crime praticado, dolosamente, com violência de natureza grave contra pessoa, ou por qualquer dos crimes previstos no art. 1° da Lei n° 8.072, de 25 de julho de 1990, serão submetidos, obrigatoriamente, à identificação do perfil genético, mediante extração de DNA - ácido desoxirribonucleico, por técnica adequada e indolor. § 1º A identificação do perfil genético será armazenada em banco de dados sigiloso, conforme regulamento a ser expedido pelo Poder Executivo.

Redação ANTES da Lei 13.964/19	Redação DEPOIS da Lei 13.964/19
§ 2º A autoridade policial, federal ou estadual, poderá requerer ao juiz competente, no caso de inquérito instaurado, o acesso ao banco de dados de identificação de perfil genético.	§ 1º-A. A regulamentação deverá fazer constar garantias mínimas de proteção de dados genéticos, observando as melhores práticas da genética forense. § 2º A autoridade policial, federal ou estadual, poderá requerer ao juiz competente, no caso de inquérito instaurado, o acesso ao banco de dados de identificação de perfil genético. § 3º Deve ser viabilizado ao titular de dados genéticos o acesso aos seus dados constantes nos bancos de perfis genéticos, bem como a todos os documentos da cadeia de custódia que gerou esse dado, de maneira que possa ser contraditado pela defesa. § 4º O condenado pelos crimes previstos no *caput* deste artigo que não tiver sido submetido à identificação do perfil genético por ocasião do ingresso no estabelecimento prisional deverá ser submetido ao procedimento durante o cumprimento da pena. § 5º (VETADO). § 6º (VETADO). § 7º (VETADO). § 8º Constitui falta grave a recusa do condenado em submeter-se ao procedimento de identificação do perfil genético." (NR)

Identificação do perfil genético – Com o advento da lei 12.654/12, passou a ser obrigatória para os condenados por crime praticado, dolosamente, com violência de natureza grave contra pessoa, ou por qualquer dos crimes etiquetados como hediondos, a identificação do perfil genético, mediante extração de DNA, devendo seguir técnica adequada e indolor.

Atenção

A Lei n. 13.964/19 ampliou o rol de crimes hediondos previstos na Lei n. 8.072/90. Atualmente, são hediondos os seguintes delitos: a) homicídio (art. 121), quando praticado em atividade típica de grupo de extermínio, ainda que cometido por um só agente, e homicídio qualificado (art. 121, § 2º, I, II, III, IV, V, VI e VII); b) lesão corporal dolosa de natureza gravíssima (art. 129, § 2º) e lesão corporal seguida de morte (art. 129, § 3º), quando praticadas contra autoridade ou agente descrito nos arts. 142 e 144 da Constituição Federal, integrantes do sistema prisional e da Força Nacional de Segurança Pública, no exercício da função ou em decorrência dela, ou contra seu cônjuge, companheiro ou parente consanguíneo até terceiro grau, em razão dessa condição; c) roubo com restrição de liberdade da vítima (art. 157, § 2º, inciso V), com emprego de arma de fogo (art. 157, § 2º-A, inciso I), com emprego de arma de fogo de uso proibido ou restrito (art. 157, § 2º-B) e qualificado pelo resultado lesão corporal grave ou morte (art. 157, § 3º; d) extorsão qualificada pela restrição da liberdade da vítima, ocorrência de lesão corporal ou morte;; e) extorsão mediante sequestro e na forma qualificada (art. 159, *caput*, e §§ 1º, 2º e 3º); f) estupro (art. 213, *caput* e §§ 1º e 2º); g) estupro de vulnerável (art. 217-A, *caput* e §§ 1º, 2º, 3º e 4º); h) epidemia com resultado morte (art. 267, § 1º); i) falsificação, corrupção, adulteração ou alteração de produto destinado a fins terapêuticos ou medicinais (art. 273, *caput* e § 1º, § 1º-A e § 1º-B); j) favorecimento da prostituição ou de outra forma de exploração sexual de criança ou adolescente ou de vulnerável (art. 218-B, *caput*, e §§ 1º e 2º); k) furto qualificado pelo emprego de explosivo ou de artefato análogo que cause perigo comum (art. 155, § 4º-A); l) o genocídio (arts. 1º, 2º e 3º, da Lei 2.889/56); m) posse ou porte ilegal de arma de fogo de uso proibido (art. 16 da Lei 10.826/03); n) comércio ilegal de arma de fogo (art. 17 da Lei 10.826/03); o) tráfico internacional de arma de fogo, acessório ou munição (art. 18 da Lei nº 10.826/03); p) organização criminosa, quando direcionada à prática de crime hediondo ou equiparado.

Esta identificação (tratando-se da fase de execução da pena) não serve, necessariamente, para subsidiar qualquer investigação criminal em curso ou esclarecer dúvida eventualmente gerada pela identificação civil (ou mesmo datiloscópica), tendo como fim principal abastecer banco de dados sigiloso, a ser regulamentado pelo Poder Executivo (podendo servir para investigação futura).

Já a coleta de perfil genético durante a fase de investigação policial obedece às disposições previstas na Lei n. 12.037/09 que versa sobre a identificação criminal de civis. A lei permite a extração de material genético, mediante autorização judicial, caso seja essencial à investigação.

Atenção

Esta Lei (12.037/09), também alterada pelo Pacote Anticrime, agora determina que a exclusão do perfil genético do banco de dados deve ocorrer em caso de absolvição ou, caso haja condenação, mediante requerimento depois de 20 (vinte) anos do cumprimento da pena (a redação original da lei previa a exclusão ao tempo da prescrição do delito). Outra novidade inserida na Lei pelo Pacote Anticrime foi a criação de um Banco Nacional Multibiométrico e de Impressões Digitais, que prevê a coleta, não só de material genético, mas também de registros biométricos, impressões digitais, de íris, face e voz de presos provisórios e definitivos, bem como de investigados.

Temos, assim, duas situações que permitem a coleta de material genético:

i) identificação genética determinada antes do trânsito em julgado da sentença condenatória, seguindo as disposições previstas na Lei n. 12.037/09;

ii) a coleta de material genético dos presos com condenação definitiva por crime doloso com violência grave contra a pessoa ou por crime hediondo, concretizada quando do condenado na unidade prisional. O condenado pelos crimes previstos no *caput* do art. 9-A que não tiver sido submetido à identificação do perfil genético por ocasião do ingresso no estabelecimento prisional deverá ser submetido ao procedimento durante o cumprimento da pena (§4º).

Constitucionalidade – Para muitos, a inovação é inconstitucional, configurando verdadeiro direito penal do autor (remontando ao conceito de "criminoso nato" de Enrico Ferri), ferindo a segurança jurídica, desequilibrando a balança da punição X garantias, sendo campo fértil para abusos.

Pensamos diferente. A medida é salutar quando se pensa num Estado que deve ser eficiente no combate à crescente criminalidade (garantismo positivo), sem desconsiderar as garantias do cidadão (garantismo negativo), especialmente quando consideradas as baixas taxas de elucidação de crimes contra a vida e sexuais. A sua constitucionalidade já foi reconhecida pela nossa Corte Maior (STF, RCL 24484, j. 05/07/16).

Criticamos, apenas, o caráter compulsório do fornecimento do material pelo condenado, cuja recusa agora passa a ser punível como falta grave (§8º). Isso nos parece inconstitucional e inconvencional, ferindo o direito da pessoa presa de não produzir prova contra si mesma (*nemo tenetur se detegere*), a sua integridade física e a sua privacidade.

Logo, deve o Estado, através de métodos não invasivos (salvo se o preso concordar com tais procedimentos) colher material desprendido do corpo do reeducando para servir à identificação genética. O Estado não está impedido de usar vestígios para colher material útil na identificação do indivíduo. Não há nenhum obstáculo para sua apreensão e verificação (ou análise ou exame). São partes do corpo humano (vivo) que já não pertencem a ele. Logo, materiais análogos podem ser apreendidos e submetidos a exame normalmente, sem nenhum tipo de consentimento da pessoa (ex: exame do DNA da saliva que se achava nos cigarros fumados e jogados fora pelo condenado). Nesse sentido, aliás, decidiu o STJ. Ao julgar HC impetrado pela Defensoria Pública de Minas Gerais, em 2018, deliberou que a produção de prova por meio de exame de DNA sem o consentimento do investigado é permitida se o material biológico já está fora de seu corpo e foi abandonado, ocasião em que se tornou objeto público. No caso, o investigado se encontrava preso e havia se recusado a ceder material genético. Diante disso, a coleta foi realizada a partir de utensílios usados e descartados, possibilitando o esclarecimento de um crime ocorrido 10 anos antes. Para o Ministro relator Reynaldo Soares da Fonseca, "o que não se permite é o recolhimento do material genético à força (violência moral ou física), o que não ocorreu na espécie, em que o copo e a colher de plásticos utilizados pelo paciente já haviam sido descartados" (o número deste processo não é divulgado em razão de segredo judicial).

Falta grave - Não nos parece razoável que a recusa em se submeter à identificação de perfil genético acarrete, ao condenado, qualquer sanção disciplinar, especialmente falta grave, com implicações severas no tempo e na qualidade da pena a ser cumprida. Tal como prevista no § 8º, a nova hipótese de falta disciplinar se traduz em uma punição ao exercício do direito constitucional de não autoincriminação.

O debate acerca da constitucionalidade da coleta obrigatória de material genético certamente será intensificado com a presente modificação legislativa. O tema já era objeto do Recurso Extraordinário 973.837, com repercussão geral reconhecida, ainda pendente de julgamento pelo STF.

Atenção

O Tribunal Europeu de Direitos Humanos já enfrentou alguns casos envolvendo o mesmo assunto, decidindo que as informações genéticas encontram proteção jurídica na inviolabilidade da vida privada. Em um dos casos, julgado em 2008, o Reino Unido foi condenado pela Corte Europeia de Direitos Humanos (caso S. AND MARPER vs. THE UNITED KINGDOM – UK, 2008), A Corte decidiu que os Estados que possuem amostras de DNA de indivíduos presos, mas que foram posteriormente absolvidos ou tiveram suas ações retiradas, não devem manter as informações dos custodiados, devendo destruí-las.

DAS FALTAS DISCIPLINARES DE NATUREZA GRAVE

"Art. 50. ....

..

VIII - recusar submeter-se ao procedimento de identificação do perfil genético.

..."(NR)

Redação ANTES da Lei 13.964/19	Redação DEPOIS da Lei 13.964/19
Art. 50. Comete falta grave o condenado à pena privativa de liberdade que: I - incitar ou participar de movimento para subverter a ordem ou a disciplina; II - fugir; III - possuir, indevidamente, instrumento capaz de ofender a integridade física de outrem; IV - provocar acidente de trabalho; V - descumprir, no regime aberto, as condições impostas; VI - inobservar os deveres previstos nos incisos II e V, do artigo 39, desta Lei. VII – tiver em sua posse, utilizar ou fornecer aparelho telefônico, de rádio ou similar, que permita a comunicação com outros presos ou com o ambiente externo. Parágrafo único. O disposto neste artigo aplica-se, no que couber, ao preso provisório.	**Art. 50.** Comete falta grave o condenado à pena privativa de liberdade que: I - incitar ou participar de movimento para subverter a ordem ou a disciplina; II - fugir; III - possuir, indevidamente, instrumento capaz de ofender a integridade física de outrem; IV - provocar acidente de trabalho; V - descumprir, no regime aberto, as condições impostas; VI - inobservar os deveres previstos nos incisos II e V, do artigo 39, desta Lei. VII – tiver em sua posse, utilizar ou fornecer aparelho telefônico, de rádio ou similar, que permita a comunicação com outros presos ou com o ambiente externo. VIII - recusar submeter-se ao procedimento de identificação do perfil genético. Parágrafo único. O disposto neste artigo aplica-se, no que couber, ao preso provisório.

Rol de faltas consideradas graves – O artigo 50 da Lei de Execuções Penais anuncia rol taxativo das faltas graves. A criação de falta grave por outro instrumento que não a lei é inviável e configura manifesta violação ao princípio da legalidade.

Embora sejam infrações administrativas, as faltas graves poderão gerar para o preso sancionado drásticos efeitos na execução da pena – a par da sua sanção disciplinar – , como por exemplo, a regressão de regime, perda dos dias remidos, o reinício do lapso temporal para progressão de regime etc.

Identificação compulsória do perfil genético – Como já adiantamos nos comentários ao art. 9º-A da LEP, a identificação do perfil genético do habitante prisional mostra-se como medida salutar quando se pensa num Estado que deve ser eficiente no combate à crescente criminalidade (garantismo positivo), sem desconsiderar as garantias do cidadão (garantismo negativo), especialmente quando consideradas as baixas taxas de elucidação de crimes contra a vida e sexuais. A sua constitucionalidade já foi reconhecida pela nossa Corte Maior (STF, RCL 24484, j. 05/07/16).

A sua importância é de tal monta, que a Lei 13.964/19 tipificou como falta grave recusar o preso submeter-se ao procedimento de identificação do perfil genético. E aqui reside nossa crítica. O caráter compulsório do fornecimento do material pelo condenado, cuja recusa agora passa a ser punível com sanção disciplinar, nos parece inconstitucional e inconvencional, ferindo o direito da pessoa presa de não produzir prova contra si mesma (*nemo tenetur se detegere*), a sua integridade física e a sua privacidade.

Logo, deve o Estado, através de métodos não invasivos (salvo se o preso concordar com tais procedimentos) colher material desprendido do corpo do reeducando para servir à identificação genética. O Estado não está impedido de usar vestígios para colher material útil na identificação do indivíduo. Não há nenhum obstáculo para sua apreensão e verificação (ou análise ou exame). São partes do corpo humano (vivo) que já não pertencem a ele. Logo, materiais análogos podem ser apreendidos e submetidos a exame normalmente, sem nenhum tipo de consentimento da pessoa (ex: exame do DNA da saliva que se achava nos cigarros fumados e jogados fora pelo condenado). Nesse sentido, aliás, decidiu o STJ. Ao julgar HC impetrado pela Defensoria Pública de Minas Gerais, em 2018, deliberou que a produção de prova por meio de exame de DNA sem o consentimento do investigado é permitida se o material biológico já está fora de seu corpo e foi abandonado, ocasião em que se tornou objeto público. No caso, o investigado se encontrava preso e havia se recusado a ceder material genético. Diante disso, a coleta foi realizada a partir de utensílios usados e descartados, possibilitando o esclarecimento de um crime ocorrido 10 anos antes. Para o Ministro relator Reynaldo Soares da Fonseca, "o que não se permite é o recolhimento do material genético à força (violência moral ou física), o que não ocorreu na espécie, em que o copo e a colher de plásticos utilizados pelo paciente já haviam sido descartados" (o número deste processo não é divulgado em razão de segredo judicial).

Ver nossos comentários ao art. 9º.-A da LEP.

REGIME DISCIPLINAR DIFERENCIADO

"Art. 52. A prática de fato previsto como crime doloso constitui falta grave e, quando ocasionar subversão da ordem ou disciplina internas, sujeitará o preso provisório, ou condenado, nacional ou estrangeiro, sem prejuízo da sanção penal, ao regime disciplinar diferenciado, com as seguintes características:

I - duração máxima de até 2 (dois) anos, sem prejuízo de repetição da sanção por nova falta grave de mesma espécie;

II - recolhimento em cela individual;

III - visitas quinzenais, de 2 (duas) pessoas por vez, a serem realizadas em instalações equipadas para impedir o contato físico e a passagem de objetos, por pessoa da família ou, no caso de terceiro, autorizado judicialmente, com duração de 2 (duas) horas;

IV - direito do preso à saída da cela por 2 (duas) horas diárias para banho de sol, em grupos de até 4 (quatro) presos, desde que não haja contato com presos do mesmo grupo criminoso;

V - entrevistas sempre monitoradas, exceto aquelas com seu defensor, em instalações equipadas para impedir o contato físico e a passagem de objetos, salvo expressa autorização judicial em contrário;

VI - fiscalização do conteúdo da correspondência;

VII - participação em audiências judiciais preferencialmente por videoconferência, garantindo-se a participação do defensor no mesmo ambiente do preso.

§ 1º O regime disciplinar diferenciado também será aplicado aos presos provisórios ou condenados, nacionais ou estrangeiros:

I - que apresentem alto risco para a ordem e a segurança do estabelecimento penal ou da sociedade;

II - sob os quais recaiam fundadas suspeitas de envolvimento ou participação, a qualquer título, em organização criminosa, associação criminosa ou milícia privada, independentemente da prática de falta grave.

§ 2º (Revogado).

§ 3º Existindo indícios de que o preso exerce liderança em organização criminosa, associação criminosa ou milícia privada, ou que tenha atuação criminosa em 2 (dois) ou mais Estados da Federação, o regime disciplinar diferenciado será obrigatoriamente cumprido em estabelecimento prisional federal.

§ 4º Na hipótese dos parágrafos anteriores, o regime disciplinar diferenciado poderá ser prorrogado sucessivamente, por períodos de 1 (um) ano, existindo indícios de que o preso:

I - continua apresentando alto risco para a ordem e a segurança do estabelecimento penal de origem ou da sociedade;

II - mantém os vínculos com organização criminosa, associação criminosa ou milícia privada, considerados também o perfil criminal e a função desempenhada por ele no grupo criminoso, a operação duradoura do grupo, a superveniência de novos processos criminais e os resultados do tratamento penitenciário.

§ 5º Na hipótese prevista no § 3º deste artigo, o regime disciplinar diferenciado deverá contar com alta segurança interna e externa, principalmente no que diz respeito à necessidade de se evitar contato do preso com membros de sua organização criminosa, associação criminosa ou milícia privada, ou de grupos rivais.

§ 6º A visita de que trata o inciso III do *caput* deste artigo será gravada em sistema de áudio ou de áudio e vídeo e, com autorização judicial, fiscalizada por agente penitenciário.

§ 7º Após os primeiros 6 (seis) meses de regime disciplinar diferenciado, o preso que não receber a visita de que trata o inciso III do *caput* deste artigo poderá, após prévio agendamento, ter contato telefônico, que será gravado, com uma pessoa da família, 2 (duas) vezes por mês e por 10 (dez) minutos." (NR)

Redação ANTES da Lei 13.964/19	Redação DEPOIS da Lei 13.964/19
Art. 52. A prática de fato previsto como crime doloso constitui falta grave e, quando ocasione subversão da ordem ou disciplina internas, sujeita o preso provisório, ou condenado, sem prejuízo da sanção penal, ao regime disciplinar diferenciado, com as seguintes características:	**Art. 52.** A prática de fato previsto como crime doloso constitui falta grave e, quando ocasionar subversão da ordem ou disciplina internas, sujeitará o preso provisório, ou condenado, nacional ou estrangeiro, sem prejuízo da sanção penal, ao regime disciplinar diferenciado, com as seguintes características:

Redação ANTES da Lei 13.964/19	Redação DEPOIS da Lei 13.964/19
I - duração máxima de trezentos e sessenta dias, sem prejuízo de repetição da sanção por nova falta grave de mesma espécie, até o limite de um sexto da pena aplicada; II - recolhimento em cela individual; III - visitas semanais de duas pessoas, sem contar as crianças, com duração de duas horas; IV - o preso terá direito à saída da cela por 2 horas diárias para banho de sol. § 1º O regime disciplinar diferenciado também poderá abrigar presos provisórios ou condenados, nacionais ou estrangeiros, que apresentem alto risco para a ordem e a segurança do estabelecimento penal ou da sociedade. § 2º Estará igualmente sujeito ao regime disciplinar diferenciado o preso provisório ou o condenado sob o qual recaiam fundadas suspeitas de envolvimento ou participação, a qualquer título, em organizações criminosas, quadrilha ou bando.	I - duração máxima de até 2 (dois) anos, sem prejuízo de repetição da sanção por nova falta grave de mesma espécie; II - recolhimento em cela individual; III - visitas quinzenais, de 2 (duas) pessoas por vez, a serem realizadas em instalações equipadas para impedir o contato físico e a passagem de objetos, por pessoa da família ou, no caso de terceiro, autorizado judicialmente, com duração de 2 (duas) horas; IV - direito do preso à saída da cela por 2 (duas) horas diárias para banho de sol, em grupos de até 4 (quatro) presos, desde que não haja contato com presos do mesmo grupo criminoso; V - entrevistas sempre monitoradas, exceto aquelas com seu defensor, em instalações equipadas para impedir o contato físico e a passagem de objetos, salvo expressa autorização judicial em contrário; VI - fiscalização do conteúdo da correspondência; VII - participação em audiências judiciais preferencialmente por videoconferência, garantindo-se a participação do defensor no mesmo ambiente do preso. § 1º O regime disciplinar diferenciado também será aplicado aos presos provisórios ou condenados, nacionais ou estrangeiros: I - que apresentem alto risco para a ordem e a segurança do estabelecimento penal ou da sociedade; II - sob os quais recaiam fundadas suspeitas de envolvimento ou participação, a qualquer título, em organização criminosa, associação criminosa ou milícia privada, independentemente da prática de falta grave.

Redação ANTES da Lei 13.964/19	Redação DEPOIS da Lei 13.964/19
	§ 2º (Revogado). § 3º Existindo indícios de que o preso exerce liderança em organização criminosa, associação criminosa ou milícia privada, ou que tenha atuação criminosa em 2 (dois) ou mais Estados da Federação, o regime disciplinar diferenciado será obrigatoriamente cumprido em estabelecimento prisional federal. § 4º Na hipótese dos parágrafos anteriores, o regime disciplinar diferenciado poderá ser prorrogado sucessivamente, por períodos de 1 (um) ano, existindo indícios de que o preso: I - continua apresentando alto risco para a ordem e a segurança do estabelecimento penal de origem ou da sociedade; II - mantém os vínculos com organização criminosa, associação criminosa ou milícia privada, considerados também o perfil criminal e a função desempenhada por ele no grupo criminoso, a operação duradoura do grupo, a superveniência de novos processos criminais e os resultados do tratamento penitenciário. § 5º Na hipótese prevista no § 3º deste artigo, o regime disciplinar diferenciado deverá contar com alta segurança interna e externa, principalmente no que diz respeito à necessidade de se evitar contato do preso com membros de sua organização criminosa, associação criminosa ou milícia privada, ou de grupos rivais. § 6º A visita de que trata o inciso III do *caput* deste artigo será gravada em sistema de áudio ou de áudio e vídeo e, com autorização judicial, fiscalizada por agente penitenciário.

Redação ANTES da Lei 13.964/19	Redação DEPOIS da Lei 13.964/19
	§ 7º Após os primeiros 6 (seis) meses de regime disciplinar diferenciado, o preso que não receber a visita de que trata o inciso III do *caput* deste artigo poderá, após prévio agendamento, ter contato telefônico, que será gravado, com uma pessoa da família, 2 (duas) vezes por mês e por 10 (dez) minutos.

Regime disciplinar diferenciado – O art. 52 trata das hipóteses que autorizam a inclusão do preso faltoso no regime disciplinar diferenciado (RDD), espécie mais drástica de sanção disciplinar.

Como o próprio nome já anuncia, a disciplina imposta com a medida é diferenciada, restringindo, como nenhuma outra, a já limitada liberdade de locomoção do preso e alguns dos seus direitos.

O RDD foi implantado primeiramente pela Secretaria de Administração Penitenciária do Estado de São Paulo (SAP), em 2001, por meio da Resolução n. 26. A medida foi criada como resposta direta à atuação de organizações criminosas, notadamente o PCC (Primeiro Comando da Capital), nos presídios paulistas. A partir da Lei n. 10.792/03, foi incluído de modo definitivo na LEP apesar das diversas críticas formuladas por juristas e pesquisadores. Dentre elas, sobressai a de que o RDD representa, para além de uma sanção disciplinar, uma nova modalidade de cumprimento de pena, significativamente mais severo que, para Salo de Carvalho e Christiane Freire, "rompe a lógica do sistema progressivo e, sobretudo, viola o núcleo duro da Constituição que são os direitos e garantias individuais" (Crítica à execução penal, 2007, p. 277).

A "ressignificação normativa da disciplina" (Carvalho; Freire, ob. cit., p. 277) se deve ao fato de que esta sanção, imensamente mais restritiva do que as demais, não depende do registro de falta grave para ser aplicada. As hipóteses previstas no artigo 52 da LEP autorizam a inclusão no RDD em casos de "alto risco para a ordem e segurança do estabelecimento penal ou da sociedade" ou de "suspeita de participação ou envolvimento em organizações criminosas, associação criminosa ou milícia privada", bem como com a prática de crime doloso que ocasione "subversão da ordem e disciplina". Se antes o isolamento da pessoa sancionada não podia ultrapassar 30 dias e decorria exclusivamente do registro de falta grave, depois da criação do RDD passa a valer por longos períodos e prescinde da apuração de uma infração, disciplinar ou penal.

Modificado significativamente pelo Pacote Anticrime (Lei 13.964/19), o RDD passa a ter as seguintes características:

I - duração máxima de até 2 (dois) anos, sem prejuízo de repetição da sanção por nova falta grave de mesma espécie.

De acordo com o texto original deste artigo, o RDD, na primeira ocorrência, tinha duração de até um ano. A partir da nova redação, o período máximo foi estendido para dois anos, contado na forma do artigo 10 do CP.

Pela simples leitura do inciso parece, a *prima facie*, que a sanção poderá ser imposta tantas vezes quantas forem as faltas graves repetidamente praticadas, sem limites.

II - recolhimento em cela individual.

O cumprimento da sanção se dará em cela individual (a conhecida solitária), com acompanhamento psicológico. O isolamento deve ser implantado sem se desconsiderar as proibições trazidas pelo artigo 45 da LEP, onde, no seu segundo parágrafo, veda o emprego de cela escura, acrescentando a doutrina, ainda, os alojamentos inabitáveis ou insalubres.

III - visitas quinzenais de duas pessoas, por vez, a serem realizadas em instalações equipadas para impedir o contato físico e a passagem de objetos, por pessoa da família ou, no caso de terceiro, autorizado judicialmente, com duração de 2 (duas) horas;

A redação original deste inciso permitia o recebimento de "visitas semanais de duas pessoas, sem contar as crianças, com duração de duas horas". Percebe-se, então, que esse direito foi ainda mais restringido pelo novo dispositivo, que agora prevê visitas quinzenais. Se o interessado for alguém fora da relação familiar, a visita dependerá de autorização judicial. O § 6º dispõe, ainda, que a visita será gravada e, mediante decisão judicial, fiscalizada por agente penitenciário.

Criança pode visitar preso no RDD? Sabemos todos ser fundamental para a ressocialização do preso não romper seus contatos com o mundo exterior, de forma a não debilitar as relações que une o habitante prisional e seus familiares e amigos. Não há dúvida de que os laços mantidos principalmente com a família são essencialmente benéficos para o reeducando, porque o leva a sentir que, mantendo contatos, embora com limitações, com as pessoas que se encontram fora do presídio, não foi excluído da comunidade (Mirabete, Execução Penal: Comentários à Lei nº 7.210, 10. ed., rev. e atual. São Paulo: Atlas, 2002, p. 124). Não sem razão, as Regras de Mandela, no seu preceito 106, dispõem que se deve velar para que se mantenham e melhorem as boas relações entre o preso e sua família, conforme apropriado ao melhor interesse de ambos. O Estatuto da Criança e do Adolescente assegura a convivência da criança e do adolescente com a mãe ou pai privado de liberdade, por meio de visitas periódicas promovidas pelo responsável, independentemente de autorização judicial (art. 19, § 4º).

Dentro desse espírito, mesmo quando incluído no regime mais drástico de cumprimento de pena, deve ser garantido ao interno sancionado o direito de relacionar-se com seus entes queridos.

Contudo, considerando os princípios basilares traçados pelo próprio Estatuto da Criança e do Adolescente (Lei nº 8.069/90) – princípios da prevenção geral e especial do atendimento integral à criança; garantia prioritária; proteção estatal; prevalência dos interesses do menor; indisponibilidade dos interesses do menor – evitar as visitas de crianças em unidades de segurança máxima parece mais recomendável. Afinal, são locais destinados para abrigar presos perigosos, devendo ser absolutamente constatada a segurança daqueles que visitam, especialmente quando crianças. Entendemos, portanto, que a possibilidade de visitação de crianças depende de circunstâncias concretas relativas à unidade prisional, bem como ao perfil da pessoa presa.

Nos termos do §7º., após os primeiros 6 (seis) meses de regime disciplinar diferenciado, o preso que não receber a visita de que trata o inciso III do *caput* deste artigo poderá, após prévio agendamento, ter contato telefônico, que será gravado, com uma pessoa da família, 2 (duas) vezes por mês e por 10 (dez) minutos.

IV – o preso terá direito à saída da cela por 2 horas diárias para banho de sol, em grupos de até 4 (quatro) presos, desde que não haja contato com presos do mesmo grupo criminoso;

Pouco foi alterado no novo dispositivo. O preso continua a ter direito à saída da cela por duas horas diárias para o banho de sol, agora limitada a grupos de até quatro presos que não pertençam ao mesmo grupo criminoso.

O banho de sol é prerrogativa importante do preso, especialmente porque constitui uma das únicas oportunidades de circulação fora da cela. Proibi-lo ou restringi-lo significa grave afronta aos seus direitos e à sua integridade física e psicológica. Nesse sentido, em 01.07.19, o STF, concedeu medida cautelar no HC coletivo n. 172.136-SP, impetrado pela Defensoria Pública, para garantir o cumprimento, pela administração prisional da Penitenciária de Martinópolis/SP, do comando normativo. Ressalte-se que a decisão sequer versava sobre presos em cumprimento de RDD, mas sim em cumprimento de sanção disciplinar. Na decisão, o Ministro Celso de Mello entendeu esclareceu:

"Constitui verdadeiro paradoxo reconhecer-se, de um lado, o 'direito à saída da cela por 2 (duas) horas diárias para banho de sol' (LEP, art. 52, IV), em favor de quem se acha submetido, por razões de 'subversão da ordem ou disciplina internas' no âmbito penitenciário, ao rigorosíssimo regime disciplinar diferenciado (RDD) e negar, de outro, o exercício de igual prerrogativa de ordem jurídica a quem se acha recolhido a pavilhões destinados à execução de medidas disciplinares ordinárias ("Pavilhão Disciplinar") e à proteção de detentos ameaçados ("Pavilhão de Seguro")".

V – entrevistas sempre monitoradas, exceto aquelas com seu defensor, em instalações equipadas para impedir o contato físico e a passagem de objetos, salvo expressa autorização judicial em contrário;

As três últimas características do RDD (incs. V, VI e VII) foram incluídas pelo Pacote Anticrime. São medidas que se prestam a garantir a segurança das unidades prisionais e da sociedade, intensificando a vigilância sobre os presos em regime diferenciado de cumprimento de pena.

O inciso V prevê o monitoramento de qualquer contato do preso com o mundo externo, exceto a comunicação com o seu defensor, resguardando, assim, o direito de defesa e o exercício livre da advocacia. Havendo autorização judicial, mesmo a entrevista com advogado será monitorada. Sabendo que as liberdades públicas não são entendidas em sentido absoluto, desaparecerá a ilicitude de qualquer violação quando houver fundadas suspeitas de as entrevistas estarem servindo, na verdade, para a prática de infrações penais. Nesse caso, a gravação se legitima como importante instrumento para a garantia da ordem pública e das liberdades alheias.

VI – fiscalização do conteúdo da correspondência;

A LEP prevê no art. 41, parágrafo único, que o direito de comunicação com o mundo externo pode ser suspenso ou restringido por decisão da administração prisional. Diante da imprecisão da LEP, há muito se discute sobre a possibilidade de monitoramento das correspondências do preso e sua constitucionalidade.

A inviolabilidade do sigilo de correspondência é garantia constitucional. No entanto, para boa parte da doutrina e jurisprudência, "a cláusula tutelar da inviolabilidade do sigilo epistolar não pode constituir instrumento de salvaguarda de práticas ilícitas" (STF, HC 70814/SP). Neste caso, a fiscalização se legitima como importante instrumento para a garantia da ordem pública e das liberdades alheias.

O problema apontado por alguns autores era que a legislação não estabelecia, de modo específico, as hipóteses nas quais o sigilo de correspondência poderia ser violado. A previsão genérica contida no art. 41 acabava por afrontar os princípios da legalidade e da proporcionalidade na execução penal.

Temos, assim, com este novo inciso, que a fiscalização de correspondências é expressamente permitida durante o cumprimento de RDD, por ser, como já afirmamos, um regime significativamente mais rígido, que tem como objetivo principal isolar e neutralizar o preso sancionado, restringindo drasticamente suas possibilidades de articulação intra e entramuros.

VII – participação em audiências judiciais preferencialmente por videoconferência, garantindo-se a participação do defensor no mesmo ambiente do preso.

Visando reduzir os deslocamentos do preso enclausurado, este dispositivo prevê, para o reeducando no RDD, a participação em audiências por meio de videoconferência.

Divergindo de muitos, sempre nos colocamos favoravelmente à implantação da participação à distância do preso. O avanço da tecnologia, com a sensível melhoria na qualidade das transmissões, permite que o juiz sinta as reações do acusado da mesma maneira que o faria caso ele estivesse na sua presença, preservando-se, assim, o princípio da imediação do juiz com as partes.

A propósito, essa questão que envolve a presença da pessoa, em vista do estágio atual da tecnologia e da informática, é algo a ser considerado. Estar presente, nos dias atuais, não implica, necessariamente, na ocupação do mesmo espaço físico. Basta ver que, no feminicídio, aumenta-se a pena quando o crime é cometido na presença, física ou virtual, dos ascendentes e descendentes (§7º, do art. 121 do CP). Percebam: ainda que virtual, é possível estar presente.

Daí a pertinência da observação formulada pelo jornalista Marcelo Coelho, em artigo que publicou no jornal Folha de São Paulo, em 1º de março de 2006, ao salientar que "o desaparecimento da distância, assegurado pelos meios eletrônicos, faz com, que ninguém, na verdade, esteja totalmente próximo dos seus semelhantes: não está ausente, quando se afasta, nem presente, quanto está junto" (Caderno Ilustrada, p. 6).

A grande vantagem do sistema, sem dúvida, consiste na possibilidade de se conferir maior celeridade ao processo. Celeridade que, se antes, era um mero argumento de retórica vazia, presente em discursos dos operadores do Direito, ganhou, atualmente, ganhou status de norma constitucional, face ao conteúdo da Emenda Constitucional nº 45, de 08 de dezembro de 2004, que introduziu o inc. LXXVIII, ao art. 5º, assegurando a todos, no âmbito judicial e administrativo, "a razoável duração do processo e os meios que garantam a celeridade de sua tramitação". Celeridade, que é preciso se ressaltar, não é benéfica apenas à sociedade, que tem uma resposta mais eficaz frente ao delito cometido, mas, principalmente, ao réu que, preso, vê sua situação mais rapidamente definida. As constantes delongas que assolam o regular andamento do processo, causadas por problemas no deslocamento dos réus presos (isso sem falar nas megaoperações organizadas para o transporte de réus perigosos, onde até helicópteros são utilizados e enorme contingente de pessoal mobilizado), são evitadas com a participação à distância.

O novo é sempre visto com desconfiança. Por curiosidade histórica, convém recordar da lição de Jorge Americano, professor catedrático da Faculdade de Direito de São Paulo, citado por Câmara Leal (ob. cit., vol. III, p. 21), quando, em 1941, se opunha ao Código de Processo Penal ao criticar a inovação consistente na possibilidade de ser datilografada a sentença do Juiz, em observação que hoje soa ridícula. Confira-se: "A sentença deve ser escrita do próprio punho, datada e assinada por seu prolator. São considerados essenciais estes requisitos porque servem para fiscalizar a autenticidade da sentença, e ao mesmo tempo asseguram o sigilo que sobre ela se deve manter até a respectiva publicação [...] Ora, permitir que a sentença seja datilografada é tolerar o seu conhecimento pelo datilógrafo, antes de publicada. É certo que a sentença, enquanto em estado de rascunho, pode ser modificada, e só adquire força depois de publicada. Basta uma hesitação da parte do juiz, em presença do datilógrafo, um erro que corrija, uma modificação que introduza, para criar no espírito desse auxiliar uma suspeita sobre a integridade do juiz ou, quando tal não se dê, trazer a público incidentes curiosos ou anedóticos quanto à maneira de lavrar a sentença [...] Eis porque parece mais sábio manter a tradição, segundo a qual o juiz lavra, data e assina a sentença do próprio punho".

RDD e as hipóteses de cabimento – A inclusão no regime disciplinar diferenciado (RDD) tem cabimento nos casos expressamente definidos pelo artigo 52, *caput* e parágrafos.

São eles:

a) a prática de fato previsto como crime doloso constitui falta grave e, quando ocasionar subversão da ordem ou disciplina internas, sujeita o preso provisório, ou condenado, nacional ou estrangeiro, sem prejuízo da sanção penal, ao regime disciplinar diferenciado (...):

A primeira hipótese de cabimento da medida extrema se dá com a prática de fato previsto como crime doloso, que ocasione subversão da ordem ou disciplina internas. Logo, não será todo e qualquer crime doloso que sujeitará o seu agente ao RDD, mas apenas aqueles que causam tumulto carcerário.

Aqui incluímos, também, a prática de crime preterdoloso (ou preterintencional), pois este nada mais é que um crime doloso agravado pelo resultado culposo. Aliás, para reforçar esse entendimento, basta colocarmos a seguinte situação hipotética: dois pavilhões de um presídio se deparam com alguns internos promovendo uma rebelião, oportunidade em que colocam fogo nos colchões. Num dos pavilhões, o fogo destrói vários cômodos e, apesar de causar subversão na ordem, não traz maiores danos ao local. No outro, o fogo, além de subverter a ordem do local, causa, culposamente, a morte de um integrante da polícia penal (antigo agente penitenciário). Excluir o preterdolo do alcance da norma seria aplicar o RDD para os faltosos do primeiro pavilhão, e não para os do segundo, cujo resultado foi até mais grave. A situação ficaria, no mínimo, esquisita.

Mesmo que o crime doloso, causador de desordem carcerária, fique no campo da tentativa, será punido com a sanção correspondente à falta consumada (art. 49, parágrafo único, da LEP). No entanto, a circunstância do *conatus* será considerada na duração da punição.

Sem prejuízo da sanção administrativa, o preso faltoso responderá penalmente pelo crime doloso praticado, não se cogitando de *bis in idem* em face da diferente natureza das punições.

A única modificação inserida neste dispositivo se refere à expressão "nacional ou estrangeiro". Embora o texto original do *caput* não fizesse menção à nacionalidade, já se entendia que a lei, implicitamente, incluía estrangeiros, uma vez que brasileiros e estrangeiros, na execução penal, têm os mesmos direitos e deveres. Conclusão diversa nos obrigaria a excluir os estrangeiros de outras consequências negativas previstas na LEP (como regressão, por exemplo), apenas porque não se fez referência a eles.

b) O regime disciplinar diferenciado também será aplicado aos presos provisórios ou condenados, nacionais ou estrangeiros, que apresentem alto risco para a ordem e a segurança do estabelecimento penal ou da sociedade;

O RDD também se aplica ao preso provisório ou definitivo que, independentemente do crime praticado ou condenado, apresenta alto risco para a segurança interna do estabelecimento prisional ou para a sociedade. É o caso do interno que, mesmo dentro do presídio ou estabelecimento prisional, comanda crimes do lado de fora (extra muro), colocando em risco a coletividade.

O alto risco apresentado pelo preso deve derivar de fato pretérito ou presente para o qual concorreu ou concorre, direta ou indiretamente, o reeducando.

c) sob os quais recaiam fundadas suspeitas de envolvimento ou participação, a qualquer título, em organização criminosa, associação criminosa ou milícia privada, independentemente da prática de falta grave.

Outra hipótese de cabimento do RDD repousa no caso do preso provisório ou definitivo, nacional ou estrangeiro, que integre organização criminosa (definida no art. 1º da Lei 12.850/13), associação criminosa (prevista no art. 288 do CP) ou milícia privada (prevista no art. 288-A do CP). A redação original deste dispositivo citava apenas a participação em organizações criminosas, quadrilha ou bando.

Eis aqui a preocupação do legislador pátrio em coibir, de maneira firme e convincente, os integrantes dos grupos criminosos, verdadeiros líderes, com seguidores dentro e fora do sistema carcerário, merecendo, por isso, isolamento como forma de desmantelar o malfazejo grupo.

ATENÇÃO - A Lei 13.260/16 regulamenta o disposto no inciso XLIII do art. 5º da Constituição Federal, disciplinando o terrorismo, tratando de disposições investigatórias e processuais e reformulando o conceito de organização terrorista. Com a vigência da novel Lei, fica a pergunta: pessoa suspeita de integrar organização terrorista pode ser incluída no RDD? Numa interpretação afoita do art. 52, § 2º, da LEP, pode parecer que não, por falta de previsão legal. No entanto, não se pode ignorar que a Lei 12.850/13, que define organização criminosa, também se aplica às organizações terroristas (art. 1º., § 2º, II). Conclusão: numa interpretação sistemática, entendemos que organização terrorista nada mais é do que uma forma especial de organização criminosa, sendo passível de sanção disciplinar da espécie RDD.

Merece cuidado, no entanto, a interpretação da expressão "fundadas suspeitas" utilizada pelo dispositivo em estudo. Entendemos inaplicável medida tão drástica quando presentes meros suspeitas. O standard probatório exigido é de caráter normativamente intermediário, caracterizado por um grau de probabilidade suficiente a fundar a suspeita do ilícito, comum àquele exigível dos demais incidentes executivos de pena.

O mesmo raciocínio deve ser empregado sobre os §§ 3º e 4º., que utilizam o termo "indícios".

O §3º determina que o preso deve ser obrigatoriamente transferido para estabelecimento prisional federal em caso de indícios de liderança em organização criminosa, associação criminosa ou milícia privada ou de atuação criminosa em dois ou mais Estados. Demonstrado esse cenário, o § 5º determina que o preso deve ser submetido à alta segurança, especialmente para evitar seu contato com outros membros do grupo criminoso.

O §4º, por sua vez, autoriza a prorrogação sucessiva do RDD por períodos de um ano, caso haja indícios de que o preso: I) continua apresentando alto risco para a segurança e ordem; ou ainda II) mantém vínculos com grupos criminosos (organização, associação ou milícia), considerando seu perfil, a função desempenhada no grupo, a atividade duradoura do grupo, a superveniência de novos processos e os resultados do tratamento penitenciário.

Constitucionalidade do RDD - O debate que toma nossos Tribunais diz respeito à constitucionalidade do RDD, havendo duas posições bem definidas, como se percebe do quadro abaixo:

Inconstitucional	Constitucional
O RDD fere a dignidade da pessoa humana, constituindo sanção de caráter cruel, desumano e degradante.	O RDD não representa, per si, a submissão do encarcerado a padecimentos físicos e psíquicos, impostos de modo vexatório, o que somente restaria caracterizado nas hipóteses em que houvesse, por exemplo, o isolamento em celas insalubres, escuras ou sem ventilação.
O RDD configura sanção desproporcional aos fins da pena (da execução).	O sistema penitenciário, em nome da ordem e da disciplina, bem como da regular execução das penas, há que se valer de medidas disciplinadoras, e o regime em questão atende ao primado da proporcionalidade entre a gravidade da falta e a severidade da sanção.
O RDD ofende coisa julgada, representando quarta modalidade de regime de cumprimento de pena.	Transitada em julgado a sentença condenatória, surge entre o condenado e o Estado, na execução da pena, uma nova relação jurídica. O regime instituído pela Lei nº 10.792/2003 (RDD) visa propiciar a manutenção da ordem interna dos presídios, não representando, portanto, uma quarta modalidade de regime de cumprimento de pena, em acréscimo àqueles previstos pelo Código Penal (art. 33, CP).

Inconstitucional	Constitucional
O RDD desrespeita o princípio da legalidade, gerando verdadeiro bis in idem.	É expressa a lei (art. 52 da LEP) no sentido de que, havendo a prática de crime, devem ser instaurados os dois processos (penal e administrativo) de que resultarão as sanções de duas espécies. Não se trata, evidentemente, de violar o princípio non bis in idem, pois, de acordo com a melhor doutrina, constituem-se em infrações a ordenamentos jurídicos diversos (de direito penal e de execução penal), como, aliás, ocorre também com a aplicação de sanções penais e civis quando da prática de crime de que resulta prejuízo.

Autorização para inclusão do preso no RDD - Da leitura do art. 54 da LEP, percebe-se que a aplicação de sanções disciplinares, em regra, ficará a cargo da autoridade administrativa. Cabe, então, ao diretor prisional, no final do procedimento de apuração de falta disciplinar, decidir pela natureza (leve, média ou grave) e qualificação jurídica da falta, e aplicar as sanções previstas no art. 53. Em caso de falta grave, a administração prisional pode aplicar as sanções de perda ou restrição de direitos e de isolamento, mas deve remeter o procedimento ao juízo da execução penal que irá aplicar um novo pacote sancionatório ao preso faltoso, cujos efeitos incidem diretamente no desenvolvimento progressivo da pena (previstos no art. 48, parágrafo único). No que se refere ao Regime Disciplinar Diferenciado, no entanto, a Lei 10.792/03 adotou o sistema da judicialização, confiando apenas ao juiz o império da sua aplicação.

A autorização para inclusão no RDD, então, dependerá de requerimento circunstanciado elaborado pelo diretor do estabelecimento ou outra autoridade administrativa (art. 54, § 1º).

A questão que aqui se coloca é a seguinte: o Ministério Público pode, como órgão da execução penal, requerer também a aplicação dessa sanção máxima?

Analisando o disposto na alínea "a", inc. II, do artigo 68 da LEP, a resposta só pode ser afirmativa. Aliás, a amplitude da presente alínea torna inúteis as demais, todas, de certa forma, ligadas ao desenvolvimento regular do processo executivo.

Devido processo legal - Nos termos do § 2º do art. 54, a decisão judicial sobre a inclusão de preso em regime disciplinar será precedida do devido processo legal, manifestando-se o Ministério Público (ou como requerente ou como custos legis) e o indigitado faltoso, que terá oportunidade de exercer seu sagrado direito de defesa, consubstanciado no contraditório.

Individualização da sanção – Com a nova redação do artigo 57 da LEP, na aplicação de qualquer sanção disciplinar (e com mais razão, o RDD), levar-se-ão em conta a natureza, os motivos, as circunstâncias e as consequências do fato, bem como a pessoa do faltoso e seu tempo de prisão (princípio constitucional da individualização da pena, vedando, como já faz o artigo 45, § 3º, as sanções coletivas).

RDD preventivo – Com a nova redação dada ao art. 60 da LEP pela Lei nº 10.792/03, foram previstas duas medidas preventivas:

a) isolamento cautelar do preso: decretado pela autoridade administrativa, comunicando, em seguida, a autoridade judiciária, tão logo registrada a falta ou ao longo do procedimento administrativo disciplinar.

b) aplicação preventiva do regime disciplinar diferenciado: autorizada pelo juiz competente. Aqui surge a dúvida: a autorização judicial deve preceder a medida, ou apenas referendá-la?

As duas interpretações parecem possíveis. Contudo, considerando a posição topográfica do mandamento, bem como a necessidade de decisões rápidas diante de situações inesperadas, causadoras de subversão da ordem interna do presídio, sugerem que a inclusão provisória está também inserida entre as atribuições cautelares da autoridade administrativa, que deverá, incontinenti, submeter a sua decisão à apreciação do juiz competente, podendo este referendá-la ou não.

O tempo de isolamento ou inclusão preventivo no regime disciplinar diferenciado será computado no período de cumprimento da sanção disciplinar (art. 60, parágrafo único, LEP).

PROGRESSÃO DE REGIME DE CUMPRIMENTO DE PENA

"Art. 112. A pena privativa de liberdade será executada em forma progressiva com a transferência para regime menos rigoroso, a ser determinada pelo juiz, quando o preso tiver cumprido ao menos:

I - 16% (dezesseis por cento) da pena, se o apenado for primário e o crime tiver sido cometido sem violência à pessoa ou grave ameaça;

II - 20% (vinte por cento) da pena, se o apenado for reincidente em crime cometido sem violência à pessoa ou grave ameaça;

III - 25% (vinte e cinco por cento) da pena, se o apenado for primário e o crime tiver sido cometido com violência à pessoa ou grave ameaça;

IV - 30% (trinta por cento) da pena, se o apenado for reincidente em crime cometido com violência à pessoa ou grave ameaça;

V - 40% (quarenta por cento) da pena, se o apenado for condenado pela prática de crime hediondo ou equiparado, se for primário;

VI - 50% (cinquenta por cento) da pena, se o apenado for:

a) condenado pela prática de crime hediondo ou equiparado, com resultado morte, se for primário, vedado o livramento condicional;

b) condenado por exercer o comando, individual ou coletivo, de organização criminosa estruturada para a prática de crime hediondo ou equiparado; ou

c) condenado pela prática do crime de constituição de milícia privada;

VII - 60% (sessenta por cento) da pena, se o apenado for reincidente na prática de crime hediondo ou equiparado;

VIII - 70% (setenta por cento) da pena, se o apenado for reincidente em crime hediondo ou equiparado com resultado morte, vedado o livramento condicional.

§ 1º Em todos os casos, o apenado só terá direito à progressão de regime se ostentar boa conduta carcerária, comprovada pelo diretor do estabelecimento, respeitadas as normas que vedam a progressão.

§ 2º A decisão do juiz que determinar a progressão de regime será sempre motivada e precedida de manifestação do Ministério Público e do defensor, procedimento que também será adotado na concessão de livramento condicional, indulto e comutação de penas, respeitados os prazos previstos nas normas vigentes.

....

§ 5º Não se considera hediondo ou equiparado, para os fins deste artigo, o crime de tráfico de drogas previsto no § 4º do art. 33 da Lei nº 11.343, de 23 de agosto de 2006.

§ 6º O cometimento de falta grave durante a execução da pena privativa de liberdade interrompe o prazo para a obtenção da progressão no regime de cumprimento da pena, caso em que o reinício da contagem do requisito objetivo terá como base a pena remanescente.

§ 7º (VETADO)." (NR)

Redação ANTES da Lei 13.964/19	Redação DEPOIS da Lei 13.964/19
Art. 112. A pena privativa de liberdade será executada em forma progressiva com a transferência para regime menos rigoroso, a ser determinada pelo juiz, quando o preso tiver cumprido ao menos um sexto da pena no regime anterior e ostentar bom comportamento carcerário, comprovado pelo diretor do estabelecimento, respeitadas as normas que vedam a progressão. § 1º A decisão será sempre motivada e precedida de manifestação do Ministério Público e do defensor. § 2º Idêntico procedimento será adotado na concessão de livramento condicional, indulto e comutação de penas, respeitados os prazos previstos nas normas vigentes. § 3º No caso de mulher gestante ou que for mãe ou responsável por crianças ou pessoas com deficiência, os requisitos para progressão de regime são, cumulativamente: I - não ter cometido crime com violência ou grave ameaça a pessoa;	**Art. 112.** A pena privativa de liberdade será executada em forma progressiva com a transferência para regime menos rigoroso, a ser determinada pelo juiz, quando o preso tiver cumprido ao menos: I - 16% (dezesseis por cento) da pena, se o apenado for primário e o crime tiver sido cometido sem violência à pessoa ou grave ameaça; II - 20% (vinte por cento) da pena, se o apenado for reincidente em crime cometido sem violência à pessoa ou grave ameaça; III - 25% (vinte e cinco por cento) da pena, se o apenado for primário e o crime tiver sido cometido com violência à pessoa ou grave ameaça; IV - 30% (trinta por cento) da pena, se o apenado for reincidente em crime cometido com violência à pessoa ou grave ameaça; V - 40% (quarenta por cento) da pena, se o apenado for condenado pela prática de crime hediondo ou equiparado, se for primário;

Redação ANTES da Lei 13.964/19	Redação DEPOIS da Lei 13.964/19
II - não ter cometido o crime contra seu filho ou dependente; III - ter cumprido ao menos 1/8 (um oitavo) da pena no regime anterior; IV - ser primária e ter bom comportamento carcerário, comprovado pelo diretor do estabelecimento; V - não ter integrado organização criminosa. § 4º O cometimento de novo crime doloso ou falta grave implicará a revogação do benefício previsto no § 3º deste artigo.	VI - 50% (cinquenta por cento) da pena, se o apenado for: a) condenado pela prática de crime hediondo ou equiparado, com resultado morte, se for primário, vedado o livramento condicional; b) condenado por exercer o comando, individual ou coletivo, de organização criminosa estruturada para a prática de crime hediondo ou equiparado; ou c) condenado pela prática do crime de constituição de milícia privada; VII - 60% (sessenta por cento) da pena, se o apenado for reincidente na prática de crime hediondo ou equiparado; VIII - 70% (setenta por cento) da pena, se o apenado for reincidente em crime hediondo ou equiparado com resultado morte, vedado o livramento condicional. § 1º Em todos os casos, o apenado só terá direito à progressão de regime se ostentar boa conduta carcerária, comprovada pelo diretor do estabelecimento, respeitadas as normas que vedam a progressão. § 2º A decisão do juiz que determinar a progressão de regime será sempre motivada e precedida de manifestação do Ministério Público e do defensor, procedimento que também será adotado na concessão de livramento condicional, indulto e comutação de penas, respeitados os prazos previstos nas normas vigentes. § 3º No caso de mulher gestante ou que for mãe ou responsável por crianças ou pessoas com deficiência, os requisitos para progressão de regime são, cumulativamente: I - não ter cometido crime com violência ou grave ameaça a pessoa; II - não ter cometido o crime contra seu filho ou dependente;

Redação ANTES da Lei 13.964/19	Redação DEPOIS da Lei 13.964/19
	III - ter cumprido ao menos 1/8 (um oitavo) da pena no regime anterior; IV - ser primária e ter bom comportamento carcerário, comprovado pelo diretor do estabelecimento; V - não ter integrado organização criminosa. § 4º O cometimento de novo crime doloso ou falta grave implicará a revogação do benefício previsto no § 3º deste artigo. § 5º Não se considera hediondo ou equiparado, para os fins deste artigo, o crime de tráfico de drogas previsto no § 4º do art. 33 da Lei nº 11.343, de 23 de agosto de 2006. § 6º O cometimento de falta grave durante a execução da pena privativa de liberdade interrompe o prazo para a obtenção da progressão no regime de cumprimento da pena, caso em que o reinício da contagem do requisito objetivo terá como base a pena remanescente. § 7º (VETADO)." (NR)

Sistema progressivo de cumprimento de pena – Levando em conta a finalidade reeducativa da pena, a progressão de regime consiste na execução da reprimenda privativa de liberdade de forma a permitir a transferência do condenado para regime menos rigoroso (mutação de regime), desde que cumpridos determinados requisitos.

O incidente pode ser iniciado por determinação do juiz (*ex officio*) ou mediante requerimento do Ministério Público, do advogado ou Defensor Público ou do próprio sentenciado.

Requisitos - Os requisitos para a progressão de regimes podem ser divididos em objetivos e subjetivos. Os primeiros (objetivos) foram sensivelmente alterados pelo Pacote Anticrime (Lei n. 13.964/19), que criou uma variedade de lapsos temporais a serem observados antes da permissão do benefício. Vamos primeiro estudar a progressão do regime fechado para o semiaberto. Depois, do semiaberto para o aberto.

Progressão do regime *fechado para o semiaberto* – a passagem do regime mais rigoroso para o regime intermediário deve observar os seguintes requisitos:

a) condenação (ainda que pendente recurso sem efeito suspensivo);

> **Atenção**
>
> Admite-se a progressão de regime de cumprimento da pena ou a aplicação imediata de regime menos severo nela determinada, antes do trânsito em julgado da sentença condenatória (STF – Súmula 716). Aqui não se trata de fomentar a execução provisória da pena (vedada pelo STF no julgamento das ADCs 43. 44 e 54), mas antecipação de benefício de execução penal.

b) cumprimento de parcela da pena. O reeducando para progredir do regime fechado para o semiaberto deve cumprir parcela da pena no regime mais rigoroso, variando esse tempo conforme a natureza do delito e as condições pessoais do beneficiário. Aqui, como já alertado, está a maior novidade trazida pela Lei 13.964/19. Vejamos.

b1) cumprimento de 16% da pena, se primário o reeducando e o crime tiver sido cometido sem violência ou grave ameaça;

Este prazo corresponde ao lapso de 1/6. Antes da alteração legislativa, era o prazo regra (1/6), aplicável a todos os delitos, exceto para os crimes hediondos ou equiparados (2/5 ou 3/5), ou, ainda, para as determinadas condenações envolvendo crimes cometidos por gestantes, mães ou responsáveis por crianças ou pessoas com deficiência (1/8).

Com a modificação inserida pela Lei n 13.964/19, o cumprimento de 16% da pena passa a ser observado na progressão de regime para apenados primários, cujo crime não tenha sido cometido com violência ou grave ameaça. Se reincidente, o prazo é o seguinte (20%).

b2) cumprimento de 20% da pena, se o reeducando for reincidente em crime cometido sem violência à pessoa ou grave ameaça;

A nova Lei n **13.964/19 diferencia o prazo para progressão a depender se o condenado foi ou não considerado reincidente**. Aumenta-se ligeiramente o lapso para progressão de regime para reincidentes em crime sem violência ou grave ameaça. Antes, na redação original, o prazo seguia a regra geral (1/6). Agora, passa a ser 20% (ou 1/5).

Atenção

De acordo com o STJ, a reincidência, por ser condição pessoal do condenado, influi sobre o requisito objetivo de todas as condenações, mesmo aquelas quando ainda primário:

"(...) consistindo a reincidência em condição pessoal que, uma vez adquirida pelo sentenciado, influi sobre o requisito objetivo dos benefícios da execução, em relação a todas as suas condenações" (HC 468756/RS, Rel. Min. Felix Fischer, 5ª T., j. 26/03/2019, v.u.).

Dentro desse espírito, se o reeducando, enquanto cumpre pena por crime cometido quando primário, vem a ser condenado definitivamente por novo crime, agora reconhecido reincidente, será tratado como reincidente para fins de progressão em relação aos dois crimes.

b3) cumprimento de 25% da pena, se primário, mas o crime tiver sido cometido com violência ou grave ameaça;

O lapso temporal também foi estendido aos apenados primários, porém autores de crimes executados com violência ou grave ameaça. Antes, seguiam a regra geral (1/6). Na nova sistemática, devem aguardar o cumprimento de 25% (ou 1/4) para conquistarem regime menos severo.

b4) cumprimento de 30% da pena, se reincidente em crime cometido com violência ou grave ameaça;

Na hipótese de reincidência em crime cometido com violência ou grave ameaça, o lapso temporal para progressão foi praticamente dobrado em comparação com a lei anterior. Agora, com o advento da Lei n. 13.964/19, o reeducando precisa cumprir 30% no regime mais severo.

Atenção

O dispositivo faz referência à reincidência específica em crime com violência ou grave ameaça. Mas e se o reeducando for reincidente, mas não específico, ou seja, somente um dos crimes, passado ou presente, tiver sido cometido com violência ou grave ameaça? Lendo e relando o artigo em comento, concluímos que estamos diante de uma lacuna, cuja integração, por óbvio, deverá observar o princípio do in dubio pro reo. A fração deve ser a mesma do primário, levando-se em conta o crime pelo qual foi considerado reincidente: se violento, aplica-se a mesma fração do inciso III (25%); se não violento, a fração do inc. II (20%). Vamos deixar ainda mais claro nosso raciocínio com um exemplo: se o agente, tendo cumprido pena pelo crime de furto, comete delito de roubo, é reincidente, mas não específico em crime violento. Sendo o crime violento o delito pelo qual foi declarado reincidente, a fração da progressão segue o inc. III (25%). Num cenário diametralmente oposto, isto é, o roubo é o crime pretérito, sendo o furto o crime presente, a progressão nesse, caso, segue o inc. II (20%).

b5) cumprimento de 40% da pena, se primário e condenado por crime hediondo ou equiparado;

No caso de apenado primário, mas condenado por crime hediondo ou equiparado, a nova Lei n **13.964/19** manteve o lapso temporal previsto originalmente na Lei de Crimes Hediondos (art. 2º, § 2º), qual seja, cumprimento de 2/5 (ou 40%) da pena em regime anterior.

b6) cumprimento de 50% da pena, se primário e condenado por crime hediondo ou equiparado com resultado morte (vedado o livramento condicional);

Já para os condenados primários por crimes hediondos ou equiparados, mas qualificados pelo resultado morte, foi criado um novo lapso, qual seja, de 50% de cumprimento da pena em regime anterior.

Para esses crimes, o legislador indisfarçavelmente implementou tratamento diferenciado, deveras rigoroso, não somente dificultando a progressão de regime, como também vedando o benefício do livramento condicional.

b7) cumprimento de 50% da pena, se condenado por exercer comando, individual ou coletivo, de organização criminosa estruturada para prática de crime hediondo ou comparado;

O mesmo lapso de 50% passa a ser exigido na progressão de regime para condenados rotulados na sentença como comandantes, individual ou coletivo, de organização criminosa (art. 2º, § 3º, da Lei 12.850/13), estruturada para a prática de crimes hediondos ou equiparados.

> **Atenção**
>
> A Lei n. 13.964/19 também promoveu importantes alterações na Lei de Organizações Criminosas, alcançando o regime inicial de cumprimento de pena. O § 8º do art. 2º da Lei 12.850/13 determina que as lideranças de organizações criminosas armadas ou que tenham armas à disposição devem iniciar a pena em unidades penais de segurança máxima. O § 9º do mesmo artigo, por sua vez, dispõe que o condenado por integrar organização criminosa ou por crime cometido no âmbito da organização não poderá progredir de regime ou usufruir de livramento condicional e outros direitos se houver elementos probatórios que indiquem a manutenção do vínculo com a organização. O standard probatório, aqui exigido, é de caráter normativamente intermediário, caracterizado por um grau de probabilidade suficiente a fundar a suspeita do ilícito, comum àquele exigível dos demais incidentes executivos de pena. De todo modo, resta absolutamente adequado observar um relativo ônus argumentativo decisório, o que resulta na necessidade de uma qualificada fundamentação decisória, proferida em procedimento que assegure ao condenado exercício pleno de seu direito constitucional a ampla defesa.

b7) cumprimento de 50% da pena, se condenado pelo crime de constituição de milícia privada;

A nova redação prevê o cumprimento de 50% da pena em regime anterior ao condenado pelo crime de constituição de milícia privada. Reparem que o legislador, ao se referir ao de "constituição de milícia privada", quer abranger todas as figuras do art. 288-A, citando seu nomen juris. O prazo estendido alcança as três formas do crime: organização paramilitar, milícia privada e grupo ou esquadrão (grupo de extermínio).

i) ***Organização paramilitar*** - Paramilitares são associações civis, armadas e com estrutura semelhante à militar. Possuem as características de uma força militar, têm a estrutura e organização de uma tropa ou exército, sem sê-lo.

ii) ***Milícia particular*** - Grupo de pessoas, civis ou não, tendo como finalidade devolver a segurança retirada das comunidades mais carentes, restaurando a paz. Para tanto, mediante coação, os agentes ocupam determinado espaço territorial. A proteção oferecida nesse espaço ignora o monopólio estatal de controle social, valendo-se de violência e grave ameaça.

iii) ***Grupo ou esquadrão (grupo de extermínio)*** - Entende-se como tal a reunião de pessoas, matadores, justiceiros que atuam na ausência ou inércia do poder público, tendo como finalidade a matança generalizada, chacina de pessoas supostamente rotuladas como marginais ou perigosas.

Atenção

Observa-se que, ao contrário do anterior, este inciso não exige o exercício de posição de comando na organização paramilitar, milícia ou grupo de extermínio, e, tampouco, estar ela estruturada para a prática de crimes hediondos ou equiparados.

b8) cumprimento de 60% da pena, se reincidente em crime hediondo ou equiparado;

Este lapso não foi alterado pela Lei n. 13.964/19, repetindo, em percentagem, o prazo de 3/5 previsto na Lei de Crimes Hediondos (art. 2º, § 2º).

b9) cumprimento de 70% da pena, se reincidente por crime hediondo ou equiparado com resultado morte (vedado o livramento condicional).

Trata-se do prazo mais rigoroso previsto na nova redação do art. 112, reservado aos reincidentes por crime hediondo ou equiparado qualificado pelo resultado morte.

Como já alertado, para crimes dessa natureza, a mesma Lei vedou a concessão do livramento condicional.

Alerta-se que a Lei 13.964/19 é irretroativa, não alcançando os fatos esgotados antes da sua vigência.

Atenção

A pena unificada para atender ao limite determinado pelo art. 75 do Código Penal, não é considerada para a concessão de outros benefícios, como o livramento condicional ou regime mais favorável de execução (súmula 715 do STF), lembrando que esse limite, com a Lei 13.964/19, passou a ser de 40 anos. A prática de falta grave interrompe a contagem do prazo para a progressão de regime de cumprimento de pena, o qual se reinicia a partir do cometimento dessa infração, tendo como base o tempo remanescente de pena (súmula 534 do STJ e novo artigo 112, § 6º, LEP).

c) bom comportamento carcerário durante a execução. O bom comportamento decorre da ausência de registro de falta disciplinar – leve, média ou grave – no prontuário do preso. Deve ser atestado pela administração prisional.

d) oitiva do Ministério Público (e da defesa). O novo § 2º, incluído pela Lei n. 13.964/19, exige que a decisão judicial no incidente de progressão seja motivada e precedida de manifestações do MP e da defesa, garantindo-se o contraditório e a ampla defesa.

e) dependendo das peculiaridades do caso ou se tratando de crime hediondo, o juiz poderá, fundamentadamente, requisitar o exame criminológico. Nesse sentido, Súmula Vinculante 26 e Súmula 439 do Superior Tribunal de Justiça.

Atenção

Duas observações devem ser feitas antes de encerrar os requisitos da progressão do regime fechado para o semiaberto:

I – Vem decidindo o STF que o inadimplemento deliberado da pena de multa cumulativamente aplicada ao sentenciado impede a progressão, salvo se comprovada a absoluta impossibilidade econômica do apenado em pagar o valor, ainda que parceladamente.

II - O condenado por crime contra a administração pública terá a progressão de regime do cumprimento da pena condicionada à mais um requisito, objetivo, qual seja, a reparação do dano que causou, ou à devolução do produto do ilícito praticado, com os acréscimos legais (art. 33, § 4º do CP).

Progressão do regime *semiaberto para o aberto* – Na progressão do regime semiaberto para o aberto, além dos requisitos subjetivos e objetivos genéricos, a LEP exige, ainda, que sejam observadas as condições e os pressupostos previstos nos arts. 113, 114 e 115.

Termo inicial do prazo para a progressão do regime semiaberto para o aberto – Ao progredir do regime fechado para o semiaberto, novo prazo começa a correr para o reeducando progredir do semiaberto para o aberto. Mas quando qual o termo inicial desse novo prazo? Existe na jurisprudência indisfarçável divergência, e que envolve a natureza jurídica da decisão que defere a progressão de regime de cumprimento de pena.

Para quem entende ser a decisão meramente declaratória, define-se o marco inicial da progressão seguinte a partir do implemento dos requisitos do art. 112 da LEP. Contudo, para quem entende ser constitutiva, o termo inicial se dá com a sua publicação. O STJ e o STF têm adotado a primeira corrente. A decisão que defere a progressão de regime tem natureza meramente declaratória. O lapso temporal para aquisição de benefícios deve ser a data em que foi efetivamente alcançado o rol de requisitos (objetivos e subjetivos) para a concessão da benesse. Deferido o direito de progressão, o lapso inicial para contagem deve retroagir ao tempo que o reeducando alcançou o direito à progressão.

Tráfico de drogas – O recém incluído § 5º esclarece, confirmando entendimento já pacificado na jurisprudência, que o tráfico de drogas privilegiado (art. 33, § 4º, Lei 11.343/06) não será considerado ou equiparado a crime hediondo.

Interrupção do lapso – De acordo com o §6º., o cometimento de falta grave durante a execução da pena privativa de liberdade interrompe o prazo para a obtenção da progressão no regime de cumprimento da pena, caso em que o reinício da contagem do requisito objetivo terá como base a pena remanescente. Antes da Lei 13.964/19, a LEP não fazia qualquer referência à interrupção do lapso temporal para a progressão como consequência do cometimento de falta grave. Ainda assim, a sanção era aceita pela jurisprudência, mas criticada por parte da doutrina devido à falta de previsão legal. Agora, o desdobramento da falta disciplinar está expressamente prevista em lei.

Atenção

A Primeira Turma do STF entendeu que a custódia cautelar necessariamente deve ser computada para fins de obtenção de progressão de regime e demais benefícios executórios, desde que não ocorra condenação posterior apta a configurar falta grave

Progressão em salto - Prevalece o entendimento de que não existe progressão em saltos (do regime fechado para o aberto). A Exposição de Motivos da LEP, no item 120, afirma que se o condenado estiver no regime fechado não poderá ser transferido diretamente para o regime aberto. Nesse mesmo sentido temos a súmula 491 do STJ.

Em agosto de 2016, o STF editou a súmula vinculante 56, anunciando que "a falta de estabelecimento penal adequado não autoriza a manutenção do condenado em regime prisional mais gravoso, devendo-se observar, nessa hipótese, os parâmetros fixados no RE 641.320/RS". No citado Recurso Extraordinário, facilita-se a progressão, mas sem permitir que ocorra "saltando" o regime intermediário. Quais seriam esses parâmetros referidos na súmula? Vejamos:

I) a saída antecipada de sentenciado no regime com falta de vagas: os ministros lembraram que as vagas no regime semiaberto e aberto não são inexistentes, mas sim insuficientes. Diante disso, como alternativa, antecipa-se a saída de sentenciados que já estejam no regime de destino, abrindo vaga para aquele que acaba de progredir. Por exemplo, "A" progrediu para o semiaberto e não existem vagas em estabelecimento apropriado. "A" não deve ir direto ao aberto, pois antes deve cumprir parcela da pena no semiaberto. A sua vaga nasce da progressão de preso do semiaberto que se encontra mais próximo da progressão para o aberto. Evita-se, com isso, a progressão por salto;

II) a liberdade eletronicamente monitorada: utilização de tornozeleiras eletrônicas para permitir a fiscalização do cumprimento da pena;

III) o cumprimento de penas restritivas de direito e/ou estudo ao sentenciado que progride ao regime aberto: para os ministros, "se não há estabelecimentos adequados ao regime aberto, a melhor alternativa não é a prisão domiciliar, mas a substituição da pena privativa de liberdade por penas restritivas de direitos". Tendo em vista que as penas restritivas de direito são menos gravosas do que a pena privativa de liberdade (mesmo em regime aberto), os ministros entenderam que "ao condenado que progride ao regime aberto, seria muito mais proveitoso aplicar penas restritivas de direito, observando-se as condições dos parágrafos do art. 44 do CP, do que aplicar a prisão domiciliar". Aqui, vale observar, o STF contrariou a súmula 493 do STJ, segundo a qual "é inadmissível a fixação de pena substitutiva (art. 44 do CP) como condição especial ao regime aberto".

Dentro desse espírito da Súmula Vinculante 56, a Terceira Seção do STJ fixou, pelo rito dos recursos repetitivos, a tese de que a inexistência de estabelecimento penal adequado não autoriza a automática concessão de prisão domiciliar. No caso julgado (REsp 1.710.674, j. 22/08/2018), o Ministério Público pleiteava a reforma de decisão que havia concedido a prisão domiciliar a um condenado sem a observância dos parâmetros estabelecidos no RE 641.320. Além disso, sustentava-se que a situação do preso não se subsumia às disposições do artigo 117 da LEP. O ministro Reynaldo Soares da Fonseca lembrou manifestação do ministro Gilmar Mendes, relator do RE 641.320, no sentido de que a prisão domiciliar pode ser pouco efetiva quando, alternativa ao regime menos severo, restringe totalmente o direito de deixar a residência, impedindo, por exemplo, o exercício de trabalho externo. Isso fica mais evidente quando esta forma de prisão é imposta no lugar do regime aberto, hipótese em que pode haver substituição pelo cumprimento de penas alternativas e/ou por estudo. Assim, para que se cumpram com a maior eficácia possível as finalidades da pena, veda-se a imposição de prisão domiciliar como primeira opção, sem prévia observância dos parâmetros traçados no recurso extraordinário já citado. A tese foi firmada nos seguintes termos:

"A inexistência de estabelecimento penal adequado ao regime prisional determinado para o cumprimento da pena não autoriza a concessão imediata do benefício da prisão domiciliar, porquanto, nos termos da Súmula Vinculante n° 56, é imprescindível que a adoção de tal medida seja precedida das providências estabelecidas no julgamento do RE n° 641.320/RS".

Progressão e o Regime Disciplinar Diferenciado - Preso cumprindo Regime Disciplinar Diferenciado (RDD) pode progredir de regime? Na ausência de proibição legal expressa, Renato Marcão, não sem razão, conclui: "É de admitir, portanto, a possibilidade de progressão de regime prisional estando preso submetido a Regime Disciplinar Diferenciado. Cumpre seja cada caso apreciado com especial atenção, ficando afastada a genérica e superficial conclusão no sentido da impossibilidade por incompatibilidade. Importa observar, também, que, mesmo recebendo a progressão, por exemplo, para o regime semiaberto, o preso deverá cumprir a sanção disciplinar integralmente, antes de ir, de fato, para o novo regime. Vale dizer: deverá cumprir todo o tempo restante de Regime Disciplinar Diferenciado antes de ver efetivada sua transferência para o novo regime" (Curso de Execução Penal, Ed. Saraiva. p. 190).

Recusa do reeducando em progredir - Discute-se se o reeducando pode se recusar a progredir de regime. Uma primeira corrente sustenta que a lei não deixou escolha para o juiz e muito menos para quem se encontra na iminência de progredir. Se um preso preencheu os requisitos legais, deve obrigatoriamente ser transferido para o regime menos gravoso. Essa passagem na execução não está condicionada à vontade do reeducando. Outra corrente, no entanto, leciona ser possível o reeducando recusar o benefício. Tratando-se de direito do preso, pode ser por ele recusado. Aliás, violaria o princípio da dignidade da pessoa humana exigir de uma pessoa que ela usufrua um direito que não pretende. A conquista de regime menos severo deve observar a vontade do preso (ressocialização voluntária). De nada adiantaria transferi-lo forçadamente. Essa imposição poderia redundar numa conduta negativa do reeducando para poder retornar ao regime do qual jamais quis abandonar. Caso notável foi o de Suzane von Richthofen. Condenada pelo assassinato dos pais, no ano de 2014, se manifestou se insurgiu contra a sua progressão de regime, requerendo ao juízo da execução para não ser obrigada a deixar o regime fechado. A discussão foi reacendida, recentemente, quando o ex-presidente Lula, também preso no regime fechado, se recusou, em 2019, a cumprir eventual determinação de progressão para o regime semiaberto.

Condenada mulher gestante ou que for mãe ou responsável por crianças ou pessoas com deficiência - Além das regras a respeito da prisão domiciliar, a Lei 13.769/18 promoveu alterações em dispositivos da Lei de Execução Penal, dentre eles, o art. 112. Nele foram acrescentados dois parágrafos, inalterados pela Lei n. 13.964/19.

O § 3º disciplina de forma específica a progressão de regime para a apenada mulher gestante, mãe ou responsável por crianças ou pessoas com deficiência, estabelecendo os seguintes requisitos cumulativos:

I – não ter cometido crime com violência ou grave ameaça a pessoa;

II – não ter cometido o crime contra seu filho ou dependente;

IV – ser primária e ter bom comportamento carcerário, comprovado pelo diretor do estabelecimento;

V – não ter integrado organização criminosa.

A fração de pena a ser cumprida (1/8) é menor do que a fração mais benevolente do *caput* do art. 112 (16% ou 1/6). E essa fração mínima (1/8) deve ser observada, mesmo em se tratando de crimes hediondos e equiparados. É que a Lei 13.769/18 alterou a redação do art. 2º, § 2º, da Lei 8.072/90, que manda observar, para estas condenadas, o sistema de progressão de regime estabelecido nos §§ 3º e 4º do art. 112 da LEP. Cria-se, pois, uma progressão de regime mais branda para crimes de natureza hedionda tendo em consideração as condições pessoais da condenada.

O § 4º do art. 112 – também inserido pela Lei 13.769/18 – estabelece que o cometimento de novo crime doloso ou falta grave implica "a revogação do benefício previsto no § 3º", ou seja, provoca a regressão de regime. Sem implicar na violação do princípio da presunção de inocência (ou de não culpa), não se exige – assim como ocorre na regressão disposta no art. 118 da LEP – sentença condenatória transitada em julgado, bastando prova, no incidente próprio, de que a condenada praticou crime ou fato definido como falta grave.

Dada a redação do § 4º do art. 112, uma dúvida pode surgir: "revogação do benefício" quer dizer apenas a regressão de regime ou também a impossibilidade de que nova progressão seja concedida com base nas regras mais amenas? Trata-se, pensamos, de vedação a nova progressão de regime com base no § 3º do art. 112. Caso a condenada cumpra os requisitos do § 3º, progrida de regime e cometa novo crime ou falta grave, deverá regredir e cumprir os requisitos gerais – da LEP ou da Lei 8.072/90 – para que possa progredir de regime novamente. Assim é porque não faria sentido se referir a "revogação do benefício" se a intenção fosse apenas a regressão, que já é uma consequência necessária do cometimento de crime ou falta grave durante a execução da pena, como estabelece o art. 118, I, da LEP. Como o § 3º do art. 112 estabelece uma forma de progressão especial, devem ser beneficiadas somente as condenadas que se mostrem aptas à ressocialização, pois, caso contrário, não se justifica o tratamento menos severo.

SAÍDA TEMPORÁRIA

"Art. 122. ....

§ 1º ....

§ 2º Não terá direito à saída temporária a que se refere o *caput* deste artigo o condenado que cumpre pena por praticar crime hediondo com resultado morte." (NR)

Redação ANTES da Lei 13.964/19	Redação DEPOIS da Lei 13.964/19
Art. 122. Os condenados que cumprem pena em regime semi-aberto poderão obter autorização para saída temporária do estabelecimento, sem vigilância direta, nos seguintes casos: I - visita à família; II - freqüência a curso supletivo profissionalizante, bem como de instrução do 2º grau ou superior, na Comarca do Juízo da Execução; III - participação em atividades que concorram para o retorno ao convívio social. Parágrafo único. A ausência de vigilância direta não impede a utilização de equipamento de monitoração eletrônica pelo condenado, quando assim determinar o juiz da execução.	**Art. 122.** Os condenados que cumprem pena em regime semi-aberto poderão obter autorização para saída temporária do estabelecimento, sem vigilância direta, nos seguintes casos: I - visita à família; II - freqüência a curso supletivo profissionalizante, bem como de instrução do 2º grau ou superior, na Comarca do Juízo da Execução; III - participação em atividades que concorram para o retorno ao convívio social. § 1º A ausência de vigilância direta não impede a utilização de equipamento de monitoração eletrônica pelo condenado, quando assim determinar o juiz da execução. § 2º Não terá direito à saída temporária a que se refere o *caput* deste artigo o condenado que cumpre pena por praticar crime hediondo com resultado morte.

Autorização de saída - A autorização de saída admite duas espécies: permissão de saída (art. 120 LEP) e a saída temporária (art. 122 LEP). A Lei 13.964/19 trouxe vedações somente para esta (saída temporária).

Saída temporária – Apesar de a lei destinar o benefício aos condenados que se encontram no regime semiaberto, o STF já entendeu possível sua concessão no caso de prisão albergue.

Hipóteses de cabimento do benefício - As hipóteses que autorizam o benefício são:

a) visita à família;

b) frequência a curso supletivo profissionalizante, bem como de instrução do 2º grau ou superior, na Comarca do Juízo da Execução;

c) participação em atividades que concorram para o retorno ao convívio social.

Autorização - A autorização será concedida por ato motivado do Juiz da execução, ouvidos o Ministério Público e a Administração Penitenciária.

Atenção

O STF decidiu (HC-130502) ser legítima a decisão judicial que estabelece calendário anual de saídas temporárias para visita à família do preso (HC-128763). Para os ministros, não há necessidade que se ouça o Ministério Público e a Administração Penitenciária a cada saída. Basta que eles sejam ouvidos inicialmente (no momento da elaboração do calendário) e, caso ocorra alguma falta por parte do condenado, o calendário é revisto e os referidos órgãos são ouvidos novamente. Trata-se de uma medida que otimiza o trabalho das sobrecarregadas varas de execuções criminais. Em setembro de 2016, o STJ reviu a sua jurisprudência – que até então não admitia o calendário anual sem que fossem ouvidos MP e Defensoria em cada saída – e passou também a permitir a adoção do calendário anual, pois a demora excessiva do Estado em analisar cada pedido de saída não pode prejudicar o direito subjetivo do reeducando (REsp 1.544.036-RJ)

Características da saída temporária – A lei elenca de forma expressa as caraterísticas do benefício:

1) a autorização será concedida por prazo não superior a 7 (sete) dias, podendo ser renovada por mais 4 (quatro) vezes durante o ano. Quando se tratar de frequência a curso profissionalizante, de instrução de ensino médio ou superior, o tempo de saída será o necessário para o cumprimento das atividades discentes.

Atenção

Prevalece entendimento consagrado pela Terceira Seção do STJ nos REsps 1.166.251-RJ (DJe 4/9/2012) e 1.176.264-RJ (DJe 3/9/2012), julgados sob o rito dos recursos repetitivos, de que é possível à autoridade judicial, atenta às peculiaridades da execução penal, conceder maior número de saídas temporárias (mais de 5 vezes durante o ano), de menor duração (inferior a 7 dias), desde que respeitado o limite de 35 dias no ano, pois o fracionamento do benefício é coerente com o processo reeducativo e com a reinserção gradativa do apenado ao convívio social (REsp 1.544.036-RJ). As autorizações de saída temporária para visita à família e para participação em atividades que concorram para o retorno ao convívio social, se limitadas a cinco vezes durante o ano, deverão observar o prazo mínimo de 45 dias de intervalo entre uma e outra. Na hipótese de maior número de saídas temporárias de curta duração, já intercaladas durante os doze meses do ano e muitas vezes sem pernoite, não se exige tal intervalo.

2) não há escolta. A ausência de vigilância direta não impede a utilização de equipamento de monitoração eletrônica pelo condenado, quando assim determinar o juiz da execução (vigilância indireta).

3) pode ser revogada (art. 125).

4) não será concedida àqueles condenados por crime hediondo com resultado morte. Esta vedação foi incluída pela Lei 13.964/19. Portanto, condenados por homicídio, latrocínio, extorsão ou extorsão mediante sequestro qualificadas pela morte, estupro qualificado pela morte, epidemia com resultado morte e genocídio não serão beneficiados com a saída temporária.

Atenção

Ao proibir para crimes hediondos, o legislador esqueceu dos equiparados, que também podem ser qualificados pela morte, como a tortura. Essa omissão, voluntaria ou involuntária, não pode ser corrigia pelo intérprete, sob pena de analogia *in malam partem*.

EDITORA JusPODIVM
www.editorajuspodivm.com.br